현대비축학

현대비축학

The Modern Stockpile Studies

황재국 지음 | 유종해 감수

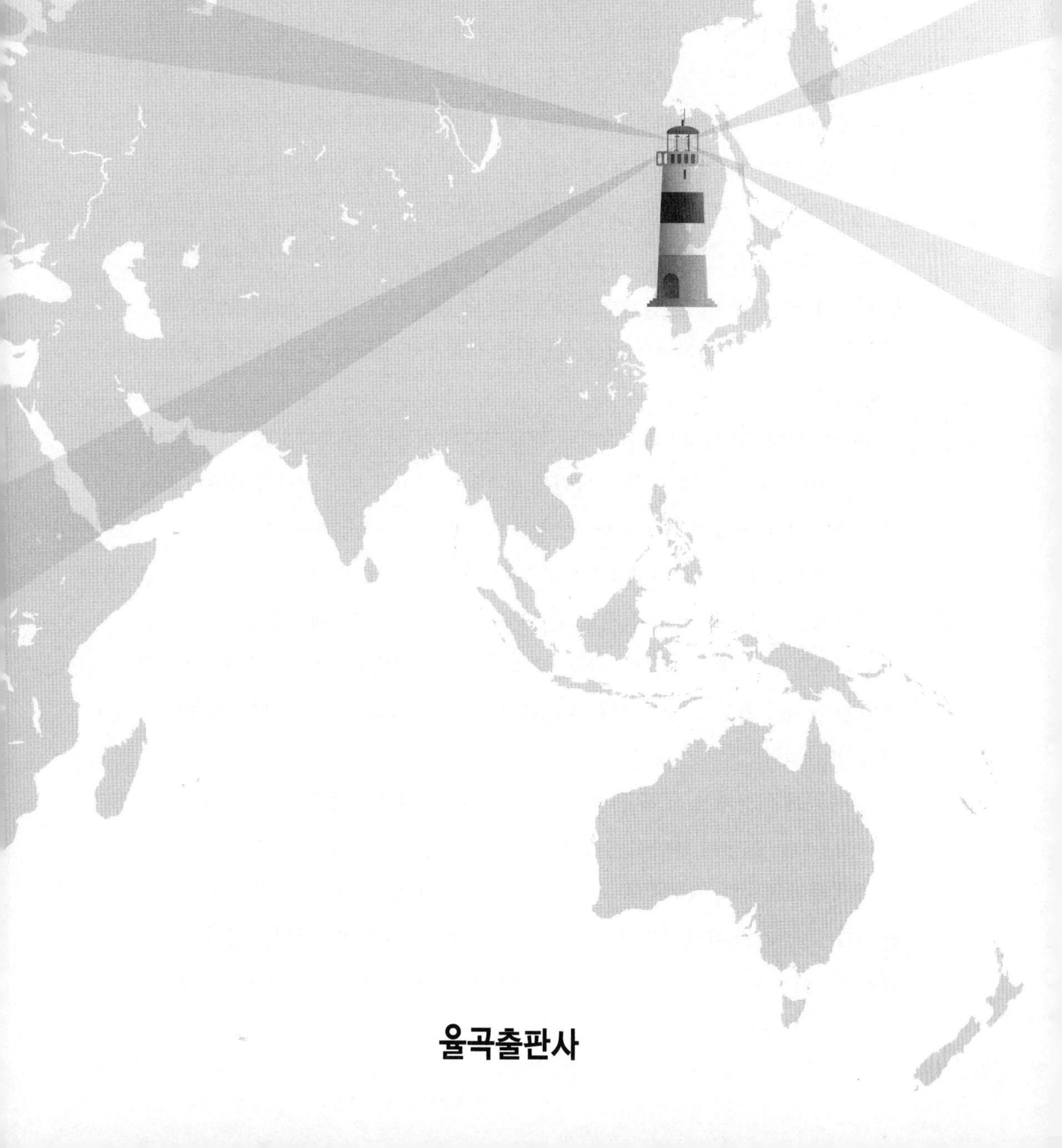

율곡출판사

감수사

나와 오랜 인연을 맺어 학계에서 많은 일을 하고 있는 황재국(黃在國) 박사가 이번에 새로운 책을 냈다.

황 박사는 1978년 연세대 행정대학원에서 나와 학술적인 인연을 맺게 되었다. 황 박사는 그 당시 국가공무원으로서 조달청에서 국내외 조달과 비축 업무를 수행하고 있었는데 연세대 행정대학원에 들어와 행정실무와 학문(행정학)을 연계시킬 이상적인 인물이었다. 행정학 학문의 특징상 나는 오래도록 이런 인물을 선호하였다. 즉 실사구시(實事求是)의 가장 모범적인 인물인 것이다.

이런 배경을 가진 황 박사가 오랫동안 연구를 거듭하여 이번에 『현대비축학』이란 이름의 책(冊)을 내게 되었는데, 이는 참으로 학술적(學術的)으로 창의성이 있고 내용 구성에서도 이 분야에서 처음 시도되는 개척자적 면모를 보이고 있어 높이 평가하고 싶다.

이번 『현대비축학』은 모두 16장으로 구성되어 있는데, 비축학을 모르는 사람이나 관련 분야 전문가 양쪽 모두의 바람을 충족하는 것이라 보고 높이 평가하는 바이다. 무엇보다 이 책의 독창성과 창의성에 높은 점수를 주고 감수하는 바이다.

이 책의 구성은 크게 다섯 부분으로 되어 있는데, 먼저 비축학을 만들어준 배경과 역사적 요인을 다루었고, 둘째로 비축학의 유사 행정 과정, 예컨대 황정(荒政) 등과의 비교를 했고, 셋째로 세계 각국의 비축 현황을 소개했고, 넷째로 비축학의 본질에 대한 논의를 자신 있게 전개했으며, 마지막으로 비축학의 미래와 한계점을을 동시에 살펴보았다.

감수자의 입장에서 이 책을 평하자면, 먼저 이 책의 창의성에 점수를 주고 싶다. 행정 실무자로 일생 이 분야에서 종사한 사람이 이것을 학술적으로 체계화했다는 점을 높이 평하고 싶다. 둘째로 황 박사가 우리나라의 비축 이야기에 한정하지 않고 다른 나라, 즉 세계의 여러 나라의 사례 또는 유사 개념을 널리 비교했다는 점에서 학술적인 과감성을 높이 인정하고 싶다. 셋째, 이 책에서 비축의 높은 가치를 인정하고자

하는 저자의 노력을 볼 수 있는데, 특히 제13장에서 '비축과 국가발전' 이란 항목을 다루고 있는 것은 좋은 착안이라고 본다. 넷째, 제15장에서 '비축의 발전방향' 을 통해 비축의 미래를 다루어 비축의 장래성을 시사했고, 아울러 저자의 겸손함을 엿볼 수 있다.

끝으로 이 책이 지니는 보이지 않는 약점을 들자면 저자는 너무나 강한 학구열 때문에 처음에 범위를 넓게 잡아, 책을 마무리하는 데 약간의 문제를 겪었는데, 예컨대 자료의 부족 등을 꼽을 수 있다. 그러나 첫 술부터 배부를 수 없듯이 판이 거듭하면서 반드시 이 문제점을 극복할 수 있을 것이라 믿고 감수사를 마친다.

2016년 가을

연세대 명예교수(행정학)

유종해

들어가는 글

인류는 아프리카 탄자니아의 올두바이 계곡(Olduvai valley)에서 출발하여 불을 발견하고 먹이을 찾아다녔으며 태고 때부터 비축을 통하여 삶을 영위하여 왔다. 그 후 "인류의 역사는 전쟁의 역사" 라는 말과 같이 인류의 역사에 전쟁은 끊이지 않았고, 전쟁과 함께 전쟁 물자 비축의 중요성도 부각된 것이 사실이다.

오늘날에는 세계 각국이 자국의 이익과 생존을 위하고 비상시와 불확실한 상황대비를 위해 총성 없는 전쟁이라 할 만큼 자원을 놓고 치열한 각축전을 벌이고 있다. 불확실성(uncertainty)은 언제나 있어 왔지만, 엘니뇨 현상과 기후온난화로 더욱 그러하다. 세계 각국은 하나뿐인 지구에 편재되어 있는 자원을 확보하기 위한 경쟁을 할 수밖에 없는 숙명적인 입장에 놓여 있는 것이다.

이처럼 비축(stockpile)은 과거에도 필요했고 앞으로도 필요할 것이다. 고대에서부터 중세, 근대에 이르기까지 일상생활을 위한 식량 비축과 전쟁에 필요한 물자 비축이 있었고 현대에는 산업발전으로 각종 자원의 비축이 이루어지고 있지만, 이러한 비축이 조직적, 체계적 학문으로 연구된 적은 없었다. 이에 따라 과거, 현재 그리고 미래로 이어지는 비축을 하나의 '학' (學, Learning)으로 승격시키기로 한 것이다.

동방은 마르코 폴로(Marco Polo)의 동방견문록에 의해, 조선은 네덜란드인 하멜 표류기 이후에 처음으로 세계에 알려진 것으로 되어 있으나 실제로는 고대 · 중세부터 실크로드(silk road)를 통해 동서 문명이 교류해 왔다. 현대에 들어서는 글로벌 시대에 맞춰 '새로운 실크로드' (new silk road)가 모색되고 있기도 하다. 이러한 흐름 속에서 필자는 비축의 과거을 파헤치고 현재를 점검하며 미래를 예측하는 연구를 시작하였다.

행정학 학위 과정을 마치고 비축에 대한 연구에 몰입(flow)하여 근대 비축의 연원을 탐색하던 중 보다 체계적인 근대의 비축제도가 14세기 말 조선에 있었음을 발견하게 되었는데, 그것이 유비고(有備庫)이다. 즉 우리나라에서 세계 최초로 출발한 근대 비축의 단초를 발견하게 된 것이다.

세계 구석구석을 탐방한 경험, 학문을 진보시키고 비축학의 시금석(bible)을 놓고자 하는 열정, 다소 소국이지만 한국에서 선견지명적인 비축제도(유비고)가 탄생했다는 자부심이 복합적으로 작용했다. 더불어 비축의 유용성(有用性)을 넘어 사회과학과 자연과학을 융합한 새로운 학문이 탄생할 수 있다는 확신이 들어 『현대비축학』을 저술하게 된 것이다.

『현대비축학』은 한국을 넘어 세계적 관점(cosmopolitan)에서 집필하였다. 국제관계에서 법률적으로는 조약이 있으나 일반적인 대외관계에서는 외국을 우선시하는 것이 국제관례이며 더구나 학문에는 국경과 이념이 없다. 각국마다 비축제도가 있으나 학문으로는 없다는 사실을 알고 사회과학의 개척에 관심이 많은 필자는 한국에서 개최되는 국내 · 국제학술회의 등 여러 학술대회에 참가하고 제도, 정책들에 대한 토론에 참가하면서 소양도 넓혀 왔다. 또한 지금까지 65개국을 학술 목적으로 여행 · 탐방하면서 그 나라의 역사, 문화, 자원 등에 관심을 가졌다. 그러나 자료의 부족과 언어의 한계로 자연히 한국에 관한 기술이 많은 면은 있다.

이 책은 총 16장으로 구성되어 있는데, 모두 필자가 직접 관여하였거나 관심이 많은 내용들이다. 단지 이론에 그치는 것이 아니라 실용주의(pragmatism)적인 입장에서 서술하였다. 역사적 자료에는 한자 및 원어를 병기하여 이해에 도움이 되도록 하였다. 처음, 대학원생들을 대상으로 저술하였으나, 비교적 균형된 시각에서 이론뿐만 아니라 실제로 참고될 만한 기본적 사항을 수록하고 있어 정부 각 기관 및 공공단체, 일반기업체 등에서도 일독할 가치가 있다.

이 책이 세상에 빛을 보게 된 과정에서 이 책의 감수자이고, 36년 전에는 연세대학교 행정대학원에서 필자의 석사학위 논문 심사위원장이었고, 학연에서부터 오늘에 이르기까지 물심양면으로 학문의 반려자가 되어 주신 연세대 유종해 명예교수님을 떠올리지 않을 수 없다. 그리고 명지대학교의 박사학위를 지도하신 김성철 교수님, 철저하게 박사학위 논문을 심사하신 정윤수 한국행정연구원장님, 비축학의 전문가가 되라고 격려하신 박천오 교수님 등이 기억난다. (사)한국행정학회, 국제정치학회 등 수십 개가 넘는 인문사회 학술단체와 공공기관, 또한 현명하신 지인들의 격려에 힘입은 바도 크다. 정부의 보고인 기획재정부(조달청)에서 국가공무원으로 근무하면서 산학협동 정신 하에 대과 없이 근무하도록 도와준 선후배님들과 해외 탐방시 동행한 유스호스텔 동우회 등에게도 사의를 표한다. 지면상 일일이 거론할 수 없지만 이런 분들과 학회 등이 없었다면 한국의 금맥 같은 소중한 학문이 태동하지 못했을지도 모른다.

그러나 일천한 저술의 경험과 비재인 관계로 문장 구성 등 모든 면에서 매끄럽지 못한 부분이 있어 완벽한 저술이라 생각하지 않기에 강호 제현의 힐책과 조언을 부탁드린다.

이 책이 출간되기까지, 대학 졸업 후 자수성가하여 대학에서 강의하고 직장에서 간부로 성실히 근무하고 있는 여식들과 저술에 관심을 가진 친인척들에게도 감사의 말씀을 드리고, 마지막으로 어려운 출판 사정에도 세계 최초의 기념비적 출간에 흔쾌히 동참하신 율곡출판사의 박기님 대표님과 박정헌 기획부장, 편집 · 교정을 맡아준 신재혁 과장 등 관계직원들에게 감사의 뜻을 표한다.

2016년 10월

서울 방배동 우거(寓居)에서

저자 識

차 례

제2부 비축의 역사

제4장 동서양의 비축 역사

제5장 조선시대의 황정제도

제3부 세계 각국의 비축

제6장 우리나라의 비축

제7장 미주 지역 국가들의 비축

제8장 아주 지역 국가들의 비축

제9장 구주 지역 국가들의 비축

제4부 비축을 통한 발전

제11장 비축행정

제12장 비축과 국제정세

제5부 비축학의 미래와 한계

제15장 비축학의 미래

제16장 비축학 연구의 한계

1

part

비축과 비축학

chapter 1

비축의 배경

제1절 인간의 생활방식과 비축 ● **제2절** 비축학으로의 대두

제3절 비축학의 저술 목적 ● **제4절** 유비고의 의의

제1절 인간의 생활방식과 비축

아프리카 탄자니아의 올두바이(Olduvai) 계곡에서 발견된 화석을 토대로 볼 때 인류는 360만 년 전 처음 시작한 것으로 보인다. 원시인들은 강하(江河)의 어류와 산과 들(山野)의 금수(禽獸)와 초목 열매를 식료(食料)로 하여 살았다. 그러다가 인구가 늘어남에 따라 그 식료의 부족함을 느끼게 되었으며, 부족한 것을 보충하기 위하여 목축업과 농업이 생겨났다. 농업은 주로 인류가 최초로 발명한 불(火)로 초목을 태워서 전야(田野)를 개척한 뒤에 비로소 시작되었다. 인류는 불을 사용함으로써 도구를 제작하는 등 지혜를 크게 넓혔다. 석기시대, 청동기시대, 철기시대 등을 거치면서 생활방식도 변모하여 왔다.

인류는 부족사회, 씨족사회를 거치면서 국가를 형성하였고, 인류의 역사는 전쟁사라 할 만큼 전쟁이 이어져 왔다. 전쟁은 B.C.1200년 트로이(Troy) 전쟁을 시작으로 펠로폰네소스 전쟁을 거치면서 오늘날에 이르기까지 이어져 오고 있다.

이에 식량이 부족한 인간은 생존하기 위해 먹을 것을 찾아다니는 유목민(nomade : 대표적으로 흉노족과 몽골족)이 되기도 하였다. 정착된 생활을 위해서는 식량 등을 절약하여 비축해야 했다.

또한 인류는 1만 5,000년 전 농사를 짓기 시작하면서 정착(sedentism)하기 시작하였다. 식량 비축에 대한 관심을 가지게 된 이후 시대와 목적에 따라 여러 형태의 비축을 해왔다. 과거에는 전쟁을 위해, 춘궁기에 백성을 구제하기 위해 비축을 했고, 오늘날의 복잡한 시대에는 국가안전보장과 물가안정을 기하고 기후변화에 따른 자연재해에 대처하기 위해 다각적인 비축 관련 정책이 필요하다.

참고 자연재해에 대한 비축정책의 관심사항

근년에 타임지에 실린 자연재해

자연재해에 대해 인간이 살아남을 장소가 어딘가?

미국의 경우 대표적인 자연 재해별로 인명피해가 가장 큰 지역을 보면 (1) 토네이도(tornadoes) : 텍사스(Texas)주의 북부의 평지에서 네브라스카(Nebraska)주에 걸친 지역에 1950년 이래 5,304명의 사망자, (2) 순간적인 홍수(flash floods) : 평지와 불완전한 강의 시스템 탓에 비오는 해에 집을 소유하면 위험한 곳이 된 아이오와(Iowa)주에 1996년 이래 280명의 사망자, (3) 대형 산불(wildfires) : 지구 온난화로 캘리포니아(California)주의 남부 지역이 첨봉으로 1996년 이래 99명의 사망자, (4) 허리케인(Hurricanes) : 매년 6월에서 11월 사이에 동남부(주요 도시 : New Orleands와 Pensacola)의 걸프 만(the Gulf)과 동부 해안지대에 걸쳐 대황폐를 가져와 1996년 이래 1,954명의 사망자, (5) 지진(earthquakes) : 태평양과 북미의 지각 판(techtonic plates) 만나는 캘리포니아주가 지진의 중심부여서 이 지역에 1950년 이래 273명의 사망자가 발생하였다.

또한 페루 연안에서 자주 발생하는 엘니뇨(El Nino) 현상으로 페루 앞바다 적도 부근의 중부 태평양 해역의 해면 온도가 상승하여 연안의 농어업에 피해를 주고 발생년을 중심으로 지구 전체에 이상 현상으로 최근에는 4~5년 주기로 미국 서해안의 폭풍과 홍수, 페루, 칠레 일부 지역의 폭우와 어획고 감소, 인도네시아, 아프리카 일부 지역의 가뭄과 그로 인한 산불 등 큰 피해를 일으켜 농수산물의 가격 폭등을 초래하기도 한다. 엘리뇨 현상이 일어날 때 우리나라는 대체로 여름에는 가뭄, 홍수와 저온, 겨울에는 한파와 고온 현상이 나타난다.

근년에는 중국의 사천성 지진, 일본의 쓰나미(津波, tsunami), 유럽의 대홍수, 동남아시아의 대홍수가 발생하였다.

Time, volume. 184, No. 9–10, 2014, pp.47~48 정리 및 추가 자료 보완

제2절 비축학으로의 대두

인류의 생존과 진화에 궤를 같이한 비축은 현재 그리고 미래에도 필요하다. 즉 오늘날 삼라만상이 변화무쌍한 불확실하고 복잡한 시대에, 보다 나은 세상과 인간의 복지를 위해 비축의 필요성도 더욱 절실하다고 할 수 있다. 역사적으로나 현실적으

로 볼 때, 전쟁 등에 대비하기 위해서도 비축의 인식은 더욱 고조된다.

하지만 현실적으로 이에 대한 연구는 없는 실정이다. 늦은 감이 있긴 하지만 궁극적으로 인류의 행복을 위해 비축이 학문으로 대두 내지 부각될 시점에 이르게 되었다고 할 수 있다. 비축학은 학문의 태두는 아니지만 비상시나 위기 등에 등대(lighthouse)의 역할은 할 수 있는 잠재력을 가지고 있다. 지구상에 들끓는 자원확보 전쟁을 감안하더라도 비축이 합리적인 학문으로 대두되기에 충분한 시기라고 사료된다.

자본주의 사회에서 비축이 국부(wealth of nation)를 좌우하는 한 지표(index)라는 데 이의가 없을 것이다. 국부나 국가발전뿐 아니라 선진 기업 그리고 선진 가계를 위해서도 비축학은 필요하다.

제3절 비축학의 저술 목적

1. 비축학의 기본 저술 목적

가. 국내외적으로 단일 학문으로 부각되지 아니하였다.

나. 단일 '학' 이나 '이론' 으로 저술된 책이 없다.

첫째, 단순한 비축제도의 차원을 넘어 비축학이라는 차원에서 연구하는 데 목적이 있다. 일상생활과 전쟁 등에 필요불가결한 물자가 공급(supply)되고 있으며, 선진국을 중심으로 많은 비축관련 제도가 활용되고 있지만, 보다 합리적이며 이론적인 학문으로는 저술되거나 거론되지 않고 있는 실정이다.

둘째, 세계 최초인 동시에 한국에서 출발한 학문이라는 데 특징(목적)이 있다. 세계사적으로 비축학의 연원을 찾던 중 근세 조선시대 초기에 이와 관련된 기구가 있음을 확인하였다. "바로 이것이다(the very value)." 하고 발견한 것이 '유비고' (有備庫)이다. 즉 대한민국에서 비축의 연원을 찾게 된 것이다.

2. 비축학의 실질적 저술 목적

가. 학문의 영역 확대의 필요성

현대 사회는 과학문명 등의 발달 등으로 점점 복잡화되고 있다. 따라서 이에 대한 연구와 학문의 진보 내지 창조도 필요하다. 그러므로 인류문명의 발전을 위해서 학문의 영역 확대도 필요한 것이다.

나. 세계 최초 저술

비축이라는 용어가 오래전부터 사용되어 왔으며, 특히 제1차, 제2차 세계대전을 통하여 많은 국가가 비축의 필요성을 느끼고 전쟁의 승리에 많은 효과를 본 사실이 있다. 세계 각국에서 비축에 대한 제도를 만들어 운영하고 있으나 이에 대한 가치가 학문적으로 연구된 바는 없다. 따라서 이에 대해 다년간의 실무의 경험을 했고 이론적으로 관심있게 연구를 지속해 왔다. 이에 비축학이 학문으로서 충분한 가치가 있다고 판단하여 학문의 영역으로 확장하여 세계 최초로 비축학을 연구하게 된 것이다.

다. 우리나라에서 출발한 비축학의 정립 미비

우리나라는 세계사적으로도 오랜 역사를 지니고 있지만 우리나라에서 출발한 학문이 미비하다. 조선은 중국에서 성리학을 도입하여 건국이념으로 삼았고 이황이나 이이 등의 유학자가 이를 승화시켰다. 물론 조선 후기에는 소크라테스의 사상이나 플라톤의 국가론과 다소 다른 실사구시(실학파)나 실용주의의 문물(文物)이 등장하기도 하였다.

즉 우리나라의 학문은 쉽게 말해, 외국으로부터 수입하여 여기에 단지 우리의 문화를 접목시킨 데 불과하다. 대표적인 예로 조선 500년을 풍미했던 '성리학'은 공자와 맹자의 유학과 주희의 주자학에 기인한 것이며, 현대의 행정학은 미국의 윌슨 대통령이 저술한 『행정의 연구』(*The Study of Administration*)의 행정학이 전파된 것이다.

다행히도 1970년대부터 시작한 근면, 자조, 협동 등을 강조하는 새마을운동(Saemaeul Movement)이 있어 국가발전의 원동력이 될 수 있었고 이것이 새마을학이라는 학문으로 싹트고 있다. 하지만 이것이 개발도상국 및 후진국에 전수시키고 있는 농촌을 중심으로 한 학문이라면, 비축학은 선진국 중심의 보다 차원 높은 전략을 필요로 하는 학문이라는 데 차이가 있다.

라. 유비고(有備庫)에 대한 설명

14세기 말, 조선 건국 초에 이미 현대의 국방을 위한 비축기관과 같은 정부기관이 있었는데, 유비고(1397년)이다. 하지만 근대 비축의 비조(鼻祖)라 할 수 있는 이 유비고를 활용하거나 알지 못하였기에 이를 조명하여 재평가함에 있다.

제4절 유비고의 의의

1. 유비고의 개념

유비고(有備庫)는 한자 뜻으로 풀이하면 '예비로 갖추고 있는 창고' 인데, 600여 년 전인 조선 초 군수품의 보급을 맡아보던 기관으로 근대 비축의 효시라고 할 수 있다.

1397년(태조 6년 10월 16일) 새로 유비고를 설치하고(태조실록), 도제조(都提調)에 정도전을 임명하여 이를 주관케 하였으며 전(錢), 곡(穀), 포(布), 화(貨)[1]를 확보하는 한편 이듬해(1938년)에는 과천(果川)의 아록전(衙祿田 : 지방관청의 봉록 및 경비를 충당하기 위하여 쓰던 전지) 1백35결(結)을 지급하여 군수물자에 쓰도록 하였다. 유비고는 조선 건국 초 태조가 정치제도를 정비하는 과정에서 특히 군정(軍政)에 심혈을

1. 전(coin)은 돈, 곡(grain)은 곡식(곡물, 곡류, 식량), 포(cloth)는 천 · 옷감의 재료, 화(goods or materials)는 물건이나 물자이다.

기울인 일면의 하나로 볼 수 있다.[2]

이처럼 유비고는 군수물자에 대한 공식적인 비축을 처음으로 시행한 제도이다. 그러다가 재해 등으로 인한 흉년에 국가의 식량을 나누어주고 이듬해 돌려받는 방식으로 확대되기도 하였다.

이 기관은 조선시대 흉년에 백성을 구휼하는 정책인 황정(荒政)과 더불어 500여 년 통치의 기반이 되었다고 할 수 있다.[3]

2. 유비고(有備庫)에 대한 문헌상 기록

(1) 태조 6년(1397년, 明나라 洪武 30년) **10월 16일**(甲午) : 새로 유비고를 설치하고 봉화백(奉化伯) 정도전(鄭道傳)으로 제조관(提調官)을 삼았다.[4]

(2) 태조 7년(1398년) **5월 18일**(甲子) : 유비고를 처음 설치하고 임금이 도승지 이문화에게 명하여 사사(使司)에 전지하였다.

"송(宋) 태조(太祖)는 국용(國用) 외에 별도로 내고(內庫)를 세웠으니 자기 개인의 저장을 삼은 것 같았다. 그러나 일찍이 측근의 신하에게 말하기를 군량(軍糧)과 기근(饑饉)에는 모름지기 미리 준비해야 되는 것이니 일에 다달아 조세(租稅)를 과중하게 징수하는 것은 좋은 계책이 아니다." 하였으며, 또 말하기를 "짐이 8주(州)의 인민이 오랫동안 오랑캐에게 함몰(陷沒)된 것을 민망히 여기어 5백만 민(緡 : 돈꿰미)을 저축하여 산후(山後)(太行山 후면을 말함)의 여러 군(郡)을 교환하도록 하겠다." 하였으니 그렇다면 송 태조가 내탕(內帑)을 세운 것은 공용(公用)이고 사용(私用)은 아니다. 이로부터 화천(貨泉)과 금백(金帛)을 유사(有司)에게 나누어 명령한 것은 직수(職守)를 전임(專任)시키고, 정수(定數)를 참험(參驗)한 것은 새어 나감을 막은 것이다. "지금 내가 유비고를 설치한 것은 오로지 군수(軍需)에 대응(對應)하기 때문이니, 그 수입되는 전곡(錢穀)과 포화(布貨)를 삼사(三司)로 하여금 회계(會計)하여 수입을

2. 『태조실록』 12권 및 『한국 민족문화 대백과사전』 17권, p.40.
3. 유비고(有備庫)와 황정(荒政)으로 이루어진 조선시대 정책의 양 날개는 현대로 확대하여 이해하면 비축의 양대 목적인 국가안전보장(국방)과 경제안정(물가조절)의 역할을 하였다고 할 수 있겠다.
4. 『太祖康獻大王實錄』, 세종대왕 기념사업회 발행, 제12권, p.187, 1972년. (原文 : 新置有備庫以奉化伯鄭道傳爲提調官, 태조실록, p.四八 하단)

헤아려 지출토록 하고, 만약 전쟁이 발생하는 일이 있으면 임시에 계문(啓聞)하여 적당 시 조절(調節)하도록 하고 이것을 항구적인 법으로 삼게 하라." 임금이 홍천사[5]에 거동하여 사리전을 건축할 기지를 시찰하고 감역제조 김주에게 일렀다. "정릉과 요물고(料物庫)를 빨리 만들 필요는 없으며 이 사리전은 건축을 원한 지가 오래 되었는데 지금 일을 마치지 않으면 후일에 일을 저지시킬 사람이 있을까 염려되니 마땅히 빨리 성취하여 나의 원명에 보답하라." 드디어 궁궐에 돌아와서 유만수 · 도흥 · 유운 등과 더불어 격구의 놀이를 하였다.[6]

관련 글 **『태조강헌대왕실록』 제14권, p.237의 原文**

甲子初置有備庫 上命都承旨李文和傳 旨于使司曰宋藝祖於國用之外別立內庫以爲私藏也然嘗語近臣曰軍興饑饉須預爲備臨事厚非長策也又曰朕憫八州之民久陷夷虜使蓄滿五百萬緡以贖山後諸郡然則宋祖內帑之立公也非私也是貨泉金布帛分命有司專職守也驗定數防滲漏也今于置有備庫肸[7]以專應軍需其厥入錢穀布貨今三司會計量入爲立如有兵興臨時啓聞量宜調度永爲恒法上幸興天寺觀舍利殿築基謂監役提調金湊曰貞陵與料物庫不必速成此殿願營久矣今不畢功恐後有沮止者宜速考成以償吾願遂 還宮柳曼殊都興柳雲等爲擊毬之戲.

太祖實錄, p.六一 上段

(3) 태조 7년 윤(閏) 5월 19일(甲午) : 고과주 아록인리(古果州 衙祿人吏)의 전지 1백35결(結)[8]을 유비고에 소속시키고 그 고노(庫奴)로 하여금 전지를 경작하게 하였다.[9]

공교롭게도 십이지(十二支)간 '갑(甲)' 자(字) 일(日)에 시작된 점도 시작이라는

---

5. 홍천사(興天寺)는 조선 초기인 1396년(태조 5년) 한성부 서부 황화방 또는 정능(지금 정동)에 창건되었다가 1794년(정종 18년) 성북구 돈암동 현 위치로 옮겼다. 그동안 정상적 사찰 기능이 어려웠으나 2011년부터 복원 불사를 시작하였고, 조선 최초의 왕후의 원찰이었으며 조선의 마지막 왕후가 머물던 절집이기도 하다.
6. 『태조강헌대왕실록』, 제14권, p.237. (原文 : 太祖實錄, p.六一 上段)
7. 肸는 원문에는 日변에 不이 첨가되어 있으나 이런 한자는 없어 해석상 유추해서 肸로 표시한 것이다.
8. 조선 초 쌀 300두를 수확할 수 있는 토지의 면적을 1결이라 불렀는데 1결의 실제 면적을 결정하는 것이 전분육등법이었다.
9. 『태조강헌대왕실록』, 제14권, p.248. (原文 : 甲午古果州衙祿人吏之田一百三十五結屬 有備庫令其庫奴管田, 太祖實錄, p.六三 하단)

뜻을 내포하고 있다.

■■ **에피소드** ■■

Youbeego는 필자의 조어로 유비고(called stockpile)를 우리 발음으로 표시한 영어로, you(여러분), bee(꿀벌), go(도움되다)의 합성어로 '여러분! 꿀벌이 도움이 됩니다'란 뜻으로 비축을 '꿀벌'에 비유하여 우리 모두의 일상생활에 꿀벌과 같은 기능이 필요하다는 뜻으로 표기하였다. 즉 하드웨어와 소프트웨어, 라인(line)과 스탭(staff, 보조) 관계에서 소프트웨어와 스탭의 역할을 한다는 뜻이다.

3. 유비고의 배경

조선 건국 전후 당시 한반도의 상황과 이성계의 성장배경과 활약상을 보면 유비고에 대한 의의를 더욱 이해할 수 있을 것이다.

가. 유비고의 설치 전후 무렵 한반도의 상황

세계사적으로 동서양을 막론하고 전쟁은 끊임없이 계속되어 왔다. 유비고의 설치 전후 무렵 한반도는 북으로는 흉노족과 몽골의 침입과 원 · 명으로 이어지는 내정간섭과 남으로는 왜구의 침입이 끊이지 않아 전쟁이 이어졌다.

나. 이성계의 출생과 활동 상황 그리고 동시대의 전황(戰況)

14세기 중반에 태어난 이성계(1335~1408년)는 역사적으로 활이 전쟁의 주요한 무기였던 시절에 사술(射術)이 뛰어나 1356년(공민왕 5년)에 등용되어 1361년 홍건적(紅巾賊)을 방어, 1362년 홍건적에 유린된 도성(都城)을 탈환하고 적을 대파시켰으며, 1363년 원나라가 침입하자 동북면 병마사(兵馬使)가 되어 덕산동(德山洞)에서 대파시켰고, 1370년 원나라 동령부(東寧府)를 원정하여 공을 세웠으며, 남해 일대[10]에

10. 이성계가 조선을 건국하기 전 남해 금산의 보리암에서 백일기도를 한 후 조선을 건국하였다고 한다.

출몰하는 왜적을 여러 차례 토벌하여 위명을 떨쳤다.

안으로는 1388년(우왕 14년) 우군도통사(右軍都統使)였던 이성계는 원나라가 멸망한 후 명나라가 점령한 요동의 정벌에 반대하였으며, 4대 불가론의 이유로, 첫째, 소국이 대국을 침략하는 것, 둘째, 여름철 농번기를 택한 것, 셋째, 거국적 원정의 틈을 타서 왜구의 침입이 우려되는 것, 넷째, 시기가 장마철이라 활이 풀리고 군대 내에 질병이 우려되는 것을 이유로 내세웠다. 그러나 최영(崔瑩) 등이 밀어붙인 상황에서 출정군은 5월경에 압록강 하류 위화도(威化島)에 진두하였다. 때마침 큰 비를 만나 강물이 범람하고 사졸(士卒) 중 환자가 발생하게 되자 이성계는 군사를 더 이상 진군시키지 아니하고, 요동까지는 많은 강을 건너야 하는데 장마철이라 군량의 운반이 곤란하며, 또 습기로 인하여 활이 풀려 싸움을 할 수 없고 소국이 대국을 섬기는 것이 나라를 보호하는 길이라 생각하였다. 마침내 5월 20일 고려로 회군(回軍)하여 반대파를 제거하고 창왕(昌王)을 영립(迎立)하였다가 다시 공양왕을 내세웠다.

삼군도통제사(三軍都摠制使)가 된 후 새로운 나라 조선을 건국한 태조 이성계는 오랜 전쟁 경험을 한 터라 전쟁 및 내란에 대비한 부국강병의 기조로 특별히 군수품 비축관리를 위해 처음으로 유비고를 설치한 것으로 사료된다. 구체적으로 그 배경을 보면, 신우(辛禑) 8년(1382년) 태조가 동북면(東北面) 도지휘사(都指揮使)로 있을 때 여진(女眞) 사람 호발도(胡拔都)가 동북면의 인민을 사로잡아 가매, 태조가 그 도(道)의 군무(軍務)를 대대로 관장하여 위신(威信)이 본시부터 나타난 이유로써 보내어 그들을 위로하고 어루만져 주게 하였으나 이듬해인 1383년 8월 호발도가 또 와서 단주(端州)를 침구(侵寇)하니 부만호(副萬戶) 김동불화(金同不花)가 외적(外敵)과 내응(內應)하여 재화(財貨)를 다가지고 고의로 뒤에 있다가 적에게 잡히었다. 상만호(上萬戶) 육려(陸麗), 청주상만호(靑州上萬戶) 황희석(黃希碩) 등이 여러 번 싸웠으나 모두 패하였다. 이때 이두란(李豆蘭)이 모상(母喪)으로 청주(靑州)에 있었는데, 태조가 사람을 시켜 불러 이르기를 "국가의 일이 급하니 그대가 상복을 입고 집에 있을 수 없다. 상복을 벗고 나를 따라오라" 고 하니 이두란(李豆蘭)이 상복을 벗고 태조를 따라 갔다. 태조가 군사를 놓아 크게 적군을 쳐부수니 호발도(胡拔都)가 겨우 도망갔다.

태조가 이내 변방을 편안하게 할 계책을 올렸는데 "북계(함길도)는 여진과 달단과 요동 심양의 경계가 서로 연해 있으므로 실로 국가의 요해지(要害地)가 되니, 비록 아무 일이 없을 시기일지라도 반드시 마땅히 군량을 저축하고 군사를 길러 뜻밖의 변고에 대비해야 될 것입니다." 하였다.

이와 같이 많은 주변국과의 전쟁에서 승리하였으나 지정학적으로 위험한 곳에 있는 나라의 국방을 위해 왕에게 전쟁에 대비한 군수물자 비축의 필요성을 주장하였던 것이다.

군수전용의 유비고를 최초로 설치한 것은 당시로서는 획기적인 발상인 동시에 미래의 전쟁에 대비하는 과감한 정책인 것이었다.

참고 **공정고**(供正庫)

유비고와 별도로 조선 전기 1401년(태종 1년) 궁궐에서 소요되는 미곡과 장(醬) 등의 식료품 공급을 담당하던 관서(전신은 고려시대 유비사(有備司)로서 1311년 요물고(料物庫)로 개칭되어 조선 건국 초기 공정고로 재정비되기까지 지속되었다).

이성계의 활약상

고려 말과 조선 초기에는 왜적의 침입이 극심하였다.

이성계는 1356년(공민왕 5년) 쌍성총관부(雙城摠管府, 원나라가 화주 이북 지역을 통치하기 위하여 설치한 관청) 수복 전쟁을 시작으로 1388년 위화도 회군에 이르기까지 30년을 전쟁을 하면서 패한 적이 없는 맹장으로 고려 조정에서도 두려움의 대상이 되었다.

고려 말 명장 최영과 함께, 공민왕 때인 1359년과 1361년에 고려를 침략한 홍건적을 물리쳤으며, 우왕 때인 1376년에는 지금의 충청남도 부여 지역인 홍산에서 왜구를 크게 무찔렀다.

중세의 통일왕조를 이룩한 고려(918~1392년)가 잦은 전쟁에 시달리고 요동반도의 원나라와 명나라가 정세불안을 겪는 와중에 바다로부터 고려를 괴롭힌 왜구(倭寇)[11]가 있었으니 그들은 고종 때 시작하여 충정왕 초부터 심해져서 우왕(禑王) 때에는 극도로 창궐하였고 경기도 이남의 여러 도는 해마다 그들의 해를 입었다. 이성계는 종종 그를 쳐서 전공을 세웠고 당대의 명유(名儒) 정몽주(鄭夢周)는 그들의 침입에 항의차 일본에 건너간 일도 있다.

11. 13~16세기 중국과 우리나라의 근해를 항해하며 약탈을 일삼던 일본 해적을 말한다.

요동정벌과 위화도 회군

원나라 뒤 중국의 새 주인이 된 명나라가 철령(함경도와 강원도의 경계 지역) 이북의 땅을 자기 영토로 삼으려 하자(예로부터 고려의 영토였는데 원나라가 강제로 점령하여 쌍성총관부라는 통치기관을 설치하였는데 공민왕 때 고려가 되찾았는데 명나라가 원나라의 땅이었던 곳은 모두 자기네 땅이라고 철령 이북 지역을 내놓으라고 요구), 명나라의 요구에 반발한 최영 장군은 요동정벌을 주장했다.

1388년 최영은 팔도도통사가 되어 우군도통사에 이성계, 좌군도통사에 조민수를 삼고 요동을 정벌하려 했다. 이에 이성계는 요동정벌에 나섰다가 이를 불가능한 일이라 여겨 압록강 하류 위화도에서 회군한 후 1392년 고려를 무너뜨리고 조선을 건국하였다.

참고 고려의 탄약 비축사

고려 말기에는 화약을 제조하던 화통도감(火㷁都監)의 관청이 있었는데, 이는 1377년(우왕 3년)에 화약제조에 성공한 최무선의 건의에 따라 설치되었다. 최무선은 당시 극심했던 왜구의 침입을 막기 위해 화약제조에 전력했고, 그 결과 화약의 주 원료인 염초(焰硝)의 제조에 성공하여 본격적인 화약생산을 위해 화통도감의 설치를 건의했다. 화통도감이 설치됨으로써 화약이 다량으로 생산되기에 이르렀고, 이것은 1380년 진포(鎭浦), 1383년 진도(珍島)에서 왜구를 무찌르는 데 큰 위력을 발휘했고 1388년(창왕 1년)에 군기시(軍器寺)에 합속하게 되었다.

4. 정도전의 민본사상

민본사상을 근간으로 한 조선건국 이념과 유비고는 봉건시대나 왕권시대를 뛰어넘는 획기적인 시대를 불러왔다. 조선 건국의 초석을 놓은 정도전은 이성계에게 많은 영향을 미쳤다. 이러한 기본 이념과 제도가 왕자(이방원)의 난으로 실효성이 퇴색되긴 했지만 그 사상만큼은 경국대전, 과거제도 등의 법치주의로 이어져 인재를 등용하는 데 있어서도 정실주의를 배제하는 결정적 역할을 하였다고 할 수 있다. 민본사상은 유비고 설치의 배경이 되기도 한 것이다.

정도전은 실질적으로 조선의 건국 이념과 모든 제도 등을 설계 작성한 위대한 유학자이자 정치가(stateman)이다.

관련 글

정도전의 생애와 활약상

정도전은 여말 이색의 문하에 들어가 정몽주를 만나 우정을 쌓으며 함께 개혁의 의지를 다졌다. 원을 내치고 명을 가까이 하고 사병을 혁파해 국방력을 길러야 한다는 상소로 이인임과 신돈의 미움을 사 귀양길에 올랐다. 귀양에서 돌아와 영주에서 부모님의 삼년상을 치르며 학문에 매진하면서 칠 년 동안 유랑하며 곤궁한 백성들의 삶과 관리들의 폭정을 목격하고 더욱더 개혁의 의지를 불태웠다. 삼각산에 움막을 짓고 정착하며, 함경도의 이성계를 만나 바른 세상에 대해 논하며 난국의 시대를 근심하며, 이성계의 위화도 회군에 일조하였다.

민본사상의 형성배경과 내용

청년시절 정도전의 사상 형성에 영향을 준 사람은 이색과 정몽주였다. 정몽주는 대학과 중용을 권유하고, 맹자를 준다. 맹자는 논어보다 '민본과 민생'을 강조하고 역성혁명의 정당성을 제시했다. 모친과 처가 노비 출신이라는 혈통상의 문제가 혁명관에 영향을 주었을 것이다. 멸시와 천대, 가난과 방랑 속에 혁명으로 비화한 것이다. 삼봉(정도전의 호)은 백성, 국가, 군주의 순으로 백성의 경제적 안정 수단으로 철저한 정치개혁, 전제개혁 등을 실시했다.

정도전의 민본사상의 특징

유교적 이상국가의 건설, 민본, 혁명사상의 발전적 체계화, 재상중심 통치체제의 구상, 배불론의 체계화, 민족적 자주의식의 고양 등으로 요약된다.

정도전의 개혁사상은 첫째, 여말 국가적인 시련과 사회적인 혼란을 수습하기 위한 대책으로서 양인(良人)을 근간으로 하는 국가의 건설과 자주국방의 확립을 목표로 하였다. 둘째, 혁명사상에 입각한 왕위 교체는 선양과 방법으로 이성계는 선양(禪讓)에 의해 추대되었다. 이러한 사상적 기초가 민본사상과 혁명사상이었다. 셋째, 재상주의 사상인데 군주는 최고의 통치권을 갖고 전국의 토지와 민을 지배하나, 실질적인 통치권은 재상(宰相)이 갖는 재상중심주의체제를 지향했다. 넷째, 성리학을 중심으로 한 배불론이다. 다섯째, 민족적 자주의식의 확대 등으로 한민족의 역사와 문화를 중국과 동등한 수준으로 생각하고 있었다.

민본 사상적 과전법 사례

정도전은 민생을 안정시키고 백성의 균등한 생활 향상을 위해서는 농업생산이 진흥되어야 하고 토지소유관계가 재조정되어야 한다고 보았다. 고려 말 사회적 모순의 가장 큰 원인은 토지소유의 극단적인 불평등에 있으므로 토지제도의 전면적 개혁이 요청됨에 따라 중국 삼대(三代)의 공전제(公田制)에 이상을 둔 철저한 전제개혁을 통한 계민수전(計民授田)에 의한 자작농의 창출과 경제적 평등의 실현을 목표로 하였다.

빈민구제를 위한 정책으로서 의창(義倉) 및 혜민전약국(惠民典藥局, 조선 왕조 초기에 질병을 고치던 관아) 제도가 도입되어야 하며, 전쟁이나 흉년을 대비하기 위하여 최소한 3년을 쓸 수 있는 저축(비축)이 필요하다고 보았다.

이종수/이병렬, "정도전의 민본행정사상 연구", 한국행정학회 동계학술대회, 2014. 12. 12. 발췌

정도전의 재상중심주의론의 영향

정도전의 재상중심주의론은 조선왕조 500년 동안 골격을 유지하면서 의정부(議政府)와 육조(六曹)체제의 과거제도에 따른 실적주의 관료제가 요지였는데, 그 대표적 사례가 여말의 관료이자 조선왕조 초기의 3대 왕(정종-태종-세종)을 거치는 동안 18년간이나 재상(영의정)을 역임한 황희이며, 이는 행정의 총책임자의 위치에서 세계사에서도 보기 드물게 오랫동안 재상의 역할을 하였다는 사실(史實)이다.

(사)방촌황희선생사상연구회, "세종대 정치와 방촌 황희 선생", 제2회 방촌 학술대회, 2016. 6. 30. 일부 발췌

참고 비축(備蓄) 및 비축 유사 용어

비(備) : (1) 예비할 비(예판 : 豫辦) (2) 방비할 비(방야 : 防也) (3) 더할 비(加也)

축(蓄) : (1) 모을 축(취야 : 聚也) (2) 감출 축(장야 : 藏也)

따라서 예비적으로 모은 것. 예비적으로 감추는 것. 방비를 위해 모으는 것. 방비를 위해 감추는 것.

비축 : 만약의 경우를 위하여 저축하여 둠.

비황저축(備荒貯蓄) : 어려운 고비에 쓰기 위하여 미리 마련해 두는 저축(store). 비축은 비황저축에서 파생되었다고 할 수 있다.

예를 들면 경제(經濟)는 경세제민(經世濟民 : 세상을 다스리고 백성을 구제함)의 준말이다.

stockpile(비축)**의 유사 용어** : stock(재고), store(저장), reserve(예비), saving(저축)

유비무환(有備無患) : 준비가 있으면 근심할 것 없음.

chapter 2

비축학의 의의

제1절 학문으로서의 가능성 논의 ● 제2절 비축학의 개념 ● 제3절 학의 제개념

제4절 비축학의 성립과 가치 ● 제5절 비축학의 연구방법

제6절 비축학과 인접 학문(유사점과 차이점) ● 제7절 비축학의 필요성

제1절 학문으로서의 가능성 논의

비축학에 대한 연구가 과연 하나의 독립된 과학(학)으로서 성립될 수 있는가?(Is science of stockpile a science?) 만약 성립될 수 있다면 그 이론적 근거는 무엇이며 성립의 전제가 되는 조건은 무엇인가? 또한 비축학이 사회과학에서 어떠한 위치를 차지하는가 하는 일련의 의문이 제기된다. 필자는 국내외 학술대회에서 비축에 대한 지속적인 관심을 가져 특히 외국의 학자들에게 "당신들 나라에서는 왜 비축학을 연구하지 않냐?" 고 질문한다. 돌아오는 대답은 "중요성을 느끼지 못해서" 이다. 과연 그럴까 의문이 든다.

실제 선진국을 비롯하여 많은 국가에서 비축관련 법령이나 제도가 필요하다고 인식하여 운영하고 있고 우리의 실생활과도 밀접하다. 그럼에도 이에 대한 학문이나 학으로서의 연구가 종합적 · 체계적이지 않고, 비상시 즉 천재지변이나 기후 변화에 따른 문제가 발생할 때마다 임기응변으로 호들갑스럽게 대처해 왔다. 우리나라도 예외일 수는 없다.

제2절 비축학의 개념

비축학이란 '비축 현상을 연구하는 학문' 이다. 여기에는 심오한 뜻이 함축되어 있다. 비축학이 학문 구조상 사회과학의 한 분과학문으로 성립될 수 있는 가치가 현실적으로 존재하고 있다는 것이다. 따라서 이에 대한 분석 차원에서 기술한다.

먼저 현상(phenomenon)이란 후설(E. Hussel)이 대표적으로 설명하였지만 베버(M. Weber)는 동기와 주관적 의미를 강조하였고, 뒤르켐(Emile Durkheim)은 '사회적 사실을 일종의 사물처럼 간주하라' 는 모토를 제시하였다.

제3절 학의 제개념

학(학문)(learning)이란 무엇인가?

1. 사전적 의미

i) Webster' s New Collegiate Dictionary : (a) the act in experience of one that learns. (b) knowledge or skill acquired by instruction or study. (c) modification of a behavior tendency by experience.

ii) The Random House Dictionary of the English Language : (a) knowledge acquired by systematic study in any field of scholarly application. (b) the act or process of acquiring knowledge or skill. (c) Psychol. the modification of behavior through practice, training or experience.

iii) 사전에는 학(science, wissenschaft)이란 철학 또는 전문적인 여러 과학을 포함하는 지식의 조직체, 곧 현실의 전체 또는 그 특수한 영역 및 측면에 관하여 체계화된 지식의 계통적 인식이며, 학문이란 배워서 익힘, 체계화된 지식, 학식을 의미한다.

2. 과학으로서의 개념[1]

어떠한 학문을 막론하고 그것이 적어도 하나의 학(學)으로서 성립되기 위해서는 무엇보다도 먼저 '인식의 대상과 방법' 이 규정되어야 하는데, 바로 이것을 논의하여 규정하는 것을 방법론이라고 한다. 실제 연구에 있어서는 무엇보다도 먼저 현상 그 자체의 실체를 파악하는 것이 오히려 정도가 아닐까 한다.

---

1. 이극찬, 『정치학』, 법문사, 1978.

3. 공자(Confucian)가 보는 학의 개념[2]

공자도 학을 여러 가지로 풀이하지만 축약해서 말하면 학이 곧 '일' (work)하는 것이라고 보는 입장이다.

사회적 관계를 향상시키는 것이 일이다. 고대에 우왕(禹王)이 홍수를 다스리는 일은 가시화된 일이다. 그러나 홍수를 막음은 홍수를 막음에 목적이 있는 것이 아니고 홍수를 막음으로써 사람들 사이의 생활을 행복하게 하기 위함이다.

논어는 학(學)을 다음과 같이 정의한다.

(1) 행정을 공부하는 것이 학이다.
(2) 생각하는 능력을 키우는 것이 학이다.
(3) 몸으로써 하는 것이 학이다.
(4) 질(質)과 문(文)이 모두 있어야 하는 것이 학이다.
(5) 바른 역사를 잇고자 함이 학이다.
(6) 죽을 때까지 하는 것이 학이다.
(7) 미(美)를 추구함이 학이다.
(8) 세상의 변화를 예측하는 것이 학이다.
(9) 늘 하는 것이 학이다.

이와 같이 공자는 학의 개념을 구체적이고 광범위하게 설명하고 있다.

■■ 에피소드 ■■

필자는 학창시절 한문을 배울 때 애(愛)자와 학(學)자를 좋아했다. 애학(愛學), 즉 학(배움)을 사랑하거나 좋아한다는 뜻이다.

---

2. 이문영, 『논어맹자와 행정학』, 나남출판, 1996.

4. LET' S S의 개념

LET' S S에서 '학(學)' 이란 배우고(learn), 경험하고(experience), 가르치고(teach), 의미 있는 일(something)을 연구하는(study) 것이라는 뜻이다. 영어의 약자로 표현하면 LET' S S로 "함께 연구하자" 라는 뜻이 된다. 이것은 학문의 진보, 인류의 발전을 지향하며, 현대 서양의 실용주의(pragmatism), 동양의 실사구시(實事求是)와도 일맥상통하는 부분이라 할 수 있다.

5. 과학의 방법

일반적으로 과학이나 과학적 방법은 일정한 수의 가설과 원칙(assumption and principle)으로 이루어진다. 이삭(Alan C. Isaak)은 『정치학의 범위와 방법』(*scope and method of political science*)에서 하나의 학문이 성립되려면 최소한 세 가지 요건을 충족해야 한다고 한다. 첫째, 일정한 유형의 결정론(determinism)이나 보편적 인과법칙(law of universal causation)을 전제로 해야 하고, 둘째, 경험적 명제(empirical proposition)에 기초를 두어야 하고, 셋째, 체제적 성격(systematic nature)을 가져야 한다. 또한 그 목적은 경험적 일반화(generalization)를 구성하고 검증하며, 체제이론(systematic theory)을 발전시키고 최종적으로 그것을 설명하고 예측하는 것이다. 다이크(Vernon Van Dyke)는 『정치학』(*political science*)에서 학문에 관한 정의의 공통요소로서 검증가능성(verifiability), 체제(system) 및 일반성(generality)을 들고 있기도 하다.

제4절 비축학의 성립과 가치

이와 같이 비축, 현상 그리고 학의 개념을 살펴본바, 비축이 학으로서 연구할 충분한 가치와 실용성을 함축(implication)하고 있다고 하겠다.

비축학은 현실 세계의 기반이며, 비축학이라는 새로운 지식이 미래를 이끌고 부

(wealth)를 창출한다고 할 수 있다. 비축이라는 추상적 개념을 경험과 온축(蘊蓄)을 통하여 현실적으로 해석할 수 있다.

제5절 비축학의 연구방법

1. 역사적 접근방법(historical approach)

선사시대, 고대, 중세(봉건시대), 근대 및 현대로 구분하여 동서양의 역사서와 전쟁사 등의 자료를 통하여 비축과 관련된 기록을 탐색하여 비축의 발전과정을 분석, 정리하였다.

2. 연역적 접근방법(deductive approach)

유구한 역사를 지닌 우리나라에서 출발한 학문이 있을 것을 예상하고 대국사사전에서 '유비고' 를 발견하고 "바로 이것이다." 하고 무릎을 친 후 세계사를 보면서 연구하기 시작한 것이다.

3. 귀납적 접근방법(inductive approach)

사회과학의 일반적 연구방법으로 가설, 자료수집, 공통요소(사항) 분석, 정리의 순서로 접근하였다.

4. 법적 · 제도적 연구방법

이는 정태적 연구방법(static approach)으로 실제적으로 운영하고 있는 시스템(system)의 근거가 될 수 있도록 법적 · 제도적으로 연구하였다.

5. 사회학적 · 심리학적 연구방법

이는 동태적 연구방법(dynamic approach)으로 인간은 사회적 동물이므로 사회과학은 인간의 심리에 의해 발생되는 경우가 많으므로 비축학 연구에도 적용하였다.

6. 경험적 연구방법

베이컨의 경험론을 빌리지 아니하더라도 비축현상에 대한 관심과 비축정책을 집행한 경험칙이 비축학 연구에 많은 역할을 하였다.

7. 혼합적 접근방법

오늘날의 세계는 복잡화 사회라 할 수 있으므로 보다 현실성 있게 사례연구, 현장답사 및 면담 등으로 가능한 한 여러 연구방법을 혼합한 접근방법으로 연구하였다.

제6절 비축학과 인접 학문(유사점과 차이점)

어느 학문이든 독자적으로 성립될 수 없고 인접 학문과의 영향(influence)을 주고받는 관계를 가지고 있다. 옥스퍼드 대학 사이드(Said) 경영대학원장인 피터 투파노(Peter Tuano)는 여러 가치가 충돌할 때 옳은 의사결정을 내리려면 여러 학문을 폭넓게 접해야 한다고 하였다. 특히 오늘날 통섭학문(Consilience)이 주목을 받고 있어 비축학도 이에 수반될 수밖에 없다. 따라서 비축학과 관련된 인접 학문을 나열하고 간략히 설명한다.

1. 정책학

정부활동의 의지는 정책이라는 이름으로 표명되며, 정책의 형성, 결정, 집행 및 평가라는 측면에서 비축의 형성, 결정, 집행 및 평가로 과정상 유사하다.

2. 경제학

경제학이 한 사회가 희소자원을 어떻게 관리하는지 연구하는 학문[3]이라 할 때 주로 희소자원을 비축하는 면에서 상당한 밀접한 관계에 놓이게 된다.

3. 행정학(재무행정)

정치적 권력을 배경으로 공공이익을 창출하여 국민복지의 증진에 기여한다는 측면에서 한정된 자원을 합리적으로 비축하여 취약층을 위하여 공공이익에 기여할 수 있다는 비축행정에 접목한다. 비축행정은 재무행정의 한 분과에 속한다.

4. 구매론

구매론은 비축학의 전 단계라 할 수 있다. 구매 물자는 즉시 공급 또는 사용하지만, 비축 물자는 비축(보관)하였다가 공급 또는 방출하는 데 차이가 있다.

5. 사회학

사회현상에 대한 여러 가지 문제에 대한 예방 및 해결 수단이 비축학 연구에 큰 변수가 된다. 즉 전쟁이나 테러 등에 대비하기 위한 사회학적 현상이나 탐구가 비축학적 현상이나 탐구에 영향을 미친다는 것이다.

6. 국제정치학

국제화 시대에 수요와 공급에 영향을 주는 국제정치가 자원의 확보 및 비축에 상

3. 맨큐(N. Gregory Mankiw)의 정의.

당한 영향력(influence)을 미친다. 자원이 부족한 우리나라로서는 국제적 관계유지가 필요하다 하겠다.

7. 지리학

지구상 모든 국가는 편재된 지역에 있으므로 각국의 지질학에 따른 자원의 형성 과정, 분포 및 부존자원의 특성이 상이하므로 대륙별, 국가별로 분석이 필요한 것이다.

8. 상(품)학

오래된 학문으로 상품을 통한 무역거래로 부존자원의 품질과 특성을 알아내고 거래활성화에 기여한다.

9. 법(률)학

근대의 법치사상에 입각한 법학은 물자 비축이나 방출 시 절차에 따른 법률, 조약, 국제신용장이나 국제관습법 등으로 비축학의 법적 근거를 제시한다. 특히 비축물자의 매매행위는 사법상 계약인 민법과 불가분의 관계가 있다.

2인 이상의 당사자가 청약과 승낙이라는 서로 대립되는 의사표시를 하고 그 합치로 성립하는 법률행위이므로 비축의 계약이나 방출에도 그 원리가 적용된다.

10. 경영학

경영학은 기업의 경영과 영리를 연구대상으로 하므로 비축의 경영과 경제학의 응용분야에서 실질적으로 활용되고 있다는 점에서 비축경영의 합리화의 패러다임(paradigm)에 기여할 수 있다.

11. 심리학

"경제는 심리다."라는 말이 있다. 비축학도 사회과학의 한 분과이므로 인간관계의 심리를 도외시할 수 없다. 비축은 여유시간을 확보해 줌으로써 불안한 인간심리를 완화해 준다는 점에서 경제적이고 효과적이라 할 수 있다.

12. 군사학

세계는 여전히 전쟁과 평화가 상존하고 있다. 전통적인 군사전략과 비상계획에 따른 비축물자의 계획, 획득, 보관 및 공급이 일반적으로 말하는 비축의 한 축을 담당하므로 계획, 구매, 저장, 방출 및 관리와 유사한 절차를 거치고 있다.

특히 현대에 많이 인용되는 전략(strategy)이라는 말이 군사학에서 출발했으나 비축학에도 원용되고 있다.

제7절 비축학의 필요성

인류의 발전과 더불어 개인이나 기업, 국가가 발전하기 위해서는, 특히 기술 · 통신의 발달로 인한 첨단산업의 발전을 위해서는 비축이 필요하므로 비축학의 연구가 더욱 탄력을 받을 것이다.

1. 자원의 안정적 확보[4]

자원은 희소하다는 것이 경제학에서 주장되어 온 자연관이다. 인류문명은 자원의 활용을 기반으로 발달해 왔으며, 자원문제는 인류의 역사와 더불어 제기되어 경제성장과 함께 끊임없는 도전의 대상이 되어 왔으며, 자원문제가 이론적으로 제기된

4. B. L. Gardner, "Optional Stockpile of Grain," New York D.C. Heath, 1979, p.2.

것은 맬더스(Malthus)와 제본스(Jevons)에 의해 시작되었다. 맬더스는 "인구의 증가는 기하급수적으로 증가하나 식량은 산술급수적으로 증가한다."고 하였으며, 이미 제본스는 영국이 석탄소비를 매년 3.5%씩 증가시키면 오래지 않아 석탄수급에 심각한 차질을 빚게 될 것이라고 경고한 바 있다. 그러나 18~19세기 제국주의의 대두와 식민주의에 의한 자원강점 시대를 거쳐 20세기 양차 세계대전이 종식될 때까지도 자원의 중요성이 크게 인정받지 못하였다. 대부분의 경제학자나 전문가들조차 자유경제 시장에서는 한정된 자원이 급격한 고갈상태를 나타내더라도 수요량은 공급량을 결코 초과할 수 없다. 그 이유는 가격이 수요량과 공급량의 차를 조절하여 주기 때문에 수요와 공급은 항상 균형을 이루기 때문이라고 믿고 있었다. 그러나 제2차 세계대전의 종식과 더불어 식민지가 대거 독립하고 대부분 식민경험을 한 식민보호국들이 보유자산에 대한 주권을 강화하고 1973년과 1979년의 양차에 걸친 석유파동(oil shock)이 세계경제에 미치는 영향이 심각하게 되자 자원에 대한 많은 관심이 대두되었다. 특히 자원은 노동 · 자본 · 기술과 함께 기본적인 생산요소의 하나로서 오랜 역사를 통해 경제성장에 크게 기여하여 왔으며, 최근에는 산업화 및 공업화와 폭발적인 인구증가로 자원소비량이 급격히 증가하고, 부존의 한계점과 편재성 등으로 수급불균형이 예상됨에 따라 각국은 자원의 안정적 확보를 위하여 수입선의 다변화, 개발수입의 확대, 자원보유국과의 경제협력증진, 에너지 절약 및 대체 에너지의 개발 등에 힘쓰고 있다.

2. 국가위기 대비수단

식량 · 석유 · 희소금속 · 생필품 등 중요 전략물자의 비축은 전시 또는 재해와 같은 국가비상 시에 수급조절과 국민생활안정을 위한 수단으로 활용할 수 있다. 전시에 필요한 물자와 제품을 가진 국가는 많은 융통성을 가질 수 있기 때문에 비상사태에 적절히 대응할 수 있다.

미국은 전시에 대비한 전략물자의 비축에 치중하고 있으며, 스웨덴은 종합적인 방위정책의 하나로 그리고 평시라 하더라도 1973년의 석유파동과 같은 공급부족 사태에 대비하기 위하여 중요한 물자를 비축하고 있다. 또한 프랑스는 군사 · 산업 ·

민간 수요를 충족하기 위하여 비축을 실시하고 있다.

3. 물가안정과 경제발전

정부는 완충재고 비축을 활용하여 가격이 불안정한 상품의 단기적인 가격변동을 완화시킬 수 있으며, 재화의 비축 및 방출은 정부투자와 마찬가지로 유효수요를 증감시킬 수 있다.

재화(goods)의 시장가격은 수급의 법칙(law of demand and supply)에 의하여 결정된다. 즉 수요가 증가하면 가격은 상승하고 수요가 감소하면 가격은 하락한다. 한편 공급이 증가하면 가격은 하락하고 공급이 감소하면 가격은 상승한다.

따라서 수요량이나 공급량을 조절함으로써 가격을 조절할 수 있다. 미국의 존슨 행정부(John Administration)는 1960년대 중반에 가격이 상승하는 것을 방지하기 위해 비축해 둔 알루미늄과 전기동을 매각하였다.

상품가격 상승 시 비축물자의 방출은 공급의 증대를 가져와 가격을 하락시키고, 원자재 가격의 상승으로 생산원가가 증가되어 제품가격이 상승하는 경우에도 비축된 원자재를 적정가격에 방출하여 생산원가를 줄여 기업의 생산활동을 촉진하고 상품의 가격상승을 예방할 수 있다. 또한 물자의 비축과 판매는 정부투자와 마찬가지로 유효수요를 증감시킴으로써 경기조절기능을 수행할 수 있다. 케인스(Keynes)와 사무엘슨(Samuelson)에 의해 정립된 승수와 가속도 원리 결합의 일반식 '$Y_t = G_t + \alpha(1 + \beta)Y_t - 1 - \alpha\beta Y_t - 2$'[5]에서 G_t와 마찬가지로 물자의 비축 및 방출에 의해 발생하는 유효수요의 증감을 조절하여 국민소득 수준을 변동시킬 수 있다.

물자의 비축은 정부자금의 기업 유입으로 유효수요 증가를 가져오며 불황 시에 기업의 재고누증 물자를 구매·비축함으로써 생산활동을 촉진하여 투자를 계속 하도록 하여 국민소득을 증가시킨다. 재화에 대한 과잉 수요로 물가가 상승함에 따라 생산재 구입에 대한 비용증가(cost push)의 영향이 크게 나타나 생산이 위축될 때 비축된 원자재의 방출로 생산원가의 적정수준을 유지하여 생산활동을 계속 하도록 하

---

5. Y_t는 t기의 국민소득, G_t는 정부지출, α는 한계소비성향, β는 가속도 계수.

여 경기침체를 막아 국민경제의 안정적 발전을 도모할 수 있다. 이와 같이 정부의 적절한 물자의 비축 및 방출은 유효수요(an effective demand)의 크기를 조절하여 생산활동의 안정을 기하고 경기불황이 없는 안정적 경기성장을 도모할 수 있다.

부연 · 요약하면 기업은 계속기업(going concern)을 원하고, 정부(국가)는 국민의 생활수준을 향상시키고 기업을 지원하는 역할을 한다. 개인은 안정되고 여유로운 행복 추구를 위해 비축에 대한 필요성을 느낄 것이다.

정부의 비축제도는 민간이 재정여건 등으로 비축할 수 없는 부문인 국가안전보장이나 국내수급 조절을 위하여 필요한 것이다.

chapter 3

세계적 관점에서 본 비축의 의의

제1절 비축의 개념 • **제2절** 비축의 주체 • **제3절** 비축의 대상

제4절 비축의 목적 • **제5절** 비축의 종류(형태)

오랜 역사를 지닌 비축은 어느 한 국가의 민족주의(nationalism)을 넘어 세계적 관점(cosmopolitanism)에서 이해하여야 한다. 특히 오늘날 지구촌 시대에는 더욱 그러하다. 선진국을 중심으로 비축에 대한 관심과 중요성이 점점 더 부각되고 있으며, 학문적으로도 국경을 초월하여 전세계적 관점에서 검토와 논의의 필요성이 있다 하겠다.

제1절 비축의 개념

1. 이론적 개념

비축이란 형이하학적 물질적 측면에서 "만약의 경우를 대비하여 미리 갖추어 모아 두거나 저축하는 것", "단순히 물자의 보관", "불확실한 장래에 대비하기 위하여 저축된 자원" 또는 "인간으로 하여금 불확실한 장래를 대비케 하고 생존을 유지하는 적극적인 대비책" 등의 의미도 있다.

그러나 일반적으로 비축(stockpile)이란 "부족할 때 사용하기 위하여 일정한 지역에 필수품, 즉 상품, 원자재, 식량 등을 예비용으로 저장하는 것"을 말한다.[1]

2. 사전적 의미

(1) 공사자재 더미. 전략물자 · 국방물자 등의 비상용 집적품. 정상의 보유기준을 넘는 탄약 · 무기 등의 비축품, 축적품. 저장 특유탄약 전비(戰備)로서의 핵무기를 말함. 핵무기 보유량. (2) 원료 · 식량 · 탄약 등을 저장(축적). (『영한대사전』, 금성사)

Stockpile : A supply of material, as a pile of gravel on road maintenance. A large supply of some metal, chemical, food, etc., gathered

1. 황재국, 『세계 각국의 비축제도』, 청구, 2000.

and held in reserve for use during a shortage or during a period of high prices. A quantity, as a munitions or weapons, accumulated for possible future use. (*The random house dictionary of the english dictionary*, Si-sa-young-o-sa, Inc./Random House, Inc.)

3. 법률적 정의

비축물자의 법률적 정의는 조달사업에 관한법률(2016.5.29.) 제2조에서 장단기의 원활한 물자수급과 물가안정을 위하여 정부가 단독으로 또는 정부와 민간이 협력하여 비축하거나 공급하는 생활필수품, 원자재 및 시설자재로서 대통령령이 정하는 물자를 말한다. 동법 시행령 제3조(비축물자의 범위)에서는 (1) 해외 의존도가 높은 물자, (2) 국민생활안정에 매우 중요한 물자를 말한다. (3) 방위사업법 제3조(방위산업물자의 범위)에는 방위산업물자의 안정적 생산을 위하여 필요한 물자, (4) 그 밖에 물가안정과 수급조절을 위하여 긴급히 대처할 필요가 있다고 인정하는 물자로 되어 있다.

방위사업법 제3조에는 방위산업 생산의 안정적 공급을 위하여 필요한 물자로 방위산업물자란 군수품 중 제34조(방산물자의 지정) 규정에 의하여 지정된 물자를 말한다.

① 방위사업청장은 산업통상자원부 장관과 협의하여 무기체계로 분류된 물자 중에서 안정적인 조달원 확보 및 엄격한 품질보증 등을 위하여 필요한 물자를 방산물자로 지정할 수 있다. 다만, 무기체계로 분류되지 아니한 물자로서 대통령령이 정하는 물자에 대하여는 이를 방산물자로 지정할 수 있다.

② 방산물자는 주요방산물자와 일반방산물자로 구분하여 지정한다.

■■ 에피소드 ■■

필자는 많은 사람들로부터 다소 생소한 비축이 무엇이냐는 질문을 받는다. 이에 사람들이 이해하기 쉽게, 비축이란 "인간이 삶의 질(quality of life)을 향상시키고 위기상황(emergency)에 대비하는 물적 행위"라고 말한다.

제2절 비축의 주체

비축의 주체는 가계, 기업, 정부 등과 같이 자기의 의사와 판단에 따라 비축활동을 하는 자를 말한다.

1. 가계

가계는 소비하는 주체로 일상생활에 필요로 하며 국민경제로 확대된다.

2. 기업

기업은 계속기업(going concern)을 말하며, 주로 생산하는 주체로 영리를 목적으로 한다.

3. 정부(공공단체)

정부는 주로 서비스하는 주체로 국가나 공공의 이익(복리)을 위해 활동하는 단체이다.

참고 정부의 계약

국가와 계약자가 상호 대등한 사법적(私法的) 관계로 이루어지기 때문에 개인의 지위가 인정되고 향상된 자본주의 체제를 갖추어야만 가능하다.

4. 혼합형

혼합형은 민 · 관 공동형으로 최근의 동향인데 민간단체(조합, 기업)와 정부의 혼합형태이다. 민간 주도에 정부가 적극적 지원하는 형태로 비축의 목표일수가 분할되어 있고 단기적으로는 민간, 장기적으로는 정부가 책임지는 형태이다. 그 예로 일본이 대표적이다.

제3절 비축의 대상

1. 개관

고대에 비축의 대상은 인간의 생활영위 및 생산에 이용되는 유형자산인 물적 자원이었다. 하지만 근 · 현대에 들어서는 자원의 상황이 변하고 있으므로 이에 대해 비축 대상의 형태별 · 사용방법별로 설명(분류)한다.

오늘날의 교통통신과 첨단기술과 의료기술의 발달로 인해 다양한 물적 자원과 원자재, 심지어 인체의 일부까지 비축의 대상이 될 수 있다.

2. 유형자산

가. 천연자원

자연적 현상인 태양열 · 물 · 땅을 들 수 있다. 이것은 생산물질의 모태가 된다. 이들 자원 속에 생물자원과 광물자원(지하자원)이 존재하는 것이다. 자원 이론의 관점에서 재생산이 가능한 자원으로 태양열, 풍력, 수력 등이 있고 재생산이 불가능한 자원으로는 광물자원과 화석연료가 있다. 특히 단기적으로는 재생산이 불가능한 자원이 현재의 경제체제 하에서 주목되고 있으며 목재자원과 천연자원(구리 · 아연 · 알루미늄 · 니켈 · 철광석 등), 화석연료(석탄 · 석유 · 천연가스 · 원료탄 · 우라늄)가 주 대상이다.

나. 경제자원

자원은 인간의 생활 유지 및 영위에 필요한 식량자원과, 공업생산의 과정에 필요한 원료자원으로 나눌 수 있는데, 원료자원은 공업원료(중화학원료 · 화학연료 · 경공업원료)나 에너지원(광 · 열 · 동력의 원료)을 말한다. 식량자원과 원료자원은 2차, 3차로 가공되어 경제발전의 단계에 맞는 인간 생활 및 생산활동에 필요한 물질로 변모하게 된다.

다. 현대의 자원 현황

현대의 공업사회에 있어서 원료자원은 주로 재생 불가능한 지하자원이며, 가장 현대적인 의미의 자원이다. 또한 이 원료자원으로서의 광물자원과 에너지원도 공업생산의 양적 · 기술적 발전, 그 집중화와 대규모화에 대응하여 다양하게 변화해 왔다. 공업원료의 경우는 산업혁명 후 철을 중심으로 한 금속광물의 개발 및 이용이 전개되었지만, 오늘날에는 기술적 합성이 가능한 화학연료에 초점이 맞춰져 있다.

에너지 원료의 경우는 제2차 세계대전 후 석유자원의 대규모 개발과 생산 확대에 따라 종전까지 공장제 생산의 동력원이자 철 생산을 위한 에너지원이었던 석탄이 석유로 대체되어 자본주의 경제의 기반을 이루고 나아가 내연기관 도입으로 동력원의 효율화를 꾀하고 있다. 동시에 파이프라인의 발전과 함께 천연가스의 수요가 급속히 늘어나는 추세이다.

또한 이들 화석연료는 2차 에너지인 전력으로 전환하여 공급되며, 그 비중은 점점 커지고 있다. 원자력이 에너지원에 새로이 첨가되어 석유, 석탄, 천연가스와 함께 이른바 4대 에너지원이 되었다. 우라늄의 핵분열을 통해 대량의 에너지의 효율적인 획득이 가능해졌으며, 화석연료보다는 낮은 비용으로 전력생산을 하는 것도 가능해졌다. 이미 원자력 발전은 세계 각국에서 추진되고 있으며 한국에서도 원자력 발전소가 가동되고 있다.

이처럼 자원의 내용은 사회적 수요의 확대와 기술발전에 대응하여 질적 · 양적으로 변화 · 유동하고 있다.[2]

3. 자원의 형태별 대상

가. 원재료(raw materials)

천연 그대로, 즉 가공하지 않은 원래 상태로 비축하는 물자를 말한다.

나. 가공품(semi-products)

원재료를 1차 또는 2차 가공한 중간 물자를 말한다.

다. 완제품(goods)

더 이상 가공할 필요가 없이 즉시 사용할 수 있는 물품을 말한다.

4. 자원의 사용 방법별 대상

가. 필수 품목(necessary materials)

각국에서 공통적으로 필요한 품목이다. 예를 들면 생활필수품으로 인간이 살아가기 위해 반드시 필요한 품목으로 의식주와 관련되어 있다.

참고 소금 이야기

중국의 소금은 바다에서 나는 해염(海鹽), 굴착기를 통해 파내는 정염(井鹽), 내륙의 호수에서 얻어내는 호염(胡鹽)의 세 종류로 크게 나뉜다. 바다 소금으로는 동남부 연안인 장쑤(江蘇)의 옌청(鹽城)이 가장 유명하다. 인근의 유명 역사적 도시이자 신라 최치원(崔致遠)이 벼슬살이를 했던 양저우(楊州)는 바다 소금의 거래와 유통으로 성장한 대도시이다. 중국 서남부의 중심을 형성

2. http://100.daum.net/ency/print/b18j2407b002clopedia 2015. 07-16

■ 양질의 소금 생산지 : 중국 운남성과 경계지역인 티베트의 염정(鹽井)

하고 있는 쓰촨(四川)은 정염으로 유명하다. 이곳의 쯔궁(自貢)이라는 도시의 성장 역사는 정염과 맥락을 함께 하고 있다. 상고 시대 이곳이 유럽의 사해(死海)와 같은 내륙 속 바다였음을 짐작하게 하는 대목이다. 중국 초기의 황하(黃河)문명이 이곳에서 움텄으리라 보는 사람도 적지 않다. 땅이 넓은 만큼 내륙의 소금 산지도 상당히 많고 티베트, 신장위구루 지역, 서남부의 쓰촨 등에서도 대량의 소금이 나온다.

중앙일보, 2014. 11. 29.

우리나라에서도 근대의 염법뿐만 아니라 현대에는 생활필수품이며 조미료의 대종을 이루고 있는 소금의 중요성을 인식하고, 소금(鹽)에 대하여 1963년 '염관리법'을 제정, 소금을 광물질로 분류, 시행하다가 소금산업의 발전 및 경쟁력 강화를 도모하고 국민에게 품질 좋은 소금 및 소금가공품을 공급함으로써 국가경제 발전과 국민의 삶의 질 향상에 이바지함을 목적으로 하여 2011년 '소금산업진흥법'을 새로 제정하여 식품위생법에 적용토록 하고 있다.

나. 선택적 품목(optional materials)

각국의 정책에 따라 선택적으로 필요한 품목이다. 예로서 물가안정을 위한 품목, 국가안전보장을 위한 품목 등으로 구별할 수 있다.

더 구체적으로는 거시적 관점과 미시적 관점으로 구별하여 타국과의 차별화된 품목으로 전략적 가치가 있는 품목이 있다.

5. 무형자산

전통적으로 무형자산의 대표적인 예로 특허권, 실용신안권, 의장권, 상표권 등이 있으며, 최근에 등장한 벤처산업도 확대되는 추세이다. 또한 체력 비축, 에너지 비축 등 다양한 형태의 계정(account)도 있을 수 있다.

6. 기타 특수 자산

첨단 의료기술로 인체와 관련된 의료기기(장비)와, 미국에서 '바이오뱅크' 라고 부르는 인체조직을 관리하는 기관과 같이 질병관리본부(KCDL)에서 관리하는 국립중앙인체자원은행의 인간의 혈액, 장기이식, 인공수정체, 안구은행 등도 일종의 비축 형태가 될 수 있다.

제4절 비축의 목적

1. 국가의 비축 목적

국가의 비축 목적은 크게 국가안전의 보장과 물가의 안정과 조절 등이며, 여기에는 민간 기업의 협력이 필요하다.

2. 기업의 비축 목적

기업의 비축 목적은 기업의 생산에 드는 원가를 절감하고 필요한 물자를 적기에 공급하기 위함이다. 또한 기업은 사회적 책임으로 공공이익에도 기여하므로 정부와도 유기체적 역할이 필요하다.

제5절 비축의 종류(형태)

비축의 종류는 일반적으로 다음과 같이 분류, 설명할 수 있다.[3]

---

3. 황윤원 · 김성철, 『재무행정론』, 법문사, 2005.

1. 전략비축(strategic stockpile)

전략비축이란 비상시를 대비한 최소 한도의 비축이며, 경제적 가치보다 정책적 동기(motive)에서 수행하는 비축을 말한다.

2. 완충재고비축(buffer stockpile)

완충재고비축이란 상시비축 또는 운영재고 비축으로 불리워지며 단기적인 물가 안정 및 수급안정을 목적으로 하는 경제적 동기(motive)에 의한 비축을 말한다. 또한 재고유지 목적에 있어 민간과 정부 간 괴리에 따른 상충관계(trade-off)와 조정기능(co-ordination)도 수행한다.

3. 경기대응비축(anti-cyclical stockpile)

경기대응비축이란 안전재고라고도 불리워지며 국내수요의 표준편차만큼 비축하는 것을 말한다. 정부비축인 운영재고(operational stock)와 민간비축인 투기재고(speculative stock)로 구분할 수 있다.

4. 기타

이외에 (1) 목적에 따라 전략비축, 경제비축으로, (2) 주체에 따라 정부비축, 민간비축, 공동비축, 가정비축으로, (3) 관리방식에 따라 직접비축, 업계요청비축, 현물대여비축, 환매조건부비축으로, (4) 방출시기에 따라 계획방출과 수시방출로 나눌 수 있다.

참고 불확실한 상황에 대비하는 비축

(1) **상시 비축** : 주로 기업들이 생산을 위한 원자재의 비축

(2) **전시 비축** : 전쟁, 테러 등 위기 시에 대비하는 비축

(3) **물가안정 비축** : 계절, 지역 등에 따라 가격의 편차가 심한 물자를 중심으로 하는, 가격 안정을 꾀하기 위한 비축

part 2

비축의 역사

chapter 4

동서양의 비축 역사

제1절 개관 ● **제2절** 동양의 비축 역사 ● **제3절** 서양의 비축 역사

제1절 개관

비축의 역사는 인류의 탄생과 더불어 시작되었다고 볼 수 있고 1만 5,000년 전에 농경생활이 시작된 것과 더불어 더욱 발전하였다. 인류의 역사는 전쟁의 역사라 할 만큼 동서양을 막론하고 크고 작은 전쟁이 계속되었다. 따라서 비축의 역사도 전쟁의 역사와 궤를 같이하여 왔다고 볼 수 있다. 왜냐하면 전쟁을 위해서는 무기류와 전투식량 등의 비축이 필요하기 때문이다.

1년에 50km밖에 이동 못했던 유목민은 5,000년 '유라시아 로드' 를 연 운송수단인 말과 수레바퀴를 얻는 후 초원지대 전역에서 교역을 할 수 있게 되었다.

흉노와 한국 고대사와의 관계는 러시아 바이칼 호수의 동쪽에서 발견된 기원전 1세기 흉노의 성터인 이볼카 성터에서도 유적을 찾아볼 수 있다. 기록에 따르면 중국은 흉노와 고조선이 통하는 것을 걱정했다.[1] 고대에서 근대까지 동서양을 막론하고 식량 비축은 먹고 남은 식량을 비축하는 수동적인 비축행정을 해왔다.

인류의 발전과 더불어 동서양의 교류의 역사도 깊다. 서양과 동양의 중간에 위치한 고대 이란인들이 실크로드(silk road)를 통해 중국과 한반도로 이주(immigration)한 동기는 시기와 지역에 따라 차이가 있으나 대체로 사회적 원인으로는 자연재해 · 질병 · 유언비어 등이고, 경제적 원인으로는 흉년과 기근, 부의 획득과 무역 등이며, 정치적 원인으로는 전쟁 · 반란 및 이념 갈등 등이었다.

한국의 고대의 역사를 보면 신라(경주)에서 중국을 거쳐 인도, 파키스탄을 지나 이란(테헤란)까지 실크로드를 통해 무역거래를 하였다. 이 당시에도 자국의 물자(생산물)와 타국의 물자(생산품)와의 물물교환이 이루어졌다. 지금도 중국의 신장(新藏)과 운남성(雲南省) 일대에는 그 실례를 찾아볼 수 있는 실크로드와 차마고도(茶馬古道)가 있다. 히말라야 산맥의 동쪽에 있는 매리설산(梅里雪山) 가까이에 있는 더친(德欽)이 물물교환의 중심지역의 하나였으며 지금도 일부 거래되고 있다.

세계 각국은 일반적으로 고대, 중세, 근대(근세) 그리고 현대로 오면서 발전하여

---

1. "고조선이 흉노와 만날 때", 조선일보, 2015. 2. 4.

왔고, 각국마다의 환경, 지질, 문화, 국민성, 잠재력 등의 특성을 가지고 있으며, 역사적으로 비축도 이에 수반되어 발전하여 왔다고 볼 수 있다.

제2절 동양의 비축 역사

1. 우리나라의 비축 역사

가. 개관

세계적으로 비축의 역사를 보면 인류의 발전 및 전쟁과 그 궤를 같이하였다고 할 수 있다. 필자는 비축학의 단초가 될 비축의 역사를 고민하면서 동 · 서양의 비축의 역사를 살펴보았다. 고대에는 단순히 인간이 영위하기 위한 방편으로 식량을 비축하거나 전쟁을 통한 정복지에서 물자를 활용하는 식이었고, 절대왕권 시대인 중세의 봉건시대에는 고대보다 진전된 비축으로 인간생활과 전쟁의 도구로서 비축을 활용하였다. 우리나라에는 조선 태조 6년(1397년), 국가행정기관으로는 처음으로 정부 내 설치된 유비고(有備庫)가 있었다는 사실을 발견하였다. 먼저 대국사사전에서 유비고를 찾고 난 다음 조선왕조실록 태조 편에서 구체적으로 전곡포화(錢穀布貨)를 내용으로 한 한자로 된 원문과 번역본에서 유비고와 그 과정의 기록을 찾은 것이다(find out about called Youbeego). 필자가 본 자료(기록)에 따르면 근대 들어 이것이 우리나라뿐만 아니라 세계적으로도 제일 먼저 설치된 비축제도 기관이다.

나. 삼국시대 ~ 고려시대

삼국시대부터 고려시대까지 정부와 왕실의 수요물자 조달은 대체로 첫째, 농민으로부터 곡물과 현물을 수납한 공조(貢租), 둘째, 정부가 직접 경영하는 관영수공업(官工匠)에서 생산된 각종 수공업 생산품, 셋째, 중국 · 일본 등 외국과의 무역을 통하여 수입된 물품 등이다. 정부와 왕실 및 지배층의 주요한 공업적 수요 물자는 관영

공업에 의하여 조달되었다. 역사상의 기록에 의하면 상당히 일찍부터 공장(工匠)이 운영되었다.

『삼국위지동이전(三國魏志東夷傳)』에 의하면 부여 사람들은 국내에 있을 때는 백포(白袍)를 입었고 국외로 나갈 때는 비단과 털옷을 입었으며, 금 · 은으로 장식한 모자를 썼다고 한다. 변진에서는 쇠가 생산되었는데 국내에서 널리 쓰였으며 여러 이웃 나라와도 교역하였다고 한다. 고고학적 자료로서 당시의 고분에서는 청동기, 철기 및 토기류와 함께 격조 높게 만들어진 순금 · 은제 또는 도금한 장신구류가 많이 발견되었다. 이러한 기록과 자료로 볼 때 수공업 생산을 전업으로 하는 공장이 고조선시대에 이미 존재했음을 알 수 있다.

『삼국사기』와 『삼국유사』에 의하면 왕실과 관가의 영조물(營造物)을 건조하는 여러 공장과 국방용 무기를 만드는 공장, 국왕과 귀족의 생활용구 등 그들이 필요로 하는 수공업제품의 제작이 많이 등장한다.

고려시대의 공장제도는 신라 때의 그것을 발전적으로 계승하였다. 개경과 그 주변에는 관공장(官工匠)이, 외방에는 소(所)에 소속된 전업적 공장과 사원에 소속된 장인이 있었다. 『고려사』 및 『고려사절요』에 의하면 관공장은 무기를 통괄하는 군기시(軍器寺), 왕실과 관아의 영조물 및 그 부속물을 관할하는 선공시(繕工寺), 철기 · 금속류를 담당하는 장야서(掌冶署), 장식품 세공을 전담하는 공조서(供造署), 그 밖에 왕실과 관아에서 필요로 하는 수공업제품을 관리하는 관아에 소속되어 있었다. 고려시대의 전업적 수공업집단으로 소(所)가 있었다. 금 · 은 · 동 · 철 · 자기(磁器) 소가 있었고 각 소에서는 그 생산물을 공물로 수납하였다. 왕실과 귀족의 고급물자 수요는 국가가 독점하는 조공(朝貢) 등 공무역을 통하여 조달되었다.

관련 글 **삼국사기**

삼국사기에는 고구려가 8번, 백제가 5번, 신라가 19번에 걸쳐 메뚜기 떼의 습격으로 큰 피해를 보았다는 기록이 있다. 조선 후기 서유구의 임원경제지(林園經濟志)에는 메뚜기 떼 발생을 예방하는 방법으로 '농작물을 심을 때 메뚜기가 먹지 않는 작물을 함께 심고, 겨울철에 메뚜기 알을 찾아 없애며, 메뚜기 떼가 논밭에 오지 못하도록 긴 장대에 울긋불긋한 천을 매다는' 등이 등장한다.

최근에는 2011년 호주에서 몸 길이가 평균 8cm가 되는 괴물 메뚜기 떼가 몰려다니며 농장과 목초지를 엉망으로 만들었다. 2014년 8월 아프리카 마다가스카르 섬에 메뚜기 떼가 출몰하여 큰 피해를 줬고 3년째 메뚜기 떼 습격이 계속되고 있고, 다른 아프리카 지역도 메뚜기 떼로 큰 피해를 보고 있다.[2]

※ 누리(메뚜기)가 많이 등장

1938년 노벨문학상을 받은 펄 벅(Pearl Buck)의 『대지』(*The Good Earth*)는 메뚜기가 중국 농촌을 습격하여 벼를 황폐화시키는 장면이 유명하다.

신라본기

- **남해차차웅**(南解次次雄, 15년) : 서울에서 가뭄이 있고 7월에 황재(蝗災 : 누리로 인한 재앙)가 있어 민간에 기근이 생기매 창름(倉廩)을 열어 구제하였다.
- **파사니사금**(派使尼師今, 80년) : 2년 3월에 왕이 주군(州郡)을 순무(巡撫)하면서 창름을 열어 백성에게 곡식을 베풀어 주었다. 3년(82년) 정월에 영(令)을 내리어 "지금 창름이 비고 병기(兵器)가 못쓰게 되었으니 만약에 수한(水旱)의 재(災)와 국경(國境)의 경보가 있게 되면 어떻게 막으랴. 마땅히 유사(관서)로 하여금 농상(農桑)을 권하고 전구(戰具)를 단련하여 이외사(意外事)에 대비케 하라." 하였다.

  29년(108년) 5월에 큰 물이 나서 민간에 기근이 일어나매 왕이 사람을 10도(道)에 보내어 창(倉)을 열어 구제해 주었다. 30년 7월에 누리가 곡식을 해하므로 왕이 두루 산천에 제사하여 신불에 복을 빌었더니 누리가 없어져 풍년이 들었다.
- **일성니사금**(逸聖尼師今) : 12년 춘하(春夏)에 있어 남지(南地)가 가장 심하여 인민이 주리매 곡식을 이송하여 구제해 주었다.
- **흘해니사금**(訖海尼師今) : 4년 7월에 한발(旱魃)과 황해(蝗害)가 있어 민간에 기근이 일어나매 사신을 보내어 구휼(救恤)하였다.

  37년 왜병(倭兵)이 갑자기 풍도(風島)에 이르렀으나 왕이 그 군사의 피로함을 기다려 성문을 닫고 나오지 아니하니 적은 식량이 다하여 물러가려 할 때 경기(勁騎)를 이끌고 추격하여 쫓아 버렸다.
- **나물니사금**(奈勿尼師今) : 17년 춘하에 몹시 가물어 흉년이 들고 기근이 일어나 사람들이 많이

2. 조선일보, 2014. 11. 4.

유망(流亡)하매 (왕이) 사람을 보내어 창름(倉廩)을 열고 구제하여 주었다.

- **눌지마립간**(訥祗麻立干) : 28년 4월에 왜병이 금성(왕성王城)을 에워싸다 10월에 식량이 다하여 돌아갔다.
- **조지마립간**(照祗麻立干) : 2년 5월에 서울에 가뭄이 있고 10월에 기근이 있으므로 창곡(倉穀)을 내어 진급(賑給)하였다.
- **문무왕** : 9년 5월에 천정 · 비 · 연 등 3군에 기근이 있어 (왕은) 창름을 열어 구휼하였다.
- **선덕왕** : 5년 정월에 국내에 기근이 있으므로 창름을 열어 구제하였다. 6년 정월에 기사(饑死)하는 사람이 많으매(이때에 흉겸凶歉이 대단하여) 율(栗 : 밤)을 매인에 1일 3승(升)씩 7월까지 주었다.
- **원성왕** : 2년 7월에 가뭄이 있고 9월에 서울에 기근이 있어 속(粟 : 조) 33,240석을 내어 지급하고 10월에 또 33,000석을 내어 분급(分給)하였다.
  6년 5월에 속(粟)을 내어 한산(漢山) · 웅천(熊川) 2주(州)의 기민에게 진급하였다. 11년 8월에 서리가 내리어 곡물을 해치었다. 12년 봄에 서울에 기근과 질병이 있어 왕이 창름을 열어 구제하였다.
- **헌덕왕** : 9년 10월에 굶어죽는 사람이 많으매 왕이 주군(州郡)에 명하여 창곡(倉穀)을 내어 구제하였다.

고구려본기

- **대조대왕**(大祖大王) : 56년 봄에 큰 가뭄이 있어 여름에는 적지(赤地)가 되고 백성이 주리므로 왕이 사자를 보내 진휼하였다.
- **신대왕**(新大王, 제8대) : 8년 11월에 한(漢)이 대병(大兵)으로써 아국(我國)을 향하여 쳐왔으나 한인(漢人)은 천리원정(千里遠程)에 양식을 운전(運轉)하는 것이 오래 지속할 수 없어 한인이 치다가 이기지 못하고 사졸(士卒)이 주리므로 이끌고 돌아갔다.
- **고국양왕**(故國壤王, 제18대) : 5년 4월에 크게 가물고 8월에 누리가 있었다. 6년 봄에 기근으로 사람들이 상식(相食)할 지경이매 왕이 창름을 열어 구제하였다.
- **안원왕**(安原王, 제23대) : 7년 3월에 기근이 있어 왕이 순무(巡撫) 진구(賑救)하였다.
- **평원왕**(平原王, 제25대) : 23년 2월 그믐에 별(유성)이 비와 같이 떨어졌다. 7월에 서리와 우박이 와서 곡식을 해(害)하였다. 10월에 기근이 일어나매 왕이 순행(巡幸)하여 무휼(撫恤)하였다.
- **영양왕**(嬰陽王, 제26대) : 24년 정월에 양제(煬帝)가 조서(詔書)로 천하의 병사를 징발하여 탁군(涿郡, 하북성 탁현)에 모으고 백성을 모집하여 효과(驍果 : 軍職名)를 삼고 요동고성(遼東古城)

을 수리하여 군량(軍糧)을 비축케 하였다. (왜국倭國과의 전쟁과 당나라의 침략에 대비한 군량비축이었다.)

백제본기

- **동명왕** : 2년 정월에 왕이 군신에게 이르기를 "말갈(靺鞨)은 우리 북경(北京)에 연접하여 있고 인성이 용감하고 다사(多詐)하니 마땅히 병기를 수선하고 양곡을 저축하여 방수(防守)할 계획을 세워야 할 것이다." 3년 9월에 말갈이 북경을 침범하므로 왕이 강병을 거느리고 급히 쳐서 이를 대파하였는데 적의 생환자가 열에 한둘뿐이었다.
- **개루왕**(蓋婁王) : 28년 10월에 신라왕이 군사를 거느리고 쳐왔는데 제성(諸城)이 굳게 지키어 나가 싸우지 아니하니 신라병은 식량이 떨어져 돌아갔다.

김부식 저, 이병도 역, 『삼국사기』(국역편), 을유문화사, 1983 발췌

관련 글 **삼국유사**

문무왕이 처음 즉위(661년)했을 때 남산에 장창(長倉)을 설치하니 길이가 50보, 너비가 15보로 미곡(米穀)과 병기(兵器)를 여기에 쌓아두니 이것이 우창(右倉)이다. 천사(天恩寺) 서북쪽 산위에 있는 것은 좌창(左倉)이다. 다른 책에는 "건복(建福) 8년 신해(辛亥, 591)에 남산성(南山城)을 쌓았는데 그 둘레가 2,850보다." 했다. 그렇다면 이것은 진평왕대(眞平王代)에 처음 쌓았다가 이때에 중수(重修)한 것이다.

제33대 성덕왕(聖德王) 신용(神龍 : 당唐 중종中宗의 연호) 2년 706년에 흉년이 들어 백성이 몹시 굶주렸다. 그 이듬해인 707년 정월 초하루부터 7월 30일까지 백성을 구제하기 위하여 곡식을 한 식구에 하루 3승(升 : 되)씩 정했다. 일을 마치고 계산해 보니 도합 30만 5백석이었다.

가락국기(駕洛國記)

가야국(伽倻國)의 수로왕(首露王) 2년(43년) 1,500보 둘레의 성과 궁궐과 전당 및 여러 관청의 청사와 무기고와 곡식창고를 지었다.

일연(一然) 저, 이민수 역, 『삼국유사』, 을유문화사, 1988

정부 비축제도

전근대사회에 있어서 국민의 대다수는 농민이었는데 이들이 소유한 토지가 척박하여 식량이 많이 생산되지 않았고 농민에 대한 국가의 수취가 가중되었으며 귀족과 사원(寺院)의 고리대금업으로 농민경제를 더욱 어렵게 하였다. 이러한 폐단은 결국 농민의 곤궁화와 농촌에서의 유리화를 초래하였으며 농촌경제의 파탄은 곧 국가경제의 위축으로 연결되기 때문에 정부에서는 이에 대한 적극적인 대책마련에 골몰(汨沒)하였다.

고려의 성종은 농민의 생활안정을 위하고 최종적으로는 국가재정을 확보하기 위하여 농번기에 농민의 잡역 동원을 금지시키거나 답험손실법(踏驗損失法)을 실시하여 재해를 입었을 때는 조세와 부역을 면제시켜 주었다. 재해가 49% 이상이면 조(租)를, 60% 이상이면 조(租)와 포(布)를, 70% 이상이면 조(租)·포(布)·역(役)을 감면하였다. 또 고리대금업의 피해를 줄이기 위하여 이자와 원금이 같으면 그 이상의 이자를 받지 못하도록 하였다.

고대시대 농민의 어려움을 해결하기 위하여 운영된 비축제도와 고구려의 진대법 등 고려시대까지 각종의 사회시설을 기술한다.

• 진대법

'진(賑)' 은 흉년에 기아민에게 곡식을 나누어주고 '대(貸)' 는 봄에 미곡을 대여하였다가 가을 추수 뒤 회수한다는 뜻으로 진대법(賑貸法)은 국가가 춘궁기나 흉년에 농민이나 빈민에게 곡식을 대여하였다가 수확기에 회수하는 제도이다.

고구려 고국천왕 때 국상 을파소를 등용하여 개혁 정치를 운영해 나가던 중 194년(고국천왕 16년) 7월에 서리가 내려 곡식이 크게 상하여 백성이 굶주리므로 창고를 열어 미곡을 나누어주고, 또 같은 해 10월 고국천왕이 질양에 사냥을 나갔다가 길 옆에 앉아 우는 자가 있으므로 그 연유를 물었더니 대답하기를 "저는 본래 빈궁하여 품팔이를 하여 어머니를 봉양하였는데 금년은 흉년이 들어 품을 팔 곳이 없어서 두 승(升)의 곡식을 얻을 수 없는 까닭에 울고 있을 뿐입니다." 라고 하매 왕은 옷과 음식을 주어 위로하고, 내외의 관사에 명하여 홀아비, 과부, 고아, 자식 없는 늙은이, 늙고 병들고 가난하여 자립할 수 없는 자를 널리 찾아서 구휼(救恤)하라 하고, 또 관원에

명하여 매년 3월부터 7월까지 관곡을 풀어 가구의 많고 적음의 차이를 두어 곡식을 대여하였다가 10월에 이르러 갚도록 하는 것을 항식(恒式)으로 하였다.

이 제도는 고려시대로 계승되어 초기부터 상평창 · 의창 및 은면지제(恩免之制) · 재면지제(災免之制) · 환과고독진대지제(鰥寡孤獨賑貸之制) 등 여러 가지 방법으로 행하여졌으며, 조선시대에는 상평 · 환곡의 제도로 계승되어 더욱 정비, 발전되었다.

관련 글

봉건시대의 사회정책인 구황, 구빈 제도를 열거하면, 진휼(賑恤), 시식(施食), 견감(蠲減), 진대(賑貸), 권분(勸分) 및 원납(願納), 경조(輕糶) 및 방곡(防穀), 보양(保養), 구료(救療) 등의 정책을 말할 수 있다.

진휼(賑恤)정책

구황 정책의 초보적 행사로서, 삼국시대 이래 역사상 가장 자주 보인다. 진휼은 식량 위주로 하고 소금, 간장, 의복, 베 등 현품 혹은 금전을 베풀어 이재(罹災) 및 그 빈궁민의 급박한 굶주림과 추위를 구제하는 것이다. 정약용(丁若鏞)의 『목민심서』(牧民心書)에 따르면 중국의 진휼법은 진조(賑糶)와 진제(賑濟) 2종이 있는데 진조는 식량 결핍자에게 미곡 값을 줄여 매출하는 것이고, 진제는 위급자에게 미곡을 무상으로 급여하는 것이다. 우리나라의 법에 수도(京城)에는 진조 속칭 발매(發賣)가 많고, 외읍에는 진제가 많다고 하였다.

삼국시대 진휼 정책은 비단 자국민 빈민을 구제할 뿐 아니라 이웃나라의 유망(流亡)을 불러들여 이른바 인적 자원을 풍부하게 하는 중요한 정책이었다.

최익환 저, 송찬섭 엮음, 『조선사회 정책사』, 서해문집, 2014

• 흑창

고려 초 운영된 진휼기관으로서 빈민에게 곡식을 빌려주었다가 추수기에 상환하도록 하는 것으로서 태조 때 설치되었으며 986년(성종 5년) 그 기금을 미(米) 1만 석으로 증가시키는 한편 명칭도 의창으로 변경하였다.

• 상평창(常平倉)

고려 · 조선시대의 물가조절기관으로 풍년에 곡물이 흔하면 값을 올려 사들이고 흉년에 곡물이 귀하면 값을 내려 팔아 물가를 조절함으로써 농민을 비롯하여 대부분의 계층을 모두 보호하기 위한 장치이다. 중국의 위 · 한 · 당(魏 · 漢 · 唐)에서 이미 설치 · 운영되었지만 우리나라에서는 고려 성종 12년(993년) 양경(兩京 : 개경開京 · 서경西京)과 12목(양楊 · 광廣 · 황黃 · 해海 · 충忠 · 청淸 · 공公 · 전全 · 나羅 · 승昇 · 상尙 · 진晉)에 처음 설치되었다. 이때 쌀 6만 4천 석을 기금으로 마련하여 5천 석은 개경의 경시서(京市署)에 쌓아두고, 대부시(大府寺)와 사헌대(司憲臺)로 하여금 감독하게 하였으며, 나머지 5만 9천 석은 서경과 주 · 군의 창고 15곳에 분속시켜 서경의 것은 분사(分司)[3]의 사헌대가, 주 · 군의 것은 계수관의 관원이 관리하도록 하였다.

이 상평창은 이른바 "흉년에는 백성들을 다치지 않게 하고(구하고), 풍년에는 농민들이 손해보지 않게 한다(기불손민饑不損民 풍불상농豊不傷農)."는 정책에서 나온 것이니 흉년 · 풍년을 헤아려 매매를 통한 곡가를 조절하는 것이었다. 즉 풍년에 곡가가 떨어지면 관에서 시가보다 비싸게 미곡을 사들여 저축하였다가 흉년에 공가가 오르면 시가보다 싸게 방출함으로써 곡가를 조절하여 백성들의 생활을 돕자는 것이었다. 이조에서도 이 제도는 선혜청(宣惠廳)(1608년, 선조 41년)으로 개칭하여 그대로 존속, 시행되었다.

• 환곡

고려시대의 환곡은 조선 초기와 마찬가지로 군자곡(軍資穀)을 비롯한 국가비축의 미곡을 원곡으로 하여 수도와 각 주(州) · 현(縣)(당초에는 12목牧)에 설치된 의창에서 지방장관의 책임 아래 운영되었을 것으로 생각된다. 그리고 그 대여와 회수도 모든 농민을 대상으로 하되, 대여한 원곡만을 회수하였을 것으로 생각되며, 포환(逋還 : 대여한 환곡을 회수하지 못하며 결손 처분하는 것)으로 인한 원곡의 감축은 수시로 국곡에서 보충되었을 것으로 여겨진다.

그런데 11세기 말부터 전개된 고려 귀족들의 토지겸병은 농민층의 몰락을 가져

3. 평양, 즉 서경에는 중앙정부와 같은 관청제도가 마련되어 있었는데 이것을 분사라 하였다. 중앙정부 각 기관의 분관청이라는 뜻이다.

오면서 포환과 진제(賑濟 : 기민에게 국곡을 무상으로 분급하여 구휼하는 것)를 날로 증대시켜 의창의 원곡을 더 이상 국곡에서만 보충하기 어려운 상황을 조성하였다. 그리하여 의창 원곡을 보충하기 위한 방편의 하나로 1023년(현종 14년)에 잠시 시행되었던 연호수미법, 즉 전토를 소유한 가호로부터 1결(結)에 1～3말을 징수하여 의창에 귀속시켰던 제도가 12세기 이후로는 수시로 시행되었고, 충선왕 때는 유비창(有備倉)[4]의 설치와 함께 이를 정례화하기에 이르렀다.

관련 글 **고려사 식화지**

고려사는 1451년(문종 원년)에 편찬되었으며, 기전체(紀傳體 : 본기本紀, 열전列傳, 지志, 표表)의 4부분으로 구성되어 있다.

식화지(食貨志)는 중세 사회경제사 연구의 사료로 중요성을 띠고 있으며 왕조의 입장에서 농업, 상업, 수공업 등 당대의 재정과 경제에 관한 내용을 담고 있는 항목이다.

식화지의 자료의 중요성은 중국, 일본에서는 역대 왕조의 식화지에 대하여 일찍부터 번역서와 교주서(校註書)가 출간된 것을 보면 알 수 있다.

여기서 비축과 관련된 주요 항목을 보면 〈식화 1〉에 전제(田制), 경리(經理), 전시과(田柴科), 공해전시(公解田柴), 녹과전(祿科田), 과전법(果田法), 조세(租稅), 공부(貢賦), 〈식화 2〉에 호구(戶口), 농상(農桑), 화폐(貨幣), 시고(市估), 염법(鹽法), 과렴(科斂), 조운(漕運), 〈식화 3〉에 상평의창(常平義倉), 진휼(賑恤)은면지제(恩免之制), 재면지제(災免之制), 환과고독진대지제(鰥寡孤獨賑貸之制), 수한역리진대지제(水旱疫痢賑貸之制), 납속보관지제(納粟補官之制) 등이 있다.

『역주 고려사 식화지』, 한국정신문화연구원, 1996

• **대부시**(大府寺)

어의(御衣)의 원료인 여러 가지 면직물을 저장하고 이를 조달하던 기관으로 이조 때 내수사(內需司)의 모체가 되었다. 고려 문종 때 대부시를 두었는데 1298년(충렬왕 24년)에 외부시, 1308년(충선왕 즉위)에 내부사(內府司), 1356년(공민왕 5년)에 대부감(大府監), 1362년(공민왕 11년)에 내부시, 1369년(공민왕 18년)에 다시 대부시,

4. 유비창(有備倉)은 고려 후기 충선왕 때 재정개혁책의 일환으로 설치된 구휼을 위하였던 관서로 왕의 사고(私庫)로서의 성격이 강하였다.

1372년(공민왕 21년)에 도로 내부시로 되었다. 충선왕(忠宣王) 때부터 장홍고(長興庫)를 상고(上庫)로 상만고(常滿庫)를 하고(下庫)로 삼았다.

• 장흥고(長興庫)

1308년(충렬왕 34년)에 대부상고(大府上庫)를 장홍고로 삼았다. 이조 때 고려의 제도를 계승하여 돗자리 · 유둔(油芚) · 지물(紙物) 등을 관리, 대궐 내의 여러 관청에서 쓰이는 물품을 매달 공급하였다. 1403년(태종 3년)에는 홍신궁(興信宮)의 일부를, 후에는 풍저창(豊儲倉)을 여기에 병합시켰다.

• 의창(義倉)[5]

평시에 곡식을 저장하여 두었다가 흉년에 이것으로 빈민을 구제하던 국립 구호기관이다.

원래 수(隨)나라에서 시작된 것인데 우리나라에서도 삼국시대부터 빈민구제의 제도가 있어 춘궁기에 곡식을 나누어 주고 추수 때 거둬들이는 일이 있었다. 고려 때는 태조가 흑창(黑倉)을 두어 빈민을 구제하였으며 986년(성종 5년) 흑창을 의창으로 개칭하여 여러 지방에 이를 설치하였다. 이조는 고려의 제도를 그대로 계승하여 그 범위도 전국적으로 확대되었고 운영도 활발하였다. 그러나 관리의 농간과 백성들의 낭비로 점차 폐단이 생겨 세종은 사창(社倉)을 따로 설치, 문종 때는 이를 의창과 분리하여 독립적인 구호기관으로 삼았다. 그 후 이들도 별로 성과를 얻지 못하여 중종 때 진휼청(賑恤廳)을 설치하여 1525년(중종 20년)에는 일체의 구호사무를 통일하고 의창은 폐지되었다.

원래 의창은 환곡(還穀) 정책에서 나온 것으로 이식을 붙이지 않는 것이 원칙이었으나 의창의 재고량이 부족함에 따라 이식을 붙이게 되어 점차 구호기관에서 대여기관의 성격을 띠게 되었다.[6]

---

5. 『고려사』, 대각국사문집.

6. (국사대사전, 高麗史), 朝鮮王朝實錄, 社還米制度(朝鮮總督府), 李朝時代の財政.

참고 유비창

유사한 기관으로 유비창(有備倉)이 있었으나 이는 고려 후기 충선왕 때 재정개혁의 일환으로 구휼을 위하여 설치되었던 관서였으며 왕의 사고(私庫)로서의 성격이 강하였다(한국민족문화대백과사전). 조선시대에는 1398년(태조 7년) 4월 각도의 경차관(敬差官)이 어량(魚梁)의 적(籍)을 만들어서 세(稅)를 거두어 유비창에 들였다.

다. 조선 초기[7]

건국 초기에는 과전법의 조세 규정에 따 1/10조에 의하여 수전(水田) 매 1결에 미(米) 30두, 한전(旱田) 매 1결에 잡곡 30두로서 답험손실법(踏驗損實法)[8]에 의하여 수납되었다. 조선 초기 전세(田稅)제도는 세종 때 많은 연구가 이루어져 새롭게 공법(貢法)으로 개혁되었고, 그 성과도 많다고 할 것이다. 공법(貢法)은 세종 26년부터 성종 20년까지 전국적으로 시행되었다. 대체로 전세는 미(米), 두(豆) 등 곡물 위주로 수납되었으나 전세가 포화(布貨)로서 수납되는 포화전(布貨田)이 있었다.

조선 초기의 전국적인 포화전의 규모, 그 수납된 전세포화의 용도, 그리고 포화전의 분포지역 등을 간략히 언급하면 다음과 같다.

과전법(科田法)의 조세규정에 의하면 공전(公田)·사전(私田)을 막론하고 수전(水田) 매 1결(結)[9]에 미(米, 메조미 쌀) 30두, 한전(旱田) 매 1결에 잡곡 30두씩을 납부하도록 되어 있다. 그러나 전결(田結)에서 포화로서 전세(田稅)를 수납하는 것은 고려시대 이래 오랜 관행이었으며, 조선 건국 초 이래 일부 전결에 포화를 정하여 수납해 왔다.

---

7. 이재룡, "조선 초기 포화전(布貨田)에 대한 고찰", 『조선 전기 경제구조 연구』, 학위논문.
8. 1391년(공민왕 3년) 과전법(科田法) 실시 이후부터 1444년(세종 26년) 공법(貢法)이 제정될 때까지 시행하던 세율 규정법. 관리나 토지 주인이 직접 농사가 잘 되지 못한 상황을 조사, 보고하면 손실에 따라 일정한 세율을 감면하였다.
9. 결은 토지의 면적과 수확량을 2중으로 표시하는 단위이다. 10把는 1束, 10속은 1負, 100부는 1결이라 한다. 과전법 제정 당시 各等田의 면적을 현재의 평수로 환산하면, 상등전 1,846평, 중등전 2,897평, 하등전 4,184평이며, 세종 때 貢法의 실시에 따른 6등전의 면적은 1등전 2,753평, 2등전 3,247평, 3등전 3,932평, 4등전 4,724평, 5등전 6,897평, 6등전 11,036평이다.

세종 14년 경상도 감사의 상계에 의하면 "태조 원년에 공부(貢賦)를 정할 때 경상상도(慶尙上道)의 여러 군현은 많이 포화로 정하여 육로를 통하여 상납시키었다." 라고 하는 바와 같이, 건국 초 이래 경상도에서는 전결에서 세포(稅布)가 징수되어 왔다. 『세종실록』 지리지에는 각 도마다 궐부(厥賦)와 궐공(厥貢)의 항목이 있어, 궐부에는 전세로서 수납되는 곡류(穀類), 포류(布類), 유밀(油蜜) 등의 종류가 상세히 기재되어 있고, 결공에는 공물로서 수납되는 여러 품목이 기재되어 있다. 『경국대전』 호전 요부(徭賦)조에는 전세로 내는 포류로서 면주(綿紬), 면포(綿布), 저포(苧布), 정포(正布) 등이 예거되어 전세포화로서 승수(升數)와 척수(尺數)가 규정되어 있다.

관련 글 **조선시대 태조 등의 법률, 제도와 그 과정**

조선의 법제도는 그 전까지는 모두 중국법을 계수하였으나 여말의 관습법과 판례법을 근거로 근세 조선 초 태조 6년(1397년) 최초의 통일법전인 경제육전을 편찬하였다. 근세 조선왕조는 중국의 유교적 법문화의 순수한 계수가 아니라 유교이념의 포괄적 계수가 그 특징이며, 따라서 동시대적으로는 유교적 가치로 일관된 정신풍토, 기본적 제도, 사회질서가 지배한 시대이며, 그 법의 유교 윤리적 속성, 법과 유교적 윤리도덕과의 통일성도 자명한 것으로 받아들여지고 있다.

태조는 건국과 동시에 즉위교서에서 국가기본법으로서의 법전을 제정하여 법치주의 정치를 시행할 것을 표방하고 법제는 급격한 개혁을 하지 않고 대명률[10]의 수용과 기본 법제를 유지하여 고려의 것에 따를 것임을 밝혔다. 정도전은 태조 3년(1394년)에 통치이념을 구체화한 『조선경국전』을 저술하였다. 1395년 9월 29일 조선의 새 도읍지 한양의 대궐이 완성되어 이성계는 종묘에 나가 조상을 뵙고, 광화문에 도착하여 경사를 축하하는 사면령을 내리고 국정쇄신을 약속하는 교서를 반포했다. '백성이 나라의 근본'이라는 점을 재차 천명하고 노역에 지친 백성을 위로한 다음 공사 중 죽은 사람 집은 세금을 면제토록 했다. 태조 6년(1397년)에는 최초의 통일 성문법전인 『경제육전』을 편찬하여 통치의 기틀을 세웠다. 경제육전은 실효성 있는 법과 타당성 있는 법이 수록되어 있으며 주로 공권력의 필요에 입각한 창설적 법뿐만 아니라 판례법 · 관습법으로 이루어진 것이다. 태종 때에는 『원 · 속육전』, 세종 때에는 『신찬경제속육전』 등을 지속적으로 편찬하였다. 세조는 전후의 법전 상호간에 모순이 생겨 법의 통일, 나아가 통치에 장애가 되

10. 중국 명대의 기본적인 형법전. 당률을 참고로 해서 편찬하여 건국 당초에 명령과 더불어 공포하고 수차례 수정하였는데 1397년 수정된 것이 최후의 율이다.

어 모든 법령을 전체적으로 조화시켜 조직적 · 통일적 법전을 편찬하여 만세성법(萬世成法)을 이룩할 것을 결정하고 육전상정소(六典詳定所)를 설치하여 세조 6년(1460년)에 『경국대전』의 호전과 형전을 완성하고 예조 원년(1469년) 나머지 4전을 완성하였으나 그 후 수정을 거쳐 성종 16년(1485년) 반포 · 시행되어 조선시대의 정치의 기준이 되었다. 그 후에도 여러 법전이 편찬되었고 영조 때에는 『속대전』을 편찬 · 반포하였고 고종 2년(1865년)에는 『대전회통』과 행정사례집인 『육전조례』를 편찬하여 조선시대는 통일법전의 시대라고 부를 만큼 법을 중시했으며 법전의 편찬에도 신중하였다.

박병호, 『근세의 법과 법사상』, 진원, 1996 정리

관련 글 **경국대전**

조선 초기의 법은 근대법과는 달리 대부분 국가기관과 그 운용에 관한 행정법규이며 관서나 관리가 직무상 지켜야 할 규정이었다. 조선시대에도 민사에 관한 법 규정이 적지 않았으나 그것은 순수한 사법(私法)이 아니라 국민에게 명하는 형식의 강제규정으로서 관리가 준수해야 할 행정법규였다. 입법권은 원칙적으로 왕에게 있었으므로 제정방식의 기본은 국왕의 명령이었다.

1404년(태종 4년) 10월에는 각사에서 제각기 왕의 결재를 받아 신법을 만들어온 폐단을 없애기 위하여 각사에서 새로운 법을 만들기 위해서는 반드시 의정부에 보고하게 하고 의정부에서 다시 논의 · 보고하여 왕의 재가를 받아 시행토록 하였다. 이것이 경국대전에 반영되어 대명률(大明律)에 따라 요단(料斷)하도록 하여 법치주의를 천명하였다.

1. 경제육전의 편찬과 반포

조선왕조의 최초의 통일법전의 편찬에 계기가 된 것은 1394년에 정도전이 지어올린 조선경국전(朝鮮經國典)[11]이었다. 경제육전은 조선왕조의 통일법전으로 치전(治典) · 부전(賦典) · 예전(禮典) · 정전(政典) · 헌전(憲典) · 공전(工典) 순으로 주례(周禮)와 경세대전(經世大典)에 의거하여 새 왕조의 유교적 통치이념의 기본방침을 육전으로 분류한 종합적 법령집으로 1397년(태조 6년) 12월에 편찬이 완료되었다.

11. 조선경국전은 태조 때 정도전(고려 말-조선 초기 성리학자)이 지은 사찬법전으로 정식법전은 아니었다. 원나라의 '경세대전'과 명나라의 '대명률'을 참고하여 만든 신권우위의 유교적 정치 행태를 법제화한 특징이 있다. 조선시대 통치규범의 방향을 제시했다는 평을 받는다.

2. 경국대전의 편찬과 반포

경국대전은 육전체제로 이전 · 호전 · 예전 · 병전 · 형전 · 공전 순서로 각전(典)마다 항목 설정하고 수교전문을 그대로 실은 경제육전과는 달리 추상화 · 일반화되어 있다.

육전 중 호전에는 국가의 재정 경제에 관한 호적 토지 · 조세 · 녹봉 · 통화 · 부채 · 상업 · 잠업, 창고 · 환곡 조운, 어장 · 염장 등에 관한 규정이 내용의 대부분이며 토지 · 가옥 · 노비 · 우마의 매매계약의 취소기한과 토지 · 가옥 · 노비를 매매한 경우 입안에 관한 것, 채무변제에 관한 것 등 민사적 규정이 실려 있다.

경국대전의 편찬은 판례법 · 관습법 등 우리 고유의 법을 성문화하여 조종성헌화(成憲化)함으로써 중국법의 제한 없는 침투를 막는 방파제의 구실을 한 점에서도 커다란 의의가 있으며, 요컨대 경국대전은 바로 조선왕조를 버티는 철근이며 고유법 계승의 초석이었다.

『조선 초기 법전편찬과 경국대전』, 경국대전(서울대학교 규장각)

정부 비축제도

근세에 세워진 통일왕조의 조선시대(1392~1910년)의 비축제도를 보면 획기적인 현상이 많이 나타난다. 특히 황정(荒政)에 대한 정책이 두드러진다.

조선시대 농민들은 무거운 조세와 부역의 부담을 지고 있었으며, 관리 또는 양반 지주들로부터 가혹한 수탈을 당하여 전호(佃戶)나 노비가 되거나 고향을 떠나 유민이 되기도 하였다. 농민의 몰락은 유교정치 이념에서의 위민정치에 어긋날 뿐만 아니라, 토지에 의존하고 있던 봉건경제의 파탄을 초래하는 것이었다. 이에 봉건지배체제를 강화하고 농민의 생활을 안정시키기 위한 여러 가지 대안이 마련되기도 하였다.

국가에서는 양반 지주들의 토지 겸병을 억제하고 농민이 토지로부터 이탈하는 것을 방지하기 위하여 두 가지 방향에서 노력하였다. 첫째, 농번기에는 농민을 잡역에 동원하지 못하도록 하였고, 둘째, 재해를 당한 농민에게는 조세를 감면해 주었다. 그럼에도 불구하고 농민의 생활이 안정되지 않자 각종 사회 시설의 운영을 통하여 문제 해결을 도모하였다.

• 의창

개국 초인 1392년에 의창을 통하여 궁민에게 관곡을 무이자로 대여하였다가 그 원곡 수량만을 거두어들이게 하였는데, 국초에 흉년이 자주 들어 기민을 구호하느라 의창의 곡식이 부족하게 됨으로써 군자곡으로 이를 보충하는 수밖에 없었다. 그리하여 1423년(세종 5년) 의창곡과 군자곡을 엄격하게 구분하는 동시에 군자곡 106만 9천여 석을 각도 의창에 분배하여 의창 원곡 수로 하고, 원곡 수의 유지를 위하여 대여하는 의창곡 1석마다 이자 3승(升)을 수납하도록 하였다. 그 뒤에도 흉년이 잦아 대여 곡의 회수가 부진한 데 반하여 구호 곡의 지출이 날로 증가하여 각 도마다 의창 곡의 가급(加給)을 요청하였으므로 1448년에 다시 군자곡 125만 7천여 석을 각 도의 의창에 각급한 뒤에도 구호 곡의 지출이 방대하여 1452년(문종 2년) 이와는 별도로 우선 경상도에 사창을 설치하였다. 의창이 각 군 · 현에 설치된 데 반하여 사창은 각 촌락에 설치되었다. 이후 의창은 원래 목적과는 달리 점차 고리대를 하는 기관으로 변하여 그 폐단이 더하게 되어 1530년(중종 25년)에 진휼청(일명 구황청)이 설치되어 일체의 구호업무를 통합하자 의창도 폐지되었다.

• 구황청

이조 때 흉년에 백성들을 구제하던 관청이다. 1626년(인조 4년) 진휼청이라 고치고 선혜청(宣惠廳)에 붙이어 상평청(常平廳)과 합쳤다. 주로 서울 이외의 지방을 구제했고, 백성을 진휼할 때는 진휼청이라 하고 진휼이 끝나면 상평청이라 하였는데 이 방면의 담당사무는 비변사(備邊司 : 1894년 폐지)에서 모두 맡아보았다.

• 선혜청

상평창을 개칭한 기관으로 대동법(大同法)에 의한 대동미와 포(布), 전(錢)의 출납을 맡아보았다. 독립기관이던 상평청(常平廳, 救恤廳)을 1626년(인조 4년)에 병합하였고 비변사에 속했던 진휼청도 같은 해에 통합하였다. 그 후 업무의 증가에 따라 1753년(영조 29년) 균역청(均役廳)을 다시 병합하였다가 1894년(고종 31년)에 폐지되었다.

라. 조선 중기

조선 중기에는 임진왜란 당시 건국 초의 유비고 설치 정신이 일부 실천된 사례가 있어 이에 대하여 간략히 기술한다.

임진왜란(1592년~1598년) 당시 일본의 침략에 맞서 해전에서 혁혁한 공을 세운 이순신 장군의 유비무환(有備無患)이 대표적이다. 1597년(선조 30년) 정유재란(일본의 2차 침입을 일컬음) 시 전라좌수사(全羅左水使) 이순신은 전선(戰船) 12척으로 군비(軍備)를 재편성, 결사적인 항전에 나서 9월 16일 명량(鳴梁)해전에서 적의 함대 133척을 맞아 격전 끝에 크게 승리를 거두니 조선은 다시 제해권(制海權)을 회복하고 일본군은 사기를 완전히 잃어 버렸다.

이에 앞서 일본은 15세기 후반 서세동점(西勢東漸)에 따라 유럽 상인들이 들어와 신흥 상업도시가 발전되었고 침략을 계획하기에 이르렀다. 전쟁을 통하여 연마한 병법 · 무예 · 축성술 · 해운술을 정비하고 특히 구라파에서 전래된 조총(鳥銃)의 대량 생산을 감행하였다. 한편 조선에서도 비변사의 보고와 빈번한 일본 사신의 왕래로 사태를 짐작하고 대책을 강구하였으나 별로 성과가 없었고, 다만 이순신만이 전비(戰備)를 갖추고 있었다.

동 시대의 학풍을 보자면, 조선 중기의 대학자 이황(호는 퇴계)이 성학십도(聖學十圖) 등으로 성리학을 집대성하였으며, 이이(호는 율곡)는 성학집요(聖學輯要) 등을 통해 성리학을 완성하였고 십만양병설(十萬養兵說)를 주장하여 국방의 중요성을 역설하기도 하였다.

한편, 임진왜란 당시에 조선을 도운 명나라는 대군을 조선에 파견하여 일력(一曆)을 소모하는 바람에 국가재정이 문란하게 되었다. 이것은 만주의 여진인에게 세력을 팽창시키는 기회를 주어서 명 · 청 교체의 계기가 되었다. 이로써 임진왜란은 당시 동양의 정세를 크게 전환시키는 결과를 가져오기도 하였다.

마. 조선 후기

조선 후기 실학파로 농업정책을 중시한 다산 정약용이 쓴 『목민심서』(牧民心書)는 학문의 세계를 실용적으로 변혁시켰다. 특히 『목민심서』에서는 보다 체계적이고 구체적으로 비황(備荒)에 대비한 황정(荒政)을 제시하였다. 진황육조(賑荒六條) 편에서는 흉년에 빈민을 구제하는 행정을 비자(備資), 권분(勸分), 규모(規模), 설시(設施), 보력(補力), 준사(竣事)의 여섯 조항으로 나누어 기술하고 있다. 물자 관리나 물자를 비축하는 비자에서 "황정(荒政)[12]은 선왕(先王)들이 마음을 다하던 바이니, 목민관의 재능이 여기에서 드러난다. 황정을 잘 펴야 목민관의 중요 임무를 다 잘하였다고 할 것이다."고 하였다. 흉년에 백성을 구제하는 정사는 미리 준비하는 것 만한 것이 없다. 맹자의 말을 빌려 풍년에 예비하지 아니하고 흉년에 진구(振救)하지 않는 것은 그 죄가 칼로 찔러 사람을 죽이는 것과 다름이 없다는 것을 말한 것이다. 이는 모든 나라에서 항상 힘써야 할 일이니 예비하지 않는 나라는 정치가 없는 나라이다.

18세기 말에서 19세기 중엽에 이르는 정약용의 학문과 사상은 경세제민(經世濟民)이다. 즉 나라를 잘 다스리고 백성을 편안(구제)하게 하려는 데 그의 관심이 집중되고 있다. 『목민심서』는 그 집약이자 결론이며, 다산의 애국 · 애민의 뚜렷한 정신을 가장 잘 엿볼 수 있는 것이다.

『목민심서』는 부임육조(赴任六條), 율기육조(律己六條), 봉공육조(奉公六條), 애민육조(愛民六條), 이전, 호전, 예전, 병전, 형전, 공전과 진황육조(賑荒六條)와 해관육조(解官六條)로 되어 있는데 비축과 관련된 진황육조를 간략히 설명한다.

(1) 비자(備資) : 황정은 옛날 착한 임금들이 마음을 다한 것이다. 목민의 재주는 여기에서 볼 것이다. 황정을 잘하면 목민관이 할 일을 다했다 할 것이다. 구황하는 행정은 미리 준비해 두는 것이 제일이다. 미리 준비하지 않으면 모두 구차하게 된다. 목민관은 흉년이 들면 비축해 두었던 곡식을 내어 백성을 구제하고, 각종 세액을 감하여 백성의 부담을 덜어주어야 할 것이다. 이웃 고

12. 흉년에 빈민을 구제하는 정책이나 흉년에 대처하는 정치.

을에 양곡이 있으면 수령은 즉시 사적(私糴)[13]하는 것이 좋다. 비록 조정의 명령이 있더라도 이를 막지 말아야 할 것이다.

(2) 권분(勸分) : 중국의 권분법은 모두 곡식 팔기를 하는 것이요, 수령이 관내의 부자들에게 권유하여 굶주린 자를 구제하는 것이다.

(3) 규모(規模) : 진휼은 시기를 맞추어야 하고 규모가 있어야 한다.

(4) 설시(設施)

(5) 보력(補力) : 흉년을 당하여 목민관은 백성들을 구제하기 위한 수단 가운데 하나로 서민들을 모아 공사를 일으키거나 수리(水利)를 일으키면 한 번에 두 가지를 얻게 됨을 말한다.

(6) 준사(竣事) : 진휼하는 일을 장차 마치게 되면 처음부터 끝까지 점검하고 죄과를 범한 것을 하나하나 반성하여 살펴본다는 것이다.

2. 중국의 비축 역사

중국의 비축 역사는 오래되었다. 세계 4대 인류문명의 발상지 중 하나인 황허(黃河) 강을 중심으로 농경생활을 한 것이 그 증거가 될 수 있다. 그러나 중국을 통일한 진시황의 분서갱유로 기록의 대부분이 없어졌다. 이에 고대 사마천의 사기와 평준서, 그리고 명대의 식화지를 중심으로 기술한다.

참고

공자(중국의 철학자, 사상가, 교육자 B.C.551년 출생)는 정치를 하는 데 있어서 위정자는 먹을 것을 충분히 준비하고, 군대를 가져야 하며, 신의를 지키는 것을 가장 중요하게 여겨야 한다고 했다.[14] 여기서 이미 기원전 수백 년 전부터 공자는 식량 비축을 우선적으로 중요시하였다고 볼 수 있다.

---

13. 수령이 공사의 전포(錢布 : 돈과 포목)로 곡식을 사들임.

14. 『중국백과』, 1993년 1월호 별책부록.

1) 사기강독(史記講讀)[15]

홍문지연(鴻門之宴, 절항우본節項羽本紀) : 패공(沛公)은 백성의 호구를 파악하고 부고(府庫)를 모두 봉하고서 항(項) 장군을 기다렸습니다. 부하 장군을 보내 함곡간을 지키게 한 까닭은 여타의 도적이나 비상시에 대비한 것입니다.

회왕(懷王)은 여러 장수와 약속하기를 "먼저 진(秦)을 격파하고 함양(咸陽)에 입성하는 자를 왕으로 삼겠다."고 하였다. 이에 패공은 먼저 진을 격파하고 함양에 들어왔으나 털끝만한 것이라도 감히 가지려 하지 않고 모든 궁궐을 봉쇄하고 군사들을 패상(覇上)으로 물려놓고 대왕이 들어오기를 기다렸습니다. 장군을 보내 함곡관을 지킨 까닭은 도적의 출입과 비상에 대비한 것이었다고 하였다.

해하지곤(垓下之困, 절항우본기節項羽本紀) : 항왕(項王)의 군사는 해하(垓下, 지금의 안휘성 영벽현 부근)에 주둔하고 있었는데 병졸은 적고 군량도 다했으며, 한군(漢軍)과 제후의 군사들에게 여러 겹 포위되었다.

물가조절기관인 평준서 부각

복식수재(卜式輸財, 절평준서節平準書, 평준서平準書) : 물가를 조절하는 것을 평준이라 하고 한무제(漢武帝) 태초(太初) 기원전 104～101년 원년에 대사농(大事農)을 두고 그 아래 5영승(令丞)을 두었는데 그 중의 하나인 평균영승(平均令丞)은 천하 군국(郡國) 간의 물자유통과 물가조절을 맡았다. 물자가 귀할 때는 나라에 보관하던 물자(주로 곡식)를 팔고 쌀 때는 사들이는 방법으로 귀칙매지(貴則賣之), 천칙매지(賤則買之) 방법을 써 물가안정 및 국고의 충실을 기하려 하였다. 복식(卜式)은 무제(武帝) 때 목양(牧羊)으로 치부(致富)하였으며 흉노정벌에 군자(軍資)를 대고 빈민을 구제했다.

민간인으로 복식은 고향에 돌아와 다시 농사와 목축을 했다. 일 년쯤 지나 한의 군사들은 자주 출동했고, 흉노 혼양왕의 무리들이 투항해 왔으나 나라의 비용과 지출이 많아 창고가 비어 있었다. 그 다음 해 빈민들이 많이 들면서 모두 나라에서 구제해 주길 바랐으나 나라에선 그들을 다 구휼할 수 없었다. 복식은 20만 전(錢)을 가져다가 하남군수에게 주어 유민을 구제하게 했다.

---

15. 사마천(司馬遷) 저, 진기환 역, 명문당, 2001.

관안열전 전(管晏列傳 全) : 관중(管仲)은 정치를 맡아 제(齊)의 재상으로서 해변에 위치한 작은 제(齊)나라를 가지고 물자를 유통시키며 재물을 축적하고(통화적재通貨積財), 부국강병을 이룩하고 백성과 좋아하고 증오하는 것을 같이하며 나라를 이끌었다. 그런 까닭에 그의 『관자』(管子)라는 책에서 "곡식 창고가 가득하면 백성들이 예절을 알고(창름실이지예절倉廩實而知禮節), 의식이 족하면 영욕을 알며(의식족이지영욕衣食足而知榮辱), 위에서 법도를 지키면 백성들도 6친(부모형제처자)이 서로 화합한다. 예의염치(禮義廉恥)의 4개의 대원칙이 지켜지지 않으면 그 나라는 곧 망한다. 명령을 내릴 땐 물이 아래로 흐르는 원리와 같이 민심에 따라야 한다."고 말했다.

2) 사마천 사기[16]

① 화식열전(貨殖列傳 : 민간경제의 발달)**에서**

주서(周書)에는 "농민이 생산을 하지 않으면 식량이 부족하고, 공인(工人)이 생산을 하지 않으면 상품이 부족하며, 상인이 물건을 유통시키지 않으면 3보(三寶 : 식량 · 자재 · 제품)가 유통되지 않고, 우인(虞人 : 산림주택의 개발 · 관리에 종사하는 사람)이 생산을 하지 않으면 자재가 결핍되며, 자재가 결핍되는 것은 선택이 개발되지 않기 때문이다."라는 말이 있다. 이 네 가지 직업(농 · 공 · 상 · 우)은 의식의 근원이다. 제는 일시 쇠약해졌으나 관중(管仲)이 경제를 부흥시켜 경중(輕重 : 물가를 조절하는 방법) · 구부(九府 : 물자를 관장하는 9개의 관청)를 확립한 덕분에 환공(桓公)은 패업을 이루고 아홉 번이나 제후를 회맹에 소집하면서 천하의 질서를 바로잡았다.

옛날 월왕(越王) 구천(句踐)이 오(吳) 군대에 포위되어 회계산(會稽山) 위에서 곤경에 빠졌을 때 계연(計然)은 "전쟁이 일어날 것을 알면 미리 군비를 정돈해야 하며, 어떤 때에 어떤 물건이 필요하다는 것을 미리 알아야 합니다. 이 두 가지를 잘 알면 모든 재화의 유무 · 이동관계를 미리 파악할 수 있습니다. 세성(歲星 : 목성)이 서방에 있으면 풍년이 들고, 북방에 있으면 수해가 나며, 동방에 있으면 기근이 들고, 남방에 있으면 한발이 듭니다. 한발이 들면 배를 (미리) 비축해야 하며 수해가 나면 (미리) 수레를 비축하는 것이 재화를 운용하는 기본 원리입니다. 대체로 6년에 한 번은 풍

---

16. 이성규 편역, 서울대학교출판문화원, 2014.

년이 되고, 6년에 한 번은 한발이 들며, 12년에 한 번 큰 기근이 듭니다.

하물을 축적하는 원리는 쉽게 상하지 않고 오래 보관할 수 있는 것을 잘 고르는 것이 중요하지만, 너무 오래 쌓아두기만 해서도 이익이 없습니다. 물건은 서로 교환해야 하며, 부패한 물건은 자기가 쓰고 저장해서도 안 되지만 비싼 물건일수록 쥐고 있으면 안 됩니다.

재화의 잉여와 부족 상태를 잘 파악하면 물가의 등락을 알 수 있습니다. 값이 최고로 오르면 다시 하락하기 마련이고 값이 최하로 떨어지면 다시 오르기 마련입니다. 값이 오르면 팔아 치우고, 싼 물건은 사두어야 합니다. 재화는 마치 흐르는 물과 같이 이동하는 속성이 있으니, 그 원리를 잘 파악해야 합니다."

이 의견에 따라 10년을 노력한 결과 월(越)은 부유해졌고, 전사(戰士)를 후하게 대접할 수 있었기 때문에 용감히 달려 나가 강대한 오(吳)에 복수하고, 그 무위(武威)를 중원 제국(諸國)에게까지 과시하여 5패의 일원으로 칭해졌다.

천하에는 물자가 부족한 곳도 있고 풍부한 곳도 있으며, 주민의 습속은 여기에 크게 영향을 받는다. 예컨대 산동의 주민은 해염을 먹고, 산서의 주민은 암염을 먹으며, 영남의 주민과 북방 사막지대의 주민도 각기 그 지방에서 간간이 나는 소금을 먹는데 대체로 다른 물자의 경우도 해당된다.

기수(沂水) · 사수(泗水) 이북은 5곡 · 상 · 마를 재배하고 6축(六畜 : 개 · 돼지 · 소 · 말 · 양 · 닭)을 사육하는 데 적합하지만 토지는 협소하고 인구는 많은데다 수재나 한발의 피해가 잦기 때문에 주민은 부지런히 식량을 저장한다.

② 평준서(平準書 : 통제경제정책)**에서**

건국 초 한(漢)은 진대의 피폐함을 이어받았기 때문에 청장년은 군대에 종군하고 노약자는 군량을 운반하기에 여념이 없었고, 힘든 일은 많았으며 재부(財富)는 부족하였다. 천자조차 4두 마차에 필요한 네 마리 말을 고루 갖추지 못할 지경이었고, 공경대신과 장군들도 우차를 타고 다니기도 하였으며, 일반 서민들에게는 비축된 물자가 없었다.

천자는 흉노를 정벌하기 위하여 대대적으로 말(말의 먹이는 귀리)을 길렀기 때문에 장안 부근에 수만 필의 말을 모아 사육하였지만, 관중 지역의 인력만으로는 그것을 관리할 수 없어 인근 군에서 요역을 징발하였다. 또 내항한 흉노도 그 의식을 모두 정부에서 지급하기로 하였으나 재정이 부족하여 천자는 식비를 줄이고 4두 마차를 타지 않는 등 내탕금을 풀어 그 부족분을 충당하였다. 그 다음 해(B.C.120) 산동에 수재가 들어 많은 백성들이 굶주려서 천자는 사자를 군국(郡國)에 파견하여 창고를 비우면서까지 빈민을 구제하였으나, 그래도 부족하여 부호들을 초모(招募)하여 빈민에게 돈을 빌려주도록 하였다. 그래도 부족하여 천자는 공경들과 의논하여 동전을 다시 주조하고 화폐를 만들어 재정을 확보하고, 불법적으로 재산을 축적하는 자들을 억압하려고 하였던 것이다.

한(漢)의 상홍양(B.C.109)은 치율도위(治粟都尉)가 되어 대농(大農)의 직무를 대행하면서 공근을 대신 천하의 염철 업무를 관장하면서 여러 관청에서 각기 물건을 경쟁적으로 매매하기 때문에 물가가 앙등할 뿐 아니라, 각 지방에서 부세로 올라오는 물건 중 그 운반비도 빠지지 않는 경우도 판단하여 "대농의 부승(部承) 수십 인을 임명하여 군국을 나누어 관장케 하고, 각기 파견된 현마다 군수관과 염철관을 두어, 원방의 군국에서는 각기 물가가 오를 때 상인들이 전매한 물건을 부세로 징수하여 수송케 하고 경사에는 평준관(平準官 : 물가를 조절하는 관)을 두어 각지에서 수송하는 물자를 모두 받아 공관(工官)을 소집하여 수레 및 각종 기기를 만들게 하고, 대농에 대한 제관(諸官)이 천하의 물자를 모두 총괄하여 값이 오르면 팔고 값이 떨어지면 사들이도록 하면 부유한 대상인들이 크게 모리를 취할 수 없게 되고 물가는 본래의 균형을 되찾게 되며 모든 물가가 등귀하는 일이 없어질 것이고, 이처럼 물가가 억제되는 것을 '평준' 이라 한다." 는 의견이 시행되었다.

3) 명사식화지 역주(明史食貨志 譯註)[17]

영락연간(永樂年間, 1403～1424)에 교지 : 교지를 한 후 천하는 백성이 많고 넉넉하였으며, 전세 수입은 창고에 가득차고 미(米)와 속(粟)은 경사(京師) 수송하는 수백만 여 석 외에도 부(府)・현(縣)의 곡창에 쌓인 것이 매우 많았으며, 흉년 시에는 유사(有司)가 왕왕 먼저 곡식을 풀어 진대(賑貸)하고 나중에 보고하였다.

---

17. 박원호 외 5인 옮김, 소명출판, 2009.

국초의 태조는 천하의 관전과 민전의 전세를 정하였고 예비창(豫備倉)에 곡물을 저장해 두는 제도를 회복하는 것이었는데, 이는 기황(饑荒)을 구제하기 위하여 각 주 · 현에 설치한 양식 창고인데 그 특징은 규모가 작고 분산적으로 설치되었기 때문에 향민의 구제에 편했다는 점이다.

관전과 민전의 천하의 조세는 해마다 태창고(太倉庫 : 정통 7년, 1442년 설치하였음)에 들어오는 것이 200만 량 정도 되었다. 구제도는 70%를 경상비로 하고 30%를 남겨두어 전쟁 및 재황(灾荒)에 대비하는 것을 상례로 하였다. 세종 중연(中年) 변방에 드는 비용이 느는데다가 토목, 기도(祈禱)와 제사가 한 달에 하루도 쉬는 날이 없어 창고의 축적이 고갈되었다. 호부에서 백방으로 재부(財富)를 증가시키고, 심지어는 사전(寺田)을 변매(變賣)하고 군죄자(軍罪者)를 수속했지만 그래도 댈 수 없었다. 29년(1550년) 알탄이 경사(京師)를 침범[18]하자 병사를 늘리고 방비하는 군진(軍鎭)을 두니 군비 액수가 배가 넘었다. 호부상서 손응규(孫應奎)가 걱정스럽게 바라보아도 뾰족한 수가 없어 남직예 · 절강 등의 주 · 현에서 120만 량을 늘리도록 건의하니 가파(加派)가 이로부터 시작되었다.[19]

① 부세(賦稅)의 면제에는 은견(恩蠲)[20]과 재견(災蠲)[21]이 있었다. 태조의 조훈(祖訓)에 "사방에 홍수와 가뭄이 있으면 곧 세를 면제해 주고, 풍년에 재해가 없더라도 땅이 척박하여 백성이 가난한 지역을 골라 우면(優免)해 주라." 고 하였다. 재해가 있는 해에는 이세(二稅)(하세와 추량, 즉 양세)를 모두 면제하고 또 미를 빌려주며, 심한 경우에는 미 · 포(布) 및 초를 내려주었다. 또 예비창(豫備倉)[22]을 두어 노인에게 초를 가지고 미로 바꾸어서 속(粟)을 저장하도록 하였다. 형주(荊州)와 기주(蘄州)[23]에 수

---

18. 알탄은 몽골 타타르部의 추장으로 다얀칸(Dayan Kahn)의 손자이다. 가정 9년(1530년)부터 수십 년 동안에 걸쳐 매년 명의 북변(北邊)을 침입하여 각지에서 약탈하고 돌아갔다. 이것이 이른바 북로(北虜)의 변이다. 특히 가정 29년에는 북경을 포위하는 지경에까지 이르렀는데 이를 경술(庚戌)의 변이라 한다.

19. 부가세로서의 가파는 실은 명초부터 존재하여, 가파의 시작이란 군향(軍餉 : 군량미) 마련을 위한 가파만에 한정해야 할 것이다.

20. 전쟁 등으로 전토가 유린되어 황폐된 지역에 그해의 조세를 면제해 주는 것.

21. 홍수와 가뭄 및 병충해 등 자연재해로 인하여 피해를 당한 경우 세량을 면제해 주는 것.

22. 홍무 22년(1398년) 홍무제는 호부의 관리를 보내어 각지에 예비창을 세우도록 했고, 24년 8월에는 노인에 의한 미곡 매입을 정지하고 다시 예비창의 미곡을 관의 관할로 옮겼다.

23. 호광포정사(湖廣布政司) 소속의 형주부(荊州府)와 황주부(黃州府) 소속의 기주(蘄州)를 가리킴.

재가 들어 호부주사(戶部主事) 조건(趙乾)에게 가서 구휼하도록 명했는데 미루기를 반년이나 하자 노하여 그를 주살(誅殺)하였다. 청주(青州)에 가뭄과 병충해가 들었는데 유사(有司)가 이를 보고하지 않아 그 관리를 체포하여 처벌하였다. 효감(孝感)에 기근이 들어 그곳의 현령이 예비창에서 진대(賑貸)할 것을 청하자 황제는 행인(行人)에게 명하여 역마(驛馬)를 급히 내몰아 가도록 하였다. 또 호부에 유시(諭示)를 내리기를 "지금부터 기근이 든 해에는 먼저 창고를 열어 진대하고 사후에 보고하라. 이를 기록하여 영으로 삼도록 하라." 고 하였다.

가정(嘉靖) 초 유덕(諭德) 고정신(顧鼎臣)이 말하기를 "성화 · 홍치 때 매년 존류(存留)한 여미(餘米)를 예비창에 들여 긴급한 상황에 대비하였습니다. 지금 추량(秋糧)은 가까스로 태운(兌運)을 충족시키고 예비창에는 쌀 한 톨도 없습니다. 일단 재해를 당하면 바로 상주하여 다른 식량을 남기거나 부민(富民)에게 권하여 곡(穀)을 빌려 사고에 응하도록 합니다. 급히 예비창의 식량을 회복하여 백성을 넉넉하게 하시기 바랍니다." 라고 하였다. 가정제(嘉靖帝)는 이에 유사에게 미곡을 많이 축적할 방법을 세우게 하니, 전과 같이 옛 상평법(常平法)[24]을 모방하여 봄에 빈민에게 진대(賑貸)하였다가 가을에 수확한 뒤 관에 반환하게 하고 그 이식은 취하지 않게 하였다.

참고

"지피지기(知彼知己)면 백전불태(百戰不殆)"(적을 알고 나를 알면 백번 싸워도 위태롭지 않다)로 유명한 손자병법에서도 "보급 문제를 해결하는 것이 전쟁승리의 지름길"이라 하였다.

이손무 저, 편역자 신동운, 『손자병법』(孫子兵法), 스마트북, 2014

---

24. 상평법은 물가를 조절하여 평준하게 하는 법으로, 특히 곡물에 적용되는 일이 많다. 그 기원은 전국시대(戰國時代)에 위(魏)의 이회가 행한 조적법(糶糴法)에 있고, 한의 오봉(五鳳) 4년(B.C. 54)에 변군(邊郡)에 창(倉)을 두고 상평창(常平倉)이라 이름 붙인 것에서 역대로 대개 이것을 답습하여 확충하였다. 풍작으로 미가가 낮아지거나 가을의 수확 때 미가가 저렴한 때에 즈음하여 관에서 시가보다 높게 사들여 이 상평창에 저장하여 이로써 미가의 폭락을 막고, 역으로 흉년 또는 봄에 미가가 앙등할 때 시장 가격보다 저렴하게 저장미를 내다 팔아 이로써 미가의 앙등을 막는 방법이다. 또한 상평창 운용법의 하나로 차방(借放)이 있다. 봄의 농민의 단경기에 곡물을 빌려주고 가을의 수확기에 반환케 하여 저리를 거두어 호민의 주구를 면하게 하기 위한 방법이다. -청국행정법(清國行政法), 권4 재인용

■■ **에피소드** ■■

비축(備蓄)은 한자를 그대를 풀이하면 '미리 대비하여 쌓아 놓다'는 뜻으로 유(劉)씨 성이 이름을 비(備)로 한 표의문자(表意文字)의 의미도 우연한 일이라 하기에는 심상치 않다. 이에 따라 중국의 삼국시대 촉한(觸寒)의 초대 왕인 유비(劉備 160~223년)가 남양의 융중 땅에 있는 책략가인 제갈량(諸葛亮)을 삼고초려 하여 소수연합군으로 양자강(揚子江)의 적벽대전(赤碧大戰)에서 대규모의 군사력을 가진 위(魏) 나라 왕인 조조(曹操)를 물리친 고사(故事)는 유명하다.

3. 일본의 비축 역사

일본의 비축 역사는 일본의 대표적 역사서인 일본서기, 일본육국사, 그리고 일본 3대 실록 등을 중심으로 기술한다.

1) 일본서기(日本書紀)[25]

제1세(편의상 붙였음) 신무천황(神武天皇) : 을묘년 3월 6일 길비국(吉備國)으로 옮겨가서 행궁을 지은 고도궁(高島宮)에서 3년 있는 동안 배를 수리하고 식량을 갖추어서 장차 일거에 천하를 평정하려고 하였다.

제16세 인덕천황(仁德天皇) (고구려의 사신) : 13년 9월 처음으로 자전둔창(茨田屯倉)을 세우고 춘미부(春米部)를 세웠다.

제21세 웅략천황(雄略天皇) (고구려와 백제의 싸움) : 20년 겨울 고구려왕이 크게 군사를 일으켜 백제를 쳐 멸망시켰다. 그때 조금 남은 장병들이 창하(倉下)에 모여 있었다. 군량은 이미 다하고 근심하고 울 뿐이었다.

제26세 계체천황(繼體天皇) (반파伴跛의 난亂) : 8년 3월 반파(伴跛)는 기탄(己呑, 거창의 고면) 대사(帶沙, 진주 이서以西)에 성을 쌓아 만해(滿奚, 함양군 안의의 고명, 마리馬利에 해奚를 붙임)에 연결하고 봉화를 올리는 곳과 식량을 두는 창고를 만들어 일본에 대비하였다.

제28세 선화천황(宣化天皇 : 백제계百濟系임)은 태중(胎中)의 제(帝, 제15세 응신천

---

25. 전용신 역, 일지사, 1990.

왕應神天王)로부터 짐(朕)에 이르기까지 곡식을 수장(收藏)하고 양식을 비축하였다. 멀리 흉년에 대비하고 좋은 객에게 향응을 하여 주었다. 나라를 편안케 하는 방법이 이보다 나음이 없다.

또한 축자(筑紫), 비(肥), 풍(豊)의 산국의 둔창은 멀리 떨어져 있고 운반이 어려울 것이고 만일 필요할 때라도 졸지에 대비하기 어려움으로 각각 양곡의 일부를 옮겨서 나진(那津)의 포구에 모아두어 비상에 대비하여 백성의 생명으로 하였다.

제38세 천지천왕(天智天王) : 백제왕이 된 풍장(豊璋)이 662년 백제를 구하기 위해 무기를 수선하고 선박을 구비하여 군사의 식량을 비축하였다.

2) 일본육국사(日本六國史)[26]

속일본기(續日本紀). 순인천황(淳仁天皇). 천평보자(天平寶字) 3년(759년) 3월 신라의 침입에 대한 경계로 대재부(大宰府)에서 말하기를 "부(府)에서 보는 바로는 불안한 네 가지가 있다. 굳게 지키는 방식을 경계하는 데 의거하여 박다대진(博多大津)과 일기(壹岐), 대마(對馬) 등에 배 100척 이상을 두어 우환에 대비해야 하는데 지금 쓸 수 있는 배가 없어서 중요한 임무를 빠뜨리고 있는 것이 불안의 하나이다. 대재부는 3면이 바다를 끼고 있어서 여러 번(蕃)이 모시고 있으나 동국(東國)의 방위하는 사람들이 그만두고부터 지키는 것이 날마다 흐트러지고 있다. 생각지 못한 것과 같이 만일에 변고가 있으면 어떻게 갑자기 대응하며 어떻게 위엄을 보여주느냐 하는 것이 불안의 둘째이다 …" 라 하였다. 6월 대자부로 하여금 행군식(行軍式)을 만들게 하였는데 장차 신라(新羅)를 치려는 것이다.

발해의 천평보자(天平寶字) 7년(763년) 임금이 당(唐)의 안사(安史)의 난(亂)으로 이가(李家, 당황실)는 오직 소주(蘇州)만을 보유하고 있어서 조빙(朝聘)[27]의 길이 진실로 통하기 어려워서 대제부(大帝府)에 칙(勅)을 내려 "당(唐)나라가 크게 어지럽고 양가(兩家)가 자웅(雌雄)을 다투어 평정될 것을 아직 기약할 수 없으니 사신이 통하기 어렵다. 심유악(沈惟岳) 등은 마땅히 데리고 가서 안치시키고 후하게 물건을 공급해 주어라. 계절마다의 의복은 모두 부고(府庫)의 물건으로 공급하라." 고 하였다.

---

26. 한국관계기사 역주(韓國關係記事 譯註), 최근영 외 5인 편역, 가락국사적개발연구원, 1994.

27. 예전에 중국과 통교(通交)하는 것을 일컬은 말.

일본삼대실록(日本三代實錄)

청화천왕(淸和天皇) 정관(貞觀, 원년 859년)이 발해국왕(渤海國王)에게 보내는 칙서(勅書)에서 구휼(救恤)이 등장하는데, 즉 선황께서 지난 해 8월 돌아가시면서 유언으로 조칙(詔勅)을 남겨 달려오는 것을 허락하지 않았다. 짐이 적은 덕(德)으로 나라를 이어받아 선황의 유훈을 받들어 스스로 닦으며, 옛 백성을 어루만져 스스로 구휼하니, 비록 조빙하는 예는 대상(大喪, 임금의 상사)이라도 어그러지지 않는 것이며, 연정(延正)의 조회는 춘추(春秋)에서도 아름답게 여기는 바이다.

청화천왕(淸和天皇) 정관(貞觀 3년, 861년)이 지출운국사(知出雲國司)에게 "발해객(渤海客)에게 예에 따라 공급하되, 다만 옛날에는 도(稻, 벼)를 썼는데 이번에는 특별히 방아 찧은 곡식으로써 충당하라." 고 명을 내렸다.

3) 기타[28]

순다이(太宰春台)는 소라이(荻生狙徠)의 경세서 '정담(政談)' 과 흡사한 '경제록'(經濟錄)이 있다. 소라이의 정담이 중농주의를 바탕으로 하고 있다면 순다이의 경제록은 중상주의적 경제를 수용하고 있다. 소라이는 "나라와 천하를 다스리는데 먼저 풍족하게 해주는 것, 그것이 바로 다스림의 근본" 이라 했는데 여숙의 경계에 처한 곤궁과 궁핍함에서 벗어나기 위해서는 모든 사무라이들에게 지행소를 주고 토착시키고 호적제도를 만들어 인구이동을 억제하며 제도를 확립하는 것에 있다. 순다이는 "천하국가를 다스리는 것은 경제" 라 한다. 발전해 오는 상품경제에 대해 순다이는 "백성을 다스리는 길은 토착을 근본으로 한다. 토착이란 천하 사람들을 모두 땅에 정착하게 하는 것"[29]이라 하였다. 하지만 미곡포백을 보화라 여기지 않고 금은을 보화로 여기는 사태가 되자 "미곡포백이 있어도 금은이 없으면 세상살이가 어렵다. 이는 비천한 서민들뿐만 아니라 사대부 이상 제후 나라의 군주도 모두 그러하다. 지금

28. "마루야마마사오와 동아시아 사상 : 근대성, 민주주의 그리고 유교", 마루야마마사오(丸山眞男) 탄생 100주년 기념 국제학술회의, 주최 : 아산정책연구원 인문연구센터(2014. 7. 24.).
『經濟錄』, 太宰春台, 일본경제총서간행위원회(1914).
『經濟錄拾遺』, 太宰春台, 일본경제총서간행위원회(1914).
'마루야마 마사오(丸山眞男)의 일본사상사학과 소라이학' , 이기원(강원대) 발표 내용.

29. 『태제춘태(太宰春台) : 경제록(經濟錄)』, "제도", p.252.

의 세상은 봉록이 되어 있는 사대부도 나라의 군주도 모두 장사하는 자들처럼 오직 금은으로만 만사의 쓰임에 채우기 때문에[30] 농업경제로 돌아가는 것은 사실상 불가능했다. 순다이는 소라이와 달리 상업경제로 돌입한 현실을 부정할 수 없다고 판단한 것이다.

소라이의 에피고넨(epigonen)이라는 순다이는 국가의 정치에서 가장 중요한 것으로 '식(食)' 과 '화' (貨)를 들고 있다. 특히 '화' (貨)자를 '타카라' (寶)라고 훈독하고 있는데 '타카라' 에 속하는 것은 곡물에서부터 공인들이 만들어내는 각종 물건과 화폐까지 포함된다.[31]

성인의 가르침은 천지의 도이다. 성인의 가르침에 따라 사람들의 치생(治生)의 도에 마음을 쓴다면 기근과 추위의 근심 없이 일용의 부족함도 없어 일생을 안온하게 보내니 이것이 천지의 대덕이다. 요순의 정치에 이용후생이 있는 것은 이러한 일이다. 요순의 공자의 가르침에 이르기까지 성인이 천하를 다스리는 길은 부국강병(富國强兵)이 아님이 없었다.[32]

제3절 서양의 비축 역사

1. 개관

서양의 비축 역사는 유럽 중심으로 전쟁의 연속상에서 이루어졌고 아울러 세계사는 유럽 중심으로 기술되어 있다고 할 수 있다.[33]

유럽의 역사는 전쟁사라 할 만하다. 이에 따라 전쟁에 필요한 물자가 필요했다. 고대, 중세를 거치는 과정에서 전쟁의 물자는 정복지의 식량 등을 이용했다. 전쟁에

---

30. 『경제록습유(經濟錄拾遺)』, 291.

31. 『경제록(經濟錄)』, "식화(食貨)", p.103.

32. 『경제록(經濟錄)』, "식화(食貨)", p.104~105.

33. 서양의 비축 역사는 현대 이전까지는 주로 전쟁사와 더불어 궤를 같이하고 있으며, 전쟁으로 인해 국가가 유지되지 않은 경우가 많고 각국별로 구체적으로 연구된 자료가 없는 것으로 추정하여 유럽 전체의 비축정책의 흐름에서 기술하였다.

필요한 물자가 있는 곳을 향해 정복해 나간 것이다. 보다 쉽게 말하면 현지 조달이 대부분이었다.

2. 고대

1) 식량생산[34]

인류사에서 중심적인 사실 한 가지는 서남아시아[35]의 비옥한 초승달 지대(the Fertile Crescent)[36]의 한 지역이 일찍부터 중요성을 띠었다는 점이다. 그 지역은 도시, 문자, 제국, 그리고 문명이라는 말에 이르기까지 일련의 발전이 가장 먼저 일어났다. 그 모든 발전이 차례로 이루어질 수 있었던 것은 인구가 조밀했고 잉여 식량을 비축했고 농산물 재배 및 가축사육의 형태로 시작된 식량 생산 덕분에 농경에 종사하지 않는 전문가들도 먹여 살릴 수 있었기 때문이다.[37]

식량생산은 적어도 세 가지 측면에서 복잡한 사회에 기여한다. 첫째, 식량생산에 필요한 노동력은 계절에 따라 변동이 심하다. 일단 수확한 식량을 저장한 뒤에는 중앙 집권적인 정치적 권위체제가 농경민의 노동력을 이용할 수 있다. 그리하여 국력을 과시하기 위한 공공 공사(public works) 건축(예 : 이집트 피라미드) 또는 더 많은 사람들을 먹여 살리기 위한 공공 공사를 벌이거나 정복 전쟁을 일으켜 더 큰 국가를 이룩할 수 있다. 둘째, 식량 생산이 이루어지면 잉여 식량(food surpluses)을 비축할 수 있게 되고 결과적으로 경제적 전문화와 사회적 계층화가 가능해진다. 잉여 식량은 추장과 관료를 비롯한 엘리트 계급, 필경사와 기능인 등 식량을 생산하지 않는 전문가들, 공공 공사에 동원된 농경민 등등 복잡한 사회에 존재하는 온갖 부류의 사람들을 먹여 살린다. 셋째, 식량 생산은 사람들이 정주형 생활을 채택할 수 있도록 만든다.

---

34. 제레드 다이아몬드 지음, 김진준 옮김, 『총, 균, 쇠』, 문학사상사, 2014.

35. 이 지역은 현재 서남아시아 지역에 속하지만, 전통적으로 중국 문화 등과는 상당한 괴리감이 있고 역사, 문화 등 대부분이 유럽과 인접해 유럽문화의 일부라고 볼 수 있어 편의상 서양의 비축 역사에 포함시켰다.

36. B.C. 7000년 오늘날 터키, 레바논, 이스라엘, 요르단, 시리아, 이라크 그리고 이란 사이의 고지대가 초승달 모양으로 생겼기 때문에 그렇게 불린다고 하였다.

37. 오늘날 이 지역은 이슬람의 종교와 테러 문제로 전장(戰場)지역으로 변하고 있어 역사의 아이러니라 할 수 있다.

2) 고대의 전쟁 및 비축[38]

고대 기게스는 B.C. 6세기에 왕위(리디아Lydia)에 오른 후 델포이 신전에 엄청난 양의 봉납물(奉納物)을 헌납했다. 특기할 만한 것은 여섯 개의 황금혼주기인데 중량이 거의 30탈란톤(2,500파운드)에 이르며, '코린토스인의 보고(寶庫)'에 들어 있다. 다만 엄격하게 말하면 이 보고는 코린토스국의 소유가 아니라 에에티온의 아들 킵셀로스 개인의 것이다.

페르시아 왕이 바빌론(Babylon) 등을 공격하기 위해 출정할 때는 언제나 충분한 식량과 가축을 준비해 갈 뿐 아니라 코아스페스 강의 물도 또한 가지고 갔다. 코아스페스 강은 수사(Susa : 페르시아만 북방에 있는 고대도시 유적)를 지나며 흐르는 강으로, 페르시아인은 이 강 이외에는 어떠한 강의 물도 마시지 않는다. 이 코아스페스 강에서 퍼서 끓인 물은 항아리에 담아 엄청난 수에 이르는 사륜 노새 마차에 싣고, 왕이 언제 어느 때 어디에 가더라도 왕을 수행하게 하였다.

이집트 공략 후 페르시아 왕 캄비세스는 카르타고인, 암몬인을 정복하고, 에티오피아로 향하던 군대가 원정길의 5분의 1도 못 가서 휴대했던 식량이 다 떨어져 군수품 수송용 동물까지 잡아먹는 상황에서 에티오피아의 원정을 중지하고 퇴각하였다.

페르시아를 비롯한 이 일대의 지역 생활은 농경이 아니라서 유목민(nomade)도 많았다.

낙소스인(Naxos)은 페르시아의 원정(전쟁)에 대비하여 성 밖에 있는 물자를 성 안으로 옮기고 식량과 물을 준비하고 성벽을 보수하여 포위 공격전이 4개월 계속되어 페르시아 군이 준비해 온 군자금이 바닥을 보이고 참담한 상태로 대륙으로 철군했다.

크세르크세스의 원정 준비 : 마라톤 전투 소식이 전해지자 이미 사르데스에 대한 침공 때문에 아테네에 대해 적개심을 품고 있던 왕은 자신이 지배하고 있던 여러 도시에서 할당받은 덕분에 군선, 말, 식량, 수송선 등이 이전의 조달량을 훨씬 넘었다.

원정군의 출발 : 크세르크세스는 이집트 공략 후 4년간 군대의 징집과 군에 필요한 물자를 조달, 준비하여 5년째 유사 이래 최대 규모의 원정길(B.C.484~480)에 나

38. 헤로도토스 지음, 박광순 옮김, 『헤로도토스 역사』(*Herodotos Historiai*), 범우사, 1996.

섰다. 페르시아 군은 아토스(Athos) 산과 그리스인 도시 사네가 부근에 운하 개척 공사를 위한 시장이 개설되었고 또한 구매부도 설치되어 분말로 된 곡물이 끊임없이 다량으로 아시아에서 수송되었다.

페르시아 군과 그리스 군이 풀리타이아에서 대치할 때 아르타바조스가 한시바삐 전군을 전선에서 철수시켜 병력 운반용 가축류를 위한 식량과 사료를 충분히 비축해 둔 테베(Thebes) 성내로 들어가 여기에서 천천히 자리 잡고 있으면서 페르시아 군은 다량의 황금과 은 등을 소유하고 있으므로 이들 물품을 그리스인 특히 각 도시의 유력한 사람에게 보내면 페르시아 군으로서는 굳이 싸움을 무릅쓰지 않더라도 소기의 목적을 달성할 수 있다고 하였다.

3) 펠로폰네소스 전쟁과 비축[39]

옛날부터 펠로폰네소스 전쟁이 시작될 때까지의 그리스의 상황을 보면 헬라스라 불리는 지역에는 일찍이 일정한 거주자가 없어 자주 유랑민처럼 이동하여 숫자상으로 우세한 일단의 부족에 압박을 받으면 그때마다 그들은 아쉬움 없이 각기 자신의 거주지를 포기했던 것이다. 교역(交易)도 전혀 없었을뿐더러 해륙(海陸)을 불문하고 서로 접촉하는 것이 위험했기 때문에 각기 먹고살 정도의 물자를 소유하는 데 그치고 잉여물자도 없고 경작도 하지 않았다.[40] 그리고 나날의 생명을 유지하는 데 필요한 만큼의 물자는 어디에서든 얻을 수 있다고 생각해서 유랑생활을 염려하지 않았다. 페리클레스는 국회에서 아테네 국력의 근거는 여러 동맹도시의 공금(貢金)에 의존하고 있음을 말하고, 이들 동맹도시에 대한 확실한 관리가 필요하다고 주장하고 전쟁의 승리는 주로 재력(財力)의 축적과 계책에 달려 있다고 말했다.

여름이 되자 펠로폰네소스와 그 동맹국들은 곡식이 익을 무렵(B.C. 428년 5월 중순) 아티카에 침입했으나 펠로폰네소스 군은 식량이 떨어지자 귀국한 후 각기 도시로 해산했다.

---

39. 투키디데스 지음, 박광순 옮김, 『펠로폰네소스 전쟁사』(*The History of the Peloponnesian war*), 종합출판 범우(주), 2012.

40. 언제 외적이 침입할지 모르고 또 방벽도 없어 비축해 놓아도 일방적으로 약탈당할 뿐이었으리라. 이 부분은 원작자가 부치는 것이 아니라 이 번역본이 텍스트로 삼은 옥스퍼드 판의 편자가 이해를 돕기 위해 삽입한 것이다.

브라시다스가 타소스 섬에서 원군의 배가 올까 두려워 암피폴리스를 빨리 점거하자 서두른 것은 투기디데스가 트로이카 지방의 금관채굴권을 갖고 있어 육지 쪽의 실력자들을 움직일 수 있다는 것을 알고 있었기 때문이다.

아테네 · 아르고스 · 만티네아 · 엘리스 사이에 당사국 및 그 속국을 위해 강화조약이 100년간 체결되어 그 유효기간 중에는 조약 위반 및 상해행위를 금한다.

강화조약 5항에 구원 요청에 의해 응원하러 간 군대의 파견 도시는 그 군대의 구원 도시에 간 최초의 30일간의 식량을 지급할 의무를 지니고, 귀로에도 똑같은 의무를 지닌다. 구원을 요청한 도시가 30일 이상 구원군의 원조를 필요로 할 경우에는 그 식량을 지급하고 중무장병 · 경무장병 · 궁병에게는 3아이기나 오볼로의 일당, 기병에게는 1아이기나 드라코마의 일당을 지불할 의무를 지닌다.[41]

페르시아인은 가능하다면 전시케리아인을 동원해서, 그렇지 않으면 그 대다수로 우리가 2개월간의 공급 물자와 함께 현재 보유하고 있는 전해군력을 투입해 타라스 시 먼 바다 및 이아피기아 반도 먼 바다에서 아테네 군에 도전하는 것이다.

아테나고라스(Athenagoras)는 어떤 자는 공민주의는 현명하지도 않고 평등하지도 않다고 말하고, 부유한 자야말로 지배계급으로서 최상이라고 주장한다. 첫째로 공민주의란 전시민을 가르키고 과두주의란 일부를 가리킨다는 것, 둘째로 행정에 있어서는 부유한 자가 가장 적합하며 신의하는 데 있어서는 지식인이 적임자이고 그 권고를 듣고 결정하는 것은 전시민이 하는 것이 제일 좋다는 것이다. 그리고 공민주의에 있어서도 일부도 전체도 똑같이 동등한 권리가 주어지지만, 과두주의는 대중에게 위험한 일을 강요하고 이익을 착취하는 데 그치지 않고 그것을 모두 횡령해 버린다는 것을 지적하고 있다.

아테네 사절단의 에우페모스는 우리 자신이 메도스 왕의 옛 영토였던 도시를 지배하는 입장이 되었을 때 그 통치권을 획득한 것이다. 그것은 이렇게 해서 자신을 방위하는 힘을 비축해 두면 펠로폰네소스인의 지배를 받는 일이 없으리라고 생각했기 때문이었다.

데모스테네스는 아테네에 머물며 원정 준비를 하고 봄이 되자마자 출항할 수 있

---

41. 아이기나화로 3오볼로는 아티카화의 5오볼로에 해당한다고 생각된다. 그리고 1아이기나 드라코마는 10아타카 오볼로로 여겨지고 있다.

도록 애를 썼다. 동맹도시에 병사를 요청하고 아테네에서는 배 · 자금 · 중무장 병을 마련했다. 아테네인은 또한 20척의 배를 펠로폰네소스의 다른 지방에서 시케리아로 배가 항해하지 못하도록 경계했다.

니키아스는 "아테네인과 그 동맹군 여러분, 실의에 빠져 혼란스런 상황에서도 희망을 버려서는 안 된다. 문제는 안전과 질서를 유지하기 위해 어떻게 대열을 확보하는가에 달려 있다. 각자 전투를 벌이지 않을 수 없을 때에는 서 있는 그 자리야말로 족구이며 방벽이라고 생각하고 그곳을 사수해야만 한다. 식량이 부족한 것을 감안해서 우리는 주야를 불문하고 강행군을 감행할 것이지만, 일단 친아테네파인 시켈로스인의 도시에 들어가기만 하면 그들은 시라쿠사에 대한 두려움 때문에 우리 편에 가담하고 있으므로 우리는 안전권 내에 들어섰다고 말할 수 있을 것이다. 우리를 위해 모든 필요 물자 및 그 밖의 식량을 준비해 두도록 그들에게 이미 사자를 보내놓았다. 요점을 말하면 병사 여러분은 용기를 내지 않으면 구원의 길이 가까이 있지 않음을 깨닫고 용맹하고 과감해지지 않으면 안 됨을 알라. 그리고 일단 적의 손길에서 벗어나면 여러분이 간절히 원하는 땅을 눈 앞에 둘 수 있게 될 것이며, 아테네인은 잃었던 아테네의 힘을 크게 부흥시킬 기회를 부여받게 될 것이다."고 했다. 즉 사람이 국가를 만드는 것이며 사람 없는 배나 방벽이 국가는 아니기 때문이다.

참고 성경에 나오는 비축

상이한 경제정책이 성경 안에 있다. 요셉(Saint Joseph)은 이집트 총리로서 비축경제정책을 실천하였다. 풍년 때 여분의 곡식을 비축해 두었다가 흉년 때 그것으로 양식을 삼게 하는 정책을 썼다. 그러나 모세의 경우는 정반대였다. 평등경제정책을 실천한 사람이었다. 먹거리를 거두어들일 때도 각자가 그날그날 먹기에 필요한 만큼만 거두어들이게 하였다. 먹거리를 거두어가 남겨서도 안 된다. 남기면 그것은 비축이 된다.

3. 중세[42, 43]

1300년 이후의 두 세기는 특히 힘겨웠던 시기이다. 혹자는 유럽인들이 시의적절하게 국가체제를 고안해 냈다고 말할지도 모른다. 그러나 계속되는 재난들로 인해 14세기에는 정치적 쇄신이 거의 이루어지지 못했다. 1280년대에 심각한 경제불황이 시작되었는데, 이는 역사상 가장 오래 지속된 경제불황 중 하나였다. 그로 인해 서유럽의 농업 생산, 무역 거래 및 산업 활동은 한계에 이르렀다. 새로운 기술, 새로운 시장, 새로운 공급원이 개발될 때까지 장기 불황이 지속될 것은 분명했다.

14세기 중엽에 발생하여 1400년 이전까지 수차례 창궐했던 흑사병으로 인해 일부 지방의 통치조직들은 그 형체가 거의 모두 사라져 버렸고, 잠재적 능력이 있던 다수의 통치자들 역시 흑사병으로 사망했다. 경제적, 자연적 불안은 정치적 불안정으로 이어졌다. 폭동과 반란, 내전이 13세기보다 14세기에 더 많았다. 14세기의 그 어떤 정부도 경기 불황, 기근 전염병으로부터 자유롭지 못했다.

백년전쟁(Hundred Years' War, 1337~1453), 즉 영국과 프랑스 사이에 일어난 전쟁은 특히 격렬하고 오랜 시간을 끌었는데, 이는 프랑스 내에서 영토를 확장하려 했던 잉글랜드 왕들의 시도와 영토의 경계를 분명하게 설정하려 했던 프랑스 군주의 노력이 팽팽히 맞섰기 때문이다. 잉글랜드는 보통 브르타뉴, 플랑드르 혹은 부르고뉴와 연합했는데, 이는 특히 이 특정 지방을 프랑스의 군주에게서 독립시키려는 노력의 일환이었다. 그리고 적어도 두 차례, 즉 1360년의 칼레 조약(Treaty of Calais)과 1420년의 트루아 조약(Treaty of Troyes)을 통해 성공을 거두는 듯했다. 전쟁이 행정제도의 발달에 도움을 주는 경우도 있었다. 전쟁의 규모가 작고 그 파괴력 또한 약했던 14, 15세기 초의 이탈리아에서만 행정기술이 현저하게 발전할 수 있었다. 13세기의 통치자들이 국가 건설에 성공함에 따라 14세기에는 전쟁이 어느 정도는 필수불가결한 것이 되었다.

근대의 중세적 기원을 찾았던 스트레이어(Joseph R. Strayer)와 그의 스승인 해

---

42. 서양에서는 12~15세기를 중세로 보는 경향이 많으므로 편의상 중세로 분류하여 당시의 상황을 전개하였다.

43. 조지프 R. 스트레이어 지음, 『국가의 탄생』, 학고방, 2012.

스킨스(Charles Homer Haskins)는 12세기를 새로운 근대의 시작으로 여겼다. 모든 것은 12세기 이후 영국과 프랑스의 통치자들로부터 비롯되었다.

1300년부터 1450년의 시기에 '주권국가'(sovereign state)가 등장하는 데에는 관료제가 한몫을 했다. 여기서 관료제는 봉건제적 권위에 기반을 둔 토착세력을 견제할 수 있는 가장 효율적인 지배 수단으로 인식되었다. 이 시기의 흑사병 창궐, 백년전쟁, 기근과 경제불황 등은 오히려 근대국가가 탄생하는 데 자극제가 되었다. 위기 극복을 위한 수단으로 국가는 신분제 의회, 조세제도, 관료제를 도입하게 되었다.

4. 근대

1) 근대의 전쟁[44]

중세의 십자군(crusade) 전쟁 등에 나오는 기사 시대의 기사(騎士 : 훌륭한 군마를 타고 전쟁에 나갈 수 있는 사람)는 왕에게서 봉토를 받은 귀족들이고, 농노(農奴)는 귀족들의 말먹이로 귀리(oats)를 조달해야 했다. 독일의 농노, 즉 영지에 예속된 농부들은 농사를 짓고 영주인 기사나 수도원에 수확량의 10분의 1을 바쳤다.

1588년 에스파냐의 펠리페 왕은 영국의 엘리자베스 여왕을 정벌하기 위해 엄청난 돈을 들여서 막강한 함대를 정비하여 범선이 130척, 대포는 2,000문, 병사는 2만 명이 넘는 대함대에 무장한 병사와 온갖 무기와 6개월의 군량을 싣고 에스파냐를 출발하였다. 그런데 영국과의 전투에서 기동성이 떨어져, 작고 빠른 배를 타고 한 대에 다가와서는 포를 쏘고 빨리 달아나는 영국군의 전술로 영국 근처의 낯선 바다에서 방향을 잃고 거친 풍랑을 만나 침몰했다.

열강들의 세계 분할에서 유럽국가 중에서도 유일하게 식민지가 없던 유서 깊은 다민족 국가인 오스트리아 역시 작구 공장의 상품을 구매할 사람들이 필요했다. 그래서 오스만 제국과의 전쟁이 끝난 후부터 동유럽의 나라들을 차지하려던 중 1914년 오스트리아 황태자가 새로 차지한 보스니아(Bosnia)를 여행하다가 그 수도인 사라예보(Sarajevo)에서 세르비아(Serbia) 인에게 암살당하는 사건으로 그 유명한 제1

44. Ernst H. Gombrich 지음, 박민수 옮김, 『곰브리치 세계사』, 비룡소, 2013.

차 세계대전(1914~1918년)이 발발했다.

2) 식량 조달[45]

식량 조달 문제는 오늘날의 전쟁에서 매우 중요한 의미를 갖게 되었는데 이는 두 가지 이유 때문이다. 첫째로 오늘날의 군대는 일반적으로 중세나 고대의 군대보다 훨씬 큰 규모를 갖게 되었다. 두 번째 이유는 첫 번째 이유보다 훨씬 중요하며 점점 더 근대의 고유한 현상이 되고 있다. 그것은 오늘날의 전쟁들이 내적으로 더욱 긴밀한 연관성을 갖고 있으며 전쟁을 수행하는 전투력이 지속적인 전투 준비를 갖추고 있다는 점이다. 대부분의 고대 전쟁은 서로 관련 없는 개별적인 전투들로 이루어져 있었고 이러한 전투는 중간의 휴식에 의해 서로 별개의 전쟁으로 분리되었다.

베스트팔렌 평화조약[46] 이후 오늘날의 전쟁은 여러 나라 정부의 노력으로 내적인 연관성을 갖는 질서 있는 형태를 띠게 되었다. 전쟁의 목적이 모든 것을 지배하게 되었으며, 그 목적은 식량 조달 문제에서도 어디에서나 그 문제를 충족할 수 있는 준비를 요구하게 되었다.

병력을 배치하고 끊임없이 보충하는 일이 정부의 몫이 된 사정은 또한 병력의 식량을 조달하는 데도 적용되어야 했다.

군대를 유지하는 식량은 돈을 주고 사거나 멀리 떨어진 왕실 소유지에서 공급받아 창고에 쌓아둘 뿐만 아니라 군대의 마차를 이용하여 창고에서 부대로 운반되었다. 부대 근처에 있는 군대의 자체 빵 제조소에서 빵을 굽고 이 빵은 다시 군대의 전용마차로 각 부대에 배급된다. 이 체제는 결코 중단될 수 없으며 이 체제의 각 부분은 앞으로도 늘 다시 일어난다.

프랑스 혁명이 인민의 힘을 다시 한 번 전쟁의 무대로 끌어 올렸을 때 이에 대한 정부의 수단은 더 이상 충분하지 않은 것으로 드러났다. 전체의 체제와 함께 식량 조달 체제도 무너졌다. 식량창고에 대해 별로 신경 쓰지 않은 채 그리고 더욱이 여러 부문의 식량 수송체제를 톱니바퀴처럼 돌아가게 해주는 정교한 시계를 준비하는 것

---

45. 카알 폰 클라우제비츠 지음, 김만수 옮김, 『전쟁론』(제2권), 도서출판 갈무리, 2014.

46. Westfalen은 1816~1945년 프로이센의 한 주이며 1648년 30년 전쟁 후의 평화 회의를 개최한 곳. 영어로는 Westphalia.

은 생각지도 않은 채, 혁명 지도자들은 병사들을 그냥 전쟁터로 내보냈고 장군들을 전투로 내몰았다. 그들은 필요한 것을 징발하고 훔치고 약탈하여 그것으로 모든 병사를 먹이고 기운을 북돋우며 생기를 불어넣고 자극을 주었다. 보나파르트(Bonaparte) 시대의 전쟁 그리고 보나파르트에 맞선 전쟁은 이 양 극단 사이의 중간에 있었다. 그 시대의 전쟁은 모든 종류의 수단 중에서 그 당시의 전쟁에 적합한 방식을 이용했다. 그리고 아마 앞으로도 그렇게 될 것이다.

군대의 새로운 식량 조달 방식은 어느 지역에서 산출되는 모든 것을 내 것 네 것 구별하지 않고 이용하는 것인데, 여기에는 네 가지 방법이 있다.

① 민가나 지방자치단체를 통한 식량 조달

지방자치단체의 주민이 큰 도시의 경우처럼 비록 소비하는 사람들만 구성되어 있다고 해도 지방자치단체에는 언제나 며칠 동안의 식량이 비축되어 있으며, 이 점을 생각할 때 그곳이 높은 인구 밀도를 갖는 도시라면 주민과 거의 같은 수의 군대도 하루분의 식량을 조달할 수 있을 것이다. 그보다 훨씬 작은 규모의 군대라면 특별한 준비를 하지 않아도 며칠 동안의 식량을 조달할 수 있을 것이다.

혁명전쟁에서 그리고 보나파르트 지휘 아래에서 프랑스 군대의 많은 작전들은 이에 근거를 두고 있었다. 이리하여 프랑스 군대는 에체(Etsch) 강에서 도나우(Donau) 강 하류까지 그리고 라인(Rhein) 강에서 바이히젤(Weichsel) 강에 이르기까지 진격했지만 민가에서 조달하는 식량 말고 다른 식량을 많이 갖고 있지 않았다. 그렇다고 해서 식량 결핍에 시달린 적도 없었다.

② 군대의 징발을 통한 식량 조달

군대의 징발을 통한 식량 조달은 지나치게 크지 않은 규모의 부대, 즉 사단의 경우에만 순조롭게 이루어질 수 있으며 그 부대도 단지 어쩔 수 없는 경우에만 이용해야 할 것이다. 많은 부대들이 어느 지역에 사영하면 그 지역에서 징발할 수 있는 식량이 크게 줄어들 것이다. 30～40명의 병사들이 어느 농민의 집에 들이닥쳐 그곳에 머무를 경우에는 그 집에 식량이 부족하다고 해도 마지막 남은 식량까지 징발할 수 있다. 이와 달리 장교 한 명이 두 세 명의 병사들을 데리고 식량을 징발하려고 어느 집에 들어갈 경우에 그에게는 모든 비축식량을 찾아낼 시간도 없고 수단도 없다. 찾아낸다고 해도 운반수단도 모자란다. 결국에 장교는 저장된 식량의 극히 일부분만 징발할 수 있을 것이다.

③ 질서정연한 징발을 통한 식량 조달(간단하고 효과적인 방법)

이 방법은 식량을 조달하는 제일 간단하고 효과적인 수단이며 오늘날의 모든 전쟁의 토대를 이루고 있다. 특히 지방 당국의 협력을 얻는다는 점에서 앞의 방법과 구별된다. 비축식량이 발견되어도 이를 더 이상 억지로 빼앗지 않으며 그 지역 주민에게 합리적으로 할당하여 질서 있게 조달한다. 이러한 할당은 오로지 그 지방 당국만 수행할 수 있다.

프랑스 혁명전쟁의 첫 번째 대전투 이래 징발제도는 프랑스 군대의 식량 조달에서 변함없는 원칙이 되었고 프랑스에 맞선 동맹군도 이 방법으로 전환하지 않을 수 없었다. 전쟁 수행의 활력뿐만 아니라 민첩성이나 자유로움과 관련해서 볼 때에도 그것 말고는 달리 방법이 없었다.

④ 식량창고를 통한 식량 조달

이 식량 조달 방법이 앞의 방법과 여전히 다른 종류의 방법이라면 그것은 단 하나의 시설 때문일 텐데 그 시설은 17세기의 마지막 3분의 1과 18세기 동안 볼 수 있었다. 네덜란드, 라인 강, 이탈리아 북부, 슐레지엔, 작센 등에서 일어났던 것처럼 한 곳에 묶인 채 7년, 10년, 12년 동안 대규모의 군대로 전쟁을 치른다면 이 조달 방법 말고는 다른 방법을 쓸 수 없을 것이다.

어떤 식량 조달 방법을 선택하든 가난하고 인구가 적은 지방보다는 부유하고 인구가 많은 지방에서 당연히 식량을 더 쉽게 조달할 수 있다. 여기에 인구가 고려되는 것은 인구가 그 지방에 있는 저장식량과 갖는 이중의 측면 때문이다. 즉 첫째로 많이 먹는 곳에는 비축되어 있는 식량도 많을 것이고, 둘째로 인구가 많으면 대체로 식량 생산량도 많기 때문이다. 물론 주로 공장 노동자들이 거주하는 지역은 여기에서 예외이다. 일반적으로 인구가 적은 지방보다는 인구가 많은 지방에서 군대의 필요를 채우는 것이 훨씬 쉽다. 한마디로 폴란드보다는 플랑드르(Flandern, Flanders)[47]에서 식량을 조달하는 것이 이루 말할 수 없을 만큼 쉽다.

끝으로 공격할 때와 방어할 때의 식량 조달과 관련하여 일어나는 차이를 생각해 보자.

방어하는 부대는 방어하는 동안 미리 준비해 둔 식량을 언제든지 이용할 수 있다. 그러므로 방어하는 쪽에 식량이 부족한 경우는 아마 없을 것이다. 자기 나라에서 방어하는 경우는 물론 적의 영토에서 방어하는 경우에도 식량을 준비해 두었다면 그러할 것이다. 그런데 공격진은 식량 저장소에서 그만큼 멀어지게 되고 전진을 계속하는 동안 그리고 전진을 중단한 몇 주 동안에도 식량은 매일 조달해야 한다. 이때에는 식량 부족으로 곤란을 겪는데 첫째로 승패가 결정되기 전에 공격하는 쪽이 전진하는 경우, 이때 방어하는 군대는 여전히 모든 식량이 비축된 곳에 있지만 공격하는 군대는 비축된 식량을 남겨두고 그곳을 떠나야 한다. 둘째로 결핍은 주로 승리의 마지막 단계에 병참선들이 지나치게 길어지기 시작할 때, 특히 가난하고 인구가 적으며 아군에게 적대감을 품고 있는 지방에서 전쟁이 수행할 때 발생한다.

참고 영국의 곡물법(corn law)

영국 곡물법은 곡물의 수요 · 공급을 조절하고 그 가격을 일정한 기준으로 보호하려는 법률로, 역사적으로는 영국에서 12세기에 처음 곡물법에 따라 세금을 부과한 것으로 기록되어 있다. 이 법은 1815년(같은 년 6월 16일 나폴레옹의 프랑스 군과 영국, 독일, 벨기에, 네델란드 연합군과의 워털루Waterloo 전투에서 나폴레옹이 참패하였다)에 제정되고 1846년에 폐지된 영국의 곡물조례가 유명하다. 그 과정은 영국의 인구 증가와 나폴레옹 전쟁(the Napoleonic Wars)을 치르면서 대륙 봉쇄령(blockades)에 의해 식량이 부족하게 되었던 18세기 말엽과 19세기 전반에 정치적으로 중요해졌다. 1791년 이후 보호입법은 전쟁으로 인한 무역금지령과 결합하여 곡물가격을 급격히 상승시켰다. 1795년의 흉작은 식량폭등을 낳았고 1799~1801년에도 이 위기가 이어졌으며, 1805~1813년의 기간에도 역시 흉작과 높은 곡물가격이 계속되었다.

법률로 곡물가격을 고정시키려 했던 1815~1822년에는 곡물가격이 수시로 변했고, 한편으로는 지속적인 보호무역정책이 점점 지지를 받지 못하게 되었다. 1839년 맨체스터에서 창립된 반

47. Flandern : 북해 연안에 있는 지방. 프랑스, 벨기에, 네덜란드이 걸쳐 있다.

(反)곡물법연맹(the Anti Corn Law League)은 지주계급에 대항하는 산업중산층을 움직여 이 연맹의 지도자인 리처드 코브던(Richard Cobden)은 수상인 로버트 필 경(the prime minister, Sir Robert Peel)에게 영향력을 미칠 수 있게 되었다. 1845년에 아일랜드 감자농작의 실패로 필 총리는 모든 곡물법이 폐지되어야 한다는 주장을 납득했고 결국 1846년 곡물법은 폐지된 이후 곡물규제는 다시 필요하게 되어 1902년에는 수입곡물과 밀가루에 최소한도의 관세가 부과되었으며 1932년에는 해외 수입의존도 증가를 우려하여 제정법으로 영국산 밀을 보호했다.

브리태니커

참고 **영국의 빈민구제법**(poor act, 구민법)

1348년 흑사병으로 인해 영국 인구의 30~45%가 사망하여 노동력이 부족하여 임금이 상승하게 된다. 1351년 노동자규제법은 임금에 상한선을 둠으로 노동력을 확보한다. 또 걸인과 부랑을 금지시키고 농민쟁탈을 억제한다. 1388년 빈민법은 임금고정과 노동력의 지리적 이동을 금지했다. 1531년에는 거지면허를 주어 구걸을 허용하고 노동능력이 있는 걸인은 처벌을 했다. 그리고 미성년자 걸인은 도제가 되어 기술을 배우기도 했다. 1536년에는 건강한 부랑자 걸인 처벌법은 세 번 잡히면 사형이라는 중형을 선고했다. 그만큼 부랑자와 걸인을 사회악으로 간주했다. 빈민구제법은 노동능력자에게 강제로 일을 시키는 것이 비용이 더 많이 드는 것으로 판명되어 효과적이지 못했다. 엘리자베스 빈민법은 국가가 최초로 빈민을 책임지기로 한 법이다. 노동능력의 유무에 따라서 대우가 다르며 원외구호를 실시했다. 1662년 정주법은 도시 유입을 막기 위해 제정되었다. 1772년 작업장법은 네덜란드 구빈원 제도를 적용한 것이다. 민간이 작업장을 운영할 수 있게 해주었고 민간 작업장은 적은 투자에 많은 이윤을을 내려는 목적으로 사용했기 때문에 태어난 아기의 82%가 한 살이 되기 전에 사망할 정도로 비위생적이었다. 토마스 길버트법(Gilbert Act of 1782)은 원외구호를 확대하고 노동능력 빈민과 실업자에게 일자리, 구호물품과 금품을 제공했다. 스핀엄랜드 법은 프랑스와의 전쟁으로 경제적 혼란기였다. 최초로 최저생계비를 보장하였다. 인도주의적이고 자비적인 인도였고 낙인이 존재하지 않았다. 이 법은 가장 발전된 법이지만 당시 상황과 여건으로 인해 효과를 보지 못하고 신빈민법의 출현을 가져오게 된다.

http://bsmilal.샨새교.com/477 (2015. 12. 11.)

16세기 영국에서 발전하여 다양한 변화를 거쳐 제2차 세계대전 후까지 계속되었다. 엘리자베스 시대의 구빈법은 1597~98년에 제정되었으며, 각 교구의 구빈관이 이를 집행했다. 이들은 노인, 병자, 빈민아동들에게 원조를 제공하고 숙련공들에게는 구빈원(workhouse)에서 일자리를 주었다. 구빈법은 18세기 말 이른바 스피넘랜드 제도에 의해 보완되었다. 역사상 가장 큰 의의를 가진 선언적인 의미에 있어서 빈곤구제의 책임과 주체가 국가가 되어야 함을 분명히 하고 빈곤문제는 중앙정부의 책임 하에 공적인 자금을 투입함으로써 비로소 대처할 수 있다는 사실을 자각하고 그것을 마지못해 받아들이는 데 250년이라는 세월이 소요되었던 것이다. 1930년대와 1940년대의 사회입법으로 구빈법은 광범한 공공복지 서비스 체제로 대치되었다.

http://100.daum.net./enbclopedia/view/b02g2014a. (2015. 12. 16.)

참고 **흑사병**(plague)

중국과 아시아 내륙에서 유래한 흑사병은 1347년 킵차크 군대가 크림에서 제노바 교역소를 포위하고 페스트 환자의 시체들을 노포(弩砲)로 도시를 향해 쏘아보냄으로써 유럽인들에게 전파되었다. 흑사병은 지중해 항구들로부터 퍼져나가 1347년 시칠리아, 1348년 북아프리카 · 이탈리아 · 스페인 · 영국 · 프랑스, 1349년 오스트리아 · 헝가리 · 스위스 · 독일 · 베네룩스 3국, 1340년 스칸디나비아와 발트해의 국가들에 영향을 끼쳤다. 흑사병은 1361~63년, 1369~71년, 1374~75년, 1390년 1400년 1664~65년에 다시 유행했으며 치사율은 지역마다 달랐으나 그 피해는 대부분 심한 편이었다. 대략적으로 추산해 보면 그 당시 유럽에서 2,500만 명이 흑사병으로 사망했다.

http://100.daum.net/encycropedia/viewe/b25h3552a. (2015. 12. 16.)

이와 관련하여 14~15세기 프랑스의 사회와 경제는 악천후, 상업의 침체, 일부 지역의 인구과잉 등으로 전보다 더욱 극심한 기근이 발생했다. 여기에 전쟁마저 겹쳐 경제에 곤궁이 더욱 심하였다. 그러나 생명과 냉전을 가장 혹독하게 손상시킨 것은 흑사병으로 알려진 무서운 전염병이었다. 그 밖에도 1358년에는 북부 지방에서 자크리(jacquerie) 난으로 알려진 대규모의 농민 반란이 발생하고, 거의 같은 시기에 파리에서는 에티엔 마르셀의 반란이 일어났다. 이러한 전쟁과 재앙, 그리고 반란들은 봉건적인 프랑스로부터 새로운 근대적 프랑스가 태어나는 과도기의 조짐들이었다.

흑사병으로 중국의 광둥(廣東) 지방과 홍콩에서는 1894년에 사망자수가 8만~10만 명에 달했고, 그 이후 20년 동안 중국 남부지역의 항구를 통해 전세계로 퍼져나가 모두 1,000만 명이 사망했다.

chapter 5

조선시대의 황정제도

제1절 황정의 의의 • **제2절** 황정의 담당기관 • **제3절** 황정의 내용

제4절 황정의 사례 • **제5절** 황정에 대한 저서 및 관련법 • **제6절** 황정의 현대적 의미

제1절 황정의 의의

1. 황정의 시대적 배경

조선시대는 농경시대로 구황정책으로 황정이 주류를 형성하고 있었다.

2. 황정의 개념

황정(荒政)이란 구황하는 정책 또는 흉년에 백성을 구제하는 정책이다.

제2절 황정의 담당기관

1. 중앙정부의 담당기구

조선왕조는 국왕 밑에 의정부(議政府)와 육조(六曹)가 있었다. 의정부는 최고의 정기관으로서 영의정 · 좌의정 · 우의정 등 3정승의 합의제로 백관(百官)과 서정(庶政)을 총리하였다. 육조는 의정부 밑에 서정을 담당하는 행정기관으로 이조(吏曹)는 문선(文選) · 훈봉(勳封) · 고과(考課), 호조(戶曹)는 공부(貢賦) · 부역(賦役) · 전량(田糧 : 조세) · 식화(食貨), 예조(禮曹)는 예악(禮樂) · 제사(祭祀) · 연회(宴會) · 외교 · 학교 · 과거(科擧), 병조(兵曹)는 무기 · 사무 · 호위(扈衛) · 우역(郵驛) · 병기, 형조(刑曹)는 법률 · 형벌 · 허송(許訟) · 노비(奴婢), 공조(工曹)는 산림 · 소택(沼澤) · 건축 · 도치(陶治) 등을 각기 분장 집행하여, 비축행정은 호조(戶曹)에서 담당하였다.

2. 구체적 황정 담당기관 및 제도

가. 구황청(救荒廳)

구황청은 조선시대의 흉년에 백성들을 구제하던 기관이며, 1626년(인조 4년) 진휼청이라 고치고 선혜청에 붙이어 상평창과 합쳤다. 주로 서울 이외의 지방을 구제했다. 백성을 진휼할 때는 진휼청이라고 하고 진휼이 끝나면 상평창이라 하였는데 이 방면의 담당사무는 비변사에서 모두 맡아 보았다.[1]

나. 상평창

상평창은 1458년(세조 4년) 하삼도도순문진휼사(下三道都巡問賑恤使) 한명회(韓明澮)의 건의에 따라 각 도에서 감사의 주관으로 한두 읍(邑)에 시험적으로 운영함으로써 비로소 제도화되었으나, 상평창 운영에 필요한 막대한 분량이 제대로 갖추어지지 않아 활발하게 운영되지 못하였다. 상평창도 진휼청과 같은 임무를 겸임함으로써 일시 강화되었다.

다. 환곡(還穀)제도

환곡은 국가의 춘궁기에 농민에게 대여하였다가 추수 후에 회수하던 국가 비축의 곡물을 말한다. 소정의 규정에 따라 대여하고 또 회수 · 보관하였기 때문에 이러한 제도 자체를 말하기도 한다. 흔히 환자(還子 또는 還上)라고 칭하기도 하였는데, 조선 후기에는 공채(公債) 또는 조적이라고 일컬었다. 빈한 농민을 구제하고 농업의 재생산을 보장하기 위한 방편의 하나로 마련된 제도이기는 하지만, 한편으로는 국가 비축 곡을 개색(改色 : 묵은 것을 새것으로 바꿈)하기 위한 목적도 있었다. 그리고 조선

1. 비변사(備邊司) : 1510년(중종 5년)에 일어난 삼포왜란의 대책으로 도체찰사(都體察使)가 설치되고 다시 병조(兵曹) 안에 1사(司)를 두어 종사관(從事官)에 그 사무를 맡기면서 비변사라 칭한 데서 비롯된다.

왕조 때에는 천견(天譴 : 하늘이 위정자의 잘못을 꾸짖고 경고하는 뜻에서 재해를 내리는 것)에 응답, 미재(弭災)한다는 정치적 · 종교적 의미도 지니고 있었고 또 조선 후기에는 재정의 보충을 위한 식리적(殖利的) 기능까지 겸하고 있었다.

주로 구빈(救貧)과 비축을 목적으로 실행되었던 환곡제도는 점차 부세적(賦稅的)인 제도로 자리 잡게 되었고 나아가 19세기에 이르러서는 고리대(高利貸)제도로 혹평될 정도로 변질되었다.

라. 사창(社倉)

사창은 민간 자치적 구휼기관으로 조선시대 각 지방 군, 현의 촌락에 설치된 곡물대여 기관을 말한다. 농민에 대한 진휼 정책이라는 면에서는 의창과 같은 성격이나 의창이 관설기관인 데 반하여, 사창은 촌락을 기반으로 한 민간 자치적 구호기관의 성격을 띤 구황시설의 하나이다.[2]

사창의 논의가 활발해진 시기는 세종 10년(1428년)이었으나 사창이 처음 실시된 것은 문종 1년(1451년)이었다. 설치의 배경은 의창 원곡(元穀)의 부족과 그것을 보충하기 위한 군자곡(軍資穀)의 감소를 막자는 데 있었다. 정부는 의창 원곡을 보충하기 위하여 연호수미법(煙戶收米法 : 경향을 막론하고 토지와 호구 수에 따라 일정량의 쌀을 거둬들이는 법)을 실시하거나 군자곡으로 보충하기도 하였으나 군자곡도 환곡의 성격으로 변하고 의창도 진휼기관이 아니라 식리를 도모하는 대여기관의 성격으로 변하게 되었다. 1444년에는 의정부가 사창법을 건의하여 집현전에서 연구하도록 하였고, 세종도 직접 집현전 직제학 이계전(李季甸)을 시켜 사창 설치에 대한 문제를 계속 검토하게 하였는데, 이에 이계전은 예 제도에 의거하여 6개항의 '사창사목'을 진언하였으나 결국 실시되지 못하였다. 이러한 논의와 연구가 점차 거듭되자 1448년 세종은 지대구군사(知大邱軍事) 이보흠(李甫欽)에게 대구지방에 사창을 설치 · 시험하

2. 사창의 유래는 중국 한나라 선재(宣宰) 때 대사농(大司農) 경수창(耿壽昌)이 변방 고을에 창고를 짓고 곡식을 저장하여 곡가를 조절한 상평창을 비롯하여 수나라 문재(文宰) 때의 장손평(張孫平)이 각 지방의 사(社)에 사창을 세워, 기근에 대비한 의창과 남송(南宋)의 주희가 실시한 사창법에 그 기원을 두고 있다. 우리나라에서도 이를 본받아 고구려의 진대법, 고려시대의 의창 · 상평창제도가 실시되고 조선시대에 이를 더욱 발전시켜 나갔다.

도록 명하였다. 이보흠은 정부에서 보내준 집현전의 각종 의견을 참고하여 대구의 한 읍을 대상으로 실시하기에 이르렀다. 이것을 시초로 여러 차례 사창의 확대설치 논의가 있었지만 반론에 의하여 확대되지는 못하다가, 1451년 경상도 한 고을의 사창 설치 규정이 마련됨에 따라 결실을 보게 됨에 따라 사창은 조금씩 전국으로 확산되었다.

이러다가 사창폐지론이 나와 1470년(성종 1년)에는 시행된 지 20년 만에 호조의 제의로 혁파되었다. 사창이 폐지된 뒤에도 뚜렷한 대응책이나 기존 구휼제도의 성과가 없자 16세기 이후 1510년(중종 5년) 사창제를 다시 실시하자는 견해가 일어났으나 결실을 이루지는 못하였다.

영조 · 정조 이후에는 환곡제의 폐단을 시정하기 위한 이정책(釐整策)을 제시했는데, 평적제(平糴制)[3]와 사창제[4]이다 이것은 환곡을 구휼 · 진대 기능과 영리 · 부세기능으로 분리시켜 소농민경제의 안정 도모를 위한 방편으로 나타난 것이다.

마. 사환(社還)

사환은 고종 32년(1895년)에 환곡의 고친 이름이다. 사환조례에 의하여 민간에게 직영하게 하였다.

조선시대 운영된 정부비축제도는 조선 후기로 올수록 점차 문제점에 노정되면서 본질적인 면에서 벗어나게 되었다. 특히 19세기 세도정치의 운영에 따른 중앙정치 기강의 해이와 이에 따른 지방관의 탐학(貪虐) 정치로 인하여 국가 재정운영의 근간이었던 삼정(三政 : 전정, 군정, 환곡)은 더욱 문란해졌다. 따라서 정부비축제도의 근본적인 의도와 상당한 거리가 있게 되었으며, 민중들은 이의 시정을 요구하는 민란을 일으킬 정도였다. 이러한 정황에서 1862년(철종 13년)의 임술민란을 겪은 후에야 비로소 그 모곡의 징수와 함께 취모보용의 제도가 폐지되고 전국의 실유곡(實留

---

3. 환곡제를 폐지, 상평창 제도로 개편하되 환모수입(還耗收入)에 대한 급대방안으로 구전이나 호포(戶布) 등 별도의 조치를 취하자는 것.
4. 환곡제를 혁파, 사창제로 개편하되 급대 방안으로 정부에서 출자하여 아문둔전(衙門屯田)이나 영문둔전(營門屯田) 등을 설치함으로써 그 세의 수입으로 환모수입을 대신하자는 내용.

穀) 중 상당부분을 항유곡(恒留穀)으로 하여 흉년에 대비하게 하고, 그 개색(改色)에도 모곡의 부과를 금하게 하였고, 종래 취모보용하던 경비는 줄일 수 있을 만큼 줄여서 전결(田結)로부터 추가 징수한 것이 삼정이정청에서 취한 파환귀결(罷還歸結 : 삼정 난 후에 환곡의 제도를 없애고 환자의 모곡으로 충당하던 경비를 전결로 귀일하여 대신 급대하기로 정한 원칙)의 대강이었다.

순조 때 환곡의 이정책(釐整策) 문제는 사창제를 다시 실시할 것과 환곡제를 보완하자는 의견이 계속 논의되면서, 사창제 부활논의가 우세하였으나 시행을 보지 못한 것은 지방 관리들과 토착 서리(胥吏)들의 반발 때문이었다. 이에 고통을 받은 농민들은 철종 때에 이르러 이에 항재하게 되었고 더욱이 삼정문란으로 인한 농민의 피폐는 절박한 문제였으므로 결국 정부는 삼정이정청(三政釐整廳)을 설립, 환곡제의 대변통을 도모하기에 이르렀다. 1866년(고종 3년) 대원군은 환곡복구를 지시하여 환곡제를 운영하는 데도 사창제로서 시행하였다. 이에 '사창절목' 을 정부안으로 하여 실시하였는데 이를 사환제(社還制)라 하고 갑오경장 때는 탁지부(度支部) 대신 사환조례(社還條例)를 제정, 종래 취모보용(取耗補用) 기능을 없애고 진대기능만으로 돌려 그 운영을 향촌민에게 맡겼던 것이다. 이와 같은 사창제 실시와 사환조례는 그 뒤 근대적 면제(面制)와 금융조합제를 실시하는 데 많은 영향을 미쳤으나 일제 강점기를 전후하여 폐지되었다.

제3절 황정의 내용

크게 보면 그 이전에도 구휼 등이 황정에 속하였다고 할 수 있지만 특히 조선시대(1392~1910년) 519년 동안에는 황정정책이라 할 만큼 흉년에 백성들을 위한 구휼이 눈에 띈다. 그 당시에는 백성들의 먹고 사는 문제가 주류를 이루었다고 할 수 있다.

농업시대인 조선시대의 전 기간에 걸쳐 천재지변으로 흉년, 가뭄 등에 대한 국민의 구황정책으로 진휼(賑恤), 진제(賑濟) 등 여러 형태의 정책이 주류를 형성하였다. 황정이란 말이 조선왕조 27대에 걸쳐 극히 일부의 재임기간이 단기로 끝난 왕을 제외하고는 거의 다 황정을 중요시하였으며 황정이란 용어가 159회 정도 나온다.

특히 9대 성종(재위 1469~1494년)과 22대 정조(재위 1776~1800년) 실록에는 42회와 27회가 나온다. 그 외 왕들의 실록에는 평균 10회 정도 나온다. 이런 점을 감안하며 성종과 정조 사이 즉 약 300여 년간 주기적으로 큰 흉년이 들었다는 것을 알 수 있다. 성종 때의 사가원 대사관 김수녕 등이 상소하기를 "삼가 옛 선왕의 제도를 살펴보건대, 흉년으로 굶주리는 해에는 위로 제왕(帝王)의 조정에는 사도(司徒)가 있어서 황정[5]의 열두 가지를 베풀어 백성을 모으고, 아래로는 유사가 제때에 임금에게 고하여 창름을 열고 부고(府庫)를 열어, 혹은 물건을 나누어주고 쌓인 곡식을 옮겨 주기에 힘써서 좌우로 진휼해 구황하였기 때문에, 비록 홍수나 가뭄의 재앙이 있었다고 하더라도 백성들이 굶주려 죽는 자가 없었으나, 대개 선왕들도 또한 이들로 하여금 재앙이 없도록 하지는 못하였으나, 능히 재앙에 대비하였던 것입니다. 재앙에 대비하는 길은 미리 준비하는 데 지나지 않을 뿐입니다. 기록에도 이것이 있으니 무릇 모든 일에 있어서는 미리 준비하면 이루어지고 미리 준비하지 아니하면 실패하는 것이니, 모든 일에 있어서도 오히려 그러한데, 하물며 황정의 큰일이겠습니까?" 하였다.(성종실록 1권)

성종은 1482년 1월에 각 관찰사, 즉 경기도, 황해도, 평안도, 전라도, 경상도, 충청도 관찰사에게 "도내에 흉년이 들었으니 여러 고을의 백성이 세전(歲前)에는 그해의 곡식이 떨어지지 아니하였으므로 생활할 수 있었으나, 지금 농사철을 당하여 묵은 곡식은 다하였는데 공름(公廩 : 국고)의 비축은 넉넉하지 못하니 매우 염려스럽다. 해사(該司 : 해당 관서)에서 비록 세밀히 조치를 취했다 하나 어찌 경(卿)들이 직접 보는 것만 하겠는가? 경들은 마음을 다해 구휼하여 우리 백성을 굶주리지 않게 하라." 하였다.(성종실록 18권)

『예기』(禮記)에 이르기를 "나라에 9년의 축적이 없는 것을 부족(不足)이라 하고, 6년의 축적이 없는 것을 급(急)이라 하고, 3년의 축적이 없는 것을 나라 구실을 못하는 나라라고 하였으며, 3년 동안 경작하면 반드시 1년의 식량을 저축할 수 있고, 9년

5. 여기서는 주대(周代)에 베풀었던 황정 12사(事)인 산이(散利), 박정(薄征), 완형(緩刑), 이력(弛力), 사금(舍禁), 거기(去幾), 생례(省禮), 살애(殺哀), 번악(蕃樂), 다혼(多婚), 색귀신(索鬼神), 제도적(除盜賊)임.

동안 경작하면 반드시 3년의 식량을 저축할 수 있다고 하였다. 우리나라에서는 군자창을 두어 군량(軍食)에 대비하고 별창을 두어 기근을 진구하는데, 상평창에서는 해마다 군수(軍需)를 보충하는 법이 상밀(詳密)하니, 그 대비하는 것을 구비하지 않았다고 말할 수는 없을 것이다.(상동 23권)

중국의 전한서(前漢書) 식화지(食貨志)에는 3년의 축적을 등(登)이라 하고, 6년의 축적을 평(平)이라 하고, 9년의 축적을 태평(泰平)이라 하였으니 이는 축적의 중함을 말한 것이다.(상동) 여기서도 비축의 다양성과 중요성을 인식하고, 이에 대한 비축정책을 한 것으로 풀이할 수 있다.

면제된 것을 거두어 급한 것을 진휼하는 것도 황정의 한 방법으로 그것이 국가의 백년대계에 있어서 어쩔 수 없는 것이라 하겠다.(상동 24권)

『효종대왕실록』(18권) 8년(정유 1657년)에는 황해도 비축곡식개성구휼 호조에서 회계(回啓)하기를 "본부(本府)는 원래 비축한 곡식이 없어 달리 기근을 구제할 방책이 없습니다. 청컨대 황해도의 비축한 곡식 4백 석을 본부에 옮겨 종자 곡으로 나누어주고, 가을이 되거든 이자를 받지 말고 돌려받아, 한편으로는 당장의 기근을 구제하는 정치를 하게 하고 한편으로는 훗날 비축의 밑천거리로 삼게 하소서, 그러면 공사(公私)에 두루 편할 것입니다." 하고 훈련도감에서는 회계(回啓)하기를 "본부에서 빌려간 군미(軍米) 가운데 지난해 갚은 것은 단지 2백50여 석뿐인데, 본부에서 아뢴 대로 감면해 주소서." 하니 따랐다.

『현종실록』(2권) 황정 12조에는 영돈령(領敦寧) 이경석이 분부에 따라 소장을 올려 구황하는 계책을 조목조목 전달하고 또 송도(松都) 옥사에 대해 장황하게 변명 구황을 논한 것은 주(周)나라 제도의 황정 12조 및 설원(說苑)의 육정(六正)과 육사(六邪), 한서(漢書)의 자사육조(刺史六條)를 고려조의 고사에 따라 경외의 대소 관아로 하여금 각각 1통씩을 베껴 여러 청서에 붙이게 하라는 내용이었다. 또 앞으로 부세(賦稅)를 감면하여 거두어 들인다는 것을 민간에 미리 알려 이민적(李敏迪)의 말과 같이 하기를 청하고, 또 남한산성과 강도(江都 : 현재의 강화)에 비축된 양곡을 방출하여 적절하게 기민들을 진휼할 것을 청하였다.

제4절 황정의 사례

조선은 개국(1392년)과 함께 고려 말의 관제를 계승하면서 성립되었다. 국정기관의 최고의사결정에 도평의사사(都評議使司 : 정종 2년 1400년에 의정부議政府로 변경)가 있고, 그 아래로 문화부 · 삼사 · 예문춘관 · 중추원 · 사헌부 · 개성부 · 6조 · 상서사 · 성균관 · 각문 · 훈련관 · 서운관과 봉상시 · 교서감 등 시(寺) · 감(監) 및 10위(衛) · 사선서 · 요물고 · 풍저창 등 서(署) · 고(庫) · 창(倉) · 내시부 · 액정서와 전악서 · 아악서가 등차적으로 편제되어 각각에 부여된 일을 맡았다.

비변사(備邊司)는 일명 비국(備局), 주사(籌司)라고 하며 국초부터 정무(政務)와 군무(軍務)를 구별하여 문 · 무의 관직을 분명히 하고 무관은 정무에 관여하지 못하게 하였다. 정무는 민정이건 군정이건 모두 의정부에서 맡아 다스리고 2품 이상의 문관이 회의하여 이를 시행하였다. 그러나 성종 때는 북쪽으로 야인의 노략질이 심하여지자 지변사재상(知邊司宰相)이라 일컬어진 변경의 사정에 밝은 정 2품 이상의 무관도 참여시켜 문관과 같이 회의하여 구체적인 대책을 세우게 하였다. 비변사는 1510년(중종 5년)에 일어난 삼포왜란(三浦倭亂)의 대책으로 도체찰사(都體察使)가 설치되고 다시 병조(兵曹) 안에 1사(司)를 두어 종사관(從事官)에게 그 사무를 맡기면서 비롯되었다. 그 뒤 변경에 시끄러운 문제가 생길 때에는 독자적으로 군사행동을 하였으나 전시(戰時)에만 설치된 임시 관청이었고 평화 시에 관제상의 관청은 아니었다. 1554년(명종 9년)에는 독자적인 합의기관이 되고 이듬해 청사(廳舍)가 설치되어 도제조(都提調) · 제조 · 낭청(郎廳)이 정하여졌다. 비변사의 권한이 임진 · 정유재란 이후 아주 강화되어 변경에 대한 문제뿐만 아니라 국내 일반 행정도 모두 비변사에서 의정부를 대신하여 의논하여 결정하게 되었다. 1864년(고종 1년) 대원군은 의정부와 비변사의 사무 한계를 정하여 비변사는 외교와 국방 · 치안 간계만을 종전대로 맡아보게 하고, 나머지 사무는 모두 의정부에 넘기도록 하였다. 이어 대원군의 쇄국정책(鎖國政策)으로 주종관계의 청나라를 제외하고 모든 외국과의 국교를 단절하였고 특히 천주교의 유입에 단호히 배격책을 썼고 척화비(斥和碑)를 세워 적극적으로 쇄국정책으로 나갔다. 이로 인해 조선과 통상을 기도하던 구미열강(歐美列强)들은 한때 포기할 수밖에 없었고, 일본에서는 대원군의 양이쇄국책(攘夷鎖國策)으로 정한론(征韓論)까지 나왔었다.

실제로는 의정의 최고 의결기관인 의정부(議政府)를 중심으로 육조(六曹) 이(吏)·호(戶)·예(禮)·병(兵)·형(刑)·공(工)으로 이루어졌는데, 이조는 문신의 인사관리를 주로 담당하였고 조달업무와 관련된 일도 수행하였다. 먼저 상서원(尙瑞院)은 새보(璽寶)·부패(符牌)·절월(節鉞) 등을 관장하였으며, 사옹원(司饔院)은 왕의 식사와 궐내 음식물의 공급 등에 관한 일을 관장하였다. 내수사(內需司)는 궐내 수용의 미포·잡물·노비 등에 관한 일을 맡고, 내시부는 궐내 음식물의 감독, 왕명의 전달, 궐문의 수직, 소제의 일을 맡았다. 액정서(掖庭署)는 왕명의 전달과 알현, 왕이 사용하는 붓과 벼루의 공급, 궐문 잠물쇠와 열쇠의 관리, 궁궐 내정의 설비 등을 맡았다.

호조(戶曹)는 호구, 공직(貢職)·전양(錢糧)·식화(食貨)에 관한 정사를 관장하였다. 식화속사로 판적사(版籍司)는 호구·토전·조세·부역·공헌·농상의 권장, 풍흉의 조사, 진대곡의 분급과 회수 등에 관한 사무, 회계사(會計司)는 경향의 저적(儲積), 세계(歲計)·해유(解由)·휴흠(虧欠) 등에 관한 사무, 경비사(經費司)는 서울에 있는 각 관사의 지조(支調), 애인의 양료(糧料) 등에 관한 사무를 담당하였다. 속아문 중 내자사(內資寺)는 궐내에 공급하는 쌀·밀가루·술·장·기름·꿀·채소·과물과 궐내의 연향 및 직조(織造) 등에 관한 일을 맡았다. 내섬사(內贍寺)는 각궁 각전에 대한 공상(供上)과 2품 이상에 하사하는 술, 왜(일본인)·야인(여진인)에게 공급하는 음식물과 직조 등에 관한 일을 맡았다. 사도시(司導寺)는 이용 창고의 미곡 및 궐내에 공급하는 장 등의 물품을 맡았다. 사섬시(司贍寺)는 저화의 제조와 의거노비의 공포(貢布) 등에 관한 일을 맡았다. 군자감(軍資監)은 군수물자의 저장에 관한 일을 맡았으며, 제용감(濟用監)은 진헌하는 포물(布物)과 인삼, 하사하는 사(絲)·능(綾)·라(羅)·단(緞)·채색입염(彩色入染) 직조 등에 관한 일을 맡았다. 사재감(司宰監)은 어물, 육류, 식염, 숯, 횃불 등에 관한 일을 맡았다. 풍저창은 미두(米豆)·초둔(草芚)·지지(紙地, 紙質) 등에 관한 일을 맡았으며, 평시서(平市署)는 시전(市廛)을 단속하고 도량형기를 공평히 하며 물가를 조절하는 일을 맡았다. 사온서(司醞署)는 궐내의 술과 단술을 공급하는 일을 맡았으며, 장흥고(長興庫)는 석자(席子)·유둔

(油芚) · 지물(紙物) 등의 물품에 관한 일을 맡았다. 사포서(司圃署)는 원포(園圃)와 채소에 관한 일을 맡았다. 양현고(養賢庫)는 성균관 유생에게 미두 등의 물품을 공급하였다.

예조(禮曹)는 외교와 과거 등의 임무를 수행하였고 그의 속아문으로 빙고(氷庫)는 동 · 서빙고에 얼음을 저장하는 일을 맡았으며, 전생서(典牲署)는 제물(祭物)로 쓰는 가축을 기르는 일을 맡았다, 사축서(司畜署)는 제물이 아닌 여러 가지 짐승을 기르는 일을 맡았다.

공조(工曹)는 산택(山澤) · 영선(營繕) · 도야(陶冶) 등에 관한 사무를 맡았다. 속사로는 궁실, 성지(城池), 공해(公廨), 옥우(屋宇), 토목, 공역(公役), 피혁 전계(氈罽) 등을 맡아보던 영조사(營造司), 여러 공장의 제작 금 · 은 · 주 · 옥과 동 · 납 · 철의 야주(冶鑄) · 도와(陶瓦) · 권형(權衡) 등에 관한 사무를 맡아보던 공야사(公冶司), 산택(山澤) · 진량(津梁) · 원유(苑囿) · 종식(種植) · 탄 · 목재와 석재 · 주차(舟車) · 필묵 · 수철 · 칠기 등에 관한 사무를 보던 산택사(山澤司)가 있었다. 속아문으로 상의원(尙衣院)은 왕이 입는 의복 및 궐내의 제화 금보 등의 물품을 맡았다. 선공감(繕工監)은 토목 영선을 맡았으며, 수성금화사(修城禁火司)는 궁성 도성의 수축, 궁궐 관아의 건물 및 방리 각호의 소방 등의 일을 맡았다. 장원서(掌苑署)는 원유(苑囿), 화초와 과물 등을 맡았다. 조지서(造紙署)는 표전지(表箋紙)와 자문지(咨文紙), 그 밖의 여러 가지 종이를 제조하는 일을 맡았다. 와서(瓦署)는 기와와 벽돌을 만드는 일을 맡았다.

제5절 황정에 대한 저서 및 관련법

1. 황정에 대한 저서

가. 황정고(荒政考)

현종 원년(1659년) 명나라의 신하 도융(屠隆)이 지은 책으로 옛날을 원용하여 오늘날에 증험하면서 빠짐없이 다 갖추어 놓은 구황(진휼)에 관한 최고의 책이다. 전이조판서(행 부호군) 조경(趙絅)이 현종에게 상소하면서 "관북지방이야말로 성조(聖祖)께서 왕업을 일으킨 터전인 동시에 국가의 근본이 되는 지역이니, 현재 국가의 급선무로는 북쪽 지역의 백성들을 진휼해 구제하여 주는 것 이상의 것이 없을 것입니다." 하고 현종에게 바친 책이다.(현종개수실록 1권)

그 외에 중국의 황정고(荒政考 著者 : 王心敬(淸)) 외에 명대의 저서 구황전서(救荒全書), 증황사략(拯荒事略), 황저략(荒箸略), 황정총언(荒政叢言), 황정의(荒政議) 등이 있다.

나. 주례(周禮)의 황정십이조(荒政十二條)(目)[6] 내용

1541년(중종 36년) 5월 8일 영의정 윤우보, 좌의정 홍언필, 우의정 윤인경이 반청(대신들이 회의하는 청사로 대궐 안에 있다)에 나타나 아뢰기를 "가뭄의 기세가 매우 심하므로 다만 황정만을 잘 거행할 따름인데 주례의 황정은 목(目)이 열둘입니다." 하였다. 즉 다음과 같다.

(1) 산리(山利) : 종식(種食)을 꾸어주는 것, 즉 먹을 곡식과 씨앗을 나누어준다는 뜻
(2) 박정(薄征) : 부세를 줄인다는 뜻
(3) 완형(緩刑) : 형벌을 너그러이 늦춘다는 뜻
(4) 이력(弛力) : 부역에 징발하는 것을 줄여서 백성을 쉬게 한다는 뜻
(5) 사금(舍禁) : 법으로 금하는 것을 엄하게 하지 않는다는 뜻
(6) 거기(去幾) : 의복과 말씨가 다른 타향 사람을 살핀다는 뜻
(7) 생례(眚禮) : 무릇 예모(禮貌)에 관한 모든 것을 되도록 줄이는 것
(8) 번악(蕃樂) : 악기를 거두어 넣고 쓰지 않는다는 뜻
(9) 쇄애(殺哀) : 상례(喪禮)와 절문(節文)을 줄인다는 뜻
(10) 다혼(多昏) : 예물을 갖추지 않더라도 혼인을 많이 시킨다는 뜻

6. 『중종실록』 48권, pp.48~50.

(11) 색귀신(索鬼神) : 귀신이면 거행하지 않는 것이 없고 제사하지 않는 곳이 없다는 뜻

(12) 제도(除盜) : 흉년에는 도둑이 많으므로 이를 제거하여 백성의 폐해를 없앤다는 뜻

이와 같이 조선시대에는 지방관리의 황정에 대한 관심이 많았으며, 황정을 잘한 지방관리에게는 은혜의 보답으로 면직되어도 재기용하는 인사정책을 하였다고 볼 수 있다. 이는 조선 성립 시기의 민본주주의 사상에 깃들어 있다고 보겠으며 오늘날 지방자치제도의 근간인 풀뿌리 민주주의(grass-root democracy)의 이념이 이 당시에도 일부 적용된 사례라고도 할 수 있겠다.

2. 황정에 대한 관련법

가. 조선경국전[7]

조선경국전(朝鮮經國典)은 (민본정치에 입각한) 정치영역을 초기에는 치전(治典, 이조), 부전(賦典, 호조), 예전(禮典, 예조), 정전(政典, 병조), 형전(刑典, 형조), 공전(工典, 공조)으로 나누어 그 기능을 밝혀 놓았다.[8]

치전은 이전(吏典)에 해당하는 것으로 임금이 나라의 수반이지만 세습하는 임금이 반드시 현명하다고 볼 수 없기 때문에 임금은 재상을 잘 선택하여 정치의 실권을 재상(宰相)에게 주어야 한다는 것을 강조하고 있다. 그래서 재상이 인사권은 물론이요, 재정권, 군사지휘권 등을 모두 가지고 있어야 한다는 것이다. 임금이 하는 일은 재상을 잘 선택하는 일이고 재상은 만민을 다스리면서 임금을 보필하는 일이다.

치전(이전)에서는 재상을 정점으로 하는 권력구조가 횡적으로는 전문성에 따라 분화되어야 한다는 것과 인재등용방법이 능력 위주로 가려면 뇌물이나 혼인 또는 권

---

7. 정도전 저, 한영우 역, 사단법인 올재, 2014.

8. 괄호 안의 이조, 호조, 예조, 병조, 형조 공조의 6조는 후에 조선시대의 전반에 걸친 6조로 변경하여 사용되었다.

력자의 연줄로 나아가는 것을 막고 시험제도가 강화되어야 한다는 것이 강조되고 있다. 국가재정은 재상이 관할하되 수입을 헤아려 지출을 하는 양입위출(量入爲出)을 지켜서 3년이면 1년간 소비할 예비저축을 가져야 하고, 30년이면 9년간 쓸 수 있는 예비재정을 가져야 흉년이나 전쟁이 일어나더라도 나라가 유지된다는 것을 설명하고 있다.

부전은 호전(戶典)에 해당하는 것으로 세금과 재정정책의 원칙을 제시하고, 세금의 원천은 농상(農桑 : 농업과 양잠)이 근본이지만 소금생산과 광산업, 어업, 산림, 운송, 상업과 수공업에서도 세를 거두어야 하는 것이고, 지출에서는 왕실생활비(上供), 제사 연회 국가행사비(國用), 군사비(君資), 관리의 녹봉, 빈민구제비(義倉), 빈민의 약비(惠民典藥局) 등이 해당된다. 정도전이 부전에서 특히 강조한 것은 토지제도의 정비이다. 무엇보다 민생이 안정되려면 모든 국민이 인구수에 비례하여 자기 토지를 가지고 있어야 하고, 부자들의 토지겸병을 막고 세금제도는 10분의 1세를 지켜야 한다. 그리고 농업이나 상공업 등 모든 산업은 작은 것은 개인이 소유하고 경영하지만 규모가 큰 것은 국가가 관리하도록 해야 한다는 공개념(公開念)을 강조하였다. 국가경비의 지출에서 가장 문제가 되는 것은 왕실생활비인 상공(上供)이다. 상공은 반드시 필요한 것이지만 이를 위해 왕실이 사유재산(私藏)을 갖는 것은 나쁘다. 사장은 왕실의 사치를 가져와 국가재정을 파탄에 이끌 염려가 있을 뿐 아니라 임금 곁에 측근 세력(私人)이 형성되어 정치를 농단할 위험성이 크기 때문이다. 이를 막기 위해서는 왕실경비를 정부의 재상이 관리하여 필요한 만큼만 지출하고, 고려시대 왕실이 가지고 있는 모든 사유재산을 국고에 돌려야 한다. 정도전은 임금이 사유재산을 가질 수 없는 이유로 임금은 정신적으로 전국의 모든 토지와 인민을 가지고 있기 때문에 따로 사유재산을 가질 필요가 없다고 말한다.[9]

예전은 의식(儀式)에 관한 제도로 높고 낮은 것을 따지는 상하질서를 말한다. 상하의 차이는 지배와 복종이라는 예속관계를 말하는 것이 아니라 평등이 가져올 무질서의 혼란을 막기 위한 의식상의 문제라는 것을 유념할 필요가 있다. 전통시대의 상하관계는 수직적 상하관계를 말하는 것이 아니고 수평과 수직의 중간에 위치하는 대

9. 치전과 부전에서 비축을 중요시한 기관이라고 할 수 있다.

각선(對角線) 형태의 관계로 보는 것이 온당하다.

정전은 병전(兵典)에 해당하는 것으로 군사조직은 사람과 나라를 바르게 하는 것이 목적이라는 뜻에서 정전으로 부른 것임을 밝히고 있다. 군사조직은 병농일치(兵農一致)의 의무병역제도에 입각하여 조직되어야 하기 때문에 평상시에는 농업에 종사하고 유사시에는 군대로 편제되어 농한기 때 훈련을 받아야 하며 중앙은 부병(府兵)과 번상병(番床兵)이 지키고 지방은 육군(陸軍)과 수군(水軍) 그리고 기병(騎兵)이 지켜야 한다.

형전은 형전(刑典)에 해당하는 것으로 잘못된 사람을 형벌로 다스리는 원칙을 제시하고 있다. 정치는 기본적으로 사람을 사랑하고 바르게 만드는 도덕주의를 기초로 하여 인으로써 다스려야 하지만 이를 보조하는 수단이 바로 형벌이라고 본다.

공전은 토목공사라든지 물건을 만드는 공작(工作)의 원칙을 설명했다. 여기서 가장 중요한 것은 검박한 것을 숭상하고 사치를 경계하는 일이다. 만약 국가재정을 절약하지 않고 낭비하거나 백성들의 노동력을 무겁게 여기지 않으면 재정이 파탄될 뿐만 아니라 백성들이 피곤하게 되며 나라가 위태로운 지경에 이르기 때문이다.

치전(治典)의 재정관리(財政管理) 편에서 전곡(錢穀 : 돈과 곡식)은 국가를 보전하는 데 있어서 항상 갖추고 있어야 하는 것으로 생민(生民)의 목숨을 좌우하는 것이다. 그러나 이를 백성으로부터 받아들이는 데 도(道)가 없고 이를 쓰는 데 법(法)이 없으면 불법적인 횡령이 많아져서 민생이 괴로워지고 낭비가 커져서 국가재정이 텅 비게 된다.

국가에서는 삼사(三司)로 하여금 전곡의 수입에 관한 일을 장악하게 하였으나 그것을 지출하는 데 있어서는 도평의사사(都評議使司)의 명령을 받들어 집행하고 있다. 이것은 주나라 제도의 정신을 이어받은 것이다.

부전(賦典) 편에서 부(賦)라는 것은 군국(軍國)의 수요를 총칭하는 말이다. 그러나 이를 구분해서 말한다면 나라에서 쓰는 것은 전곡(錢穀)이라 한다. 한편 백성으로부터 받아들이는 것은 부(賦)라 한다.

농상(農桑 : 농사와 양잠) 편에서 농사와 양잠은 의식(衣食)의 근본으로서 왕도정치의 첫째가 되는 것이다. 국가에서는 중앙에 사농 지방에 권농관을 두어 백성들의 부지런함과 게으름을 조사케 하여 부지런한 자를 장려하고 게으른 자를 징계하였다.

염법(鹽法)에서 소금은 바다에서 나오는 것인데[10] 백성들이 사용하는 것으로 없어서는 안 되는 것이다. 고려시대에는 충선왕(忠宣王) 때부터 염법이 세워져서 백성들로 하여금 포(布)를 바치고 소금을 받아가게 하여 그 포로써 국가재정에 보탰던 것이다.

상공(上供 : 왕실비용)과 국용(國用)을 구분하는 이유가 있다. 상공에는 음식과 의복은 왕을 봉양하는 데 필요한 것, 비반(匪頒)은 왕이 신민(臣民)에 물품을 사여(賜與)하는 데 필요한 것과 진보(珍寶)는 왕이 가지고 즐기는 노리개를 공급하기 위한 것이 있다.

고려시대에는 요물고(料物庫)를 두어 왕실에 대한 식량 조달을 관장하게 했고 사선서(司膳署)로 하여금 각종 반찬을 장만하는 일을 맡게 하였으며 사온서(司醞署)에서는 술과 단술을 조달하게 하고 내부(內附)에서는 의료 재료를 취급하여 의복을 지어 바치게 하였으며 사설서(司設署)에서는 장막과 깔개를 조달하여 포설(鋪設)을 관장하였다. 이들 관서는 모두 조정의 관리가 일을 맡았고 사헌부(司憲府)에서 수시로 일을 감독하여 물품의 남고 모자라는 수량을 조사하였다.

전하(태조)가 즉위한 뒤에는 오고(五庫)와 칠궁(七宮)을 모두 공용(公用)으로 귀속하였다. 국용(國用 : 국가비용)은 국가에서 풍저창(豊儲倉)을 설치하여 무릇 제사(祭祀) · 빈객(賓客)접대 · 사냥 · 상장(喪葬) 및 흉년에 필요한 비용은 모두 여기에서 지출하는 것이다. 국용의 출납과 회계에 관한 일은 도평의사사(都評議使司) · 삼사(三司) · 사헌부(司憲府)에서 각각 직책에 따라 관장한다.

군자(軍資 : 군량) 편에서 자공(子貢 : 공자의 제자)이 공자(孔子)에게 정치를 어떻게 해야 하느냐고 물으니 공자는 "식량을 풍족하게 하고 군사(국방)를 튼튼하게 하는 것"이라고 대답하였다. 나라는 군사에 의지해서 보존되고 군사는 먹어야 생존할 수 있다. 항우(項羽 : B.C.232～202, 진말 초의 패왕)는 백전백승의 자질을 타고난 사람이었으나 하루아침에 군량이 떨어져서 전쟁에 지고 자신도 자살하여 천하의 웃음거리

10. 우리나라에서는 땅이 좁아 소금이 바다에서 나온다고 생각되겠으나 세계 각국, 즉 중국의 옌칭(鹽井)의 질 좋은 소금을 비롯하여 티베트 등 소금호수, 볼리비아의 광활한 소금사막, 오스트리아 소금호수 등 산악지대에서도 많은 양의 소금이 생산되고 있으므로 바다에서만 소금이 생산된다는 생각을 해서는 안 되겠다는 것을 첨언한다.

가 되었다. 그러므로 옛날 나라를 다스리던 사람들은 군사만을 다스리는 것이 아니라 반드시 군량미도 또한 다스렸으며, 군량미의 수입만을 다스리는 것이 아니라 반드시 군량미의 생산에 관해서도 배려하였다. 국가에서는 군자감(軍資監)을 설시하여 군량을 저축하고 있다.

의창(義倉 : 구빈제도) 편에서 홍수 · 한발 · 질병은 천도(天道)가 운행하는 운수에서 발생하는 것이다. 운행이 순조롭지 못한 경우가 생기면 기근이 일어나게 된다. 국가에서는 중앙에 의창을 두어 곡식을 저축해 두고 있으며, 이 제도를 확대하여 지방의 주 · 부 · 군 · 현에도 각기 의창을 설치하였다. 그리하여 매년 농사철이 되면 빈민으로서 종자곡과 식량이 없는 사람에게 곡식을 대여하고 가을에 수확이 끝나면 원본(元本)만을 회수하여 뜻하지 않은 사태에 대비하여 저축해 둔다. 만약 흉년이 들면 의창의 곡식을 모두 풀어서 빈민을 진휼하고 풍년이 든 다음에 역시 원본만을 회수하여 장기간 이런 일을 계속 할 수 있도록 비축해 둔다. 이렇게 하면 기근이 들어도 백성에게 피해가 가지 않고 풍년이 들어도 농민을 해치지 않으며 곡식은 곡식대로 항상 비축되어 있으면서 백성들이 굶어 죽는 일이 없어진다. 이것이야말로 법 중에서 가장 좋은 법이라 아니할 수 없다. 의창의 곡식을 출납할 때에는 급한 사람만을 구제하여 부유한 사람이 혜택을 받지 않도록 해야 하며, 사실을 확실하게 하여 원액(元額)을 축나지 않게 함으로써 이 좋은 법이 무너지지 않도록 해야 할 것이다. 그렇게 하자면 이를 관장하는 사람이 훌륭하여 이 제도를 확실하고 분명한 자세로 거행해야 하는 것이다.

나. 경국대전

조선시대의 전반적인 국정이념과 실시를 위한 교지(敎旨) · 조례(條例)를 모은 대표적인 법전이다.

다. 대동법(大同法)

대동법(大同法)은 1608년에 제정되어 조선 중기 이후 공물(貢物)을 미곡(米穀)으로 통일하여 바치게 하던 납세제도이며 선혜청의 관장 아래 하나의 통일된 재정제도를 이루게 되었다. 이에 앞서 임진왜란 중에 잠시 시행(1594~1599년)된 대공수미법(代貢收米法)[11] 이후 전국의 토지가 황폐화되고 국가의 수입이 감소하여 민심을 수습하고 재정을 도모하는 과정 속에서 법의 제정 · 시행으로 이어져 갔다. 농민은 전세와 대동세를 한 차례 납부하기만 하면 세납의 의무를 다하기 때문에 농사에만 힘을 기울일 수 있는 안정된 생활을 누릴 수 있고, 국가는 나름대로 충족한 재정으로 합리적인 운영을 기할 수 있게 된 것이다. 대동법에 따라 거두어들인 대동미(大同米)는 수요에 따라 일부는 중앙의 선혜청에 옮기고 일부는 지방관청에 두어 쓰게 하였다. 중앙의 수요는 국가에서 공인(貢人)을 선정, 그로 하여금 물품을 구입, 납부케 하고 그 대금은 선혜청에 간직한 대공미로 지불하였다. 그러나 불가피한 경우에는 미공대신 포목(布木 : 大同木) · 돈(錢 : 大同錢)으로 대납할 수도 있었다.

대동법은 세법상 진보된 제도이며, 재정사 측면에서 잡다한 공 · 역을 모두 전세화하고, 그 징수와 지급을 백미로 하되, 면포(大同木)나 화폐(大同錢)로도 대신하게 한 사실과 사회경제적인 측면에서 생산물자와 노동지대를 전세로 단일화시켰고 또 많은 정부 소유 물자를 공인 · 시인들에게 조달한 데서 시장권의 확대와 함께 상품 · 화폐경제의 발달과, 더욱이 공인(貢人)의 등장과 활동에 따라 조선 후기 상공업의 발달에 기여하였다는 데 의미를 둘 수 있다.

제6절 황정의 현대적 의미

600여 년 전 조선시대의 황정은 지구온난화와 환경오염 등이 인간생활에 질병, 자연훼손 등 많은 문제점을 일으키는 오늘날의 상황과는 다소 의미가 다를 수 있지만 넓게 보면 국민이나 인류를 구제 내지 보호한다는 측면에서 크게 다를 바 없다. 단지 황정은 조선시대의 특징이라면 기후변화에 따른 대책은 전세계적 관점이라는

11. 각 도에서 상납하던 모든 물품을 쌀(미)로 환가하여 그 양을 도내 전토에서 고르게 징수하게 하고, 이를 경창에서 수납하여 공물과 진상 · 방물의 구입경비로 쓰는 한편 시급하였던 군량(軍糧)으로도 보충하게 한 것이다.

데 차이가 있을 수 있다. 농경시대의 황정은 현대에서도 그 기조를 유지할 가치가 있고 산업화에 따른 부작용도 함께 아우를 수 있는 정책이라 하겠다. 인구가 증가하고 기계문명이 발달함에 따라 제한된 물자를 어떻게 활용하고 또 이에 어떻게 대처하느냐 하는 리스크 관리(risk management) 측면에서도 국가정책에 많은 시사점을 주고 있다고 할 수 있다.

3 part
세계 각국의 비축

이 부는 필자의 저서 『세계 각국의 비축제도』(2000년)에서 인용한 부분이 상당하나 그동안 각국의 변경된 비축제도 등의 입수한 자료를 최대한 반영하였으며, 특히 최근에 급부상하는 중국을 비롯하여 북한과 대표적 이슬람 국가인 이라크도 추가로 기술하였다.

chapter 6

우리나라의 비축

제1절 개관

우리나라에는 개화 이후 일본의 식민통치기간, 1945년 8월 15일 해방, 미군정기를 거쳐 1949년 외국원조물자관리를 중심으로 한 임시외자총국(조달청 전신)이 설립되었다. 이후 외국원조 물자의 관리와 판매에 대한 대충자금 계정의 한국은행 유치와 1967년 조달기금법 제정으로 비축물자를 법률적으로 제도화하기도 하였다. 더불어 베트남(Vietnam) 전쟁에 참가하고 1970년대 2차례의 세계적 자원파동을 겪기도 하였다. 특히 1997년 금융위기 시의 국제통화기금(IMF)의 구제금융(bailout) 정책으로 우리나라 현대 비축의 중요성의 인식이 극치에 이르렀다고 할 수 있다.

제2절 현대 비축의 마련기

우리나라의 비축과 관련된 조달제도는 1876년 강화도조약으로 인한 개항과 더불어 큰 전기를 맞이하였다. 1881년 정부의 개화시책의 일환에 따라 청의 제도를 모방하여 설치된 통리기무아문(統理機務衙門)은 현대적 성격의 중앙행정기관이었는데 이 제도 자체가 신문물 수용의 과도기적 현상이었으므로 제도상 많은 변천을 가져왔으며, 이에 속한 12사(司)의 정부 행정기구와 그의 직능을 살펴보면 사대사(事大司 : 중국과 외교), 교린사(交隣司 : 교린외교), 군무사(軍務司 : 군대통솔), 변정사(邊政司 : 변방사무와 외국정탐), 통상사(通商司 : 통상무역), 기계사(機械司 : 기계제조), 선함사(船艦司 : 선박 및 군함제조), 군물사(軍物司 : 병기제조), 기연사(譏沿司 : 왕래선박 순찰), 어학사(語學司 : 외국어, 언어 및 문자), 전선사(典選司 : 인선), 이용사(理用司 : 물품조달)이다. 여기서 군무와 군수품의 중요성이 나타나고 있으며 정부의 조달업무는 이용사에서 담당하였다.

이어 1894년(고종 31년)의 갑오개혁(일명 갑오경장)은 현대화의 시작이었다고 볼 수 있다. 이 개혁은 그 추진 주체가 일본 등의 외세에 의존하였으나 근대국가의 내각

제도를 모방한 정부기구의 설립이 시도되었다. 동년 6월에 동학란을 계기로 인천에 도착한 일본군을 배경으로 오오토리(大鳥圭介) 공사는 내정 개혁안 5개조를 제시하였으나 청의 원세개(袁世凱, 위안스카이)의 거부로 실패하였다. 이에 일본은 단독으로 여러 차례 내정개혁을 추진하여 동년 7월 24일 대원군의 섭정이 이루어지면서 김홍집의 1차 내각이 성립되었고, 동 26일 임시 군국기무처(軍國機務處)의 합의기관이 설치되어 일대개혁을 실시하였는데 그 내용은 정부 밑에 의정부(중앙행정)와 궁내부(왕실행정)를 두고, 의정부 산하의 8아문(衙門 : 내무, 외무, 탁지, 군무, 법무, 학무, 공무, 농상무) 중에는 종래의 호조를 계승한 탁지아문(度支衙門), 공조를 계승한 공무아문(工務衙門) 등이 중앙정부의 각종 조달 업무를 맡았으며, 궁내부 산하에는 내수사 · 사옹원 · 태복사 · 숭문원 · 전각사 등이 왕실의 수요물자를 담당함으로써 정부와 왕실의 재정이 분리되었다.

갑오개혁의 가장 큰 의의는 정치 · 경제 · 사회 · 문화 등 모든 영역에서 현대화(현대국가체제 모방)[1]의 첫 출발점이 되었다는 사실이다. 이 중 재무행정의 개혁을 보면 종래의 무계획적 · 비조직적 · 기능 중복이었던 국가재정 업무와 기구가 일원화되고 세법과 예산제도가 정비되는 등 현대적 재정제도가 확립되었다. 따라서 중앙재무행정은 탁지아문에서 일괄 주관하였고, 탁지아문은 호조 · 상평창 · 선혜청을 비롯한 육조의 각 기관에 흩어져 있던 재정 · 출납 · 조세 · 화폐 · 조달 등 일체의 중앙정부 재무행정을 총괄하였고 의정부의 회계국, 궁내의 회계국, 각 아문의 회계국을 통합 조정하여 중앙행정기관과 왕실의 소요예산 및 물자를 수급 · 조달하는 중추적 재정기능을 수행하였으나, 1897년 대한제국의 성립 이후에는 왕실재정의 강화로 탁지아문의 후신인 탁지부(度支部)의 역할은 상대적으로 약화되었고 궁내부의 내장사가 재무행정을 주도하였다.

1910년 한 · 일 합방으로 인한 일본 강점기에는 조선총독부 산하에 총독관방(總督官房)과 총무 · 내무 · 탁지 · 농상공 · 사법 등 5부와 9국을 두고, 그 외 직속 관부로 중추원 · 경무총감부 · 취조국 · 재판소 · 철도국 · 통신국 · 전매국 · 토지조사국 등의 기구를 두고, 재무행정은 탁지부가 관장하였는데 후에 탁지부는 재무국으로 개

1. 현대 : 우리나라는 고종 · 순종 이후, 동양에서는 청 · 일 전쟁 이후, 서양에서는 대체로 제1차 세계대전 이후로 본다.

편하여 수탈적 식민지 경영의 재원을 조달하는 데 중점을 두었다.

제3절 정부수립 이후 비축 운영

1. 1940년대

1945년 미국이 일본의 히로시마와 나가사키에 원자폭탄을 투하한 계기로 일본은 패망하고 제2차 세계대전을 승리로 이끈 미국은 한반도에 미군정을 실시하였다. 미군정사령관 하지(John R. Hodge) 중장은 아치발드 아놀드(Archbold V. Arnold) 소장을 초대 군정장관에 임명하고 산하에 교통 · 공보 · 보건 · 경무 · 군무 · 법무 · 재무 · 학무 · 체신 · 상공 · 농무 등 11개의 행정국을 설치하였는데 국가재무행정은 재무국이 관장하였다. 한편 지방의 각 도지사 산하에도 내무국 등 8국을 설치하였는데 그 중 재무국과 도 관리처가 지방재무행정을 관장하였다.

1946년 12월 입법의원(立法議院)을 설치하여 외형상으로는 사상 최초로 입법 · 사법 · 행정의 삼권분립 체제를 갖추었다. 미군정(초대 미군정장관 아놀드 소장)은 행정부에 오늘날과 명칭 및 기능이 유사한 13부 6처의 중앙행정기구를 설치하여 1948년 대한민국 정부수립에 이를 때까지 행정을 담당케 하였다.

1945년 8월 15일 광복에 이어 정부의 과도기인 미군정기(1945~1948년)를 거쳐, 1948년 7월 17일 대한민국 헌법의 제정으로 자유민주주의 대한민국을 건설한 후 1948년 12월 10일 한국과 미국 간에 체결된 원조협정에 의하여 미국 측이 우리에게 제공하는 원조물자 관리를 위한 기구가 필요하여 1949년 1월 17일 국무총리 직속으로 임시외자총국을 설립하였고, 동년 12월 15일 정부보유외환(KFX)과 원조자금에 의한 외자구매업무를 담당하는 외자구매처가 설립되면서 1948년 대한민국 정부수립에 이어 1949년 1월 17일 주로 원조물자의 관리를 위하여 국무총리 산하 임시외자총국(臨時外資總局)이 발족되었다.

2. 1950년대 : 비축의 준비기(미국 원조물자 관리)

1948년 12월 10일 한국과 미국 간에 체결된 원조협정에 의하여 미국이 우리에게 제공하는 원조물자를 체계적, 효율적으로 관리하기 위한 기구가 필요하여 국무총리 직속으로 임시외자총국이 1949년 1월 17일 설치되었다. 원조물자는 구제목적과 경제부흥 및 개발을 위한 목적으로 구별되었는데 해방 직후부터 정부수립 전까지 그리고 6 · 25 전쟁 중에 외국으로부터 제공된 원조물자는 주로 구제 및 복구사업을 위한 것이었다.

임시외자총국은 미국의 대외경제원조에 관한 업무를 담당하던 경제협력처(ECA : Economic Cooperation Administration)의 국내 창구로서 ECA와 각 부처 간 조정역할을 수행하였으며 도입된 원조물자의 원활한 관리 및 대금징수를 통해 건국 초 경제재건과 산업부흥을 촉진하기 위한 역할을 수행하였다.

임시외자총국은 1949년 12월 15일 정부보유외환(KFX)과 원조자금에 의한 외자구매업무를 담당하는 외자구매처가 설립되면서 외자구매업무는 외자구매처에 이관하고 동년 12월 19일 순전히 원조물자관리업무만을 담당하는 임시외자관리청으로 개편되었다. 그러나 외자구매처가 원조자금에 의한 외자구매업무 이양을 경제협력처(ECA) 측에 요청하였지만 1953년 12월 14일 한 · 미 간에 이른바 '백 · 우드 협약'이 체결되기 전까지는 정부보유외환자금(Korean Foreign Exchange : KFX)에 의한 구매업무만 담당하였다.

6 · 25 전쟁의 발발과 구호물자 관리

1950년 6월 25일 소련제 탱크를 앞세운 북한의 불법남침으로 3년이 넘는 동안 전쟁 속에서 국내의 거의 모든 산업시설과 국가기반시설은 큰 파괴를 당하였고 막대한 전비지출에 따른 통화팽창은 엄청난 인플레이션을 가져왔다. 다행히도 UN은 북한을 침략자로 규정하고 16개국 UN군(미국을 비롯하여 영국, 캐나다 등)의 파병과 의료지원 5개국(덴마크, 이탈리아, 노르웨이, 스웨덴 및 인도)으로 전열을 정비할 수 있었고, 동시에 전쟁 이재민에 대한 구호사업의 중요성을 인식하고 각종 구호계획을 세워 지원하였다. 자유 우방에서 구호물자를 보낸 국가수도 43개국이었는데, 각국 공 · 사설단체(SUN)와 미육군성(SKO)에서 생활필수품과 막대한 양의 구호물자를 보내왔다. 당시의 구호물자 관리체제는 유엔연합군 민사원호처와 임시외자관리청으로 2원화되어 있었는데 모든 원조물자에 대한 총괄책임은 국제연합군 민사원호처(UNCACK)[2]에 있었고, 임시외자관리청은 구호물자가 한국에 도착하면 UNCACK 민수과는 당해 구호물자의 하역, 입하, 수송 및 보관 등에 관하여 대한민국 외자관리청과 협의하며, 구호물자의 하역 및 분배에 대한 책임은 대한민국 정부에 있었다.

■■ 에피소드 ■■

필자는 6 · 25 전쟁의 구호물자를 받은 적이 있는데 그 당시 초등학생 시절이었으므로 다양한 학용품 세트를 받아 큰 감동을 받았고 고마움을 느꼈다.

참고

1. 1950년 6 · 25 전쟁 당시 UN군 총사령관 맥이더(Douglas MacAther)는 인천상륙작전에서 서울로 통하는 북한군 군수물자 보급로를 차단하는 전략을 써서 성공을 거두었다.
2. 6 · 25 당시 경상북도 청송군의 송소고택(99칸, 경상북도 민속자료 제63호, 1985.12.30. 지정)에 식량이 많이 비축되어 있어 북한군의 2개 연대가 2개월 이상 진지를 치고 주민들을 괴롭히고 약탈하였다.

자원부족으로 인해 외자와 ICA 외국원조물자와 차관자금(OECD, IBRD, ADB, 등)과 대충자금(counterpart fund)[3] 관리를 위한 한국은행의 대충자금관리계정 설정 등 자금의 관리에 역점을 두었다.

좀 더 구체적으로 기술하면 1945년 8월 15일 일본으로부터의 광복 시점부터 1948년 8월 15일 대한민국 정부가 수립되기까지 3년간 미군정이 실시되는 동안은 주요물자 수급의 원활 및 물가안정을 통하여 기아선상에서 허덕이는 한국국민의 구

2. 민수물자과는 한국민간구호계획에 소요되는 모든 물자의 청구, 구입 및 한국 내의 수송을 조종하는 기구이다.
3. 대충자금제도는 원조물자의 판매대금을 국내금융안정과 생산 및 자원개발을 위하여 원조관리행정에 필요한 미국의 경비충당에 사용되도록 명시되어 있다.

호문제와 민생을 안정시키고 정치적, 사회적 구조의 안정까지 도모하는 식료품 · 피복 · 의약품 · 농업용품 · 건축자재 등의 소비재를 중심으로 하는 원조물자 공급이 이루어졌다. 여기에는 미국 측의 공공무상원조인 GARIORA(Government Appropriation for Relief in Occupied Areas)와 국제연합에 의한 원조인 UNRRA(United National Relief and Rehabilitation Administration), 경제부흥 및 개발을 위한 UNKRA(United Nations Korean Reconstruction Agency)와 SEC(Securities and Exchange Commission), 국제정치의 일환을 이룬 FAA(Foreign Assist Act, 1948년 이후에는 Economic Cooperation Administration), MSA(Mutual Security Act), ICA(International Cooperation Administration) 및 PL 480(Public Law 480), 기타 등으로 이루어졌다.

외국원조의 시대적 분류를 보면, (1) 일본 경제체제로부터 이탈된 한국민에 대한 구제사업기(1945~1948년) : UNRRA 및 GARIOA, (2) 독립된 한국에 대한 경제순환촉진을 위한 경제원조기(1948~1950년) : FAA, ECA, (3) 한국전쟁으로 인하여 파괴된 한국경제에 대한 구제 및 복구사업기(1950~1953년) : SEC, CRIK(Civil Relief in Korea), UNKRA 및 AFAK(Armed Forces Assistance to Korea), (4) 한국경제개발을 위한 원조기(1954~1960년) : AFAK, UNKRA, CRIK, MSA 및 PL 480, (5) 한국경제자립을 위한 점진적 삭감을 전제한 원조기 : FAA, AID(Agency for International Development) 등이 있었다. 그 외 원조기관 및 차관 자금으로 USOM(United Nations Operation Mission), OEC(Office of Economic Coordinator), UNCACK(United Nations Civil Assistance Command in Korea), KCAC(Korea Civil Assistance Command)와 DLF(Development Loan Fund)가 있었다.

이 당시의 미국에 대한 경제의존도는 거의 절대적이었으며 한국에서 수입하는 물자의 90%는 미국에 의한 원조였으며 이 원조에 대한 효율적인 관리가 한국경제에 중대한 영향을 미치고 있었다.

3. 1960년대 : 법 · 제도의 마련기

가. 과도기의 미국의 대한(對韓) 경제정책[4]

1960년 4 · 19 혁명으로 무너진 제1공화국의 뒤를 이어 1960년 8월 12일에 성립된 장면 내각은 내부로부터의 도전뿐만 아니라 외부로부터의 도전에도 직면하였다. 당시 미국은 전세계적으로 원조부담을 줄이려고 하고 있었고, 이는 한국에도 적용되었다.

1960년 3월 미국은 한국과의 상호방위 프로그램을 세계 수준에 맞추어 조정할 것을 결정했다. 한국의 정치정세가 악화됨에 따라 미국의 이와 같은 결정은 7월까지 유보되었다. 민주당 정권은 발전 프로젝트를 시작하기 위해서뿐 아니라 한국민들로 하여금 이승만 정권보다 미국과 더 잘 교섭할 수 있다는 것을 보여주기 위하여 경제원조를 늘려줄 것을 요구했다. 그렇지만 미국의 원조수준이 전세계적으로 삭감되고 있는 추세에 비추어볼 때 한국의 원조수준을 기존 수준으로 유지하는 것도 매우 힘든 과제였다. 이런 배경에서 장면 총리는 1960년 10월 부흥부 차관 차균희를 워싱턴에 보내어 국무부 차관 딜론과 한국의 원조 요구를 논의하도록 했다. 한국과 미국 사이의 교섭은 한국 재무부 장관 김영선이 미국의 요구에 따라 워싱턴을 방문함으로써 절정에 달했다. 1960년 10월 25일 미국 차관 딜론과의 협의에서 한국이 특정부분의 경제개혁을 수행한다면 미국은 2,500만 불의 외환안정자금과 1,500만 불의 추가 원조를 할 것이라고 제안했다. 따라서 1961년 회계연도의 전체 원조액수는 1억 8천만 불을 상회하게 되었다. 양측의 입장은 1960년 10월 25일 이후 '딜론 각서' 라고 알려진 문건에 정리되었다. 민주당 정권은 '딜론 각서' 에 따라 네 가지 기본적인 개혁을 행하였다. 첫째, 환율 개정, 둘째, 행정적 · 재정적 원조 프로그램의 재구성을 통한 정상화를 포함하는 쌍무적 경제원조협정의 재협상, 셋째, 미국 원조기금에 의해 건설되었지만 이제껏 경제적 생산을 위해 쓰인 일이 없는 소규모 · 중간규모 산업플

4. 해위학술연구원/한국정당학회 주체 학술회의, "윤보선과 민주당 : 한미관계를 중심으로", 2016년 4월 29일.

랜트의 합리화, 넷째, 교통 · 전력 요금의 현실적인 수준으로의 인상이 그것이다. 민주당 정권은 국무회의에서 '딜론 각서' 에서 제안하고 있는 사항들을 실천하기 위한 실무진으로 7개의 소위원회를 구성했다.

한국정부와 미국정부의 사이의 환율 개정을 놓고 이견이 발생했을 때 주한 미대사관 측은 한국정부의 입장을 지지했다. 민주당 정권이 정치적인 부담 때문에 실제적인 환율수준으로 바꾸는 것을 주장했기 때문이다. 한국인들은 국제통화기금에 1000 : 1 비율을 승인해 줄 것을 요구했으며 예산이 통과된 이후 실제 환율을 1,200 : 1 정도로 올릴 것을 제안했다. 한국, 미국 그리고 IMF 사이에 단일 환율이 조인되었다. 주한 미군사령관은 경제원조와 군사원조 프로그램 사이의 관계를 명확히 하는 문구를 삽입할 것을 요구했다.

한국 국회에서 한미경제협정을 비준할 때 중요한 문제가 발생했다. 민주당 정권은 이 협정의 정치적인 충격에 대해 우려했다. 따라서 이것을 대외비로 하고 비준을 하지 말기를 원했다. 그렇지만 미국은 공표할 것을 필수조건으로 요구했다. 한미경제협정에 대한 한국 대중의 비판은 협정이 1961년 2월 8일 조인되기도 전부터 시작되었다. 그 이후 국회 안팎에서 저항이 거세졌는데 한국의 주권을 침해했다는 점이 중요 불만사항이었다. 국회에서의 비판은 미국이 한국경제 프로그램과 활동을 감시하고 사전에 파악하고자 한다는 데 집중되었다. 그러한 비판은 사실 아이러니라 할 수 있다. 민주당 정권이 야당일 때 이승만 정권 아래에서 쓰이는 원조프로그램에 대하여 통제를 강화할 것을 요구했기 때문이다. 매카나기 대사는 이 협정이 한국의 주권을 침해할 의도가 전혀 없음을 공개적으로 확신시키고자 했다. 주한 미대사의 성명은 정치지도자들에게는 평정을 되찾게 하는 효과를 가져왔지만 대중의 비판은 지속되었다. 나아가 한미관계 전반을 포함하는 비판으로 확산되었다. 그리하여 주한 미군의 지위문제에 초점을 맞추게 되었다. 다른 한편 한미경제협정은 한국 국회의 양원에서 2월 28일 비준되었다.

'딜론 각서' 네 가지 조항 중 두 가지는 여전히 남겨져 있었지만 민족주의적인 저항이 고조됨에 따라 점점 시행이 어려워졌다. 장면 총리는 주한 미대사에게 포괄적인 원조협정을 둘러싼 논의 도중 너무 과속하는 것이 아닌지 모르겠다고 우려를 표시했다. 250만 불에 달하는 안정기금이 3월 중순에 들어온다는 발표는 정치적인 효과를 낳기에는 너무 늦었다.

나. 조달기금법 제정

정부수립 이후 원조물자와 비축관리의 중요성을 인식한 정부는 1960년대 초 5 · 16 군사정변 이후 경제개발 5개년 계획과 실시에 따라 제도적 방안으로 1967년 2월 16일 법률 제1888호로 조달기금법을 제정 · 공포하였다. 그 후 동 법의 시행에 필요한 사항을 규정하기 위하여 동년 2월 27일 대통령령 제2992호로 '조달기금법 시행령' 이 제정됨으로써 정부비축제도에 대한 거의 완벽한 법적 근거가 확립되었다. 이것이 현대 비축의 체계적이고 합리적인 방안의 계기가 된 것이다.

다. 원조자금에서 차관자금으로의 전환

우리나라의 외자조달은 1960년대부터 원조자금이 급감하고 대신 차관자금 중심의 외자조달로 전환하였다.

5 · 16 군사정변 이후 경제개발에 따른 자금 부족으로 외국으로부터 차관자금이 필요하였고 이에 따라 각종 차관으로 국가산업발전에 필요한 원자재와 기자재 등을 구매하였다. 차관의 종류를 열거하면, 다음과 같다.

(1) 국제개발협회 차관(IDA/L : International Development Association/Loan)
(2) 미국 국제개발처 차관(AID/L : Agency for International Development/Loan)
(3) 미국 잉여농산물 차관(SAC/L : Surplus Agricultural Commodity/Loan)
(4) 미국 수출입은행 차관(EXIM/L : Export Import Bank of U.S./Loan)
(5) 해외경제협력차관(OECF : Overseas Economic Cooperation Fund)
(6) 국제개발은행차관(IBRD : International Bank for Reconstruction & Development/Loan)
(7) 아시아개발은행차관(ADB/L : Asian Development Bank/Loan)
(8) 세계식량계획자금(WFP : World Food Program)

(9) 일본양곡차관(JRL : Japan Rice Loan)

(10) 서독정부재정차관(GCA/L : German Capital Aid/Loan), 서독재건은행차관 (KFW/L : Kreditanstalt für Wiederafbau Bank/Loan)

(11) 영국정부차관(UK/L : United Kingdom Loan)

이와 같이 미국, 일본, 영국, 독일 등으로부터 차관을 도입하여 경제재건 및 성장에 필요한 자금에 충당하였으며 차관자금 집행 전담을 조달청 등이 하였다.

라. 베트남 전쟁 참가 등 및 외화 획득

1964년 의료봉사단을 시작으로 하여 베트남 전쟁에 참가한 대가로 획득한 외화는 당시 외화부족에 시달리던 국내 산업자본의 건설에 크게 활용되었다. 이어 서독 광부와 간호사의 파견에 따른 외화수입도 국내 산업자본 건설에 큰 몫을 차지하게 되었다.

4. 1970년대 : 자원파동(oil shock)

1970년대에는 두 차례에 걸친 국제적 자원파동이 있었다. 해외의 자원에 의존하는 우리나라는 이에 영향을 받지 않을 수 없었다. 1973년 제1차 석유파동(oil shock)에 이어 1979년 제2차 석유파동을 겪으면서 국제 원자재 가격이 자원민족주의의 영향으로 급격히 상승함에 따라 정부는 원자재의 적기 안정 확보를 위한 비축사업을 확대하고자 기존의 비축자금 443억원에 1,000억원을 추가로 출연하였고 인천, 부산 및 군산에 대규모 비축기지를 조성하였으며 불황으로 경영난에 빠진 생산업체를 위하여 철강재, 합판, 시멘트, 면사 등 불황재고물자 비축을 실시하였다. 1974년에는 원자재의 안정적 확보를 위하여 선물거래제도(future trading)를 도입하여 해외 선물시장에 참여하였을 뿐만 아니라 국내기업의 해외 선물거래를 승인하고 교육 · 홍보 업무를 담당하는 감독 기능도 수행했다. 1976년부터는 니켈을 필두로 희소금속 비축을 시작하여 알루미늄, 동으로 확대하였다.

참고 한국의 핵개발 추진 사례

한국은 박정희 정권 당시 핵무기 개발에 착수했다. 당시의 국제정세를 보면 닉슨 대통령이 1969년 '닉슨 독트린'을 발표하고 1970년 미 7사단을 한국에서 철수시켰는데, 이 시기는 북한의 군사력이 한국을 능가한다는 판단이 내려지던 상황이었다. 이에 박 대통령은 자주국방의 필요성을 인식하고 핵무기를 생산할 수 있는 능력을 갖겠다는 계획을 추진하게 된다. 1972년 핵무기 원료인 플루토늄 제조용 재처리 공장을 건설하기 위해 미국 몰래 프랑스와 접촉했다. 1974년에는 한·불 협력의 결과 연 20kg의 플루토늄을 생산할 수 있는 공장의 기술 셀계서가 완성되었는데, 동년에 인도가 핵실험에 성공하면서 미국이 핵 확산 문제의 심각성을 인식하게 되었다.

이후 미국은 한국의 핵개발 착수에 대한 확증을 얻었고 1979년 카터 대통령의 반대로 박 대통령은 핵개발을 포기하였다. 1981년이면 한국이 핵무기를 제조할 수 있다는 증언들이 있으나 박 대통령의 사망으로 한국의 핵개발은 중단 상태에 있다고 하겠으며, 핵발전이란 용어는 사용하지 않고 한국전력공사 중심으로 원자력 발전이라는 말이 사용되고 있다.

5. 1980년대 : 경제안정기

1979년 10월 26일 김재규 정보부장의 시해로 박정희 대통령의 18년간의 장기집권이 마감되었다. 새로운 군부정부를 탄생시킨 전두환 대통령은 예상과 달리 경제문제에 대하여는 경제 전문가를 발탁하여 물가와 경제가 순조로웠다. 여기에는 흉작으로 1970년대 말과 1980년대 초에 양질의 미국 캘리포니아주 새크라멘토산 쌀을 비롯하여 세계 각국으로부터의 쌀 수입도 한몫했다. 그 당시에는 세계에서 가장 많은 양의 쌀을 수입한 국가이기도 하였다. 1981년부터는 비축사업이 수입의존도가 높은 해외 원자재 중심의 상시비축으로 바뀌어 갔고 1980년대 중반부터는 비축품목을 늘려 희소금속류도 비축하기 시작하여 경제발전에 일익을 담당하였다. 사회적, 정치적으로는 민주화의 물결로 1987년 헌법을 개정하기도 하였으며, '88 서울올림픽 개최를 계기로 국제사회에 한국이라는 이름이 더욱 알려지게 되었다.

6. 1990년대

약 30년간의 군사정부를 마감하고 민주화 열정에 힘입어 1993년에 탄생한 김영삼 (문민)정부는 군 핵심의 그룹인 하나회 청산, 금융실명제 도입 등의 큰 업적이 있었다. 비축과 관련하여 1967년 제정 이후 시행해 오던 '조달기금법' 이 1995년부터는 '조달사업에 관한 법률' 로 개정되면서 조달기금이 회전자금으로 개칭되어 사용되고 있었으나, 우리나라와 동남아(태국, 인도네시아) 등에 들이닥친 1997년 금융위기로 이에 대비하지 못하여 IMF 구제금융(bail out)의 신세를 지기도 하였다.

이로 인해 평시에 비축관리를 해오던 대표적인 조달청은 중요 비축물자를 긴급히 기업 등에 방출하였고 부족분은 긴급히 구매하여 이를 보충하였다. 그리하여 불황에 처한 기업이 본연의 제조, 가공, 판매를 하는 데 도움이 되었다. 이러한 실적은 전년도에 비하여 4배 이상의 실적을 기록하는 동시에 불황 시의 비축효과로 효자 노릇을 하였다. 이러한 현상은 정부수립 이후 비축의 중요성을 재평가할 수 있는 계기가 되기도 하였다.

7. 2000년대

전자정부시대를 맞이하여 비축관리도 복잡하게 진행되어 가고 있다. 국제적으로는 미국, 중국, 일본 등은 자원확보에 외교력까지 동원하는 추세이다. 이에 비해 우리나라는 경제적 규모에 비해 다소 비상시나 중 · 장기적인 비축관리(계획, 실행, 평가 등)가 부족하다는 평이다.

제4절 비축제도의 도입 배경

원자재 비축제도는 자원에 대한 문제의식에서 비롯되었는데 자원은 공급 면에서는 존재의 유한성, 지역적 편재 그리고 생산 및 판매의 카르텔화(cartelization) 경향이라는 특징이 있고 수요 면에서는 인구의 증가, 소득의 증가, 산업의 고도화에 따라 수요가 증대되는 측면이 있어서 기본적으로 수급 양면에서 불균형의 요인을 안고 있으며, 더구나 1960년대에는 자원민족주의, 남북문제, 동서진영의 대립 등 국제정치적 요인이 자원문제를 더욱 복잡하게 만들고 있었다. 이러한 이유로 국제원자재시장은 파동가능성이 상존하고 있고 실제로 가격의 등락이 심하게 나타나고 있었다. 이렇듯 가격등락이 심한 자원시장의 국제적 상황 하에서 소요자원의 안정적 확보를 위하여 선진 각국이 일찍부터 채택하고 있는 방법이 바로 원자재비축제도인 것이다.

원자재비축은 일차산품(一次産品)의 가격이 안정되었을 때 비축해 두었다가 수급차질 또는 가격 상승 시 이를 방출함으로써 수급 및 가격의 안정을 도모하는 기능을 한다.

또한 비축제도는 경제 안정 기능만이 아니고 전략적 의미에서도 중요하다. 전쟁 또는 비상시 공급중단사태로 위기에 직면할 경우에는 비축재고가 완충역할을 수행할 수 있기 때문이다. 비축제도는 이와 같이 경제적으로 예기치 못한 수급불균형 상태가 발생할 시 완충재고(buffer stock) 역할을 함으로써 단기적으로는 국내 물가안정에 도움이 되며 장기적으로는 경제안정, 수출경쟁력 지속 등의 기능을 수행한다.

이러한 원자재비축제도는 각국의 이념과 환경에 따라 다르겠으나 일반적으로 자유민주주의 국가에서는 정부비축과 민간비축으로 나눌 수 있는데 가장 바람직한 비축형태는 정부와 민간 부문에서 이를 동시에 수행하되, 정부는 국가경제에 필수불가결한 자원과 전략적으로 중요하고 해외의존도가 높은 품목을 자유방임주의(laissez faire)와 정부불간섭에 따라 최소 규모의 필요량만큼 정책적 차원에서 비축을 실시하고 민간은 안정적 기업경영을 위해 가격변동이 극심하거나 수급교란이 다발적인 품목에 중점을 둔 비축을 하여 정부와 민간이 상호보완적으로 각자의 기능에 맞게 비축제도를 운영하는 것이다.

우리나라에서는 1967년 2월 16일 조달기금법이 제정되면서 경제기획원(현 기획재정부)의 조달청 업무에 중요물자의 비축업무를 추가함으로써 정부비축제도가 도입되었는데, 특히 부존자원이 빈약한 우리나라는 1960년대 경제개발과정에서 절대적으로 필요한 원자재(raw materials)의 안정적인 확보와 물가안정 등 정책적인 고려에서 도입되었다. 정부비축제도란 민간비축의 한계를 극복하기 위하여 정부 주도로 운영되는 비축제도를 말한다. 민간 기업은 재고비용, 보관시설 및 관리유지비, 가격

변동 등의 위험 때문에 비축, 특히 장기비축을 꺼리고 이윤추구라는 기업의 속성으로 인해 민간비축을 통해서는 가격안정을 기대하기 어려우며 오히려 가격 폭등기에는 더욱 혼란이 야기되는 등의 문제를 안고 있다. 따라서 정부는 민간비축의 한계를 극복 · 보완하기 위하여 긴요 물자에 대하여는 직접 시장에 개입, 물자수급의 원활 및 가격안정을 도모하고 있다. 미국, 일본, 스웨덴 등 선진국에서도 정부 주도 또는 지원형식으로 국가안전보장 또는 경제안정 목적의 비축제도를 운영하고 있다.

조달청에서 주요 원자재 비축제도를 도입, 운영하게 된 것은 1960년대 경제개발 추진과정에서 수출주도형 경제성장 모델을 채택하게 됨에 따라 국제경제 변동의 영향을 많이 받는 우리 경제의 구조적 결함을 보완하고 원자재의 해외 의존도 심화에 따른 국제원자재 시장변동의 국내 파급영향을 완화하고자 정부가 경제적 주체로서 직접 시장에 개입, 중요물자의 수급조절을 통해 수급 및 가격안정을 도모하기 위해서이다. 조달기금법에서 규정한 비축사업의 정의와 그 목적을 살펴보면 다음과 같다. 조달기금법상 비축사업이라 함은 비축기금에 의하여 조달청장이 행하는 비축물자의 구매, 운송, 조작, 보관, 공급업무와 그에 부수되는 사업을 말한다. 이러한 비축사업의 목적은 원자재, 생활필수품, 시설자재 등을 정부가 직접 구매, 비축하여 공급함으로써 장 · 단기 물자수급의 원활과 물가안정을 도모하고 국민경제의 안정적 발전 및 이를 지원하는 데 있다. 즉, (1) 해외의존도가 높은 원자재를 비축하였다가 국내수급이 불균형하거나 가격이 상승할 때 방출하고, (2) 계절적으로 수급격차가 큰 생활필수품을 비수기(非需期)에 비축하였다가 성수기(盛需期)에 방출함으로써 생활필수품의 수급 및 가격안정을 도모하며, (3) 물가안정과 수급조절을 위하여 긴급히 대처할 필요가 있다고 인정하는 물자 등의 적기 비축 및 방출을 통해 국내자원수급의 원활 및 물가안정을 도모하는 데 그 목적이 있다. 실제로 우리나라는 경제개발 5개년 계획(제1차 1962~1967년)[5]이 계속 이어져 경제부흥과 자립경제기반을 구축한 뒤 1973년 제1차 자원파동(oil shock), 제2차 자원파동(1979년)을 계기로 석유의 대체재로 석탄(무연탄)을 수입하여 에너지 자원에 보충하였다.

1980년에는 세계적 기후변화로 흉년이 발생함에 따라 260만 메트릭 톤의 쌀을

5. 1967년 조달기금법이 발효됨에 따라 비축의 근거가 확립되었다.

세계 각국으로부터 수입하여 식량안보에 대처함으로써 조선시대의 황정(荒政)을 연상하게 하였다. 1997년 IMF의 경제위기(동남아 등 여러 국가) 상황에서는 1970년대부터 시행해 오던 조달기금(현재는 조달사업에 관한 법률)으로 비축행정의 위력을 발휘하기도 하였다.

제5절 비축관련 법규

비축관련 대상 법규는 개별적으로 환경의 변화에 따라 개정 · 보완되고 있으며 특히 보건복지 분야에서 새로운 법규가 제정되고 있다.

1. 국가기관

1. 국가재정법(제86조)
   국가재정법 제86조(재정건전화를 위한 노력)와 동법 제89조(추가경정예산안의 편성) : 제1항 전쟁이나 대규모 자연재해가 발생한 경우. 제2항 경기침체, 경제협력 등과 같은 대내 · 외 여건에 중대한 변화가 발생하였거나 발생할 우려가 있는 경우. 제3항 법령에 따라 국가가 지급하여야 하는 지출이 발생하거나 증가하는 경우를 비롯하여
2. 양곡관리법
3. 조달사업에 관한 법률
4. 국가를 당사자로 하는 계약에 관한 법률(국가계약법)
5. 방위사업법
6. 건강 · 기능 식품에 관한 법률
7. 먹는 물 관리법
8. 해양심층수의 개발 및 관리에 관한 법률
9. 소금산업진흥법
10. 인삼산업진흥법 등 비축의 요소를 많이 내포하고 있는 법들이다.

2. 공공기관

1. 공공토지의 비축에 관한 법률(한국토지주택공사법)
2. 한국석유개발공사법
3. 원자력안정법(한국원자력통제기술원)
4. 한국수자원공사법
5. 광업진흥공사법
6. 공공기관의 운영에 관한 법률 등이 있다.

참고 현대적 의미의 비축

제도적으로 현대적 의미에서의 비축은 서구에서는 양차대전을 계기로 스웨덴에서 먼저 발달하였고 그 후 미국은 전략비축으로서 세계에서 가장 큰 규모 비축정책을 운용하고 있다.

제6절 중요 비축물자의 사례

1. 무연탄의 도입

가. 도입배경

1979년 제2차 국제 석유파동이 발생하자 그 여파로 국내 석유가격은 폭등하였으며 석유가격의 상승은 결과적으로 대체연료인 무연탄의 수요증대를 초래하여 무연탄의 국내공급 부족사태를 몰고올 위험이 점차 노정되기 시작하였다.

당시 연탄은 일반서민들의 기본적인 난방 및 취사연료였는데 연탄의 안정적 공급은 바로 국민생활의 안정과 직결되는 것이었다. 따라서 국내 탄 생산량의 절대부족과 무엇보다도 국내 탄질의 저열량(평균 3,500kcal/kg 내외) 때문에 외국산 고탄질을 수입하여 혼합 사용하여야만 무연탄 수급에 안정을 기할 수 있었다. 이에 정부는

1979년 2월 17일 제5차 경제장관협의회 및 1979년 8월 20일 제22차 경제장관협의회에서 무연탄의 수급원활과 서민생활 안정을 위해 정부비축 자금으로 무연탄 127만 톤을 조달청을 통해 긴급 도입키로 결정하였다.

나. 무연탄 도입실적

제2차에 걸친 경제장관협의회의 결정에 따라 조달청은 1979년 8월 16일 석탄을 국제입찰에 부쳤으며 입찰에 참가한 8개사의 입찰가격을 기준으로 하여 1979년 9월 14일부터 12월 31일까지 최저 입찰가격 순으로 A.K. Trading 등 5개사와 희망수량 단가계약을 체결하였으며, 계약된 석탄은 1980년 7월부터 국내에 반입되기 시작하여 1981년 4월 18일에는 전량 국내에 도입 완료되었다.

계약자는 미국의 Mc. Call, Korea Tacoma 등 5개 상사이며 계약량은 1,270,000톤이었다.

2. 외국산 쌀의 도입

1980년 10 · 26 사태 이후 계속되어 온 국내정치의 불안과 긴장에 더하여 1980년대 들어 학생소요, 사북사태 등으로 위협받은 상황으로 치달았을 때 여기에 설상가상으로 1980년 7월부터 당시 전세계적 현상이었던 이상저온 현상이 우리나라에도 번져 국내 미곡작황이 극도로 악화되어 감에 따라 민심은 흔들리기 시작하였고, 쌀의 가수요가 급증하여 1981년 초에는 "쌀 한 가마니에 10만원이 넘을 것이다" 라는 소문이 공공연하게 퍼졌으며 심지어는 농촌에서조차 소를 팔아 쌀을 사들이는 사태로 전개되었다.

1980년의 기상이변은 국지적이 아니고 전세계적인 현상으로 한국, 일본 등 동북아 지역은 이상저온에 의한 냉해가 심했고 미국 대륙에는 심한 열파로 곡창지대의 콩, 옥수수 등이 크게 피해를 입었으며 호주에는 대한발과 저온에 의한 피해가 있었고 북구대륙에는 추운 여름과 홍수가 있었다.

이와 같은 세계적인 이상기후는 세계적으로 농작물에 큰 피해를 가져왔다.

우리나라는 1970년대에 매년 일정량의 양질의 외국산 쌀(현미, 미국 캘리포니아주 새크라멘토산)을 수입했으며, 특히 1980년대 초에는 세계에서 제일 많은 260만 M/T의 쌀(현미)을 세계 각국으로부터 수입하여 물가안정을 통한 경제성장에 기여하였다.

3. 석유, 천연가스 및 우라늄 등의 도입

석유, 천연가스 및 우라늄 등은 정부투자기관 내지 공사에서 도입(수입)한다. 전자의 두 에너지는 국내에서 생산되지 않아 전량 수입에 의존하는 상태이며, 우라늄의 경우 국내에서 일부 생산되나 저질이어서 원자력 에너지용으로 수입에 의존하는 형국이다.

이들 에너지는 석유, 천연가스, 석탄, 우라늄 순위[6]으로 부존자원이 없는 상태에서 대종을 이루고 있는데, 석유는 액화석유가스(liquefied petroleum gas : LPG), 천연가스는 액화천연가스(liquefied natural gas : LNG)로 사용된다.

제7절 IMF와 비축[7]

부존자원이 없는 우리나라는 제5차 경제개발에 맞추어 1967년 조달기금법 제정 시에 비축제도[8]를 도입하여 국내물가 안정과 적기와 적량의 물자수급으로 국가산업기반에 일익을 기여하여 왔다. 그러나 6·25 전쟁 이후 최대 위기라고 하였던 1998년의 금융위기로 국제통화기금, 즉 IMF[9] 구제금융(bailout) 지원 체제 하에서 특이한 경기순환(business cycle) 현상이라도 반영하듯이 비축업무는 사상 유례 없

---

6. http://geozoonee.tistory.com/402. (2016. 10. 24.)

7. 『바른 조달』, 조달청, 1999. 내용 정리.

8. 양곡에 대해서는 양곡비축제도가 오래전부터 이어져 왔는데 1963년에는 양곡관리법이 제정되었다.

9. IMF는 International Monetary Fund의 약자로서 1947년 3월 브리튼 우즈 협정에 의해 설립된 기관으로 IBRD, 즉 세계은행과 함께 국제금융질서를 유지하는 역할을 맡고 있으며 국제수지가 일시적인 불균형에 빠진 나라에 신용을 공여하는 등 각국의 경쟁적인 환율 저하를 막고 환율을 안정시켜 자유로운 무역을 추진하는 데 그 목적이 있다.

을 정도로 평년 대비 4배를 상회하는 1조 3,000억원 상당의 사업성과를 달성하였다. 이러한 과정을 통하여 극심한 불황 상황에 대비한 비축사업의 중요성을 높이 평가하기에 이르렀다.

1. 비축제도의 의의 및 목적

가. 비축제도의 의의

일반적으로 비축(stockpile)이란 불확실한 장래에 대비하고 부족할 때 사용하기 위하여 일정한 지역에 필요한 물자를 예비용으로 저장하는 것을 말하는데, 법적으로는 조달사업의 하나로서 회전자금에 의하여 조달청장이 행하는 비축물자의 구매·운송·조작·공급 및 그에 따른 사업을 말한다.

나. 비축제도의 목적

일반적으로 비축의 목적은 자원의 안정적 확보, 국가위기 대비 수단, 물가안정과 경제발전 등을 위하는 데 있으나, 가격안정을 위한 비축정책은 B.C 100년 중국이 효시인데 특히 가격안정이 요청되는 물자를 비축·판매하고자 하는 국가기관의 시장조작(market operation) 제도라 할 수 있다. 법적으로는 해외 의존도가 높은 물자, 국민생활안정에 긴요한 사업의 중요성을 높이 평가하기에 이르렀다.

2. IMF와 우리나라의 관계

우리나라는 비교적 일찍이 1955년 IMF에 가입하여 IMF로부터 국제금융사회의 일원으로 참여한다는 국제외교상의 이점 이외에 국제수지 불균형을 시정하는 데 필요한 금융상 또는 지원상의 혜택을 받을 수 있다. 우리나라가 IMF로부터 지원받을 수 있는 자금의 종류는 일반 재원과 궁극적으로 SDR(Special Drawing Rights : 특별인출권) 본위제 이용이다. 한편, IMF 당국은 우리나라에 대한 여러 가지 규제수단을 통해 일종의 감독권을 행사함에 따라 경제정책 운용상 자율권이 제한받기도 하지만, 우리나라 경제의 안정을 위해 IMF 당국의 정책요구 사항을 충실히 준수하고 이를 통해 대외 신뢰도를 높일 수 있다.

3. IMF의 효과

비축정책은 시장경제의 불확실성을 극소화시켜 모두에게 이익을 주기 때문에 사회후생의 분배 면에서 공평성을 기하는 경제정책으로 평가된다. IMF 위기 당시 1998년 1년간은 비축업무의 특성에 따라 다소 증폭의 경향을 보인 예년과는 달리 IMF의 금융지원을 받고 있는 국가적 경제위기 상황에서 경기불황을 시의적절하게 적극적으로 대처한 해였다. 고용안정과 물가안정 및 수급조절을 위해 원자재를 다양한 방법으로 구입, 방출하여 수출기업 및 중소기업을 지원함으로써 수출을 촉진하고 내수를 진작시켰다.

금융위기 시에 평상시보다 4배가 넘는 1조 3천억원 상당의 비철금속 등의 방출 내지 거래를 하여 국내의 불황극복에 크게 이바지한 것과 동시에 국내산업의 정부에 대한 안정심리까지 감안하면 그 효과는 상상 이상이다. 비축의 중요성을 확신시킨 계기가 된 것은 틀림없는 사실이다.

이러한 완충재고 역할을 하는 현대의 비축제도는 우연의 소치가 아니라 오랜 역사, 즉 14세기 말에 설치한 유비고의 정신이 깃들어 있는 것이라 볼 수 있다.

제8절 근년의 비축기관 동향

1. 토지비축의 사례 : 새만금사업

새만금간척사업(Saemangeum Project)은 동북아의 경제중심개발 목적으로 1991년에 기공하여 2010년에 준공된 전라북도 군산시, 김제시, 부안군 앞바다에 연결방조제 33.9km를 쌓아 그 안에 간척 토지, 새만금호를 조성하는 사업이며, 세계에서 가장 긴 방조제로 기네스북에 등재되어 있다.

이 사업의 추진과정을 보면 1987년 12월 당시의 농수산부 장관이었던 김주호 장관이 관계부처 장관들의 반대에도 불구하고 당시의 전두환 대통령을 독좌해서 재가를 받았다. 새만금 프로젝트가 결정되었음에도 불구하고 노태우 정부가 들어서면서 민주화운동이 지나치게 거세어, 마침내는 비정부기구인 NGO 단체들이 환경파괴 등의 구실과 이에 따른 현명치 못한 법원의 새만금사업 중지 가처분의 판결로 무려 15년간 동 사업이 진척되지 못하였다가 이에 불복하여 항소한 2심에서는 승소하여 2002년에 공사를 재개하여 완성하였다. 이 사업의 규모를 돌아보면, 방조제는 세계에서 가장 긴 제방이고 우리나라의 좁은 국토를 확장함으로써 금후 식량생산의 기지는 물론 경제성장을 위한 공업부지, 골프장, 양어장, 원예단지, 위락시설 등 각종 수요시설을 설치할 수 있고 외국인 투자유치에도 좋은 공간을 마련하게 된 것이다. 정부에서는 2013년 9월 12일 새만금 개발청을 발족시켜 신개발사업에 박차를 가하고 있다.

2. 방위사업청 신설

국가적 차원에서 방위산업을 본격 육성한 것은 1973년부터이다. 방위사업청은 국방부의 외청으로 2006년 1월 1일부로 출범하였다. 군수물자를 담담하던 국방부 조달본부를 격상하여 별도의 기관으로 설치한 것이다. 그간 국방획득 분야에 대해 수차례에 걸쳐 자체 개혁이 있었음에도 조직 의사결정 시스템 전반에 많은 문제가 있다는 점이 지적되어 참여정부 출범 이후 범정부 차원의 총체적 점검을 위해 민·관 합동위원회를 구성하여 제로베이스(Zero-Base)에서 근본적, 전면적 개혁방안을 모색한 결과 방위력 개선사업, 군수품 조달 및 방위산업 육성에 관한 사업을 관장하는 정부기구로 발족된 것이다.

방위사업청은 최적의 무기체계 획득이 가능하며 적기에 질 좋은 제품을 경제적으로 획득하고 국방획득 업무의 투명성을 강화하여 국민적 불신을 극복하고 고객지향의 방위사업행정을 구현하여 국민에게는 예산절감을, 기업에게는 최선의 행정서비스를, 소요 군에는 우수한 장비를 적시에 공급할 수 있도록 한다. 나아가 투명성,

효율성, 전문성 원칙을 철저히 준수하여 방위산업 경쟁력을 확보하고 국방연구개발을 극대화하여 협력적 자주국방 실현을 위한 토대를 확고히 한다.

관련 글 **무기 다변화 사례**

2015년에 방위사업청 1조 5천억원대 공중급유기로 에어버스 선정

한국정부가 평소의 관행에서 벗어나 공증급유기(aerial refueling tanker aircraft) 공급업체로 유럽방산업체를 선정했다. 방위사업청(the Defense Acquisition Program Administration)은 공군이 에어버스 D&S(Defence & Space)에서 A330 MRTT 4대를 도입하기로 했다고 밝혔다. 공군이 비미국산 무기를 도입한 것은 처음이다. 1조 5천억원 규모의 사업체 보잉사(Boeing)의 KC-46A, 이스라엘 IAI사의 KC-767 MMTT도 입찰에 경합을 벌였다. 1950년대 F-86 전투기(jetfighters)부터 시작해 지금까지는 미국이 공군의 유일한 대형무기 공급 국가였다. 미국에 대한 무기의존도는 계속돼 미국 무기 도입에 대한 논쟁은 결국 미국 무기와의 상호 운용성(interoperability)으로 귀착되곤 했다. 비슷한 성능을 가진 비미국산 무기가 더 저렴할 때도 한국정부는 미국 무기가 한미 군사동맹의 필수 요건으로 간주되는 상호 운용성을 보장한다는 이유로 어쩔 수 없이 미국 방산업체를 선택했다.

한국 공군에 대한 무기 공급에서 미국 방위업체들이 누려온 사실상의 독점(virtual monopoly)은 업체들의 안일함으로 이어졌고 한국정부는 자동적으로 미국 무기에 의존하기보다 대안(alternatives)을 모색하게 됐다. A330 MRTT이 이미 호주, 영국, 아랍에미리트, 사우디아라비아, 싱가포르에 배치됐으며 보잉사의 KC-46A가 아직 개발 중임을 감안하면 A330에 대한 논쟁은 쉽게 결론이 났을 것이다.

The Korea Herald 사설, 2015. 7. 3.

방위사업법에서는 국가안전보장을 위하여 방위산업에 대한 제도와 능력을 확충하고 방위사업이 투명성, 전문성 및 효율성을 증진하여 방위산업의 경쟁력을 강화함으로써 자주국방태세를 구축하고 경제성장 잠재력을 확충함을 기본 이념으로 하여 다음과 같이 명시하고 있다.

제55조(원자재의 비축) (별칙)

1. 방위산업체는 방산물자의 생산을 위한 원자재를 비축하여야 한다.

2. 제1항의 규정에 의한 원자재의 비축관리, 그 밖에 필요한 사항은 대통령령(제67조)으로 정한다.

그 외에 국가재정법 개정, 양곡관리법 개정 등과 공공기관의 운영에 관한 법률에 따라 한국석유공사법, 한국토지주택공사법(토지비축 등) 등 공공기관을 설치 내지 개편하여 비축제도를 활용하고 있다.

다각도로 비축과 관련된 정부의 공공기관의 정책이 중요시되어 가고 있어 선진국가 행정의 모습을 보이고 있다고 하겠다.

chapter 7

미주 지역 국가들의 비축

제1절 미국 • 제2절 캐나다 • 제3절 멕시코

제1절 미국

1. 개관

미국은 한반도 면적의 약 43배에 해당하는 크기로 북아메리카에 위치해 있으며, 50개 주와 콜럼비아 특별구로 구성된 연합국가이다. 독립한 지 약 240년이 경과했는데 오늘날의 위상은 그 어느 국가도 위협의 대상이 될 수 없는 세계 초강대국이며, 자유민주주의 선도국인 동시에 자본주의 선두 국가이다.

천혜의 부존자원 국가이면서 개척자 정신, 실용주의(pragmatism), 합리주의 및 다원주의 국가인 미국은 정치, 경제, 사회 및 문화 등 모든 분야에 있어서 선도자적 역할을 하고 있다고 볼 수 있다.

미국은 주요 농산물의 대부분을 포함하여 부존자원인 철, 석탄, 석유, 연, 동, 알루미늄, 유황, 인회석, 칼리, 금, 은 등 거의 모든 자원을 소유하고 있는 부국이다. 미국은 이러한 자원을 유용하게 활용할 수 있는 방편으로서의 자원비축제도의 운영에 있어서도 선도적 역할을 해오고 있다.

이러한 미국의 역할이 여타 세계 각국의 자원의 활용 및 비축제도의 도입 · 운영에 미칠 영향력의 파장이 상당히 크다는 것은 그 어느 누구도 부인하지 못할 것이다.

2. 미국의 전략비축(제도)

미국의 비축제도는 제2차 세계대전을 계기로 비축물자의 필요성을 더욱 실감하여 1939년 비축법(the Stockpiling Act)에서 규정한 중요물자 비축이 그 효시라 할 수 있으나, 제도로서 체계적으로 이루어지기 시작한 것은 1946년 '중요전략물자비축법' (the Strategic and Critical Materials Stockpiling Act)을 제정하면서부터이다.

참고 **무기대여법**(the Lend-Lease Act, 1941～1945년)

무기대여법은 제2차 세계대전 당시 루스벨트(Franklin D. Roosevelt) 대통령이 감화적 리더십을 발휘한 법으로 미국의 국방을 더욱 향상시키는 법(An Act further to Promote the Defense of the United States)이란 별명을 가진 공법(Public Law 77-11)이다. 이 법은 1941년 3월 미국이 나치독일, 이탈리아 왕국, 일본제국, 헝가리 등의 주축국에 대항하기 위하여 동맹국인 영국, 소련(현재 러시아), 프랑스 그리고 중국 등에 전쟁을 하는 데 필요한 막대한 전쟁 무기(물자)를 대여해 동맹국이 승리하는 데 크게 기여하였고 전쟁은 대일 승전일인 1945년 9월 2일에 종식되었다. 무기대여법은 미국의 군수산업이 급속히 발전하게 되는 기반을 제공하였다.

중요전략물자비축법을 제정하게 된 동기는 미국 내에 전략적으로 중요한 천연자원이 국가방위을 위한 군수분야, 산업, 민수 필요량에 비해 부족하고 충분히 생산되지 못하고 있다는 인식 하에 그러한 전략물자를 구매하여 발생할지도 모르는 국가비상사태에 대비하기 위함이었다.

미국의 비축은 크게 전략비축(strategic stockpile)과 연방재난관리(fedral emergency management)로 나눌 수 있다.

국방전략물자처(the Defence Logistics Agency Strategic materials)는 미국 국방비축에 있어서 중요하고 전략적인 물자를 안전하게 공급하는 책임을 지고 있다. DLA 전략물자는 28개 물자를 비축하고 있으며 2010년 시장가치로 1억 5천만 달러 이상이며, 아연, 코발트, 크롬과 같은 기초 금속에서 백금, 팔라듐 및 인듐에 이르기까지 미국 전역의 15곳에 비축하고 있다. 이는 개인회사가 광범위한 물자와 자원을 세계에 팔려는 것이 아니다. 여기에는 약 80여 명의 고용원과 3개 보조 지역이 있으며, 버지니아주 포트 벨보어(Fort Belvoir)에 본부가 있다.

국가 비축은 짧게는 제2차 세계대전 후 국가방위를 목적으로 중요한 전략물자를 획득하고 저장하기 위하여 창설되었고 주 임무는 국가비상 시에 외국의 중요물자를 확보하여 국가를 보호하는 데 있었다.[1] 부족물자가 생산계획에 불균형을 초래할

1. 혹자는 국방에 대한 비축의 아이디어는 모세나 이스라엘 시민들의 성경 이야기로 거슬러 올라간다는 말을 하기도 한다.

때이다. 1918년 11월 11일 제1차 세계대전이 끝날 때까지 육군 총참모장(the Army General staff)은 총체적 계획 요구사항에 적어도 중요한 군수물자가 필요하다는 의견을 표명하였다. 이것이 군이 기본적으로 계획 요구사항에 중요하다고 발견한 하보드 리스트(Harbord List)라 불리는 42개의 다른 물자의 통합리스트로 발전하게 되었다. 후에 물자분석 업무는 전쟁지원청(the Office of Assistant Secretary of War)에서 맡게 되었지만 전시에 부족물자를 해결하는 수준 이상으로 영역이 확대되었다. 그것은 또한 물자자원을 확장하는 계획이나 정책을 포함하였고, 미국 외에서 들어오는 물자의 이용 가능성을 개선하였다.

중요하거나 전략적인 군수물자의 저장비축 재고는 1938년 해군 세출예산법(the Navy Appropriations Act) 통과가 처음으로 선도하였다. 이 입법이 명확한 물자를 구매하기 위한 자금을 제공하였다. 1년 후 육 · 해군수품위원회(the Army and Navy Munitins Board)의 건의에 따라 의회가 1939년 6월 7일 전략비축법(the Strategic Stockpile, 공법 76-117)을 통과시켰다. 육 · 해군수품위위원회와 관련된 여러 다른 정부기관들도 의회의 동향에 참가하여 이를 성공시켰다. 이 법이 육 · 해군수품위원회가 어떤 물자를 비축할 것인가에 대한 정책을 추진할 수 있게 하였고, 총 1억 달러 중 7천억 달러 지출을 고무, 주석, 수정 결정, 크롬철광과 같은 물자구매에 제공되었다. 군수품위원회는 이미 전시생산에 필요한 '전략적(Strategic)이고 중요하며(Critical) 필요한(Necessary)' 세 부분의 물자 범위 목록을 설정했다. 물자 등급은 제2차 세계대전을 거치면서 접근성, 관심성, 중간 영역 등급으로 정하였고, 이 목록은 전후 비축 형태를 위한 기본 정책으로 제공되었다.

2010년 전에 DLA 전략물자는 국방물자처(the Defense Logistics Agency)의 활동영역인 국방비축센터(the Defense National Stockpile Center : DNSC)로 알려졌는데, 2005년 전세계적으로 11개 직원 거주 지역과 66개 비직원 지역이 있다. 국방비축센터는 80개 이상의 물자를 시장가로 약 50억 달러 이상 비축했다. 1992년 후 20억 2천 달러 이상을 판매해서 군수예비계정(military readiness accounts)으로 돌려놓았다.

중요전략물자비축법(the Strategic and Critical Materials Act)은 미국법(50 U.S.C. 98-h-2(a))에 의거 운영했다. 이 법은 중요전략물자가 국가비상 시에 외국으로부터 공급에 의존하면 위험하고 비용이 드니 국방의 이익 차원에서 비축하자는 것이었다. 국방비축센터는 비축관리(storage management)와 비상시에 미국의 군수산업에 필수적인 중요전략물자의 국가 재고의 처분을 운영한다.

비축은 양이 한정된 물자를 정부 창고에 저장하는 것이고, 비축물자는 대부분 정부의 소유재산이다. 미국 전역에 68개의 다른 물자가 있는데 원재료(raw materials) 재고였다. 시가로는 약 30억 달러였다. 이것은 미국인들에 의해 회복할 수 있는 자산이었다. 이러한 의미에서 비축은 원가 이상 여러 배(many-fold)의 이익을 남기는 보험증권(insurance policy)과 같은 역할을 한다. 비축은 이용되어야 하고 여전히 이용되며 (시가가 어떻든 간에) 무한한 가치를 보유하였다. 비축은 기본 요소이고 국방구조의 통합 부분이다. 그러나 비축은 군비 요소만 아니고, 오히려 위기 시에 국민과 군비 모두에 필수적인 것이라는 의도가 있었다. 다만 군 · 민의 양 측면에서 국가안정을 위한 준비를 총체적으로 할 수 있도록 그 기능을 국방전략센터에 집중하려는(staking into account) 것이다. 특히 국가위기 시에 비축물자의 처분과 관련하여 산업동원계획과 더불어 직접적인 관계를 형성하고 있다.

물자구매의 필요성은 미국이 제2차 세계대전 당시의 비관적인 전망과 더불어 크게 요구되었다. 결과적으로 미 의회는 1940년 재정재건회사(the Reconstruction Finance Corporation)에 국방물자를 생산하고 획득하며 운송하는 광범위한 권한을 주는 추가적인 입법을 통과시켰다. 이와 같은 입장에서 대부분의 물자구매와 기타 활동은 제2차 세계대전을 통하여 RFC' s 부에 잔재해 있었다.

미국은 전쟁이 끝나기 전후 국가전략비축을 잘 준비하기 시작했다. 구 육 · 해군 수품위원회 정책은 비축의 필요성에 기초한 새로운 비축규정과 가이드라인을 받았다. 1944년 잉여재산법(the Surplus Property Act)이 전략비축에 추가적으로 적용되었고 또한 전후 정부잉여물자재고를 비축으로 이전하는 권한이 주어졌다. 더욱이 이 법은 군사용역을 추가적인 전략비축물자의 필요성과 관련하여 보고토록 하게 되었는데, 그것은 1945년에 수행되었다. 이것은 의회가 아마 전략비축과 관련한 가장 포괄적인 입법제정을 한 것이다. 1946년 7월 23일에 의회는 중요전략물자비축공법(the Strategic and Critical Materials Stock Pile Act, Pubic Law 520)을 통과시켰는데, 오랫동안 유지되도록 공들인 이 법은 전쟁기간을 넘어 새로운 천년이 시작되는 2000

년대가 도래한 후(after the turn of the millennia)에도 전략물자를 계속 비축하고 또 이와 관련한 국방조치를 하는 데 있어 미국이 항구적인 우위가 되도록 제정되었다. 수년에 걸쳐 이런 획기적인 입법은 수정되고 확장되었으며, 국방비축은 다른 관리기관으로 이전되었으나 미국의 필수적인 국방정책 양상은 그대로 남아 있었다.

제2차 세계대전 후 잠시 동안 중요전략물자비축 계획은 재무부(Treasury Department)의 조달국의 구매과(the Purchasing branch of the Procurement Division)에서 운영하였다. 이 기간 동안 비축 계획은 점차적으로 중요성이 고조되기 시작하여 1947년에는 조달국이 연방공급국(the Bureau of Federal Supply)이 되었다. 연방공급국은 1949년 7월에 새로 창설된 조달청(General Services Administration)의 주요 부분이 되었다. 1949년 12월에는 연방보급국은 연방보급소(Federal Supply Service)의 새로운 명칭이 되었다. 놀랍게도 이러한 재구성 속에서도 비축계획이 과거화되거나 연방보급소가 다른 국 가운데서 그의 기능이 흐트러지지는 않았다는 것이다.

한국전쟁과 과련하여, 비축계획은 독립적인 조직으로 확대되었다. 미국의 조달청은 1950년 9월 1일에 비축계획을 담당하는 비상조달처(Emergency Procurement Service)가 창설되도록 승인했다. 이 기구가 1956년 9월 7일에 방위물자처(Defense Materials Service)로 되고 비축뿐만 아니라 국가산업장비 보유계획과 민방위계획(the Civil Defense Emergency Program)도 책임지도록 하였다.

1949년과 1988년 사이 조달청과 연방위기관리처가 계획에 대한 책임을 졌다. 1988년에 계획의 책임은 계획을 방위물자처(the Defense Logistics Agency)에 승인하는 방위장관에게 위임되었다. 국방비축센터(the Defense Natioal Stockpile Cener)가 비축계획을 관리하기 위하여 DLA 내에 설치되었다.

1992년 의회는 DNSC로 하여금 적하(비축)된 물자를 판매토록 지시하였는데 중요한 물자의 몇 가지를 예로 들면, 백금, 보석과 치과보습제인 게르마늄과 같은 자동 방출을 다루는 변환촉매장치(catalytic converters)을 포함하여, 화학 촉매 작용에 사용되고, 탐지기나 광학 시스템과 페로크롬, 스텐레스 철과 여타 특수 합금에 사용되는 부가적인 금속 등이다.

기관 간 국방비축시장영향위원회(the Interagency National Defense Stockpile

Market Impact Committee (MIC))는 DNSC가 의회에 매년 제출하는 연도물자계획(the Annual Materials Plan)에 포함되는 모든 국방비축물자의 취득과 처분에 관한 국내외의 경제효과에 관하여 전문가적 조언을 제공한다. 이 조언은 DNSC가 물자의 취득과 처분으로 발생하는 무기한의 시장영향의 제한에 법적 의무를 지도록 하며, 또한 정부로 하여금 불가피한 손실을 보호하기도 한다. 1993년 회계연도 국방수권법(중요전략물자비축물자법 수정)으로 공식적으로 설립된 시장영향위원회(MIC)는 상무부(the Department of Commerce and State)와 함께 공동의장이 되었는데, 여기에는 내무부(the Departments of Interior : Geological Survey), 재무부(Treasury), 교통부(Transportation), 농림부(Agriculture), 에너지부(Energy), 국방부(Defense : DNSC) 및 연방위기관리처(the Federal Emergency Management Agency)의 대표들을 포함한다.

이들 기관 대표들은 미네랄 상품시장(mineral commodities markets)에서 MIC의 심의과정에서 경험과 전문성을 필요로 한다. 국방비축은 중요전략물자를 미국에서 국가안정을 해치는 위기에 대응하기에 더 이상 필요 없을 정도로 충분한 양을 보유하는 것이었다.

DNSC는 재고 감축 목표에 맞추기 위해 적극적인 처분 계획을 계속 실시했다. 회계연도에 판매키로 한 각 물자의 방식과 양에 대해서는 시장영향위원회가 중요물자비축법(50 U.S.C. 98h-2(b))의 11(b)조항에 의거하여 연간물자 계획을 의회에 제출한 것이다. 그러나 이익은 시장상품 형성을 기초로 하였다. 시장의 다양한 상품은 상품가격의 두드러진 파동(fluctuation)과 DNSC의 이익의 결과를 가져왔다.

역사적으로 DNSC는 미국 정부가 국가안보 요구를 충족하기 위한 중요전략물자의 국제물자중개자(broker)로 운영했다. 그것은 약 반세기에 걸쳐 산업물자를 사고, 팔고, 저장하는 데 있어서 전문적인 기술을 가졌다. DNSC는 국방부의 국방병참처(DoD' s Defense Logistics Agency)의 구성으로 275명 이하의 고용 직원이 있고, 1998년 회계연도에는 잉여의 원자재나 가공자재의 4억 6천5백 달러 이상을 판매했다.

1999년 회계연도 스트럼 서몬드 국방수권법(the FY99 Strom Shermond National Defense Authorization Act) 105-261에는 특정 목표 금액을 재무부와 보

건 · 사회복지부(HHS) 장관에게 이체하기 위하여 물자의 판매가 시장상태에 의하도록 명시되었다. 이런 상태에 따라, 1999년과 2000년 회계연도에 1억 2백만 달러와 9천 7백만 달러가 재무부로 이체되었고, 같은 두 회계연도에 3백만 달러와 2천2백만 달러가 보건사회복지부 장관에게 이체되었다. 추가로 이러한 예산은 2000년 회계연도에 연당 1억 5천만 달러가 군용부(the Military Departments)에 이체, 1999년 회계연도에 6천6백만 달러와 2000년 회계연도 4천6백만 달러가 미국 재무부에 이체한 것을 포함한다. 후자의 이전은 해외군용 판매에 추가비용으로 부담하였던 손실금액과 상쇄하였다. DNSC의 집적된 재고물자의 판매에서 야기된 환경적 부담과 관련하여 증가하는 관심은 긴 안목의 처분과 위험 물자의 정리(cleanup)를 요구하게 된다.

1993년 이래 2010년 현재 DLA의 전략물자 판매는 잉여 국방전략물자 판매로 총 약 60억 6천 달러였고, 재정총기금(the Treasury General Fund)과 외국군용판매계획(the Foreign Military Sales Program), 군인력이익(military personal benefits) 및 군용 광대 빈도의 환매(the buy-back of broadband frequencies)와 같은 다양한 방위계획을 만들어내었다. 또한 이 판매 이익은 DLA 전략물자가 자체유지기구로 무엇이 될 수 있는가에 대한 운영 자금이 된다.

미국에 수은(mercury) 4,408 메트릭 톤(metric ton)이 4개의 안전 지역에 저장되어 있었다. DNSC는 비축된 수은이 국방의 필요를 초과한다고 발표했었기 때문에 환경영향성명서(an environmental impact statement)를 준비하고 있었다. 환경영향성명서는 수은 관리에 대한 대안을 정체시키는 것과 그에 대한 잠재적인 영향을 분석하는 데 도움을 준다.

또한 1997년에 방위(국방)병참처(the Defense Logistics Agency)는 기본 재편성과 폐지(the Base Realignment and Closure : BRAS) 위원회의 추천에 따라 DLA 활동을 유지하는 데 지정된 임무와 인력을 재편성하기 시작했고 이는 재량적 행위 계획과 관련되었다. 그 계획은 국방비축물자센터(DNSC) 물자가 펜실베니아주 첌버스버그 로털켄니 육군병참부, 뉴욕주 로므러스 세너커 육군병참부 및 캘리포니아주 허롱 시라 육군병참부 지역(enclave)이 대상이다. 그것은 또한 전략물자와 광석 판매와 군수용역을 일리노이주 사바나 사바나 병참부, 테네시주 멤피스 방위 분산 병참부 및 켄터키주 루이스 빌 해군 표면 전 센터(Naval Surface Warfare Center)가 포함

시켰다.[2]

미국은 거대한 자본주의 국가답게 정부조달기관(General Services Administration)과 더불어 비축사의 연원의 인식은 적어도 제1차 세계대전까지 거슬러 올라간다. 이러한 비축의 필요성에 대한 인식에 따라 미국 정부에 의한 비축제도가 중요한 군수물자에 대한 전시 시장장애를 극복하는 하나의 수단으로 제시되었으나 이러한 목적을 위해서 의회가 세출예산을 승인한 것은 1930년대 후반이었다. 미국은 망간광 · 텅스텐 광 · 주석 등 4개 물자를 수입에 의존하였기 때문에 이들 물자가 특히 강조되었으며, 제2차 세계대전을 승리로 이끌기 위하여 미국은 전시 중에 기본적인 비축사업을 수행하였다. 전쟁이 끝날 때까지 미국 무기위원회가 비축이 필요하다고 인정한 물자의 범위에 가장 중요한 범주의 물자로 67개, 그리고 두 번째 범주의 물자로 39개가 포함되게 되었다.

연방재난관리청(Federal Emergency Management Agency)은 미국국토안보부의 기관으로 1978년 지방정부나 주정부만으로는 처리하기 힘든 재난(disaster)에 대응하는 것을 주 목적으로 창설되었다. 프에르토리코와 같은 미국의 해외 영토에 대해서도 서비스를 제공한다. 주지사의 비상사태 선언이 있어야만 개입하나, 1995년의 오클라호마 폭탄테러나 2003년의 컬럼비아 우주왕복선 공중분해 사고와 같은 연방재난이나 자산에 대한 응급 상황이나 재난에도 대응하고 있다. 피해복구를 위한 현장 지원이 주 역할이지만, 주정부와 지방정부에 전문가를 지원하고 복구와 구호자금(relief funds)을 모금하기도 한다. FEMA는 이 자금을 미국의 전지역에서 실시되는 사전 노력의 일환인 개인별 대응 훈련(training)에도 제공한다.

자연재해, 국가재난, 방지계획, 복구 등을 담당하는 FEMA의 역사를 보면 200년 이상의 기간 동안 여러 형태로 존재해 왔으나 다음과 같이 간략하게 요약한다.

1) 1930년대 이전

19세기 초 포츠머스(Portsmouth) 항구도시가 일련의 화재로 황폐화되었는데 1803년 일곱 번째 미국 의회는 수입상품에 대한 포츠머스 상인을 위한 관세의 면제

2. http://www.globalsecureity.org/militart/agency/dod/dncs.htm (2016-02-18)

를 연장하는 구제 법안을 통과시켰다. 이 법안은 재난 후 구제하는 연방정부에 의한 첫 입법으로 광범위하게 고려되었다.

1803년과 1930년 사이에는 재난 후 구호와 보상을 위한 임시 입법(ad hoc legislation)이 100회 이상 통과되었다.

2) 1930–1960년대

1929년 대공황(the Great Depression)이 발생한 이후 후버(Herbert Hoover) 대통령은 1932년 재정재건협력(Reconstruction Finance Cooperation : RFC)을 명령했다. RFC는 은행이나 기관에게 경제적 활동을 촉진하기 위하여 돈을 빌려주며, 또한 재난에 이어 연방 달러의 남용에 대한 책임도 있다. RFC는 처음으로 조직된 연방재난 대응기구로 고려될 수 있다. 그 예로 공공로드국(the Bureau of Public Roads)은 1934년 재난 후 고속도로 재건 자금의 권한을 RFC에게 주었고, 1944년의 홍수통제법(the Flood Control Act) 또한 홍수통제와 관계 계획에 관한 권한을 미 육군의 기술단에게 주어, 홍수로부터 재난복구의 주요한 역할을 하였다.

■ 필자가 존경하는 미국의 제35대 대통령 케네디(John F. Kennedy)가 생활하였던 기숙사(2004년 하버드 대학 방문 시)

3) 1973–1979년 : 주택 · 도시발전부(Department of Housing and Urban Development)

연방재난구호복구는 1973년 대통령 재편계획 제1호(Presidential Reorganization Plan No. 1)에 의한 주택 · 도시발전부 하에 있었고 연방재난지원청(the Federal Assistance Administration)은 부 내의 한 기구로서 창설되었다. 연방재난관리청(FEMA)은 1978년 대통령 재편계획 제2호(Presidential Reorganization Plan No. 2)에 의거 창설되었고 행정명령 12127과 12148에 의해 활동하였다.

4) 1979-2003년 : 독립처로 FEMA

FEMA는 1978년 재편계획 제3호(the 1978 Reorganization Plan No. 3) 하에 설립되었는데 1979년 4월 1일 카터(Jimmy Carter) 대통령 행정명령 12127에 의해 활동하였다. 카터 대통령은 동년 7월에는 재난구호 노력이 새로운 연방 수준의 기구로 거듭나는 내용을 담은 행정명령 12148에 서명하였다. FEMA는 연방보험청, 국가화재방지통제청, 국가기후서비스공동체준비계획, 조달청의 연방예방기구, HUD 연방재난지원청의 활동업무를 흡수했다. FEMA는 스리 마일 아일랜드(the Three Mile Island) 원자로 사건에 대응하기도 하였다. 1993년 클린턴(Bill Clinton) 대통령은 위트(James Lee Wit)를 FEMA의 처장으로 지명하였고, 1996년에는 내각의 단계로 승격되었으나 부시(George W. Bush) 대통령은 계승하지 않았다. 위트는 재난 회복과 완화과정을 합리화하는 데 도움이 되는 개혁을 주도했다. 또한 냉전의 종식으로 재난관리처의 자원이 시민 방위에서 자연재해 대비로 전환되었다.

조직의 재편성과 행정 명령으로 FEMA의 창설 이후, 의회는 계속해서 FEMA에게 책임(responsibilities)을 인정하는 권한을 확대하였다. 이들 책임은 국가댐안전계획법(the National Dam Safety Program Act)[3] 하의 댐 안전을 포함한다.

5) 2003-현재 : 국토안보부 하의 FEMA

2001년 9월 11일 테러공격을 받은 후 미 의회는 2002년 국토안전법(the Homeland Security Act)을 통과시켰는데 그것은 국토안전부(the Department of Homeland Security)를 창설해서 다른 연방 기구들과 협력하여 법률 강화, 재난 대비 및 복구, 경계 보호 및 민방위를 합리적으로 조정하게 하도록 하였다. FEMA는 2003년 3월 1일에 DHS에 흡수되었다가, 2007년 3월 11일에 다시 FEMA로 되었으나 DHS에 속해 있다. 전문적인 위기관리 영역은 자연 위해를 위한 준비된 자금이 테러주의 조치에 대응하는 예비조치들보다는 후순위에 있다.

---

3. 국가댐안전계획법에는 관련법 하의 재난 지원, 지진 위험 감소와 행정 명령으로 연방 건물 안전 요구 사항, 지진 장치 건물의 위험, 홍수 피신처의 비용 추정의 필요성, 위험 물자 등이 있다.

3. 관련법

가. 중요전략물자비축법과 주요 내용

1939년 비축법(the Stockpiling Act)에서 규정한 중요물자 비축이 효시라고 할 수 있으나 제도로서 체계화되기 시작한 것은 1946년 중요전략물자비축법(the Strategic and Critical Materials Stockpiling Act)을 제정하면서부터였다. 이 법에 의거 1979년부터 중요 자원에 대한 비축이 실행되기 시작하였는데, 그 주요 내용은 다음과 같다.

1) 비축관리(Stockpile Management)

"비축물자의 취득과 처분에 있어서 생산자 · 가공자 · 소비자의 정상시장을 교란시키는 것을 방지하고, 회피 가능한 손실을 미국이 입지 않도록 노력해야 한다." (전략물자비축법 제2조(b)(2))라고 되어 있어 정상적인 '자유경쟁의 원리' 의 모순 극복과 모든 손실(loss)에 철저한 대비를 천명한 것이라 할 수 있다.

2) 대통령의 특별 처분권(Special Disposal Authority of the President)

"대통령 또는 그의 권한을 위임받은 관리는 국가비상사태 때, 국방을 위해 필요하다고 결정할 경우 비축물자를 방출할 수 있다." (동법 제7조(a))라고 되어 있어 비상시에 대통령의 권한을 기동성 있게 대처하기 위한 조치라 할 수 있겠다.

3) 물자 탐사 및 개발(Materials Development and Research)

"전략물자의 확보에 대한 대안 등으로 국내 생산 또는 대체품을 개발하기 위하여, 광산물의 탐사 · 채굴 · 조제 · 처리 · 이용에 관한 과학적 · 기술적 · 경제적 조사를 해야 한다." (동법 제8조(a)(1))라고 되어 있어 중장기적 차원에서 부존자원의 중요성과 탐사에 대한 중요성을 강조한 부분이라고 생각된다.

4) 국방비축기금(National Defense Stockpile Transaction Fund)

재무부에 '국방비축기금' 이라는 별도의 과목을 두어, 비축물자의 모든 판매대금은 이 기금에 입금되고, '세출승인법' 에 위배되지 않는 한, 전략 물자의 취득에서 국방비축사업에 소요되는 기타비용에까지 사용할 수 있도록 되어 있다(동법 제9조)라고 되어 있어 전략 비축에 대한 회계처리의 인식을 중요시하고 있다고 할 수 있다.

5) 의회보고

대통령은 매년 1월 15일까지 동 '법' 에 의한 상세한 운용 내용의 '연간 보고서'를, 매년 2월 15일까지는 다음 회계연도와 그 다음 4회계연도 동안의 비축운영을 위한 '연간비축계획' (Annual Materials Plan : AMP, 일명 Business Plan) 보고서를 의회에 제출하여야 한다. 이는 전략물자의 중요성이 미국에서 그만큼 중요하다는 것을 의회를 통하여 한 번 더 확인시키는 결과라고 해석될 수 있는 것이다.

나. 국방생산법(the Defense Production Act, 1950)

'국방생산법' 은 '중요전략물자비축법' 다음으로 중요하다. 이 법은 전시에 모든 물자가 민수에서 군수로 충당되므로 생산량을 확대해 민수를 만족시키는 한편, 잉여물자를 비축하고자 함이다. 또한 생산량을 확대하기 위하여 자금을 지원해 줄 뿐만 아니라 '장기계약' 방식으로 구매해서 군수 및 방위생산의 재고(the defense production inventory)로 충당하고 전략비축관리 하에 둘 수 있도록 하였고, 비축물자의 구매 및 방출을 국회의 동의 없이 정부의 결정에 맡김으로써 기동성을 높이고 있다.

다. 농산물교역확대지원법(the Agricultural Trade Development and Assistance Act, 1954)

미국은 '농산물교역확대지원법' 에 의한 '비축보충규정' (the Supplemental Stockpile)을 제정하여 전략비축과는 별개로 잉여농산물 판매로 회득한 외자로 구매한 전략 물자와 물물교환(Barter)으로 획득한 전략물자의 비축을 두도록 하였다. 비축보충의 운용은 농무부 권한에 속하며, 비축물자의 판매는 반드시 국회와 대통령의 승인을 받아야 하며, 1967년부터는 잉여농산물 판매로 획득한 외자를 전략물자 구매에 이용하는 것을 금지시켰고, Barter로 전시 물자를 도입하는 것을 더욱 제한했다.

이외에 '농업안정촉진법' (an Act to Provide for Greater Stability in Agriculture, 1954), '외국원조법' (the Foreign Assistance Act, 1961), '상품신용보증사용선법' (the Commodity Credit Corporation Charter Act) 등이 있다.

4. 미국의 비축 목적

(1) 미국에서 전략비축을 실시하는 목적은 국가비상사태 시 외국자원에 대한 의존을 줄이거나, 가능하면 배제하기 위한 것이다. 미국은 특정한 전략물자의 재고를 획득 · 유지하고, 미국 내에서 해당 물자의 공급원을 보존하고 개발하는 것을 장려하여 국가비상 시에 미국이 해당 물자를 외국의 공급원에 의존해야 하는 상황에 대비하고 가능하다면 배제하는 것을 목적으로 비축제도를 운영하고 있다. 국가방위 비축은 결국 국가방위 이익에 공헌하는 것을 목표로 하며, 경제적 목적이나 예산 목적을 위해서 사용되어서는 아니 된다.

(2) 미국은 냉전 초기에 전략비축제도를 만들어 중요한 산업용 금속의 적정 공급량을 확보하고자 했으며, 1950년대부터 현재까지 금속의 탐색 개발 그리고 가격 책정에서 세계적으로 주요한 역할을 해오고 있다. 또한 군사연구, 우주산업, 에너지 개발, 농업연구, 수자원 · 산림 및 목장관리와 함께, 비축은 미국의(그리고 세계의) 자원이용과 산업개발을 기획하고 형성하는 데 정부가 관여하는 중요한 분야의 하나가 되고 있다.

5. 미국의 분야별 비축품목과 근거법령

미국의 비축은 당초에는 국가안전보장 측면에서만 강조되었으나, 점차 그 범위가 확대되어 간다. 이를 표로서 나타내면 다음과 같다.

미국의 비축품목과 근거법령

구분	국가방위비축(NDS)	전략석유비축(SPR)	국가전략비축(SNC)
비축형태	국가비축	국가비축	국가비축(단, 일부 재고는 민간에서 비축)
비축품목	금속(metal), 광물(mineral), 광석(ore), 농산물(agriculture)	석유(crude oil)	의약품 및 의료물자 (medicine and medical supplies)
근거법령	전략물자비축법 (the Strategic and Critical Materials Stockpiling Act of 1946)	에너지정책 보호법 (Energy Policy and Conservation Act of 1976)	생명체차폐계획법 (Project Bioshield Act of 2004)

가. 국가방위비축제도

국가방위비축제도(National Defense Stockpile)는 전쟁, 국제적 분쟁 또는 자원파동 등 국가비상 시에 대비하여 중요물자를 비축하는 제도이다. 중요물자에는 금속, 광석/광물, 농산물(추출물) 등이 있다.

국가방위비축은 경제나 예산상의 목적이 아닌 순수하게 국가 방위적 측면의 비축을 목적으로 한다.

비축사업의 운영주체는 연방정부, 즉 국가이며 국방부 산하 국방비축센터(Defense National Stockpile Center)에서 비축물자의 구매와 보관 및 방출의 전 과정을 관리하고 있다. 국방비축센터는 본부와 3개의 유인 통합 비축창고를 두고 있으며, 총인원은 86명 규모이다. 국방부(국방비축센터)는 매 회계연도의 비축물자 구매 · 처분 계획인 연간비축계획(Annual Materials Plan : AMP)을 수립하여 시행한다.

1) 비축대상 물자

비축대상 물자는 용도 측면과 희소성 측면에서 구분된다.

(i) **용도 측면** : 국가비상사태 발생 시에 군수, 산업, 민간생활안정용으로 충당되어야 할 필요가 있는 물자

(ii) **희소성 측면** : 용도 측면의 수요를 충당하기에 충분한 양이 미국 내에 부존되어 있지 않고, 생산되지 않는 물자

2) 비축목표 및 재고

중요비축물자는 알루미늄, 안티모니, 석면, 보크사이트, 비스므스, 카드뮴, 크롬, 코발트, 컬럼븀, 산업용 다이아몬드, 형석, 게르마늄, 흑연, 인듐, 요오드, 연, 망간, 머큐리, 운모, 황산염, 니켈, 은, 크리스탈, 퀴니딘, 퀴닌, 천연고무, 실리콘, 백금, 탄타륨, 주석, 티타늄, 텅스텐, 아연 등이다.

3) 비축규모

국가비상 시 3년 이상의 기간 동안 미국을 유지하기 위한 충분한 양의 중요전략물자를 기준으로 한다.

4) 비축물자의 방출 및 처분

비축물자의 방출과 처분은 연간비축계획(Annual Material Plan : AMP)에 따르는데 연간 자원 계획은 국방부가 사고파는 자원의 최대 허용량을 명시한 연간자원계획으로, 이는 국회의 비준을 반드시 받아야 하는 사항으로 되어 있어 그의 중요성을 감지할 수 있다.

비축물자는 대통령 또는 그의 권한을 위임받은 관리가 국가비상사태 발생 시 국방을 위해 필요하다고 결정할 경우 비축물자를 방출할 수 있다(전략물자 비축법 제7조(a)). 또한 비축물자는 재고조정 목적으로 처분할 수 있는데, 이러한 처분은 생산자, 처리자, 소비자의 정상시장(usual market)을 교란시키지 않도록 해야 한다고 되어 있다.

나. 전략석유비축(Strategic Petroleum Reserve : SPR)

미국은 에너지 긴급 상황에 대비하기 위한 전략석유비축과(strategic Petroleum Reserve)과 공중보건 긴급 상황에 대비하기 위한 국가전략비축(Strategic National

Stockpile) 제도를 운영한다. 이 비축은 에너지부(Department of Energy)에서 주관하며 1975년 에너지정책보호법에 근거를 두고 있다. 미국의 전략석유비축은 정부에서 운영하는 세계 최대 규모의 비상 석유비축 프로그램으로 1973~1974년 석유금수조치(oil embargo) 이후 도입되었다.

1) 담당기구 및 인원

전략석유비축의 담당기구는 에너지부 화석에너지(Fossil Energy) 담당 차관보 총괄 책임 하에 있는 워싱톤 DC 소재 전략석유비축프로그램실(Strategic Petroleum Reserve Program Office)과 루이지애나주 뉴올리언스 소재 프로젝트 관리실(Project Managementr Office)이다.

루이지애나주 Bayou Choctaw, Big Hill, 텍사스주 Bryan Mound, West Hackberry 등 4곳에 석유비축 시설을 보유하고 있고, 관련 인원은 연방공무원 100여 명과 계약직 직원 900여 명 수준이다.

2) 비축 목표

에너지법(Energy Act, 2000년)에 의해 설정되어 운영 중인 전략석유 비축 목표는 순수입의 60일분 수준인 700백만 배럴이다. 2007년 7월 부시(Bush) 대통령은 비축규모를 15억 배럴(150일분의 석유 수입량)로 확대한다는 계획을 발표하기도 하였다. 기존의 석유비축 설비용량은 727백만 배럴이며, 2000년 에너지법이 설비용량을 10억 배럴로 확충할 것을 정한 바 있다.

국제에너지기구(IEA)가 요구하는 석유비축 규모는 공공 및 민간 보유량을 합하여 순수입량의 90일분이다.

3) 방출 및 교체

(가) 방출

전략석유비축에 대한 석유방출은 에너지정책법에 의거 대통령이 결정하며, 공매형식으로 시장에 공급된다.

긴급 상황 하에서 전략석유비축이 이용된 것은 1991년 중동의 걸프전쟁(Gulf

War or Operation Desert Storm)과 2005년 뉴올리언스의 허리케인 카트리나 (Hurricane Katrina) 재난 시 등이다. 방출용량은 제한이 있으며 1일 최대 방출 용량은 4.4백만 배럴이며, 대통령의 방출 결정 후 시장에 공급되기까지 평균 13일이 소요된다.

(나) 교체

에너지부는 비축석유를 교체할 권한이 있으며, 주로 저품질의 석유를 고품질의 석유로 교체하기 위해 이용한다. 예외적으로 석유회사들이 석유공급 차질로 겪는 단기적인 어려움을 해소하기 위해 이용하고 있다.

다. 의약품 및 의료 물자(medicine and medical supplies)의 국가전략비축 (Strategic National Stockpile)

1) 의의 및 연역

의약품 및 의료물자(원료)의 국가전략비축은 공중보건 비상상황 발생 시 시민을 보호하기 위해 다량의 의학 및 의료물자를 비축하는 제도이다.

이 제도는 1999년 국가의약비축계획(National Pharmaceutical Stockpile Program)으로 출발하여 2003년에는 국가전략비축(Strategic National Stockpile)으로 변경되었다.

2) 관리기관

의약품 및 의료물자(원료)의 국가전략비축은 보건복지부 산하 질병관리센터 (Centers for Disease Control and Prevention : CDC)에서 운영한다.

이는 국토안보법(2002년)에 의거 국토안보부와 보건복지부에서 공동으로 관리하다가 2004년 생명차폐계획법(Project Bioshield Act)에 의거 보건복지부 단독으로 관리한다. 또한 각 주 · 지방정부는 가능한 신속하게 국가전략비축(SNS) 의학 및 의료물자(원료)를 수령하여 지역사회에 공급하기 위한 계획을 보유할 권한이 있다.

3) 비축물자(원료)

(가) 비축 품목 결정

비축 품목 결정은 현존하는 생물학적 및 화학적 위협, 의료물자의 이용가능성, 의약품 배포의 편리성 등 다양한 요인들을 고려하여 결정한다.

(나) 비축 품목 및 비축규모(량)

비축 품목은 항생제, 해독제, 항독성 혈청, 심폐소생 의약품, 정맥투어 의약품, 기도 유지 용품, 의료 및 수술용 등이 있으며 비축규모는 몇몇 대도시에 있는 시민들을 동시에 보호하기 위한 충분한 물량으로 한다.

(다) 비축 품목의 공급 방식

① 12시간 패키지 공급품목(12-Hour Push Package)

긴급상황 발생 시 12시간 내에 의료물자를 지원하기 위해 화물 트럭이나 항공기에 쉽게 적재할 수 있도록 주요 의료물자를 패키지화하여 지정 장소의 안전한 창고에 전략적으로 보관한다.

② 업체관리 재고

12시간 패키지 공급품목 외에 추가적인 의료물자가 필요한 경우 24～36시간 내에 업체관리 재고가 공급되는데, 대형 의약품 공급업체가 이들 물자를 선적 시까지 보관한다.

(라) 비축물자 방출

국가전략비축 물자는 테러, 인플루엔자, 지진 등 공중보건을 위협하는 긴급상황 발생 시 시민을 보호하기 위해 무료로 공급된다. 주 정부가 통상적으로 국가전략비축 물자의 지원을 요청할 수 있으며, 예외적으로 연방기관, 즉 긴급재난관리처나 연방수사국 등에서도 비축물자를 요청할 수 있다.

질병관리센터에서는 지원요청 내용과 상황을 평가하여 긴급 대응 조치를 결정하고 적합한 품목을 방출한다. 국가전략비축 물자가 방출된 사례로는 2001년 9월

뉴욕에서 발생한 9 · 11 테러 사건과 2001년 11월 플로리다주 팜비치 카운터에서 발생한 바실루스 안트라시스(Bacillus anthracis : 간균桿菌) 사건이다.

이와 같이 미국은 역사가 짧은 만큼 비축의 역사도 길지 않지만 제1차 세계대전을 계기로 비축의 인식이 고조되기 시작하여 제2차 세계대전 당시에 그의 위력을 재입증한 계기를 맞이하였고, 세계 최강국답게 국가안전보장과 경제안정 측면에서 비축정책을 중앙정부에서 상당히 중요시하고 있다.

참고 미국 에너지 비축법 : 태양력 반사시키는 지붕! 쿨 루프!

미국은 가장 많이 에너지를 소비하는 나라 중에 하나이다. 그래서 미국은 자신의 영토 내에 대규모 원유와 가스 비축시설 그리고 세계적인 에너지 전문기업을 보유하고 있다. 그리고 에너지 절약으로 다른 필요한 에너지를 쓸 수 있기 때문에 쿨 루프라는 전략을 추진하여 건물의 지붕에 밝은 색 소재 및 특수 조장재를 사용하여 태양열을 효율적으로 반사시켜 건물의 환경 · 성능 향상을 도모하는 빙향으로 지구 온난화 및 열성현상을 완회하고 여름철 냉방을 위한 에너지 절약과 탄소배출량 감소에 효과를 보고 있다.

참고 〈NSC-68〉의 내역

NSC-68이란 1950년 4월 14일 입안된 미국의 백악관 안보회의 전략문서(National Security Council Report 68)이다. 이 문서는 폴 니체(Paul Nitze)가 작성하고 트루먼(Truman) 대통령이 서명하였다.

한국전쟁이 석 달째 계속되던 1950년 9월에 트루먼(Harry S. Truman) 대통령은 "NSC-68을 정책지침으로 채택하라"고 지시했다. 사실 두 가지 추세가 결합하여 NSC-68에서 요구한 미국 사회의 변화로 이어졌다. 그 두 가지 추세는 동아시아 지역에서 공산주의 침략과 그것을 오판하고 과장할 준비가 되어 있던 미국인들의 편집증적 사고방식이었다. 실제로 발생한 일은 단순한 군사적 동원을 넘어선 국제적인 차원의 군국주의 고취였으며, 우선 그러한 추세는 트루먼 대통령의 예산 억제책의 실패에 반영되었다. 1951년에 135억 달러였던 미국의 국방예산이 1953년도에는 500억 달러를 초과했다. 연방예산이 네 배로 급증했다는 것은 전략공군사령부에만 초점을 맞추어 이야기하자면 같은 기간에 실전에 배치된 폭격기의 수가 두 배로 늘어났음을 의미한다. 그토록 단기간에 국방 예산 지출이 급증함에 따라 1950년대의 경제 호황이 촉발되었고,

그것은 미국을 변화시켰다. 미국인들의 생활수준이 현저히 향상되면서 소수의 시민들이 알아차리게 되는 것은 당시의 경제 호황이 조만간 국방장관이 될 어떤 사람이 한 유명한 말처럼 '영구전쟁경제(permanent war economy)'의 형태를 취했다는 점이었다. 경제학자 칼 케이슨은 "냉전 기간 내내 소련에 대한 미국인들의 주된 태도를 요약한 전형적인 예로 NSC-68을 들 수 있다"고 썼다.

트루먼 대통령은 1950년에 300개였던 핵폭탄을 1953년 말에는 1,300개 이상으로 핵무기 비축량을 늘렸고 워낙 많은 원자로와 핵 제조시설 건설을 허용했기 때문에 풀루토늄 원자로가 5개에서 13개로, 우라늄-235의 기체 확산 공장이 2개에서 12개로 늘어났다.

관련 글 **최근 미국 전투식량 개발 사례**

미군 전투식량에 피자 · 파스타 … "상온서 3년 가"

극미세 나노 기술 이용, 부패 막아, 인기 없는 돈육 소시지 등은 퇴출

2017년부터 미군 전투식량에 피자가 추가된다. 피자는 미군들이 매년 전투식량(MRE : Meal, Ready-to Eat)에 추가해 달라고 요청한 메뉴다.

미국 매사추세츠 주 네이틱군인연구발전공학센터(NSRDEC)는 2017년부터 전투식량에 레몬맛 파운드 케이크와 함께 피자를 포함시키기로 결정했다고 미 CBS 방송이 2015. 11. 2.(현지시간)보도했다. 전투식량에 포함되는 피자는 냉장 보관이 필요 없다. 분자 결합을 통해 피자의 토마토 소스가 도우(반죽)에 들어가지 않도록 만들어졌고 팩에 포장돼 3년간 보존이 가능하다. 빵 · 치즈 · 토마토소스 · 고기 · 소시지 등이 포함된 이 피자는 페파로니 피자와 비슷하다. 피자를 맛본 브라이스 켈러 일병은 "전날 밤 시켜놓은 식은 피자 맛이 나지만 아주 맛이 좋다"고 평가했다. 연구진도 "이번에 만든 피자의 유일한 단점은 따뜻하지 않다는 점"이라고 말했다.

미 육군이 운영하는 이 센터는 지난해부터 피자를 전투식량에 포함시키려고 했지만 장기 보관 기술이 어려워 난항을 겪었다. 섭씨 26도의 온도에서 3년간 상하지 않고 보관할 수 있어야 한다는 미 전투식량 기준을 충족시키기 어려웠던 것이다. 하지만 과학자들의 연구 끝에 분자 결합 방법을 개발하며 문제가 해결됐다. 전투식량 피자 개발에는 10억분의 1m의 정밀도를 요구하는 극미세 나노 기술과 피자를 촉촉하게 유지하는 습윤 기술 등 첨단과학이 총동원됐다. 센터는 2016년에 토마토소스 마카로니와 시금치 파스타 등을 MRE에 추가할 예정이다. 커리도 도입된다. 2015년에는 베이컨이 들어간 매쉬 포테이토, 허니 바비큐 치킨 샌드위치, 사과맛 파운드 케이크 등이 추가됐다. 개별 식성에 맞쳐 핫칠리 라임맛과 버팔로윙맛 소스도 추가됐다.

미군은 1958년부터 통조림 형태의 전투식량을 개발해 보급해왔다. 현재 미군 전투식량은 병사들의 종교나 식성을 고려해 24종에 이른다. 비인기 매뉴는 매년 퇴출된다. 2015년에는 돼지고기 소시지와 토마토 치킨이 메뉴에서 빠졌다. 필수 영양소를 첨가해 전투력을 높이면서 맛있는 전투식량을 만드는 것이 미군의 목표다. 미군은 향후 기온이 낮은 극지나 사막에서 전투가 벌어지더라도 전투식량을 먹을 수 있도록 연구할 방침이다. 한국군도 장병들의 입맛에 맞춰 비빔밥 · 햄 볶음밥 · 아몬드 · 케이크 · 볶음김치 등 다양한 전투식량을 개발 보급하고 있다.

중앙일보, 2015. 11. 4.

제2절 캐나다

1. 개관

캐나다는 북아메리카 북부에 위치한 광활한 면적을 가진 국가로, 면적은 한반도의 약 45배에 이르지만 인구는 2,500만 정도에 불과하다. 또한 자원이 풍부하며, 물가가 저렴해 살기 좋은 나라로 알려져 있다.

주요 자원으로는 국토의 44%를 덮고 있는 삼림자원을 비롯하여 니켈, 금, 우라늄, 동, 아연, 석면, 몰리브덴, 황, 철광석, 코발트, 카드뮴, 납, 석유, 천연가스, 마그네슘 등 풍부한 지하자원을 보유하고 있다.

이처럼 자원 부국인 캐나다도 크롬, 망간, 바나듐 등 자국에서 생산되지 않는 자원에 대한 비축 필요성을 느껴왔으며 일찍부터 비상시에 대비하기 위한 위기관리능력을 배양하고 있다.

2. 캐나다 비축제도의 개요

품목 중심의 비축제도를 운영하고 있는 한국이나 일본, 서구 각국의 비축제도와는 달리 캐나다의 비축제도는 각종 비상사태에 대비하기 위한, 총체적인 관점에서 종합적으로 운영되고 있다.

이를 위해 캐나다는 '캐나다 비상대책 위원회' (Emergency Preparedness Canada : EPC)라는 기구를 설치하여 각종 비상사태에 대비하기 위한 비축기능을 종합적으로 수행하고 있다.

3. 캐나다 비상대책 위원회(EPC)

가. 정의

'캐나다 비상대책 위원회' (Emergency Preparedness Canada)는 연방 정부기관인 국방부에 속해 있으며 캐나다 전역에 비상사태가 발생할 경우 이에 대한 적절한 대처와 처리를 주요 임무로 하고 있다.

나. 도입배경

캐나다에서는 미래에 일어날 수도 있는 각종 비상사태—홍수로부터 핵 관련 사고에 이르기까지 60여 가지에 이르는 각종 자연재해나 인재—에 대해 시민들이 알고 대비해야 할 의무와 책임이 있다. 만약 시민들이 적절히 대응하지 못해 정부의 자원과 역할이 요구될 때에는 정부가 다양한 명령들을 내리게 된다. 먼저 지방에 조직되어 있는 비상조직들이 사태 수습에 나서게 되는데, 만약 그들의 힘만으로는 역부족이라고 판단되면 소속 주나 지역에 도움을 요구하고 필요하다면 최종적으로 연방정부에 도움을 요청하게 될 것이다. 캐나다 비상대책 위원회는 바로 이런 필요에 대응하기 위해 도입되었다.

다. 연혁

(1) 캐나다 비상대책 위원회(EPC)는 원래 1948년 민간방위기관으로 출발하였으며, 1951년에 국방부에서 보건복지부로 이관되었다. 1959년에는 북미에 대한 핵 공격으로부터 캐나다를 보호하기 위한 목적으로 1957년 추밀원(Privy Council

Office) 내에 창설된 두 번째 민간비상대책위원회인 비상조치기구(Emergency Measured Organization : EMO)에 흡수 통합되었다. 그 결과 추밀원의 비상조치기구(EMO)가 민간 차원의 방위정책을 모두 이어받게 되었다.

(2) 1966년에는 내각의 결정에 따라 EMO가 평화시에 발생하는 모든 유형의 재난에 대해 연방정부 차원에서 대처하는 업무를 모두 수행하는 책임을 부여받게 되었다. 이는 EMO의 정책 중심이 전쟁으로부터 평화시의 비상사태에 대한 대비로 이동하고 있음을 의미하는 것이다.

(3) 1974년 EMO는 EPC(Emergency Planning Canada)로 개편되었다가 1986년 7월에 EPC(Emergency Preparedness Canada)로 명칭이 변경되기도 하였다.

라. 입법적 틀(Framework)

1988년 제정된 2개의 중요한 연방법률은 비상사태에 대해 준비하기 위한 캐나다 정부의 책임을 광범위하게 규정하고 있다. 비상사태법(the Emergency Act)은 연방정부의 개입을 요구하는 비상범주를 크게 4가지로 규정하고 있다.

(1) 자연재해나 인재로 인한 공공복리 위기
(2) 폭동이나 테러행위 같이 캐나다의 내부안전을 위협하는 공공질서 위기
(3) 캐나다 또는 그 동맹국들의 주권, 안전, 영토를 위협하는 국제적인 비상사태
(4) 전쟁

처음의 두 범주는 대부분 주의 영역이며 연방정부는 도움을 요청받을 때나 상황이 직접적으로 자신의 영역에 해당될 때만 개입하게 된다. 이에 반해, 연방정부는 전쟁이나 국제적인 비상사태 시에 주도적인 역할을 하게 된다. 왜냐하면 이들은 국방, 외교문제 그리고 국가안정과 같이 연방정부의 주요 영역에 포함되기 때문이다.

반면 비상대비법(the Emergency Preparedness Act)은 연방장관들이 위기시에 해야 할 임무를 이행하기 위해 필요한 일들을 상세히 기술하고 있다. 위기시에는 정부의 서로 다른 명령들을 대표하는 많은 부서와 기관들이 동시에 서로 협력해야 한

다는 사실을 인식하면서 비상대비법은

(1) 위기시에 각 부의 장관들에게 그들의 책임범위 내에서 발생할 수 있는 모든 유형의 위기에 대비하는 계획을 발전시키거나 이행시키고 다른 장관들과 정부기관들을 도울 수 있는 준비를 하도록 의무를 부여하고 있다.
(2) 비상사태에 대비할 책임을 지고 있는 국방부 장관은 연방정부 내의 다른 부서나 기관 및 크라운공사 등과 협력하여 비상사태에 공동 대응하거나 연방정부와 지방정부 사이에도 협력이 이루어지도록 방향을 제시한다.
(3) 국방부 산하에 있는 캐나다 비상대책 위원회(EPC)는 그러한 협력이 효율적으로 이루어지고 있는지를 감독하는 중앙연방기구로서 총체적 연방정부 차원의 접근에 어떤 갭이나 중복이 없도록 지휘하는 권한을 규정하고 있다.

마. 임무 및 역할

캐나다 비상대책 위원회(EPC)의 기본적인 임무는 비상사태가 발생 할 경우에 대비하여 보다 더 나은 정책을 개발함으로써 인명과 재산의 피해를 최소화하는 것이다.

(1) EPC는 연방정부 차원의 민간비상준비계획(Federal Civil Emergency Preparedness Planning)을 개발, 수립하고 각 부처들간의 일치된 계획을 도모하며 특별한 프로젝트를 책임지거나 국가적 지도력이 필요한 경우 주도적인 역할을 수행한다.
(2) EPC는 특별훈련을 지도하고 발전시킴으로써 계획의 성과에 대한 위험과 평가를 담당한다.
(3) EPC는 캐나다 서부해안에서 발생할지도 모를 지진에 대비하여 지진사태 수습계획을 수립한다. British Columbia와 여타 지역과의 긴밀한 협력 하에 이 계획은 연방정부 각 부처와 기구들의 수습대책에 관한 책임들을 규정하고 있다.

(4) EPC는 연방정부 차원에서 각 지방자치단체와 지역별 정부기구 간 공동비상대책 프로그램을 운영함으로써 캐나다 전역에서 효율적이면서도 일관된 비상사태 수습능력을 발휘할 수 있도록 한다.
(5) EPC는 캐나다와 NATO, 미국과 상호 협력함으로써 해당 지역의 비상사태를 수습한다.
(6) EPC는 Ontario 주에 소재한 캐나다 비상대책연구 대학에서 매년 약 1,600명에 이르는 연방부처 및 주나 시의 행정기관 공무원 및 일반 민간기업의 직원들을 교육한다.
(7) EPC 국가 위기상황 시 활용가능한 도해작성, 정보체계 개발, 멕시코, 미국 등 북미지역 자연재해 경로를 디지털 방식으로 제작, 배포한다.
(8) EPC는 정부의 비상대책본부(GEOCC)를 통해 비상사태 발생가능성을 탐지하고 기상상태, 잠재적 재해를 파악하여 정부 및 지방행정 당국에 이를 알린다.
(9) 비상사태의 방지, 완화, 대처에 관한 모든 활동지침과 상황을 전 국민에게 전파하고 교육하며 홍보한다.

바. 기구와 책임

1997~1998년 회계연도에서 캐나다 비상대책위원회(EPC)의 예산은 1천 3백 60만 달러였는데, 그 중 9백만 달러는 인건비와 조직운영비였고 4백 60만 달러는 주 정부의 비상계획 프로그램과 연구용역비였다. 이 기구는 80명의 인원으로 구성되어 있으며, 이 중 42명은 오타와의 본부에 상주하고 있고 16명은 온타리오주의 '캐나다 비상대책 연구대학'에 있으며, 나머지는 각 주 수도에 있는 EPC의 10개 지방사무소에 상주하고 있다. 그들의 역할은 연방 정부기관 소속의 비상계획 입안자는 물론, 주나 지방의 비상조직과 상시 접촉체제를 유지하는 것이다.

EPC는 평상시나 전쟁시의 비상사태에 대비한 연방정부 차원의 준비사항들을 조정하는 것은 물론 다음 사항들을 관장하는 다른 정부기관들의 준비사항들을 점검한다.

(1) 주정부와 관련하여 확실히 승인된 비상대비계획을 위한 자금 제공
(2) 시장과 선출직 공무원을 포함하여 공 · 사 부문의 직원을 위해 캐나다 비상대책 연구대학에서 마련한 긴급사태 대비 및 대응에 관한 훈련계획, 회의 및 세미나의 개최와 후원
(3) 긴급사태에 대한 다양한 대비와 대응을 위한 연구활동 지원
(4) 분기별로 비상대비와 관련된 기사를 요약 · 발간하고 보고서, 책자, 포스터, 매뉴얼, 응급조치 책자, 영상물과 시청각 프로그램 등을 대중에게 무료로 제작 · 배포함으로써 비상대비에 대한 공공의 인식을 증진

그런데 이들 정보자료집의 범위는 지진 대비방법에서부터 비상대응 자동차의 디자인과 설계를 위한 가이드라인에 이르기까지 다양하다.

아울러 캐나다 비상대책 위원회는 복구비용이 지역경제에 커다란 짐을 지우는 주정부에 재정적인 지원을 하고 주의 대형재난에 대해 복구 작업을 지원하는 재난지원기구를 관리, 감독한다.

국제협력 역시 캐나다 비상대책 위원회가 맡고 있는 중요한 업무 중 하나이다. 지속적인 협의를 통해 캐나다 비상대책 위원회와 미 연방비상관리청은 긴급사태 대비 및 대응의 영역에서 양국의 공통 관심사와 이익을 다루고 있다. NATO와의 관계 또한 중요한 부분이다. 캐나다 비상대책 위원회의 직원은 NATO 최고 민간비상계획 위원회와 NATO 시민방위 위원회의 캐나다 측 대표이다. 다른 NATO 회원국과의 국제적인 협력이 강조되며, NATO의 정규 훈련에도 참가한다. 또한 자국의 긴급사태에 대한 대비책을 증진시키기를 열망하는 중구권과 동구권 유럽 그리고 구소련 연방국가들과의 협력도 강화되고 있다.

4. 캐나다 민간비상계획의 역사적 개요

캐나다 민간비상계획의 역사적 개요를 보면 다음과 같다.

《캐나다 민간비상계획 연혁》

1948년 : 국방부에 민간방위기구 설치

1951년 : 민간방위기구가 보건복지부로 이관

1957년 : 추밀원에 비상대책기구(EMO) 설치, 민방위기구는 보건복지부에 잔존

1959년 : Graham 보고서 제출 ① EMO는 계획과 조정역할 담당, ② 민간방위기구는 폐지되고 그 기능을 EMO로 이관, ③ 보건복지, 법무 및 국방부 등으로 일부 기능이 이관

1963년 : EMO를 방위생산부로 이관

1965년 : EMO를 산업부로 이관

1966년 : 평상시의 재난에 대한 연방정부의 대응책을 제시하고 조정하는 기능을 추가적으로 EMO에 부가

1968년 : EMO를 국방부로 이관

1974년 : Dare 보고서 제출 ① EMO를 국가비상계획 위원회로 개편, 추밀원의 비상계획국장의 책임 하에 운영토록 함. ② 이후 캐나다 비상대책 위원회(Emergency Planning Canada)로 개편

1986년 : 명칭이 캐나다 비상계획청에서 캐나다 비상대책 위원회로 변경

1988년 : '비상대비법' 국왕재가

1988년 : '비상대비법' 공포

1988년 : 캐나다 비상대비는 공공서비스의 독립지국이 됨

1992년 : EPC 국방부로 이관, 연방예산에 공포

2004년 : 미국의 2001년 9월 11일의 테러(9/11 attacks) 여파로 '공공안전위기대비부' (the Public Safety and Emergency Preparedness Department)로 하여금 사이버 폭풍(Cyber Storm) 등에 대비하고 있다.

5. 캐나다 비상사태에 대한 연방정부의 정책

가. 연방정책의 목적

여타 공공기관이나 사조직과 마찬가지로 연방정부와 그 기관은 적절한 안정기준, 관습과 규정을 기본목적으로 만들어 관찰하고 이를 강화함으로써 비상사태의 발생을 피하거나 막아야만 한다.

폭풍이나 지진과 같은 확실한 유형의 비상사태는 피할 수 없는 것이 사실이다. 이에 반해 광범위한 안전수칙과 갈등해소 장치에도 불구하고 운송사고나 위험물의 폭발사고 혹은 전쟁에 이르기까지 인간에 의해 야기되는 다양한 유형의 비상사태는 발생하고 있다. 비상대비의 목적은 이와 같은 유형의 돌발사고가 가져올 결과를 취급하는 것이고 거기에는 드물지만 종종 대단한 위험이 존재하게 마련이다.

연방정부가 마련하고 있는 비상대비책은 비상사태 대비에 대한 안내와 연방정부 내의 모든 부처의 협력적 노력에 그 기초를 두고 있으며 그 외에 다음의 목적을 위하여 존재한다.

- 해가 될 수 있는 비상사태의 결과로부터 캐나다 국민의 복지, 재산 및 환경을 보존하는 것
- 보다 발전된 캐나다 연방정부의 비상계획과 대비를 위하여 일하도록 리더십을 제공하는 것
- 모든 유형의 비상사태에 직면하여 믿을 수 있는 국가의 장래성을 개발하는 것
- 캐나다 전역에 걸쳐 적절하고 합리적인 비상사태 대비를 위한 통일된 기준을 발전시키기 위해 주정부와 밀접하게 협력하는 것

나. 연방정부의 역할

캐나다에서 발전되어 온 관습에 따라 그리고 국가의 헌법적, 법적 규정에 의해 비상사태 발생시 최초의 대응태세에 대한 책임은 개인에게 있다. 사실 개개인은 누

구나 다 자신의 생명과 재산을 보호하기 위해 합리적으로 가능한 모든 일을 할 수 있도록 준비해야만 한다.

연방정부의 명령들은 오직 상황을 조정하고 누그러뜨리기 위해 필요하다고 판단될 경우에만 개입하게 된다.

연방정부가 개입할 때 선임장관이 미리 지명되지 않으면 어느 특정 부처의 장관이(따라서 그 부가) 주도적 역할을 떠맡고 연방정부의 집중적인 노력을 조정하도록 지명될 수 있다. 보통의 경우 재난과 밀접한 관계를 갖는 정상적인 책임부서(예를 들어, 선박사고가 발생하거나 배로 선적된 오일이 바다로 유출되는 사고가 발생한 경우에는 해양수산부는 해안경비대를 통해)가 선임부서의 역할을 맡게 된다. 연방정부 차원의 대응노력은 그 비상사태에 책임을 지고 있는 주정부의 전반적인 지시와 통제에 따라 그리고 연방이나 국가 전체적인 위기가 발생했을 경우에는 주정부와의 긴밀한 협력으로 이루어지게 된다.

다. 공동협력

정부의 비상계획은 연방, 주, 그리고 해당 지역정부의 계획과 책임, 자원 및 예상 등이 공동의 협력을 통해 조정될 때 가장 효과적이다.

그와 같은 협력은 교육과 훈련, 정보교환 및 공공교육의 관련영역으로 확장된다. 마찬가지로 주로 산업적이고 교류적인 협력을 통하여 민간의 자발적인 부문의 참여가 유도된다. 이를 위해 연방정부는 몇 가지 자문기구를 유지하고 있다.

계획에 따른 비용과 노력을 감소하고 계획을 좀 더 적용 가능하게 하기 위하여 비상계획은 다양한 목적보다는 모든 유형의 위험에 흔한 역효과에 집중하는 접근법을 채택해야만 한다.

라. 연방정부의 비상대비 활동

캐나다의 비상대비법은 연방정부의 장관들에게 그들의 정상적인 업무나 책임영역과 관련되는 비상사태에 대비해 계획을 세우고 준비하도록 요구하고 있다. 캐나다 비상대책 위원회는 연방정부 내의 각 부처가 그들의 책임을 다하기 위하여 요구되는 적절한 계획을 개발하고 유지할 수 있도록 지원하고 그러한 계획과 준비작업들이 조화를 이룰 수 있도록 조정하는 역할을 수행하고 있다.

마. 비상대책 위원회

캐나다 비상대책 위원회의 역할은 비상대비에 책임있는 장관을 대신하여 비상대비법에 명시된 국가 비상사태의 4가지 유형을 포함한 모든 유형의 비상사태에 대응하기 위하여 민간부문의 대응능력을 향상시키는 데 있다.

이는 정부기관들 간에 그리고 주정부와 외국정부 및 국제적인 조직과의 협조를 통해 필요할 때 언제든지 민간부문의 비상계획과 지원을 집행하고 조정함으로써 성취된다.

캐나다 비상대책 위원회는 항상 잠재적이고, 절박하고 실제적인 비상사태를 감시하고 종종 다른 선임부서가 지명되거나 상태가 안정될 때까지 초기대응에 관계하는 여러 기관들의 대응능력을 조정하게 된다.

그러나 비상사태에 직면하여 활동적인 연방정부의 역할은 그 결과를 다루는 데 절대적으로 필요한 전문지식과 권한 그리고 자원이 있는 다른 연방부서에서 수행하게 된다.

바. 국가비상계획

민간부문이 어떤 유형의 국가비상사태에도 대비해야 하는 목적은 국가가 민간부문의 요구에 신속하고 효과적으로 대응할 수 있도록 하기 위한 데 있다. 이것은 보다 작은 규모의 비상사태를 다룰 수 있는 준비의 기초를 세움으로써 그리고 일시적인 비상권력을 행사하는 것과 같이 더욱더 강도 높은 조치를 발동함으로써 달성할 수 있다.

이리하여 비상대비법과 동등한 주 법률 하에 개발된 계획은 국가비상계획의 기초로서 제공하고, 남아 있는 갭을 보충하고 전체의 협력 체제를 제공하는 국가 비상계획과 준비를 통하여 필요로 할 때 증가되도록 하는 것이다. 그러한 계획들이 보다 확실히 실행될 수 있도록 하기 위해서는 상당한 노력이 수반되어야 함은 물론이다.

비상대비법은 원칙적으로 주정부가 공공복리와 공공질서에 반하는 대부분의 국가비상사태를 관리할 책임이 있으며, 따라서 연방정부의 비상계획은 주정부가 그러한 역할을 제대로 수행할 수 있도록 지지하는 데 있다는 점을 분명히 하고 있다.

국제적인 유형의 비상사태나 전쟁에 대비하기 위하여, 연방정부의 비상계획은 주를 포함한 지방정부 및 민간부문의 지원으로 국가자원을 총동원하는 데 초점을 맞추고 있다. 특히 이와 같은 정책의 목적은 캐나다 민간부문의 구조가 다음과 같은 목적을 달성하기 위한 위치에 있다는 것을 분명히 하고 있다.

- 캐나다의 군대를 지원하고 유지하는 것
- 북미방어와 관련된 역할을 포함하여 NATO에 대한 민간부문의 역할을 충족하는 것
- 전쟁이나 국제적 위기에 직면해 부과될 수 있는 추가적인 부담을 충실히 따르는 것
- 캐나다 영토에 대한 적국의 침입과 해외에서 캐나다의 이익에 반하는 적대적 행위에 대해 제재를 가하거나 그 효과를 감소시키는 것

6. 비상사태 대비를 위한 각 부처별 책임

'비상대비법' 에서는 일반적으로 비상사태를 대비하는 각 부처 장관의 책임에 특별한 제한을 두고 있지 않으며, 동법은 각 부처가 분명하게 책임져야 할 중요한 민간 비상계획과 대응기능들을 언급하고 있다. 이들 책임은 비상계획 발전에 대한 다음의 지침과 함께 1995년 5월에 비상사태 대비를 위한 연방정책의 승인과 더불어 캐나다 정부에 의해 확인되었다.

가. 비상계획 발전을 위한 지침

1) 입법 배경

연방정부의 각 부처, 기관 혹은 크라운(Crown) 공사에 의하여 발전된 민간 비상대비 계획은, 비상대비법 제7조에 의거 일반적으로 장관에게 위임된 계획 책임을 수행하기 위하여

가. 주로 각 장관의 기능적 책임과 관련 부처의 가능성을 기반으로 하여 그의 원인에도 불구하고 실제적인 한도까지 어떤 위험에 적용할 수 있을 것이다. 그것은 장관의 법적 책임의 지역으로부터 연유되는 비상 대응기능이나 가능성을 요구하고,

나. 주와 입법이 존재하는 모든 당국, 명령, 규정 혹은 비상 대비와 대응에 적용할 수 있는 바와 같이 장관의 책임 영역과 관련되는 내각의 지시와 일관되고 충분히 의지하게 되고,

다. '비상사태법' 에 따라서 국가비상에 있어서 연장된 당국에 대한 가능한 필요를 고려한다.

(가) 다른 권한과의 협력

민간비상계획의 발전에 있어서, 부는 자선적이고 자발적인 조직, 지역 및 주 정부와 지방 당국의 주를 통한 부문에 관하여 가능하고 바라는 한도까지 민간 부문의 협력과 적극적인 지지를 구한다.

(나) 주 임무

부는 주된 연방권한 내이거나 다른 권한에 요청된 지원의 주에 있어서든지 간에 우월한 연방역할에 가장 유사하거나 가장 적절하게 고려되는 비상 대응기능에 선임계획책임으로 여겨진다. 선임부는 필요하다고 생각되는 다른 연방부 지지의 협력과 헌신적인 계획 노력을 할 것이고 그런 모든 지지부와 관련된 우연의 계획을 조정할 것이다.

(다) 지원 임무

지원역할을 하는 부처는 선임부처의 요청이 있을 때, 합리적이고 실제적인 한도로 부를 지도하고 민간의 비상계획지원을 개발하는 데 협력해야만 한다.

(라) 책임의 범위

각 비상 대응기능에 대한 계획을 준비함에 있어서, 각 선임부는 계획을 고려하고 공식화하여야만 한다. 특히 다음의 사항이 있다.

① 다른 비상 대응기능과 더불어 기능의 조정과 상담의 효과적인 메커니즘의 보장, 보고서와 전체적인 지도와 통제
② 기능 하에 오는 자원이나 시설에 대한 손실이나 손해의 평가와 결정과 그들의 수선, 대체, 재건이나 재활용을 위한 우선권의 설정과 관리
③ 자원의 이용과 관련하여 기능에서 오는 용역과 재료의 공급을 위해 지방과 국가의 요구에 대한 평가와 결정
④ 공급 부족으로 용역과 재료의 효과적인 할당을 확보하기 위하여 우선권의 설정과 관리
⑤ 캐나다의 지역에서 효과적으로 수행되는 비상대응 기능을 허락하는 데 필요한 행정적 메커니즘이나 시설의 설치와 관리
⑥ 비상지원에 대한 요구의 대응이나 국제적 약속의 이행에 있어서 다른 나라에 관련 국제기구와 자원의 잠재적인 전개의 조정, 그리고
⑦ 비상시 동안 연방 고용인과 그의 통제 하에 일하는 다른 응답자의 안전과 복지

(마) 준비되어 있는 상태

부는 정규적으로 시험하는 교육 및 훈련과 최근 민간비상계획에 행동하거나 참가할 것이고 관련된 국경 통과, NATO와 기타 다국적 비상계획, 훈련, 회의 및 세미나에 참가한다.

2) 설명

각 부의 리스트된 책임은 앞에서 언급한 대로 "국가비상" 이란 말은 비상사태법에 규정된 의미를 지니며 계획책임은 동법 하에 이용할 수 있는 비상권력의 이행을 요구하는 특별계획에 초점을 두게 되었다. 부가 선임부의 법적 능력상 계획이 기대되었던 대응기능은 '주임무' (lead role)란 말로 각 부처별 책임은 다음 리스트에 나타내게 된다.

나. 각 부처별 책임

1) 농업식량부(Agriculture and Agri-food Canada)

일반적인 민간비상대비와 관련하여 캐나다 농업식량부 장관은 다음의 목적을 위해 민간비상계획을 발전, 유지할 책임을 갖는다.

① 유해한 식물이나 동물의 질병 혹은 식물과 동물에 영향을 줄 수 있는 위험한 제품의 통제나 박멸(주 임무)
② 위험한 화학약품에 노출되어 있거나 영향을 받은 동물이나 제품의 보호, 처리와 취급(주 임무)
③ 위험한 화학약품에 의해 노출되었거나 영향을 받은 농산물과 토지, 동식물의 사용과 통제(주 임무)
④ 동물과 그 생산물, 농산물과 그 제품의 안전보장과 발생 가능한 위험으로부터 손실의 최소화(주 임무)
⑤ 고갈, 홍수, 기타 자연재해가 농업에 미치는 영향을 최소화하는 것(주 임무)
⑥ 농장과 농토에 영향을 미치는 손해평가와 관련하여 주나 시에 지원과 조언을 제공하는 것

특별한 국가비상사태 발생시 이에 대비하는 것과 관련하여 농업식량부 장관은 다음에 대해 책임을 진다.

① 농업생산, 농업 및 식량과정, 식량의 할당 및 분배, 어업생산품을 포함한 농산물의 통제 및 규제와 종자, 사료, 비료, 살충제와 농민을 위한 농기구의 국내 분배의 제공(주 임무)

② 국내 및 국제 요구에 직면하게 될 식량과 농산물의 통제와 규제(주 임무)

③ 비상재정력을 포함하여 생산자원에 관해 농민을 지원(주 임무)

④ 식품과정의 지원과 생산, 시설자원에 관한 분배(주 임무)

⑤ 농산물 생산을 위한 물의 안전공급 지원

⑥ 전략적 중요 식품 및 농산물의 가격과 할당(주 임무)

2) 주택 · 융자공사(Canada Mortgage and Housing Corporation)

(가) 민간비상대비와 관련된 일반적인 책임

① 보건부와 책임있는 주 당국과 협력하여 부 통제 하에 빈 집을 이용하여 임시비상 숙소를 통하여 피난민, 철퇴민이나 집 없는 재난희생사를 위한 비상 은신처의 설치를 지원

② 필요한 대로 '국가주택법' 하에 주택공급계획의 수정 및 촉진, 그리고

③ 주민의 손해평가와 관련하여 주와 시 당국 비상재난지원을 위한 확인요구에 관하여 전문가의 충고와 지원의 제공

(나) 국가비상대비와 관련된 특별한 책임

① 재고, 할당, 요구, 부동산의 평가와 요구, 거소 및 주거용으로 적당한 복합 상업시설을 포함하여 주거 목적으로 요구되는 부동산의 통제와 규제(주 임무)

② 임차, 임대 혹은 주거 목적으로 사용된 자산 매각의 통제와 규제(주 임무), 그리고

③ 긴급히 요구된 집과 관련된 시설을 건설하고, 개선하고, 수리하기 위한 계획의 조정과 이행(주 임무)

3) 환경부(Environment Canada)

일반적인 민간비상대비와 관련하여 환경부 장관은 다음의 목적을 위해 민간비

상계획을 발전, 유지할 책임을 갖는다.

① 환경적 위험과 그에 수반된 모험의 확인(주 임무)

② 주 당국과 협력하여 연방의 시설이나 재산에서 나오는 불가해한 작은 조각들과 땅에 기초한 오염물질(예를 들면 러시아의 체르노빌 원전사고로 수만 명의 피해[4])을 일으키는 상태와 사건들의 평가와 줄이는 일(주 임무), 그러나 기타 해양오염은 제외

③ 기후, 얼음과 바다 상태, 빙하와 지하수 행위에 관하여 관찰하고 예보하는 일과 적시에 일반 대중과 비상 응답자에게 경고를 제공하는 것(주 임무)

④ 공기와 물에 독소나 오염물질의 분산계획을 하는 것, 육지오염의 평가를 결정하는 것과 환경과정과 영향에 관하여 기타 과학적 의견 제시와 정보를 제공하는 일(주 임무)

⑤ 철새와 그들의 습성에 관해 긴급히 손해되는 효과를 평가하고 줄이는 일(주 임무)

⑥ 국내와 국제 수로에 물 양의 선택의 비상의 흐름을 조절하고, 이용가능한 물 공급의 적절한 비율을 확보하거나 빙하를 경감하도록 맡기는 일(주 임무)

⑦ 부 시설과 통신체제의 운영능력과 기관, 미디어와 대중에 응하는 적절한 공유영역 유지와 완화와 기타 부의 우선 운영의 안전한 행위에 관하여 분열시키는 비상의 영향을 취급하는 것(주 임무)

⑧ 환경비상에 대응하는 데 있어서 기타 국가를 지원하기 위하여 국제조약의무를 수행함에 캐나다의 국제이익을 지지

---

4. 체르노빌(Chernobyl) 원전사고(http://www.unsan-th.ed.chungnam, kr) : 1986년 4월 26일 새벽 1시 24분 구 소련의 체르노빌 지역에서 사상 최악의 원전사고가 발생했다. 이 사고로 약 11만 6천명이 방사선 피폭을 피하기 위해 타 지역으로 강제 이주됐으며, 수만 명이 직 · 간접적인 영향을 받아 방사선, 동맥혈전 등으로 총 31명이 사망하고 많은 사람들이 정신적 스트레스, 우울증과 정신질환, 정보부족, 미래의 건강 손상 등을 호소했다. 그 후유증으로 1995년 말까지 15세 이하 어린이들 가운데 약 8백여 명의 갑상선암 환자가 학계에 보고됐다. 10주년이 되는 1996년 4월 26일까지 직 · 간접피해가 9백만 명으로 추정되고, 앞으로 암환자도 2천여 명이 더 생길 것으로 내다봤다. 30주년이 되는 2016년에는 유럽 각지에도 이에 따른 각종 질병 및 후유증을 앓고 있는 수많은 사람들이 있다는 사실이 밝혀졌다.

국가비상대비와 관련된 특별한 책임은 다음과 같다.

① 조정된 연방정부 통제 하에 요구되는 곳에 도량형학, 호소학(湖沼學) 혹은 수리학(水理學)적 자원, 시설 및 용역을 두고 있는 것, 군대에 의하여 운영되는 것들을 제외하고(주 임무)
② 증가된 도량형학, 호소학과 수리학적 지지를 군대에 제공하는 것(주 임무)

4) 재무부(Finance Canada)

(가) 민간비상대비와 관련된 일반적인 책임

① 국고위원회 사무국의 협력 하에, 수요의 경쟁 가운데 경제적 · 재정적 자원의 우선권에 관하여 위원회의 장에게 추천
② 연금, 적립금, 사채이자와 다른 부에 의해 지불이 확인되지 아니한 모든 타인의 이전지불의 계속적인 지불
③ 정책, 손해청구와 보험에 관하여 계획과 규제 및 보상지불의 개발과 이행(주 임무)

(나) 국가비상대비와 관련된 특별한 책임

① 비상세금, 지불유예 및 기타 재정조치를 포함하여 제출된 비상조치의 비용을 관리하는 것(주 임무)
② 가격과 임금 통제정책에 관하여 위원회의 장에게 의견 제공
③ 필요시 환율의 통제(주 임무)

5) 해양 · 수산부(Fisheries and Oceans)

(가) 민간비상대비와 관련된 일반적인 책임

① 인간이나 동물의 소비에 안전하고 유익한 수경법(水耕法)의 어류와 생선제품을 포함하여 모든 어류 검사(주 임무)
② 상업적, 호구지책과 스포츠 어업을 지원하는 캐나다 어장에 물고기 집단이나 그의 서식지에 손해나는 비상의 결과를 평가하고 줄이는 것(주 임무)

③ '국가탐색 및 구조계획' 의 조정 하에 해양탐색과 구조경보 및 운영

④ 적절한 곳에 St. Lawrence 해로 당국과 연결하여 배가 다닐 수 있는 물과 수로에 배 위기시를 다루는 것(주 임무)

⑤ 선박으로 인한 해양 기름유출(주 임무)과 해양에서 떨어진 에너지 생산원천과 불가해한 일로 인해 발생한 해상오염의 줄임에 지원

⑥ 비상상황에 대응하여 항로에 얼음 파괴

⑦ 지방정부 당국과 협력하여 해양 · 수산부 장관 통제 하에 소선박의 항구와 시설에 관한 사고나 비상 영향에 대응하는 것(주 임무)

⑧ 항해의 차트, 항해 방향, 만조, 조류 및 수면의 모니터링과 관련 모델의 시뮬레이션과 예상(주 임무)

(나) 국가비상대비와 관련된 특별한 책임

① 어획, 양륙, 수송, 생선식품에 이르기까지 모든 과정의 조정은 농림식량부와 공동으로 저장 상태나 분배 채널로 들어간다.

② 국방부와 공동으로 캐나다 어선의 이동과 보호의 조정과 교통부와 공동으로 어선을 안전한 항구로 대피시킨다.

③ 어획, 양륙의 과정에 필요할 수 있는 대로 선박, 삭구(索具), 시설 및 자원의 요구, 구매

④ 교통부, 국방부, 검찰청 및 시민권 · 이민부와 공동으로 NATO의 어선과 승무원의 통제, 지지, 지원 및 안전한 곳으로 대피시키는 것

⑤ 어선의 선단, 양륙 시설이나 생선과정의 공장에 손해 정도의 결정과 어떤 선단, 시설 혹은 공장의 수선, 대체 혹은 재개를 위한 우선권을 설정하는 것

⑥ 부의 통제 하에 다른 연방부의 체제, 기술, 시설 및 서비스에 의해 우선고용에 대한 요구의 조정과 관리

6) 외무 · 국제 무역부(Foreign Affairs and International Trade)

(가) 민간비상대비와 관련된 일반적인 책임

① 국외 캐나다 국민의 안전과 국외 캐나다 국민의 이익 보호(주 임무)

② 국외 위험이 발생된 지역에 주둔한—가능한 한도까지—공관원과 가족들의 적시 소환과 여행상담과 피난지원(주 임무)

③ 민간비상에 중요한 국제적인 사건에 관하여 위원회의 장에게 적시에 의견 제시

④ 캐나다에서 취했거나 취하게 되도록 제출된 국제적인 민간비상 조치에 관한 위원회의 장에게 의견의 제시 및 추천

⑤ 적절할 때 국방부 장관과 공동으로 캐나다 밖에서 발생한 비상에 캐나다 정부에 의한 적절한 대응과 관련하여 위원회의 장에게 의견 제시 및 추천

⑥ 실제적이거나 긴박한 비상에 관하여 수 · 출입 통제정책의 적용

(나) 국가비상대비와 관련된 특별한 책임

적절한 부문의 자원부와 상담하여, 통제와 규제를 위한 민간비상 계획 발전과 유지에 책임 및 국세(세관 통제)부의 협조적 강화를 통하여 원료와 제품의 국제무역(주 임무)

7) 보건부(Health Canada)

(가) 민간비상대비와 관련된 일반적인 책임

① 주, 국제적 및 기타 국가 당국과 공동으로 인간의 유행병의 조사와 통제에 관련되는 연방대응 활동의 조정(주 임무)

② 국민의 보건과 안전에 위험할 수 있는 원자핵 비상의 외부사건(offsite) 영향에 연방대응을 조정하는 것(주 임무)

③ 의료와 보건물품의 국가비축을 개설, 구매 및 유지하는 것과 리셉션 센터 장비와 비상시의 사용에 필요한 대로 이들 공급품을 할당하는 것(주 임무)

④ 음식, 물, 의약품에 대한 비상 건강기준과 위험한 환경(방사성, 화학적 혹은 생물학적)에 대한 노출에 관한 개설 및 의견 제시

⑤ 위기시의 사회봉사 제공에 책임있는 주 당국에 통보 및 지원 제공

(나) 국가비상대비와 관련된 특별한 책임

① 응급치료, 간호병원 및 보건서비스의 제공을 조정하고 확인하는 것(주 임무)

② 비상음식, 옷, 주거 등록과 조회 및 개인의 서비스가 직접적이거나 적절한 대로 주 당국의 요구의 지원으로 구성되는 적당한 응급 사회봉사의 제공을 조정하고 확신하는 것

③ 인력개발부와 상호 일치될 수 있는 대로, 보건 전문인력과 그러한 사회전문봉사자의 제도를 조정하고 할당하는 것, 정규군대는 제외(주 임무)

④ 군대의 의료시설의 능력을 초과하는 군대의 사상자를 받고 치료하는 것

8) 인력개발부(Human Resources Development Canada)

(가) 민간비상대비와 관련된 일반적인 책임

① 등록, 신분증명 및 인적자원의 할당

② 숙련된 인력의 가용력의 부족을 극복하기 위하여 교육과 기타 계획을 창도

③ 실업보험, 사회개발 및 교육이익과 수입안전의 제공, 그리고

④ 적절한 대로 연방으로 규정된 기구와 응답자에게 영향을 미치는 작업의 조건, 보상비율, 직업적 건강과 안전 및 노동과 관리 관계에 적절한 연방규정의 적용을 모니터링하고, 강화하거나 조정하는 것

(나) 국가비상대비와 관련된 특별한 책임

① 그들의 기술에 따라서 비상인력의 신분확인과 효율적인 이용을 실시하기 위하여 인적자원의 등록을 실시

② RCMP(Royal Canadian Mounted Police)의 멤버와 캐나다 정규군을 제외한 민간 노동력, 보건 전문인력과 다른 사람이나 분류를 인력개발부와 어떤 다른 부와 "협정 각서" 로 상호 합의될 수 있는 대로 통제, 규제, 할당 및 이동(주 임무)

③ 요구된 대로 작업의 비상조건, 보상비율, 직업적 건강과 안전 및 노동과 관리 관계(주 임무)

9) 캐나다 · 원주민부(Indian and Northern Affairs Canada)

민간비상대비와 관련된 일반적인 책임은 다음과 같다.

① 임시적 공동체 철퇴와 주와 지역 비상서비스에 의한 지원의 제공에 대한 계획을 포함하여 부가 법적 책임을 진 원주민과 원주민 적립금에 관한 비상의 결과를 줄이는 것(주 임무)

② 오일과 가스 폭발과 생산활동에 관련되는 북극해의 우발성에 대응하는 것(주 임무)

③ 원주민 적립금 지지 및 지역 정부당국의 요구의 대응과 어떤 다른 연방 선임 장관의 부분지령 이내에 명확하거나 원래대로 내려지지 않는 비상에 있어서 유콘과 서북지역에 발생하는 비상에 대한 연방의 지지나 대응을 조정하는 것(주 임무)

10) 산업부(Industry Canada)

(가) 민간비상대비와 관련된 일반적인 책임

• 상품과 용역의 산업생산 :

① 긴급히 상품과 용역이 요구되나 어떤 다른 부에 의해 조절되지 않은 사용가능성을 확신하고 위기로 손상된 산업부문의 재건을 실시하는 것, 그리고

② 정부 조달청과 공동으로 긴급히 필요한 산업 공급품, 장비 및 용역을 두고 획득하는 데 지원과 지지를 제공

• 원격통신 :

③ 비상 대응기능과 관련된 민간비상 대응의 원격통신 요구에 관하여 연방 부와 기관에 의견과 지원의 제공(주 임무)

④ 비상 원격통신과 관련된 경고 체제에 관하여 주와 시에 의견과 계획지원의 제공(주 임무)

⑤ 캐나다 방송공사, 환경부와 필요할 때 민간이 소유한 네트워크와 방송국의 시설과 용역에 기초한 비상방송용역의 제공을 조정하는 것(주 임무)

⑥ 선임 연방부나 책임있는 주 당국에 의해 요구된 대로 비상대응 운영에 요구된 적절한 원격통신 장치나 용역의 제공을 실시하는 것(주 임무)

⑦ 적절한 대로 국내와 외부 원격통신에 관한 비상의 분산적 효과를 작게 하는 임무를 민간이나 공공 원격통신에 의견과 지원을 제공

⑧ 비상 응답자의 통신요구, 지역 간의 신속한 반응과 송신과 전 국민에게 영향을 미칠 국경통과 경고 및 필요한 공공정보에 관하여 국내와 국제 간의 원격통신 네트워크와 방송체제에 대한 안내, 의견과 조정지원의 제공(주 임무)

⑨ 체제 과중이나 붕괴의 기간 동안 연방요구에 당면하기 위한 원격 통신의 이용가능성을 확보하기 위한 계획의 조정과 관리

(나) 국가비상대비와 관련된 특별한 책임

• 상품과 용역의 산업생산 :

① 정부공공사업 · 용역부, 국방부 및 자원부와 공동으로 원료의 추출에서 최종 생산품의 할당과 분배에까지 다른 부에 의해 조절되지 않는 상품과 용역의 산업생산품의 통제와 조정

• 원격통신 :

② 필요할 때, 필요한 민간 원격통신 자원, 시설과 용역, 군대 이외에, 캐나다 왕립 기마경찰대(RCMP)와 외무 · 국제무역부의 지시, 통제 및 규제(주 임무)

③ 민간 원격통신 지지의 공급

11) 법무부(Justice Canada)

(가) 민간비상대비와 관련된 일반적인 책임

① 비상기간 동안 다른 연방부와 기관들에 법적 의견 제공

② 비상기간 동안 공공문제의 관리가 법과 일치하고 있는 것을 확인하는 것

③ 비상상황과 관련하여 일어날 수 있었던 국왕에 대한 연방 기소와 소송행위

④ 법률, 명령 및 비상에 대응하기 위하여 요구된 규정의 초안과 '캐나다 권리와 자유 헌장' 과 합치를 확인하는 것

(나) 국가비상대비와 관련된 특별한 책임

① 국가비상 선포를 포함하여 비상사태법에 따라 명령과 규제의 급박한 개발과 과정

② 헌장, 권리장전 일반인권 및 행정적 · 헌법적 법 원칙과 일치하는 비상사태법에 따라 취해진 것인가를 결정하는 것

③ 내각과 주요 장관과 직접적으로 비상대응에 연루된 부에 진행 의견을 제공하기 위하여 법무 공무원에 관해 이루어진 더욱 의무 · 부담이 따른 요구에 응하는 것

④ 국가비상 기간 동안 헌법적 정부의 계속성을 확신하기 위한 조치들에 관하여 법적 의견을 제시

12) 국방부(National Defense)

민간비상대비와 관련하여 국방부는 광범위한 민간비상사태에 대응하기 위한 지원을 제공하는 중요한 잠재적 기구이다. 이와 같이 국방부는(그러한 지지가 국가방위를 수행하는 국방부의 능력을 위태롭게 하지 않는다면) 다른 연방정부 부처의 민간비상대비 계획을 지원하는 역할을 수행한다.

13) 국세부(Revenue Canada)

일반적으로 민간비상대비에 관하여, 이 부는 모험적이고 위험한 상품, 수출입 통제상품, 면세령과 관세율, 외국선박, 구호물품, 질병통제, 농산물과 동물, 그리고 다량의 구조품의 일시적 수입이나 기타 비상대응 장비와 관련된 세관통제를 위한 민간비상계획을 발전시키고 유지할 책임이 있다.

14) 자원부(Natural Resources Canada)

(가) 민간비상대비와 관련된 일반적인 책임

① 가능한 일이나 실제로 발생한 일과 지진, 폭발, 침전, 해일(Tsunamis)[5] 및 전

---

5. 'Tsunamis' 는 일본어의 영어 표기이고, 영어로는 'Huge water wave' 로 번역된다.

자기적 폭발과 관련된 지진학적이고 다른 기술정보와 의견의 제공

② 자원부 장관이 행정적 권한을 가진 지역에 걸처 바다의 오일과 가스생산 및 폭발과 연관된 연방비상대응을 조정하는 것(주임무)

③ 광산 참사에 연방대응을 조정(주 임무)

④ 전투가 멈춘 화재, 동고병(服苦病), 질병, 곤충 떼의 업습 혹은 기타 캐나다 산림자원에 위협하는 연방의 의견과 지원 제공

⑤ 검역취지의 병으로부터 캐나다의 산림을 보호하는 데 농업식량부와 공동으로 하거나 의견을 제시하는 것

⑥ 산불의 억제와 관리에 국가 간 비상요구에 동등하게 대응

⑦ 에너지 부족이나 주요 전력부족의 취급(주 임무)

⑧ 기술조사와 리모트 센싱 정보 및 기타 주와 다른 연방부에 의해 요구될 수 있는 전문지식, 재료나 시설의 제공

(나) 국가비상대비와 관련된 특별한 책임

① '국가 에너지 위원회' 와 공동으로 생산, 유발, 과정, 송신, 저장, 판매, 국내 분배, 수 · 출입에너지의 통제와 규제(주 임무)

② 산업생산물 규제에 산업부에 관련 지원을 제공

15) 캐나다 조달청(Public Works and Government Services Canada)

일반적인 민간비상대비와 관련하여 조달청은 다음의 목적을 위해 민간비상계획을 발전, 유지시킬 책임을 갖는다.

① 국가 비상시에 위임받은 서비스를 연방정부의 각 부처와 기관에 지속적으로 제공하는 것

② 비상시 수요기관에 대해 그들의 책임영역에서 특별한 용역을 제공하는 것

③ 조달청장의 보호책임 하에 놓여 있는 재산이나 시설 관련하여 발생하는 비상사태에 대비하는 것

④ 정부정책을 위해 다른 어떤 부서에도 위임되어 있지 않은 비축 물자의 구매

와 관리

⑤ 비상사태 발생시 캐나다 정부에 의해 압류된 재산의 수령 및 관리와 처분

특별한 국가비상사태 발생시 이에 대비하는 것과 관련하여 조달청장은 다음에 대해 책임을 진다.

① 다른 정부부처 또는 동맹국과 협력하여 국가비상사태에 대응하기 위하여 필요한 공급품이나 용역, 기구 등을 구매하거나 제공하는 것
② 산업부의 지원을 통해 산업제품을 규율하는 조치를 개발하고 이행하는 것
③ 군의 통제영역 밖에 있는 건술기술 및 자원의 이용을 통제하거나 규율하고 건설공사에 대한 전반적인 우선권을 설정하는 것(주 임무)
④ 정부의 연속성을 위해 필요한 국가비상기구가 임시적으로 사용하는 데 적합한 상황조정

16) 교통부(Transport Canada)

일반적인 민간비상대비와 관련하여 교통부는 다음의 목적을 위해 민간비상계획을 발전, 유지시킬 책임을 갖는다.

① 비상사태에 대한 연방정부의 대응책의 일환으로 적절한 유형과 양의 수송자원과 용역의 제공을 조정하는 것
② 비상사태 발생시 캐나다 항만청 및 해양수산부 등과 공동으로 협력하여 항만 및 항구 그리고 관련 시설에 대한 영향을 최소화하는 것
③ '국가 탐색 및 구조 프로그램' 의 조정 하에 공중 탐색과 신속한 구조를 지원하고 자원봉사자를 교육하는 것
④ 비상사태 발생시 민항기와 연방정부가 관리하는 공항에 대한 영향을 최소화하는 것(주 임무)
⑤ 비상 조건 하에 캐나다에 필수적인 항공과 해양수송 용역과 운영의 제공이나 증가를 확인하는 것

⑥ 위험물 운송과 관련된 사고 발생시 이를 보고하거나 처리하는 사람들에게 신속하고 효과적인 지원과 조언을 제공하는 것(주 임무)

특별한 국가비상사태 발생시 이에 대비하는 것과 관련하여 교통부는 다음에 대해 책임을 진다.

① 공항, 항구, 항만, 터미널 및 운하를 포함하여 민간 수송 장비와 시설의 할당과 이용을 조정하고 관리, 지도하는 것과 모든 운송체제의 운영을 조정, 규제, 지도하는 것(주 임무)
② 자국군 또는 다국적군의 증강, 소개, 병참 또는 기타 이동작전의 지원 하에 민항기와 선박을 제공, 조정하는 것(주 임무)

17) 캐나다 재무위원회(Treasury Board of Canada)

일반적인 민간비상대비와 관련하여 캐나다 재무위원회의 위원장은 다음의 목적을 위해 민간비상계획을 발전, 유지시킬 책임을 갖는다.

① 비상사태 대비와 관련된 각 부처의 지출수요를 감당하기 위하여 예비기금을 분배하는 것
② 연방정부의 자원이나 기능, 지원 제공이 긴급하게 요구될 때 발생할 수 있는 지연사태를 막기 위하여 임시적으로 재무행정 관련 절차나 규정 혹은 규제를 수정하는 것
③ 필수계획 소비 영역이 아닌 곳에서 자원의 전용
④ 재난관련 재정적 지원에 대한 주정부의 요구를 승인해 주도록 촉구하는 것
⑤ 비상사태 발생으로 중지된 필수적인 정부기능의 조기 재개에 관계되는 부처와 기관에 정책기준을 제공하고 증진시키는 것
⑥ 연방정부가 제공하는 공공서비스 부문에서 발생하는 노동쟁의에 대해 경영상의 대비와 대응을 하는 것(주 임무)

특별한 국가비상사태 발생시 이에 대비하는 것과 관련하여 재무위원회의 위원장은 다음에 대해 책임을 진다.

① 캐나다 군대의 임무 수행을 위한 공무원의 해제에 대한 계획
② 비상입법권한에 기초한 범정부 차원의 행정적 혹은 재정적 명령과 규정의 적절한 공식화와 이행

18) 기타

기타 몇 개 부처가 더 있으나 생략하였다.

제3절 멕시코

1. 개관

멕시코는 중미에서 가장 넓은 국가로 한반도 면적의 약 9배이며 중남미 국가 중 가장 공업화된 국가이다. 미국과 인접하여 서로 간 농수산물 등의 교역, 문화적으로도 가깝다고 할 수 있으나 스페인 언어를 사용하고 있어 영어는 통용되지 못하고 있는 독특한 역사를 지닌 국가이기도 하다. 1980년대 중반까지만 해도 세계 제2위 외채국가로만 알려졌는데, 1988년 살리나스 대통령의 등장과 함께 시장경제정책 도입과 강력한 통화정책을 통하여 물가상승률 저하와 꾸준한 경제성장세를 보여왔다.

그러나 1994년 말의 통화위기로 1995년 한 해는 경제적 어려움을 겪었지만 그동안 구조조정을 통한 경쟁력 제고 노력으로 건실한 경제토대를 갖추어 다시 성장궤도에 올라 유망한 투자 대상국으로 평가되고 있다. 국민경제의 기초는 광업과 농업에 있고 광업개발에 관하여는 미국의 역할이 크다.

세계적인 광물 생산국인 멕시코는 1994년에 은 및 황산나트륨 생산량 1위의 기록을 비롯하여 안티모니, 백색 비소, 비스무스, 형석 및 흑연 생산량은 세계 5위권 내에 있으며, 중정석, 카드뮴, 시멘트, 동, 규조토, 장석, 석고, 납, 석회, 암모니아 질

소, 유황 및 아연 생산량도 세계 10위권 내에 있다.

특히 서반구에서 일정량 이상의 망간을 생산하는 국가는 멕시코와 브라질뿐이다. 1990년대 말 멕시코의 광업은 호황을 누리고 있었는데, 이는 페소화 평가 절하에 따른 생산비용 하락과 함께 생산물이 달러나 달러와 등가로 평가된 페소화로 판매되고 있기 때문이다. 이에 따라 많은 광산들이 생산량을 늘리고 있으며, 새로운 프로젝트가 쏟아지고 있다.

아연, 납, 은광 외에도 대규모 동광산을 소유하고 있는 멕시코 광공업사(Compania Industrial Minera Mexico)는 1995～2000년 사이 6년간 18억 달러를 투자할 계획이고, 멕시코 광업회의소(CCM)가 예상한 동 6년간 광업부문의 총 투자액은 약 50억 달러에 달한다.

멕시코의 광물은 1917년 헌법에 국가의 재산으로 규정되어 있으며, 1961년 광업법에서는 광업회사의 주식 보유와 경영에 멕시코인이 다수 구성되어 있어야 한다고 규정하고, 1993년 새 공업법의 규정집에는 정부의 민영화 정책허용의 범위를 넓혔으나 광업법의 통제완화 및 민간부문의 참여 대상에서 제외되는 분야를 석유 및 고체, 액체, 가스, 탄화수소 외 5개 부문을 명시하고 있다.

이러한 환경 하에서도 멕시코는 비상대비 및 우발사태에 대비 국가적 측면에서 시스템을 가동한 것은 그렇게 오래 되지 않는다. 그러나 멕시코 정부가 총체적 국가 시민보호 체제를 갖추었다고 자부할 수 있을 만큼, 동 시스템은 체계적이고 철학적인 사고를 기저로 한 함축적 의미를 내포하고 있으며, 비축 현황도 이런 맥락에서 일부분으로 운영되고 있다고 볼 수 있다.

2. 멕시코의 시민보호를 위한 제도

가. 시민보호 제도의 연혁

1985년 9월 19일과 20일에 멕시코에 있었던 지각지진의 경우처럼 과거의 재난에 대한 지원과 예방을 위한 행동지침에 관한 분석에서 재난들에 대한 대응책은 완전한 제도라는 결론이었다.

이를 위해 연방행정부는 자격이 있는 시민 그룹을 광범위하게 모집하였고 이를 '재건을 위한 국립 위원회' 라 불렀다. 여기에서 시민안전 예방 위원회의 활동이 발전하였는데 이 위원회에서 '시민보호를 위한 국가제도 설립의 기초' 와 동 내용의 '시민보호를 위한 계획안' 을 승인하였는데 이것이 1986년 5월 6일자 대통령령에 의해 설립된 국가 시민보호제도(SINAPROC)이다. 이 제도의 목적은 재난 상황에서 발생하는 위기와 위협으로부터 시민을 보호하는 것을 목적으로 한 공통적 합의를 실천하는 데에 있다. 이 위원회의 중요사항은 '이사회' 로 구성된 시민안전을 위한 연방, 국립, 사립기구와 행정부, 자원 단체들로 되어 있다. 이어 1986년에는 시민보호를 위한 총통합회는 공무원들로 구성된 내무부에 소속되었는데, 총통합회의 존재 의의는 상위 당국에 의해 임명된 특수한 업무를 하는 데 있다고 할 수 있다.

1988년 이후로 시민보호, 사회적 예방 및 재채용을 위한 사무청이 조직되었고, 동년 9월 20일 대통령령에 의해 '국립중앙재난 예방회' 가 결정되었고, 동 회에서 연구, 훈련 및 공급에 관하여 전력하였다.

1990년 5월 11월에는 연방정부의 법령을 통해, 정식으로 '국가시민보호위원회' 가 창설되었고, 1995년 6월 6일에는 연방정부의 법령에 의해 지질학적 · 기상학적 · 화학적 · 위생적 · 사회 조직적 현상에서 유래된 재난 예방을 위한 기술적 자문을 제공하는 기관으로서 시민 보호를 위한 '국가제도 과학고문 위원회' 가 창설되었다. 이는 각각의 기술장관에 의해 등록되었고, 시민보호 총통합회에 의해 디자인되었고 각각의 부서에 최고 15명까지 전문가를 두었다.

'국립중앙재난 예방회' 에 관하여는 1998년 8월 31일 내무부의 규정이 시행되었다. 실제로 국가 시민보호 제도로 창설된 이러한 기구들은 비상사태 동안은 물론이고, 평상시에도 법과 규칙을 통해 위임받은 직무를 기초로 하여 그 제도의 운용을 관리 감독하고, 표준을 정하고 정리정돈하는 것과 참여와 통합에 대한 협정과 동의를 하고, 현행 행동의 프로그램 계획절차의 적용에 대한 책임이 있다.

국가 시민보호 제도의 발전은 기관을 조정하고, 직무의 계획과 목표 설계를 다시하고, 예방시기를 변경하는 과정에서 얻은 더 많고 좋은 경험에 의한 만큼 다양하고 복잡한 문제들에 의해서도 영향을 받는다는 것을 명심하는 것이 중요하다.

요컨대, 스스로 강화, 단결을 성취하기 위한 노력을 일으키는 적당한 전술을 분명하게 확정하는 것이 중요하다.

나. 우발사고에 대한 시(市) 계획

1) 정의

시민보호를 위한 시립 단체가 자연이나 인간에 의해 파괴된 환경에 의해 생겨난 비상사태를 조정하고 적응하기 위해 대비책으로 만든 계획 장치이다.

재난문제에 책임이 있는 시의 복구와 대책, 개인, 기관, 단체들의 통합에 이용되며, 위험의 정체는 무엇이고, 인간과 물질 복구 가능성은 어느 정도이고, 공동체의 준비와 각 지역의 대비 능력은 어느 정도인지에 기초를 두고 있다.

우발사고에 대한 시 계획은 시민보호 프로그램 중 구원계획의 기능을 넘겨받아 시행하게 되는데 그 기구는 다음 계획의 자료에서 무엇이 발전했는가를 평가할 수 있다.

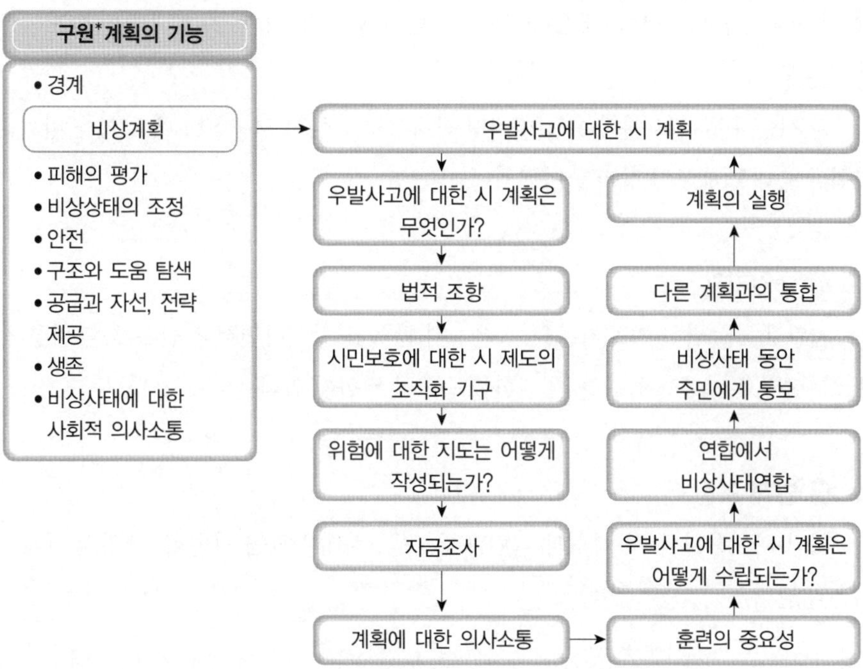

* '구원'(Salud)이란 세부 구조 프로그램의 기능으로 재난상황 중에 생명을 보호하고 질병과 육체적 피해와 위협을 피하도록 해주는 서비스를 적용시켜 가능한 한 빨리 육체적, 심리적 안정 상태를 찾는 것을 의미한다.

2) 목적

① 시의 영토를 위협하는 재난에서 인간의 생존과 환경을 보호하고 구원하기 위한 특별한 구조와 예방대책을 세우는 것

② 그 기능 본성에 따라 비상사태에 참여한 공공기관, 개인, 사회의 기관과 단체들의 영향을 통합, 조직, 조정하는 것

③ 문화의 자치보호를 촉진하고 집중화시키기 위해 시민보호 직무에서 위험지역에 위치한 주민의 참여를 장려하는 것

3) 담당기관

시장에 의해 통솔되는 기관은 시민보호를 위한 자문기관과 시의 공동체들이 세운 표준적이고 운용적인 기능을 떠맡은 시민보호를 위한 시의 공동체는 다음과 같은 책임을 갖고 있는 제도의 운용과 행정기관으로 설립되었다. 즉,

우발사고에 대한 시 계획처럼 지역기관, 단체, 연방과 국가 대표들을 그들과 함께 사회에 통합시키면서 시민보호 프로그램의 회복과 지원, 보호대책을 설계 · 조정 · 실행하는 것

각 시는 우발사고 계획과 같이 어떤 점에서는 그들의 외부 영토에 영향을 미치는 위험들에 대한 제도적 장치를 마련해야 한다.

4) 승인기관

시민보호를 위한 자문기관은 그 운용과 행동을 감시하면서 시민 보호를 위한 시 프로그램과 우발사고에 대한 시 계획을 승인할 권한이 있다.

5) 법적 조항

시민보호를 위한 시 제도의 설립과 운용을 상세히 하는 사법적, 행정적 규정은 다음과 같다.

① 시민보호를 위한 시 제도의 창설에 관한 법령

② 시민보호를 위한 시 연합과 자문 위원회에 대한 동의

③ 시민보호 문제를 완수하는 정치와 좋은 정부 발표

④ 국가와 연방법 기초 위에, 시민보호 문제 처리에 관한 시 규정

⑤ 시민보호를 위한 프로그램과 우발사고에 대한 시 계획

다. 자원에 대한 파악과 정리[6]

1) 항상(혹은 즉각) 가용한 물적 자원

① 시민보호의 효력을 확실히 하기 위하여 없어서는 안 되는 것들로서, 그 구체적인 특정상 계획의 토대가 되는 특질을 구성한다. 아래 예로든 것처럼 불가결한 도구를 통해 위험을 주의하고 조치를 취하기 위한 적절한 자원들이다.

• 작전 본부	– 위치, 전화, 전개 등
• 송수신망 : 팩스, 전화, 라디오(기지 및 이동용)	– 특성, 범위 등
• 모니터 및 경보 장치 등	– 특성

② 자원의 상세 목록을 통합하기 위해 같은 방법으로 필요한 데이터와 함께 예시를 제시해 본다.

• 사람의 운송	– 차의 특성, 위치, 전화
• 화물의 운송	– 차의 특성, 위치, 전화
• 기계 시설	– 기계의 특성, 위치, 전화
• 임시 피난처 혹은 숙영지	– 수용능력, 서비스, 위치, 전화

2) 위험사태에서 나타나는(혹은 동원되는) 물적 자원들

유사시의 계획의 효력을 보장하기 위해 최소한 다음의 자원 및 도구들을 고려해 넣을 수 있다.

6. 자원에는 인적 자원과 물적 자원으로 구분되어 있으나, 인적자원은 생략하였다.

- 시의 시민방어 통합체를 위해 사용 가능한 부지
- 위험의 가능 지역 혹은 집중 지역
- 컴퓨터 정보처리 분야 및 커뮤니케이션
- 두 개의 전화 직통선(팩스 모뎀, 집중 사용)
- 휴대용 라디오 : 통일된 연락을 위해 충분할 정도
- 팩스
- 다음 사양을 갖춘 컴퓨터 도구
  - 386DX 혹은 이상
  - 기본 메모리 8Mb
  - 28.8의 20Mb 여유 공간
  - 여유분의 시리얼 포트
  - 원도우 3.11, NT, 3.51 혹은 95의 작업을 위한 프로그램
  - 그래픽 뷰어 프로그램(옵션)
- 접근이 어려운 길을 가기 위한 지프 혹은 Pick-Up 타입의 차량
- 카메라
- 작업자를 위해 필요한 장비 및 공구(톱, 보호장비, 소화기, 망치, 삽, 밧줄, 랜턴 등)

3) 위험사태에서 동원 가능한 물적 자원들

공공 혹은 소유의 물건들로, 청구 혹은 협약에 의해 계획의 근본 취지를 강화하기 위해 요구될 수도 있다.

4) 자연 자원

도시의 자산 중 공공 혹은 개인 소유의 모든 자연 자원을 말한다. 그 사용은 위험상황을 위해 예고되어야 하며, 참고 목록은 다음과 같다.

① 댐, 호수, 강, 운하, 물탱크(위치와 구역, 식수로 사용 가능한가의 지표, 위생 혹은 화재 진압의 지표)

② 발생가능한 위험지역까지의 접근로

③ 발생가능한 위험지역까지의 접근철도

라. 물적 자원의 카탈로그

여기에서 다루는 내용은 '유사시의 계획' 의 정보들을 효과적으로 다루기 위해 필요하다. 각각의 코드는 카탈로그에서 삭제할 수 있으며, 이들 철두철미한 카탈로그는 시민보호 총지휘국에서 자문용으로 쓰여질 수 있을 것이다.

코드	내용
05	숙영지 혹은 피난처(이를 위한 장비)
10	식품
15	부동산(학교, 병원, 체육관, 교회 등)
20	커뮤니케이션(이를 위한 장비)
25	건축 및 파괴(이를 위한 장비)
30	에너지
35	에너지 발전
40	공구
45	청결 및 위생
50	건축 자재
55	1차 구조를 위한 물품
60	개인 보호(이를 위한 장비)
65	방어의 지정 및 방어 장비
70	운송 등

3. 멕시코의 시민보호를 위한 제도의 내용

가. 시민보호를 위한 제도의 개념화

멕시코의 시민 보호를 위한 제도의 개념을 설명하면 다음과 같다.

시민보호를 위한 국가제도의 개념화
(Conceptualization del Sistema Nacional de Proteccion Civil)

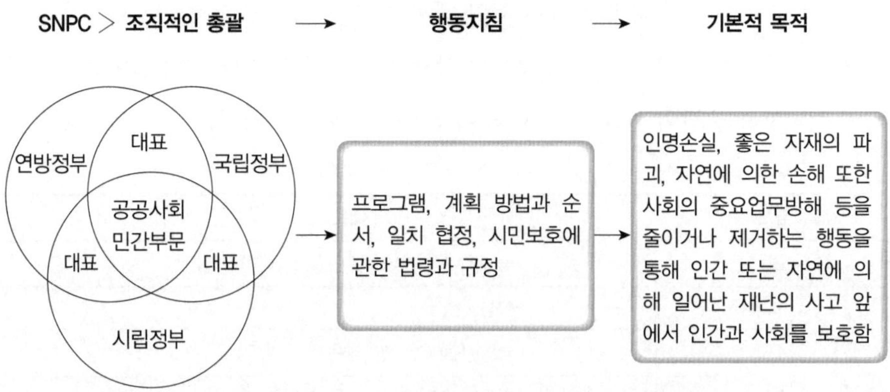

나. 정상 사태와 비정상 사태의 제도 내용

시민 보호를 위한 국가제도는 그 운용을 결정짓는 두 가지 요소로 나타난다.

1) 정상 상태

정상 상태의 국가제도는 파괴적 현상의 발생가능성을 예견하고 일어날 수 있는 재난 피해에 대처하기 위해 준비를 하고, 일반적으로 시민들 사이에서 시민보호, 문화를 조성하도록 장려하는 일을 한다.

2) 비정상 상태

비정상 상태는 현재의 파괴적 현상에서 발생하는 상태이다. 다음에서 볼 수 있는 5단계의 비정상 상태가 행동 결정을 내리는 데 적용된다.

재난과정의 상태와 수준

(Estados Niveles de Evolucion de la Calamidad)

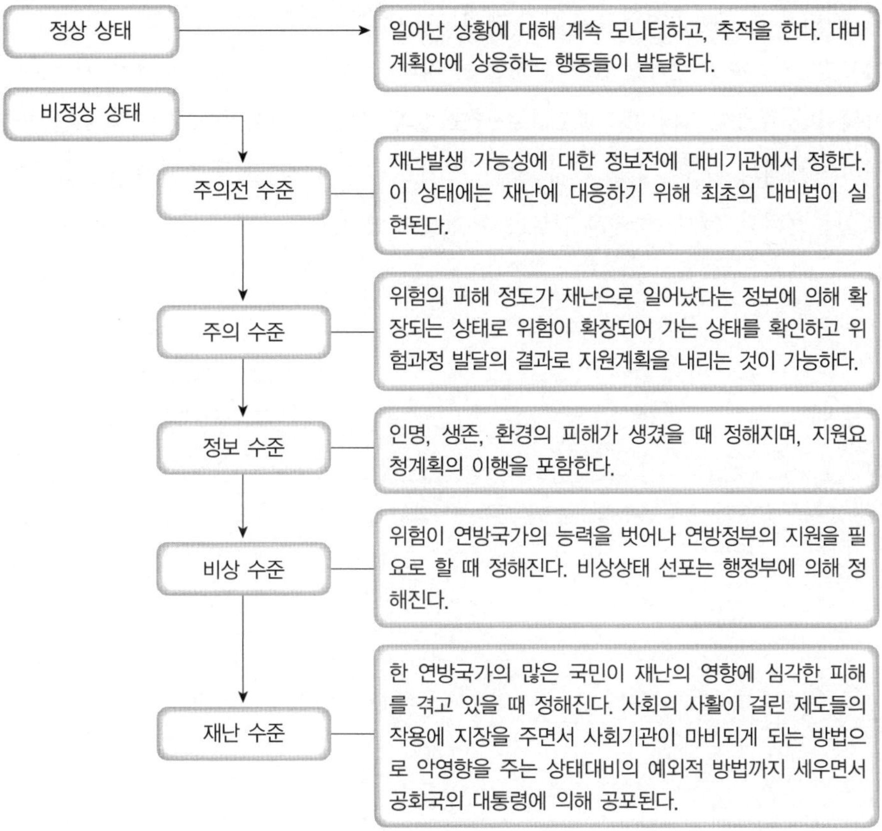

재난 발생 수준에 따른 의사결정

상태 / 소속단계	정상	재난의 위협	재난의 긴급발생	재난의 영향			
				한시	여러 시	한 연방 정부	여러 연방 정부
시립정부	정상	주의전	주의	경보	경보	비상	재난
국립정부	정상	정상	주의전	주의	경보	비상	재난
연방정부	정상	정상	정상	주의전	주의	경보	비상

참고 : 소속단계에서 시립정부, 국립정부 및 연방정부의 난에 가각 시민보호를 위한 시립제도, 시민보호를 위한 국립제도 및 시민보호를 위한 연방제도를 생략하였음.

위에서 보는 바와 같이 시민 보호를 위한 국가제도가 창설된 지는 오래되었지만, 동 제도는 상당히 체계적, 조직적, 총체적으로 잘 운영되고 있다는 것을 볼 수 있으며, 기타 자원 정책분야에서도 앞의 멕시코의 개관에서 본 바와 같이 많은 변화를 보이고 있는 것은 고무적인 일이라 하겠다. 이러한 제도가 비축제도에 국한되는 것은 아니지만, 우리나라의 비축제도의 운영도 이와 같이 몇 단계의 비상 내지 우연성에 대비한 체제의 운영에 따라 단기, 중기, 장기로 구분하여 중요물자 원자재를 품목별로 구분하여 비축하는 방안을 검토할 수 있을 것이다.

chapter 8

아주 지역 국가들의 비축

제1절 일본 • **제2절** 중국 • **제3절** 북한 • **제4절** 이라크

제1절 일본

1. 개관

일본은 아시아 대륙 동쪽 동해와 태평양 사이에 위치한 국가로, 한반도의 약 1.7배의 면적을 가진 섬 국가이다.

일본 경제는 1860년대의 메이지유신(明治維新) 이후 자본주의 경제체제를 기초로 발달하여 왔으나 전통적 자본주의가 아닌, 후기 자본주의 국가로서 급속한 근대화 정책을 추진함으로써 자본주의화를 이룩하여 온 것이다.

일본은 동, 아연 등은 많이 부존되어 있으나 기타 자원은 부족하여 대부분 해외에 의존하고 있는 상태이다.

이와 관련하여 일본의 비축제도는 1950년대 중반에 '동지금'(銅地金)을 구매·비축하였다가 방출된 적이 있는 사실로 출발하여, 높은 기술 수준으로 선진국형 산업 발전이 급속했던 1960년대 하반기에 다용도로 사용되는 희소금속 비축의 실시를 계기로 본격적으로 시작되었다. 1973년 '오일 쇼크' 인 자원전쟁 하에서는 많은 자원 비축을 하기도 한 일본은 오늘날 아시아에서는 물론 전세계에서도 강대국이면서 자본주의 국가로서의 선도적 역할을 하는 국가이기도 하다.

2. 일본의 비축제도 연혁

일본의 비축 연혁은 1933년으로 거슬러 올라갈 수 있으나, 최초의 비축기관은 1955년 '동지금' 비축을 위해 설립되었으며, 1967년 12월 '일본희소금속(주)' 에 의해 희소금속이 비축되었고, 1973년의 자원파동 때의 비축기를 거쳐 1983년의 국가비축 실시의 계기로 오늘날의 자원 탐사에까지 지속되고 있으나 다음과 같이 성장, 발전하였다고 할 수 있다.

참고 일본 비축 역사의 숨은 이야기

일본은 군사력 점령을 통한 한국 식민지 통치시대 및 제2차 세계대전 당시 대륙 침략과 제해권을 획책하는 데 필요한 군수물자를 조달하기 위해 한국인들을 강제 징용하였다. 초기에는 취업을 시켜준다는 술책을 쓰다가 나중에는 면 단위로 인원을 할당하여 징용을 강행하였다. 그 대표적인 예가 1939년 북해도(홋카이도) 탄광이다. 당시 북해도(北海道)는 미쓰비시가 운영하는 탄광이 있었는데 일본인 광부들은 힘든 막노동을 기피하자 한국인들을 강제 징용하였다. 한국인 광부들이 열악한 생활을 하였으며, 고향을 그리는 아리랑 노래를 불러 이 마을을 '아리랑 마을'이라고 불렀다.

가. '동지금(銅地金)(주)'에 의한 비축

일본의 최초의 비축기관은 1955년 9월에 산동, 전선, 신동 등 동 생산업계와 수요관련의 업계에 의하여 설립된 '일본 동지금(주)' (자본금 1억 5천만엔)이다.

동사의 목적은 국내 동 수요의 변동에 대처하고 극단적인 출혈 수출을 억제하며, 수입 난관 사태를 피하고 불황 시에는 융자를 하여 주는 데 있었다. 동사는 1957년 동 지금 540톤을 구매, 비축하였다가 1959년에 전량 방출한 바 있다.

나. '희소금속(주)'에 의한 비축

희소금속에 대하여는 1967년 12월에 설립된 '일본희소금속(주)' (자본금 7억 1천만엔)에 의하여 비축이 실시되었다.

1) 설립목적

국가 산업발전에 불가결한 원재료로 해외 의존도가 높은 희소금속의 특수성을 감안하고, 광석 · 금속 등에 대하여 수급의 현저한 변동에 기인한 영향의 완화를 도모하기 위해 비축을 하였다.

2) 설립회사 수

동사는 제강업자, 니켈 제련업자, 페로 합금업자 30개사의 출자로 발족하였다.

3) 비축실적

1968 ~ 1979년간 몰리브덴광(100t), 텅스텐광(212t), 페로니켈(1,563t)을 비축하였다가 1977년 3월까지 전량 방출하였다.

다. '광산임의회 비축문제 간담회' 보고(1974년)

일본 광업계는 1974년 9월 석유위기를 계기로 국민생활 및 산업활동에 있어 불가결한 원자재인 비철금속 자원의 안정적 공급을 위하여 '광업심의회 비축문제 간담회' 를 개최하고 동 문제에 대하여 진지하게 검토하였다.

동 간담회에서는 동, 연, 아연 등의 기초 광물자원을 최초로 취급하게 되었고 희소금속을 포함 23개 광종에 대하여 수입 의존도, 편재성, 국제기업의 독과점 상황, 공급상의 문제점 등을 검토한 결과 비축의 필요성을 인정하고 동, 니켈, 크롬, 텅스텐의 비축을 건의하였다.

라. '수입 안정화' 를 위한 비축

1976년 일본 정부에서는 국가 예산으로 동, 연, 아연, 알루미늄의 수입 안정화를 위하여 비축을 실시하였는데, 융자규모 300억엔(정부보증)(동 240억엔, 연 · 아연 30억엔, 알루미늄 30억엔)의 예산조치를 강구하였다.

금속광업 사업단은 정부보증 하에 시중은행에서 장기저리로 자금을 차입하여 비축법인에 대부하여 주었다.

비축 실시를 위해 비축법인은 1976년 5월에 '금속광업 사업단법' 을 개정하여 동년 7월에는 동, 연, 아연의 비축을 위해 재단법인 '금속 광산물 비축협회' 를, 알루미늄의 비축을 위해 '경금속 비축협회' 를 설립하여 동년 8월부터 동, 아연, 알루미늄의 비축을 실시하였다.

마. '희소금속' 비축

1976년 국가 예산에서 5,000만엔과 조사비 400만엔을 출자하고 제련업자가 1억엔을 출자하여 동년 8월에 '(사)특수금속비축협회'를 설립(일본희소금속(주)은 발전적으로 해체)하였다.

동 협회의 설립 목적은 니켈, 크롬, 텅스텐, 코발트, 몰리브덴 등 특수금속의 안정적 확보 시 발생 가능한 장애에 대처하기 위함이었다.

그러나 1981년 12월 경제대책 각료회의는 특수금속 5광종에 대하여 민간에 의한 비축제도 창설을 결정하였다.

바. '국가비축제도' 창설

일본은 앞에서 본 바와 같이 광물자원 비축제도가 많은 변천을 거쳐 발전해 왔으나 지금까지는 국가가 직접 비축을 담당하지 않고 각종 협회 등을 통하여 비축하되, 장기저리 융자를 통하여 정부가 간접적으로 지원하여 왔다.

그러나 1983년에는 희소금속 7개 광종에 대하여서만 비로소 국가비축제도를 채택하여 '국가 비축', '공동 비축' 및 '민간 비축'으로 3원화하였다.

주요 희소금속에 대하여 국가비축을 추진하게 된 배경은 단기의 수급 안정은 기존의 '특수금속 비축협회'를 통한 민간비축으로 대처할 수 있으나, 장기 및 긴급 시 원활한 산업활동 유지 및 국가경제 안전보장을 위하여는 국가가 직접 비축함이 타당하다는 인식에서 비롯되었다고 볼 수 있다.

사. '광업심의회 희소금속 대책분과회' 보고(1991년 및 1994년)

일본의 희소금속 비축구매는 1990년도에 시중금리의 고율에 수반하여 이자 보급금(補給金) 예산이 크게 부족하여 중지된 적이 있으나, 1991년 4월에는 '광업 심의회 희소금속 대책분과회' 보고를 개최하였다.

그 주요 내용은 (1) 희소금속 7광종, (2) 60일분 비축, (3) 목표 달성연도 1995

년, (4) 그 외 비축 적용방법의 일정 연구 등이었다.

이어 1992년도에는 비축자금 조달방법을 정부보증 민간 차입금(상환 기한 : 3년)을 '기 민간 차입금' 과 '신규 비축자금' 으로 분리, 부보증 산업단채(債)(10년채)를 발행, 절체(切替)토록 변경하여 비축자금의 압박이 완화되도록 변경하기도 하였다.

1994년 7월에도 '광업심의회 희소금속 대책 분과회' 보고를 개최하여 목표 달성연도를 2000년으로 하였고, 그 외 '모니터링 제도(위원회)' 를 창설토록 하였다.

일본은 민관협력로 안정공급의 확보를 위해 국가비축물자를 집중 관리하고 있으며, 풍요로운 국민생활과 경제활동의 안정공급을 위하고 새로운 자원의 확보를 위해 기초 금속(동, 연, 아연, 알루미늄) 원료 광석을 안정적으로 수입하여 비축해 놓고 있는 공익법인에게는 필요한 자금을 융자를 하고 있으며, 국내는 물론 국외의 광상 탐사, 개발 및 기술연구 등을 지속적으로 하고 있다.[1]

아. 금속광업사업단

일본의 정부비축은 2000년 초까지만 해도 통산산업성 산하기구인 '금속광업사업단' 이 주체가 되고 자본금은 전액 정부출자로 이루어지고 있으며, 민간비축은 각 회사로 구분되어 있었다. 즉 일본의 비축정책은 민 · 관 협조체제가 이루어지고 있으며, 민간 주도로 정보 교환 형식으로 추진되고 있었다.

자. 일본 석유 · 천연가스금속광물자원기구(JOGMEC)

현재 일본의 국가비축의 주체는 독립행정법인인 석유 · 천연가스 금속광물자원기구(Japan Oil, Gas and Metals National Corporation : JOGMEC)이다. 2004년 2월 29일 일본에 안정적으로 에너지와 비철금속을 공급하기 위해 MMAJ(Metal Mining

1. 상세한 비축제도의 연혁은 207페이지의 Box '희소금속 비축제도의 창설 및 그 후 경위' 를 참조하기 바란다.

Agency of Japan)와 JNOC(Japan National Oil Cooperation)가 통합되어 설립되었다. 특히 희소금속은 2003년 2월 금속광업사업단이 해산됨에 따라 JOGMAC에 설치되어 희소금속 국가비축물자의 구입 및 방출 등이 이루어지고 있다. 일본은 산업을 견인하고 있는 IT산업, 철강산업, 환경관련 산업 등에서 희소금속 수요가 증대하고 있어 희소금속 확보를 목표로 설정하고 있다.

3. 일본 비축제도의 특징

일본의 희소금속 비축은 국가와 민간이 공동으로 비축에 참여한다. 국가비축은 중장기의 긴급시에 대비하여 국가적인 안전보장의 확립, 원활한 산업 활동의 유지를 목표로 한 비축을 추진하며, 민간비축은 단기의 안정 공급상의 각종 장애에 대비해 개개의 기업이 사용의 실태에 즉응한 자주적인 비축을 추진한다.

국가비축은 독립행정법인인 석유 · 천연가스 금속광물자원기구(Japan Oil, Gas and Metals National Corporation : JOGMEC)가 담당한다.

민간비축은 민간기업의 협회 회원 29개사, 찬조 회원 2개 단체로 구성된 (사)특수법인 비축협회에서 담당한다. 민간이 비축에 참여하더라도 협회라는 그룹 방식의 단체를 통하여 비축에 참여하도록 하고 있다.

국가와 민간이 공동으로 참여하나, 역할 분담을 분명히 하고 있다. 국가는 장기적인 관점에서 물자의 안정적인 공급을 담당하고, 희소금속의 민간비축은 단기적인 관점에서 (사)특수법인 비축협회의 관리 및 지도 아래 민간기업체에 의하여 자주적으로 수행되며, 기업의 수요에 충당하기 위한 안정적 공급을 추구한다.

가. 국가비축

국가비축의 주체는 독립행정법인인 석유 · 천연가스 금속광물자원기구(JOGMEC)이다. JOGMEC은 희소금속을 관리하며 일본경제를 불안정하게 할 수 있는 시장변화가 발생하면 비축물량을 풀어놓을 수 있는 권한을 가진다.

JOGMEC은 국가비축으로서 7가지 희소금속, 즉 니켈, 크롬, 텅스텐, 코발트, 망간, 몰리브덴, 바나듐을 각각 42일 동안 소비할 수 있는 분량만큼 이바라키 현에 함께 비축하고 있고, JOGMEC은 특정 광물 외에도 자국의 산업발전과 환경보호와 에너지 절약과 같은 정부정책에 중요한 영향을 미치는 금속에 대한 정보를 수집 · 제공한다.

또한 통상산업부(the Ministry of Economy, Trade and Industry)는 국가비축 프로그램과 희소금속 대체가능 원자재에 대한 검토를 주기적으로 실시하며, 금속 전략부(Metals Strategy Department)는 JOGMEC의 금속채광정보서비스부로서 일본뿐만 아니라 전세계 비철금속 관련 자원 탐사와 개발, 세계 광산업, 관련지역 자료, 수요와 공급 통계, 광업법 그리고 광물투자에 관한 정보를 수집, 분석 그리고 배포하는 역할을 담당하고 있다.

나. 민간비축

민간이 비축에 참여하는 경우 '협회' 라는 그룹 방식의 단체 및 보조금 지원을 통해 이루어진다. 민간비축은 단기의 안정, 공급상의 각종 장애 대비를 목적으로 하는데 미씨비시(三菱), 미쓰이(三井), 이토추(伊藤忠), 스미토모(住友), 마루베니(丸紅) 등 종합상사가 세계 곳곳에 자원개발권을 획득하는 등 주도적인 역할을 수행한다.

일본의 경우 국영 기업보다 종합상사들을 전면에 포진시켜 해외시장에서 원자재 확보에 나서고 있는 것이 다른 국가들과 다른 특징이다. 예를 들면 세계 구리의 38%를 생산하는 칠레의 주요 광산 지분 절반 가까이 일본의 종합상사들이 차지하고 있다.

4. 일본의 희소금속

가. 희소금속의 의의

희소금속(Rare Metal : 희소금속은 특수금속, 신금속 등으로도 불린다)이란 지구상에 그 존재가 드물게 있거나 또는 그의 추출이 경제적, 물리적으로 대단히 어려운 금속 원소를 총칭하는 것으로, 구조재로서 종래부터 널리 이용되어 온 철·동·알루미늄 등의 금속(Base Metal이라고 불린다)과 비교되는 것이다.

나. 희소금속의 성질

희소금속은 합금이나 화합물 등의 형태로 많이 이용되며, 소재의 강도·내열성·내마모성·내식성 등을 높이는 것 외에 특수한 전기적 특성이나 촉매작용을 띠는 등의 기능을 가지고 있다. 그 여러 성질은 아직 완전하게 해명되지 않고 있으며 또한 충분히 이용되는 단계에 이른 것도 아니기 때문에 미지의 가능성을 간직한 자원이라고 할 수 있다.

다. 희소금속의 용도와 미래

희소금속은 그 특성으로 보아 가정용품부터 철강업, 산업기계, 하이테크 분야에 이르기까지 광범하게 이용되어지고 있으며, 이들 산업에 있어 빠뜨릴 수 없는 중요한 원재료의 하나가 되었다. 더구나 근래에는 초전도 재료·형상 기억 합금·수소흡장 합금 등의 새로운 수요 분야도 개발되는 중이며 희소금속 전체의 국내 수요도 증대되고 있다. (전기용품, 건설, 운수, 자동차, 기계, 화학제품관계, OA기구, 일용품, 우주통신 등에 사용)

라. 희소금속의 종류

현재 일반적으로 '희소금속' 이라고 불려지고 있는 것으로서 다음과 같이 31개의 광종이 있다.

(1) 티타늄, (2) 보른, (3) 크롬, (4) 니켈, (5) 망간, (6) 텔리움, (7) 셀레니움, (8) 니오븀, (9) 세시움, (10) 토륨, (11) 리듐, (12) 바륨, (13) 코발트, (14) 질코늄, (15) 백금, (16) 베릴륨, (17) 갈륨, (18) 레늄, (19) 비스무스, (20) 탄탈륨, (21) 몰리브덴, (22) 인듐, (23) 바나듐, (24) 루비듐, (25) 파라듐, (26) 안티모니, (27) 텅스텐, (28) 스트로튬, (29) 하프늄, (30) 게로마늄, (31) 레어 · 어스(稀土 : Rare Earth)

마. 희소금속의 공급구조 상황

일본은 세계의 희소금속 소비국 중에서도 상위 3국에 들어가는 소비국이지만, 국내에는 희소금속이 전무 또는 거의 없기 때문에 그 공급의 대부분을 해외 자원보유국으로부터 수입에 의존하고 있는 상황이다. 게다가 희소금속의 대부분은 그 매장이 정세 불안정한 국가를 포함 일부의 국가에 편재되어 있는데다가, 그 개발 · 생산에 관해서도 일부 국제자본에 의한 관심도가 현저하기 때문에 공급구조가 극히 취약한 상태에 있다. 따라서 국민생활의 유지 및 안정적인 경제활동을 위해 희소금속의 공급 두절 등의 중대한 장애에 대비 안전공급 확보를 도모하는 것이 중요하고 긴급한 과제이다.

현재도 세계 각국에는 전쟁, 내란, 수출 제한, 스트라이크, 기상이변 등으로 인하여 상당한 공급장애가 발생하고 있다.

바. 희소금속의 비축제도

1) 희소금속 비축활동

두 번에 걸친 석유위기의 경험으로부터, 자원 소국인 일본은 경제기반의 취약성을 새삼스럽게 인식함에 따라, 경제안정 보장의 확립이 중요한 정책과제의 하나가 되었다. 미국 등 선진국에서는 이미 희소금속의 비축이 실시되고 있는 때 일본에서도 그와 같은 관점에서 1983년부터 관민협력으로 크롬, 텅스텐, 몰리브덴, 니켈, 코발트, 망간 및 바나듐의 7종류의 희소금속을 비축하여 왔는데 이는 일본 소비량의 60일에 해당하는 물량이었다.

동 비축물량은 '일본금속사업단' (MMAJ)에 의한 소비의 42일분에 해당하는 국가비축과 18일에 해당하는 민간비축으로 구성되어 있었다.

국가비축의 총액은 현재 총소비의 32.8일분으로서, 목표의 78.1%에 해당되는 것이다.

2) 희소금속 국가비축제도의 개요

제도	실시주체	대상 광종	목적	목표
국가비축	금속사업단	키멜 크롬 텅스텐 코발트 몰리브덴 망간 바나듐	원활한 산업활동의 유지 및 국가 경제안정 보장의 확립	국내 소비량의 42일분 (비축목표 60일분의 7할)
민간비축	민간기업 (사)특수금속 협회가 취급협회 회원 33개사, 찬조회원 2개 단체		기업의 사용실태에 즉응하는 자주적인 비축 제도	국내 소비량의 18일분 (비축목적 60일분의 3할)

주 : ⅰ) 희소금속 비축제도는 당초 국가비축(25일분), 공동비축(25일분), 민간비축(10일분)의 3분류 제도로 시작하였으나, 1986년도에 상기와 같이 2분류 제도로 변경하였음.

ⅱ) 국가비축은 '고추(高秋)창고'에서 집중 관리하고, 민간비축은 56개 사업소에서 개별 보관 관리함.

ⅲ) 민간비축협회 회원수 및 개별보관 관리수는 1998년 말의 것임.

사. 희소금속의 안정 확보책

희소금속의 안정공급 확보를 위해, 금속광업사업단은 국가 광업정책 실시기관으로서 희소금속의 비축 · 탐사 및 조정 · 탐사 기술의 개발 · 정보수집 등의 업무를 실시하고 있다.

금속광업사업단의 희소금속 관계업무

목적	구분	업무내용
단기적 안정공급	비축	• 돌발적 공급장애 등에 대비한 희소금속의 비축
중장기적 안정공급	국내 탐사 등	• 유망지역 추출을 위해 광역 지질구조 조사 • 광상의 존재 · 규모 등을 확인하는 정밀조사 • 기업이 실시하는 희소금속 탐광의 자금대부
	해외 탐사 등	• 개발도상국가의 자원개발에 대한 기술 협력 • 유망지역에서의 지질구조 조사
	기술 개발	• 희소금속탐사 기술의 연구 · 개발 • 심해저 광물자원의 탐사 · 채광기술의 개발
	정보 수집	• 희소금속에 관한 정보의 수집 · 분석 및 제공

아. 주요 국가의 희소금속 소비

희소금속의 공급구조가 극히 취약한 상황에 있는 것은 일본만이 아니고, 구미 선진국에 있어서도 공통적인 문제이지만, 구미 선진국은 해외에서 적극적으로 희소금속 탐광개발을 실시하고, 공급구조의 개선을 목표로 기술, 자본, 인력의 각 방면에 있어서 자원 보유국과의 관계를 강화하고, 중 · 장기적인 안정공급 확보를 위해 노력하고 있다.

자. 금속광물 자원의 안정공급 대책

하이테크의 현대사회는 여러 가지 소재로 지탱되고 있다. 뉴세라믹스 등 신소재의 개발 및 이용을 도모하고 있다. 그러나 현대는 기본적으로 '금속의 시대' 이다.

동, 연 등의 기초 금속은 종래부터 전선, 신동 등 외에도 도금, 합금 등의 소재로서 이용되어 오고 있다. 한편 희소금속, 희토류는 전자, 원자력, 항공, 우주 등 선두산업 분야 및 국민 생활의 다양한 분야에서 매우 중요한 역할을 하고 있다.

일본은 금속자원의 대소비국이며, 그 대부분을 해외에서의 수입에 의존하고 있다. 이로 인해 일본은 자원 보유국의 정치 정세에 따라 공급면에서 영향을 쉽게 받는 리스크를 떠안고 있다.

1) 국내자원 탐사

일본은 평소에 새로운 금속자원의 개발을 목표로 삼고 있는바, 취약한 공급구조를 가진 희소금속광물에 있어서 국내자원은 가장 안정적인 공급자원인 것이다. 금속광업사업단에서는 1985년도부터 희소금속의 광상이 존재할 가능성이 높다고 추정되는 지역에서 3단계의 부존상황 조사를 실시하고 있다.

2) 해외자원 탐사와 국제협력

금속광업사업단은 해외에서의 광물자원 탐광 · 개발을 효율적으로 실시하기 위해 광업에 관한 자료의 수집 · 해석 · 제공, 개발도상국 정부의 요청에 응하는 자원개발협력 기초조사, 연구협력 사업을 실시하는바, 기업탐광에의 출융자, 개발자금에 이어지는 채무보증 등의 업무를 취급하고 있다.

차. 국가비축 방출 · 매각

일본의 주요 희소금속 공급 국가에서 만일 전쟁, 내란, 스트라이크, 수송 중 사고 등으로 인해 해외에서 공급이 부족한 경우 금속광업사업단은 긴급시 방출로서 국가비축물자를 매각한다. 또한 희소금속 가격이 현저히 상승할 경우에도 비축물자의 일부를 매각한다. 방출과 매각에 관한 세부 기준은 다음과 같다.

구분	긴급시 방출	앙등시 매각
방출 · 매각 고려방향	• 공급장애의 심각화 · 장기화로 경제혼란을 회피할 목적 • 국가비축의 방출은 민간비축을 한 후 최후의 수단으로 역할을 함	• 비축목표의 착실한 달성에 일조하기 위해 비축물자의 일부를 매각 • 현저히 가격 앙등시에는 특례로 민간기업의 재고량이 없는 비축물자의 일부를 매각함
방출 · 매각 기준	• 일본에 대한 주요 공급 국가가 전쟁, 내란, 노동쟁의 등으로 당해 광산물이 부족시, 국민경제 또는 산업활동에 중대한 일이 발생한다고 인정하는 경우 • 민간비축 소진의 연속성, 공급장애의 대응상황, 국민생활 및 산업활동에 지장의 정도 등을 종합적으로 고려함	• 최근의 시장가격이 직전 5년간의 각 월의 월 평균 가격에 의거 산정된 이동평균가격의 대개 2배를 초과하는 상태가 1개월 계속되는 경우 또는 취득원가를 상회하는 경우에 매각됨 • 매각 및 매각량의 결정은 수급동향, 재고동향 등을 종합적으로 판단해 시장에 악영향을 주지 않도록 배려를 해서 함
방출 · 매각선	• 해외에서 희소금속 광산물 또는 그 원료의 공급에 장애가 발생하여 정상적인 생산활동이 곤란하다고 인정되는 사업자 또는 단체에 대하여 매각 • 원칙으로 일본의 희소금속 생산 및 소비의 대종을 차지하는 민간비축 참가자 등에 대하여 방출	• 희소금속 광산물 또는 그의 원료의 공급을 받아서 생산활동을 한다고 인정되는 사업자 또는 그의 단체에 대하여 매각(민간비축 참가자 및 기타 사업자)
방출 · 매각량	• 방출선 기업에서 최종 수요 신고를 청구하는 상대방에 방출량을 결정	• 과거에 보유한 최대의 국가 비축량을 기준으로 그의 2할을 초과하지 않는 범위
방출 · 매각 방법	• 방출에 있어서는 가격의 앙등은 물론이며, 자금력이 큰 자의 독점적인 구입은 회피함	• 일반경쟁입찰에 의하는 것을 원칙으로, 일정한 경우에 지명경쟁입찰 또는 수의계약에 의함
방출 · 매각 가격	• 국제가격, 국내가격 등을 감한하여 가격 판단함 • 방출을 받은 자가 과도한 이익을 향수하는 일이 없도록, 동시에 더욱더 가격 앙등을 일으키는 일이 없도록, 그의 시점에 있어서 시장 가격을 근거로 결정함	• 국제가격, 국내 가격 등을 감안하여 가격 판단함

주 : 테스트 방출에 있어서는 매각의 원활한 실시 도모의 시험 방출 필요가 있다고 인정되는 때에 방출, 매각선에 있어서는 앙등시 매각과 동일하고 기타는 긴급방출과 동일

희소금속 비축제도의 창설 및 그 후 경위

1967년 12월 『일본희소금속(주)』 설립

(1) 목적

국가산업발전에 불가결한 원재료로서 해외 의존도가 높은 희소금속의 특수성을 감안, 여기에 광석, 금속 등에 대하여 수급의 현저한 변동으로 인한 영향 완화를 도모하기 위해 비축 실시.

(2) 출자회사

제강업자, 니켈 제련업자, 페로 합금업자 30개사 출자로 발족

(3) 비축실적

'68~'76년간 몰리브덴광(100t), 텅스턴광(212t), 페로니켈(1,563t)을 비축

(4) 방출 : '76년 3월까지 전량 방출

1969년 6월 「캐나다 · 인코」(INCO)사 광산 스트라이크(약 180일 니켈 가격 폭등)

1973년 제1차 오일쇼크

1974년 9월 「광업심의회 비축문제 간담회」 보고

(1) 요지

일부 비철금속 자원(동, 니켈, 크롬, 텅스텐, 아연 등 23광종)에 대하여 긴급 사태에 대비, 경제안전보장의 관점에서 비축할 필요가 있음

(2) 연도별 계획

'76년도 : 사업단에 「금속광산물 비축자금 융자 제도」(대상 : 동, 연, 아연, 알루미늄)를 창설

'76년 7월 : 「(재)금속광산물 비축협회」(대상 : 동, 연, 아연) 및 「(사)경금속비축협회」(대상 : 알루미늄)를 설립

'76년 8월 이후 : 양 협회는 동, 아연, 알루미늄 비축 실시

1976년 8월 「(사)특수금속비축협회」 설립(일본희소금속(주)은 발전적으로 해산)

비축실적 : '78~'79년간 국가의 '외화흑자 감축'을 목적으로 '긴급수입외화 대부제도'에 기인하여 니켈, 크롬의 비축을 실시

1978년 제2차 자이레 · 사바분쟁(약 1년간, 코발트 가격 폭등) 제2차 오일쇼크

1979년 2월 캐나다 · 엔다고 광산 스트라이크(약 8개월, 몰리브덴 가격 폭등)

1980년 8월 스즈끼(鈴木) 총리 표명

요지 : 국가 안전을 확보하기 위해서는 단순히 방위적 측면에서 보는 것이 아니고, 경제 · 외교를 포함하는 광의의 입장에서의 노력이 필요

1980년 11월 「산업구조 심의회 총합부회 경제안정보장문제 특별 소위원회」 설치

목적 : '에너지 · 광물자원 · 식량' 등의 중요물자에 대하여 경제안정보장의 관점에서 중요성, 경

제안정 보장을 위한 시책 방법 등에 대해 검토

1980년 12월 「경제안정보장 관계 각료 회의」(내각) 설치

(1) 목적 : 국가 안전이 위협받는 경우를 상정해, 평소 대비책과 관련한 기본적인 생각 및 방법에 대한 협의

(상정되는 비군사적 위협)

① 에너지 공급 ② 자원(특히 금속자원) 공급 ③ 식량 공급 ④ 그 외(수송 루트, 국제 금융 등)

통산성 내 「성내 연락회」(후에 「비철금속 광물자원 안전 공급 확보책 검토회」로 변경)를 설치

목적 : 46광종을 대상 자원의 편재성, 해외 의존도, 공급장애 등에 대하여 조사

(46광종) : 희소금속 31광종 및 동, 연, 아연, 금, 은 등 15광종

1981년 7월 「비철금속 광물자원 안전공급 확보책 검토회」 보고

요지 : 경제안정보장의 관점에서 정부로서 대책을 강구할 필요가 있는 광종으로 14광종을 추출

(14광종)

① 니켈 ② 크롬 ③ 텅스텐 ④ 몰리브덴 ⑤ 코발트 ⑥ 망간 ⑦ 바나듐 ⑧ 니오븀 ⑨ 탄탈륨 ⑩ 플라티나 ⑪ 파라듐 ⑫ 스트론튬 ⑬ 안티모니 ⑭ 동

1981년 9월 「1차산품위원회(총론위원회)」(통상정책국장 자문기관) 보고

요지 : 경제안정보장 목적으로서 비축의 필요성을 지적

1981년 「희소금속 국가비축 구상」 요구

구분	요구	사정
비축형태	국가비축	민간비축
대상 광종	13광종	5광종(상기 ①부터 ⑤)
목표일수	6개월	10일분
재원	산투(産投)출자금	

1982년 2월 「희소금속 공급삭감의 영향」 보고(통산성에서 센츄리 리서치 센터에 위탁)

요지 : 니켈, 크롬의 공급이 2년간 30% 삭감된 경우 국가 경제에 미치게 되는 영향 분석

광종	GNP의 변화
니켈	△4.4%
크롬	△4.8%

1982년 「희소금속 민간비축제도」 창설

민간비축의 실시

① 비축주체 : 「(사)특수금속 비축협회」

② 비축광종 : 5광종

1982년 4월 「산업구조 심의회 총합부회 경제안정보장 문제 특별소위원회」 보고

요지 : 희소금속에 관하여 민간에서의 비축확충 노력과 병행하여 국가비축의 실시를 도모하는 일이 필요

1982년 8월 「제39회 광업 심의회 광산부회」 보고

요지 : 국가비축제도 계획 보고

1983년 「희소금속 국가비축제도」 창설

국가비축제도

① 비축형태 : 국가비축, 공동비축, 민간비축

② 비축주체 : 국가비축, 공동비축 : 금속광업사업단, 민간비축 : 비축참가 각 회사(특수 금속 비축 협회 가입)

③ 비축광종 : 7광종(민간비축 5광종 + 망간, 바나듐)

④ 목표일수 : 60일분(국가 25일분, 공동비축 25일분, 민간비축 10일분)

⑤ 기준소비량 : '81년 소비량

⑥ 목표달성연도 : '87년

⑦ 비축재원 : 정부보증부 민간차입금

1983년 9월 '83년도 국가비축 및 공동비축의 실시

'83년 9월 : 「(사)특수금속 비축협회」에서, 동 협회가 '82년도에 비축한 5광종을 구입

'84년 3월 : 망간, 바나듐의 비축실시

1985년 3월 '84년도 국가비축 및 공동비축의 실시

비축광종 : 7광종

1985년 3월 국가비축창고 건설용지 취득(제1창고 용지)

용지 : 자성현 고추시(수강공업단지 내)

구입선 : 지역진흥 정비공단

면적 : 약 21,000m^2

1985년 4월 비축부(비축기획과 및 비축업무과) 신설

1985년 4월 국가비축창고 건설에 착수(제1창고)

1985년 8월 국가비축물자의 이송 실시

이송 : 각 회사의 공장 등(전국)—고추비축창고

1986년 2월 '85년도 국가비축 및 공동비축의 실시

비축광종 : 7광종

1986년 8월 「광업정책 간담회」 보고

요지 : 제도의 간소화, 보다 효율적인 사업의 추진을 도모하는 관점에서 현재의 국가비축, 공동비축, 민간비축이라는 비축형태에 대하여 인정하는 것이 적당

1987년 3월 '86년도 국가비축의 실시

비축광종 : 6광종(코발트 제외)

1987년 6월 공동비축물자의 이송 실태

이송 : 각 회사의 공장 등(전국)—고추비축 창고

1987년 8월 「광업심의회 희소금속 종합대책 전문위원회」 보고

① 비축형태 : '87년도부터 국가비축, 민간비축 2형태로 변경

② 비축주체 : 국가비축 : 금속광업사업단, 민간비축 : 비축참가 각 회사(특수금속 비축협회 가입)

③ 비축광종 : 7광종

④ 목표일수 : 60일분(국가비축 42일분, 민간비축 18일분)

⑤ 기준소비량 : '86년 소비량

⑥ 목표달성연도 : '91년도(平成 3년도)

⑦ 그 외 : 방출방법 확립 필요

1987년 12월 '도미니카 공화국' 수출관세 문제 발생(약 반년간, 니켈 가격 폭등)

1988년 6월 국가비축창고 건설용지 취득(제2창고 용지)

용지 : 자성현 고추시(수강공업단지 내)

구입선 : 지역진흥정비공단

면적 : 약 16,500m²(합계 약 37,500m²)

1988년 6월 '국가비축창고 건설'(제2창고)

1989년(元) 3월 '88년도 국가비축 실시

비축광종 : 5광종(바나듐, 니켈 제외)

1990년 2월 「광업심의회 희소금속 대책 분과회」 보고

① 비축광종 : 7광종

② 비축일수 : 60일분

③ 기준소비량 : '86~'89년(4년간) 평균소비량

④ 목표달성연도 : '95년도

⑤ 그 외 : 적용방법 일정 연구(가격폭등 시 매각)

1991년 9월 '자이레'서 군부에 의거 반란 발생(코발트 가격 급등)

1992년 3월 '91년도 국가비축 실시

비축광종 : 5광종(코발트, 망간 제외)

1992년 '92년도 예산(비출자금 조달방법 변경)

1992년 9월 제1회 금속광업채권 발행

1993년 3월 '92년도 국가비축 실시

비축광종 : 3광종(니켈, 크롬, 몰리브덴)

1994년 3월 '93년도 국가비축 실시

비축광종 : 3광종(니켈, 크롬, 코발트)

1994년 7월 「광업심의회 희소금속 대책 분과회」 보고

① 비축광종 : 7광종

② 목표일수 : 60일분

③ 기준소비량 : '90~'93년(4년간) 평균소비량

④ 목표달성연도 : 2000년도

⑤ 그 외 : 모니터링제도 창설(위원회 설치)

1994년 11월 몰리브덴 수요증대에 수반하여 가격 급등

1995년 3월 '94년도 국가비축 실시

비축광종 : 3광종(크롬, 망간, 바나듐)

1996년 3월 '95년도 국가비축 실시

비축광종 : 1광종(니켈)

1997년 3월 '96년도 국가비축 실시

비축광종 : 2광종(니켈, 크롬)

1998년 희소금속 국가비축창고(신창고) 준공

2003년 2월 금속광업사업단 해산

2004년 2월 독립행정법인인 일본 석유 · 천연가스 · 금속광물 자원기구(JOGMEC) 설립

최근 일본 동향의 시사점

일본은 제2차 세계대전 패망 후 전쟁을 포기하고 세계적으로 평화헌법을 제정하였다. 즉 다음과 같이 명시되어 있다. 일본 헌법 제9조에 전쟁의 포기와 군비 및 교전권의 부인을 하면서 동법 제1항에 일본 국민은 정의 질서를 바탕으로 국제평화를 성실하게 추구하며, 국권이 발동하는 전쟁과 무력에 의한 위협 또는 무력행사는 국제분쟁의 해결수단으로서 영구히 이를 포기한다. 동법 제2조에는 제1항의 목적을 달성하기 위하여 육·해·공군 그 밖의 전력은 보유하지 아니 한다. 국가의 교전권은 인정하지 아니 한다.

이에 일본은 경제중심의 도약으로 세계경제 제2국을 유지하고 있었다. 그러나 시대의 변화와 세계 각국과 주변국들의 변화에 따라 일본은 다시 헌법 제9조 헌법해석을 통해 자위권으로 강화하는 방향으로 선회하였다. 그에 따라 국가안보와 관련하여 1997년 '주변사태법' 제6조에 자위대에 의한 국방지역 지원으로서 물품 및 용역의 제공 실시 등에서 제외되었던 탄약이 2015년 '중요영향사태법'으로 변경됨과 동시에 탄약이 포함되었는데 탄약의 범위에 핵무기, 집적탄, 열화우라늄탄도 포함이 된다고 한다. 무기나 탄약은 어느 것이나 수송이 가능하다고 한다. 수송하는 물품에 제한이 없다는 것을 보면 지리적으로만 포괄적인 것이 아니라 병참 지원의 범위에도 역시 또 포괄적이라는 것을 알 수 있다.[2]

이러한 상황을 보면 한반도는 과거와 같은 전쟁의 대상 지역이라는 것을 알 수 있고 영원한 평화지대가 아니고, 항상 불확실성이 존재하는 상황이라 국가안정 등을 위해 유념해야 할 것이다.

제2절 중국

중국은 러시아, 캐나다에 이어 면적이 세계에서 세 번째로 크고 인구는 14억 명으로 세계에서 최고 많으며 미국과 더불어 G2를 형성하는 거대한 국가이다. 우리나라와는 역사적으로 오랜 세월 문화를 교류했으며, 이념상으로는 다를 수 있지만 현대 자본주의를 지향하는 점에는 다름이 없어 외교관계 수립 이후 활발한 통상관계를 유지하고 있다.

---

2. 이상면, 「한반도 유사시 일본의 군사개입 가능성 여부에 관한 법적 고찰」, pp.11～13 발췌.

오늘날 세계 각국이 미래의 발전과 패권을 지향하는 데 필요한 자원을 확보하기 위해 각축을 벌이는 상황에서 특히 중국의 동향을 예의주시하지 않을 수 없다. 중국은 무지개와 뱀파이어 땅이자 자원이 많은 아프리카의 자원을 70% 정도 확보할 정도로 열정적이며, 남미에도 많은 관심을 가지고 자원확보를 위한 투자를 진행하고 있다. 또한 최근에는 굴기(崛起) 정신에다 일대일로(一帶一路)의 착상이라 할 수 있는 새로운 실크로드로 유럽으로의 교두보를 형성하려고 하고 있다.

중국은 서고동저(西高東低)의 지형에 따른 석탄, 석유, 철광석 등 부존자원이 많으며, 특히 희소금속은 세계에서 제일 많이 보유하고 있어 오늘날 첨단산업에 필요한 비축물자에도 정책적으로 지원하고 있는 실정이다.

참고 **희토류**(稀土類 : Rare earth element)

지구상에 아주 희귀한 원소로서 화학적으로 매우 안정적이면서도 열을 잘 전달하는 성질이 있어 광학유리, 전자제품 등 첨단산업에서 원료로 사용된다. 주로 디스플레이 원료로 쓰이지만 미사일 유도 장치와 화학반응 촉매제 등으로도 긴요하다. 중국이 전세계 공급량의 95%를 점유하고 있다.

■■ **에피소드** ■■

2007년 아프리카 탐방시 탄자니아의 수도 다르에스 살람(Dares Salaam)에서 필자를 보고 중국인 중 알고 니하우마(안녕하세요)라고 인사하길래 한국 사람이라고 하였는데 자원확보 등을 위해 중국인들이 많이 왕래하는 저력을 실감할 수 있었다.

1. 중국의 현대비축 역사

1949년 모택동(毛澤東)이 중화인민공화국을 건설한 후 현대 중국의 국가비축제도의 역사는 당초 국방상의 필요성에서 1953년에 시작되었다. 그 후 시대의 변화에 따라 수정되다가 1970년대 말에서 1980년대까지 경제적 부흥을 일으킨 등소평(鄧小平)의 흑묘백묘(黑描白描)론의 경제부흥 중심 사상의 근간으로 한 정책에 힘입어 국가비축제도는 2005년에는 국가에너지 안정보장 정책의 중점시책의 하나로 지정하였다.

과거에 비해 경제발전에 따른 원재료 부족이 현저하고 거시경제 관리를 위하여 그 중요성이 높아져 최근에는 국무원 입장에서도 비축업무의 중요성을 재인식하고 있다.

■ 중국의 전통 물물교환의 한 형태인 차마고도(車馬古道)의 현장

2000년대 들어 사법제도의 개혁으로 국유자본을 민간에게 위탁 또는 판매(임대)하는 경향이 두드러지며, 이와 관련하여 정부비축의 활성화와 지방정부의 특성에 따른 비축정책에 박차를 가하고 있는 상황에서 중국의 정책에 관심 있게 접근해야 할 것이다.

2. 중국의 비축대상 물자(물품)

중국의 비축대상 물자는 식료, 면, 사탕, 약품, 차, 육류, 화학비료, 구제물자의 10종, 금속이 해당된다. 이외에도 다이아몬드, 천연고무, 펄프, 석유 및 석유제품(가솔린, 항공기 연료)이 포함된다.

3. 중국 비축의 최근 경향

중국의 에너지 비축을 보면 시노펙(Sinopec, 중국석유화학공사), 페트로 차이나(Petro China, 중국석유천연가스공사) 등 중국 국유 에너지 기업들의 자원투자가 2006년 사상 최대를 기록했다. 특히 시노펙은 해외 석유 개발 프로젝트에 90억 위안을 투자했고, 페트로 차이나는 석유개발에만 240억 위안을 투자했다. 또 중국정부는 '자원비축' 관련 법규를 곧 마련, 1조 달러의 외환보유고를 활용한 해외자원 확보를 가속화할 방침이다.

2006년 국가자산관리위원회는 중국 국유기업에 의한 석유 및 천연가스 비축 증가량은 상당한 양에 달했으며, 중국의 국유 석유화학 · 대형 전력업체들의 에너지 투자도 당초 투자 목표치를 초과 달성하였으며, 이와 같은 투자는 중국의 에너지 산업 구조상 필요한 것이다.

한편 중국정부의 청페이옌(曾培炎) 부총리는 "외환보유고 과잉상황을 잘 이용해 국가전략자원의 보유량을 늘려야한다" 면서 광산자원의 합리적인 개발 및 이용, 광산자원 개발 관련 세제 정비 등의 내용을 담은 '광산자원 비축제도' 를 도입해야 한다고 밝혔다. 이 제도는 국내의 에너지 자원 수출은 극히 억제되는 반면, 해외자원 개발 및 수입 지원책은 강화되어 중국의 '차이나 머니' (China money)를 앞세운 자원 확보 전략은 더욱 탄력을 받는 데 이용할 수 있다.

중국은 석유에 이어 구리, 우라늄 등 10대 광물자원 비축에 들어갔으며, 특히 '원자재 블랙홀' 로 불리는 중국의 광물자원 비축량 목표가 천문학적 규모여서 원자재 시장에 미치는 충격은 상상을 초월할 전망이다. 이는 국제적인 관심사여서 월스트리트저널(WSJ)은 국토자원부 관계자의 말을 인용해 중국의 전략 목표량을 품목별로 제시하기도 하였다.

국제적인 거래소인 런던금속거래소(London Metal Exchange)에서 중국의 광물자원 전략 비축 소식이 전해지자 구리 등 선물 3개월물이 전날보다 급등하여 민감한 반응을 보이기도 하였다.

중국정부가 추진하는 비축관련 정책을 보면 다음과 같다.

(1) 중국은 '국토자원 11 · 5 규획 요강' 에서 2010년까지 구리 · 철 · 석탄 · 우라늄 · 알루미늄 · 망간 · 크롬 · 칼륨 · 희토 · 텅스텐 등 10대 광물자원의 전략적 비축을 실시할 계획을 밝혔다. 전략비축 목표를 구리 2,000만 톤, 알루미늄 원광인 보크사이트 2억 톤, 철 50억 톤, 석탄 1,000억 톤 등 막대한 규모로 설정하였다.

(2) 중국의 국토자원부는 2008년 말에 '전국광업자원계획' (2008~2015년)을 작성, 2009년 1월 7일 공포하였으며, 광업자원의 탐사, 개발 보호 및 비축 등에 대하여 2020년을 전망하면서 활동의 중요지침을 정하고 비축대상으로는 석유, 석탄, 철, 비철금속, 비금속 등 폭넓게 규정하고 있다.

중국은 세계 최대의 자원 보유, 생산, 소비국이며, 급격한 세계 경기침체기의 원인이 된 2008년 9월 15일 리먼 쇼크 이후 '주출거'(走出去, 쪼우추취 : 해외 전개의 지도)와 함께 자원정책 기축의 하나로서 금속비축을 강화하고 있다.

(3) 중국정부는 2009년 들어 국내 경기부양책을 실시하고 있으며, 이와 관련하여 금속시장 및 대응책으로 '금속비축'의 강화를 지속적으로 천명하였다. 원자재 비축의 강화는 2008년 4분기 이후 감산, 중단 조치 등 업계가 어려움을 겪고 있으므로 생산능력 과잉을 관리하고 전략적 비축을 강화하기 위한 두 가지 목표를 함께 도모하고 있다.

중국 중앙정부와 지방정부의 비축

• 중국 중앙정부의 비축

중국 중앙정부의 비축은 국가발전개혁위원회의 하부 기관인 중국물자비축국(state reserve board)이 담당하는데 그 비축목표는 시장안정과 전략적 비축으로 대상은 금속비축을 중심으로 석유, 식료 등 다양하게 접근하고 있다.

• 중국 지방정부의 비축

중국 지방정부의 비축은 소수 민족이 많이 거주하고 여인국(女人國)이 있는 오지인 운남성(雲南省)을 필두로 하여 협서성, 호남성 및 침주시(郴州市), 강서성, 광서장족자치구를 중심으로 이루어지고 있으며, 이는 성내 또는 시내에 존재하고 있는 산업자원과 고용 확보를 목적으로 하며, 전체 성에 200개소 비축창고가 있으며, 광종은 알루미늄, 전기동, 아연, 연, 주석이 주로 대상이다.

2008년 12월 19일 '전국공업공작회의'에서 2009년 중요원재료 전략 물자비축이 표명되어 생산체제 확대 중 수급균형을 위한 지방정부에 의한 물자비축으로서 운남성의 선행모델을 대표적인 예로 들면서 '운남성 유색금속비축시행 신법'이 소개된 바 있다.[3]

예로 호남 유색금속 집단공사와 같이 산하 기업이 생산한 괴(塊)를 매입하는 민간비축에도 기여하고 있지만, 이러한 기업에 의한 비축자금은 은행이 비축금속을 담보로 융자를 해주고 지방정부가 그 이자를 보전하는 방식으로 지원이 이루어진다.

호남성, 침주시, 강소성에도 성 정부와 연계되어 실시되고 있는 것으로 예상된다.

---

3. 상해증권보, 2008년 12월 20일.

"전국광산자원계획(2008 ~ 2015년)"에 '광산지비축'으로 규정된 지방에 실시토록 하였으며 정부의 지도, 기업비축, 은행융자, 재정지원 및 시장운영을 원칙으로 하고 있다.

주요 지방정부의 비축대상 품목은 다음과 같다.

운남성 : 전기동, 연, 아연, 알루미늄 및 주석

호남성 : 아연, 연, 안티몬, 인듐 및 텅스텐

동성주시(同省州市) : 아연, 연, 주석, 은, 텅스텐 및 비스머스

강소성 : 텅스텐과 레어어스(rare earth)

협서성 : 아연과 연

하남성 : 알루미늄

광서장족자치구 : 알루미늄

이와 같이 중국의 각 지방정부는 생산지 중심 품목으로 비축하고 있으며 지방정부의 비축 수가 늘어나고 있는 실정이다.

중국은 국토자원부 주도 하에 국가체제상 정부가 비축사업을 가장 적극적으로 수행하고 있는 국가로서 최근의 경제성장과 더불어 증대된 원자재 수요를 충당하기 위해 국가비축구축사업을 수행하고 국가비축국(Statr Reserve Board : SRB)이 비철금속 등을 비축하고 있다.

관련 글 **통 큰 중국 : 아이오와 콩**(대두) **'싹슬이 구매'**(1300만t 6조3000억원어치 중국 1년치 수입의 절반 분량)

시진핑(習近平) 중국 주석이 버락 오바마(Barrack Obama) 미국 대통령과 미국을 국빈 방문 중인 첫날에 맞춰 보잉사로부터 비행기 300대를 사들이기로 한 중국이 '통 큰 구매'를 이어갔다. 중국 곡물업계 대표단이 2015년 9월 24일(현지시각) 미국 아이오아주 디모인에서 현지에서 재배한 콩(대두) 1,300만 톤을 구매하는 계약을 체결했다고 지역 신문인 디모인레지스터가 보도했다.

구매 금액은 53억 달러(약 6조 2,144억원)로 전날 구매키로 한 보잉 비행기 300대 값(380억 달러, 약 45조 2,770억원)에는 한참 못 미치지만, 이 물량은 중국의 연간 콩 수입량의 절반이면서, 아이오와 주의 올해 전체 콩 예상 수확량의 92%에 해당한다고 신문은 전했다. 미국에서는 콩을

수확해 식용유 · 마가린 · 샐러드드레싱 등의 제조에 쓰거나 가축 사료와 바이오디젤 연료 등의 용도로 다양하게 활용한다. 중국에 수출되는 물량은 주로 간장과 두부 등 전통 음식의 재료로 쓰일 것으로 보인다. 이번 체결식에 참석했던 레이 개서 아이오와 콩 재배 협회 회장은 "중국이 예상했던 것보다 더 많은 양을 수입하기로 했다. 세계 경기가 불확실한 상황에서 미국 콩 산업에 큰 힘이 됐다"며 기뻐했다. 중국의 '통 큰 구매' 소식은 미국의 콩 값도 끌어올렸다. 2015년 9월 24일 시카고 곡물시장의 11월 출하 콩 가격은 전날보다 4.25센트 오른 1부셸(약 27.2kg)당 8.68달러에 마감되는 등 사흘 상승세를 이어 갔다. 로이터 통신은 "단일 콩 수출입 계약으로 역대 최대급에 해당될 이번 중국의 구매 계약이 가격 상승의 호재가 됐다"고 전했다. 참고로 일본에서는 콩을 5대 영양소로 인정하여 콩에 대한 영양평가를 중요시하고 있다.

조선일보, 2015. 9. 26. 보완 정리

제3절 북한

1. 개관

북한은 한반도의 일부에 속해 있는 분단국가이고 핵과 미사일을 보유하고 있는 것으로 알려져 있다. 따라서 국가안전보장을 위한 비축의 필요성과 경각심을 일으키는 차원에서 간략히 기술한다.

북한은 한반도의 55%나 차지하고 있으며, 주요자원으로는 석탄, 철광석, 동, 아연, 텅스텐, 금 등이며 비교적 많은 자원을 보유하고 있어 중국도 이에 관심을 기울이고 있는 실정이다.

재래식 전쟁에 필요한 탄약제조창은 중국 길림성 집안(集安)시에 있는 광개토대왕의 능에서도 크게 보이는 평안남도 압록강 변에 위치해 있다.

북한은 폐쇄주의로 주로 비밀리에 정책을 집행하고 공개하지 않는 경향을 보이며 전쟁에 대비해 군사용 식량도 3개월분을 비축해 놓고 있는 것으로 보도되고 있다. 김일성 체제 하에서는 식량정책의 일환으로 배급제를 실시하였는데 식량배급제는 일정량의 식량비축이 있기 때문에 가능한 것이다.

2. 북한의 비축 현황

북한은 재래식 무기 외에 핵과 미사일 개발을 위한 우라늄과 플루토늄 등도 이란 등지에서 수입해 비축해 놓고 있으며, 체제유지를 위한 정책으로 핵무기를 적극적으로 개발하고 수차례에 걸친 핵실험을 하였다. 특히 북한은 세계에서 유일하게 2012년 헌법 개정 시 서문에 핵보유국임을 명시하고 국제적으로 이를 천명하였다. 2013년에는 '경제건설과 핵무력 건설을 병진' 한다는 '핵 · 경제 병진' 노선을 채택하였고, 구체적으로 '자위적 핵보유국의 지위를 더욱 공고히 하는 데 대하여' 최고인민회의 법령으로 채택하였다. 2016년이 시작되자마자 수소폭탄 등의 실험을 계속하였다. 이러한 북한의 상황을 고려하여 우리나라는 핵을 보유하지 않은 입장에서 이에 대한 대비책으로 또 다른 국가안보상 비축정책이 필요한 시점이기도 하다.

북한은 2016년 '1월은 퇴비와 전투하는 달' 이란 구호로 북한의 대외 선전용 웹사이트 '조선의 오늘' 에서 11일 퇴비를 싣고 있는 모습 등을 공개하면서 "사회주의 조선을 힘 있게 지원하고 있다." 고 전했다. 농업부문의 과제 관철을 위한 첫 번째 목표가 매년 퇴비를 모으는 문제가 꼽히는 걸로 봐도 그 중요성을 알 수 있다. 이렇게 모아진 퇴비 비축은 지정된 협동농장으로 보내져 신년 농사 준비에 활용된다. '퇴비 전투' 가 벌어지는 건 화학비료 부족분을 퇴비로 메우기 위한 것이다. 퇴비는 인분과 가축 분뇨, 잿 가루와 흙을 버무려 만드는데 당국은 공장 · 기업소와 같은 모든 사업 단위와 각 지역 인민 반에 모아야 하는 퇴비의 양을 할당한다. 만성적인 비료부족을 겪고 있는 상황에서 퇴비는 농업생산력 확보를 위한 중요한 자원이다. 부여받은 과업의 수행 여부는 정치의 평가대상이기 때문에 북한 주민들은 겨울철 퇴비의 주원료인 인분을 확보하기 위해 말 그대로 전쟁을 벌인다. 할당량을 채우기 위해 인분의 금전 거래는 물론 퇴비 창고를 습격하는 경우도 있다.[4] 이러한 북한의 퇴비 증산 운동은 우리나라의 1950~60년대의 농촌 퇴비로 농업을 장려한 정책인 것이며 남해화학 등 비료공장이 설치되기 이전의 시기에 해당한다.

이외에 북한의 주요 자원으로는 석탄, 철광석, 동, 아연, 텅스텐, 금 등이 있다.

---

4. 중앙일보, 2016년 1월 12일.

3. 최근의 비축 동향

미국 자유아시아방송(RFA)[5]은 2016년 2월 10일 북한 위성사진 분석 전문가인 커티스 멜빈 미국 존스홉킨스 대학 한미연구소(SAIS) 연구원이 영변군 구산리에 들어선 군사훈련시설 위성사진을 공개했다. 이 시설은 2014년 9월부터 한 달 만에 지어진 것으로 김정은 집권 이후 건설된 최대 규모의 군사훈련 시설로 평가된다.

RFA는 "김정은이 이미 2015년부터 국제사회의 제재를 예상하고 3년치 군량미를 비축할 것을 지시했다."고 2월 11일 보도했다. 소식통은 "북한에서 군량미를 확보하는 길은 결국 농민을 쥐어짜는 것 말고는 다른 방법이 없다."며 "김정은이 약속한 분조 관리제(생산 주체를 분조로 나누고 국가에 바치고 남은 작물을 분조원이 나누어 갖도록 함)의 분배 원칙을 해마다 지키지 못한 이유를 이제야 알 것 같다"고 설명했다. 김정은은 집권 초기인 2013년 봄 "핵무기를 개발했기 때문에 현대전은 단 며칠이면 끝이 난다"는 논리를 펴며 비축하고 있던 군량미 상당 부분을 춘궁기 배급으로 풀었다. 김정은은 이로 인해 텅텅 빈 군량미 창고를 2016년 다시 채우라고 지시한 것으로 보인다.

제4절 이라크

이라크는 한반도의 거의 2배 면적이며 주요 자원은 석유, 천연가스, 유황이다. 특히 남부의 메소포타미아 평야지대는 티그리스, 유프라테스 강을 끼고 형성된 세계문명의 발상지이며 수도 바그다드를 비롯 이라크의 주요 도시의 젖줄이기도 하다.

전 인구의 반수 이상이 농업과 목축에 종사하고 있지만 이라크 경제기반은 걸프전으로도 유명한 석유 산업이다.

이라크의 2005년 현행 헌법제정에서 국제관계에서 이라크 헌법의 제정은 국제적 지원 하에서 이루어졌음을 명시하고, 이라크는 독립주권국가이며 외세에 항복하

---

5. 동아일보, 2016년 2월 13일.

지 않음을 명시하였다. 경제 질서 분야에서는 "국가는 현대 경제 원칙에 따라 경제 개혁을 보장하고 투자를 장려하며", "석유와 가스는 이라크 국민의 소유이고 지역의 균형적 발전을 위해 그 수입을 분배, 시장원리의 기술에 따라 이라크 국민의 최대 이익을 보장 한다."고 되어 있다.

관련 글 **이라크 전쟁 당시 바그다드의 모습**

중동지역의 대표적인 분쟁지역인 이라크는 전쟁이 나도 크게 두려워하지 않는다. 왜냐하면 시민들의 전쟁 준비로 집집마다 총을 가지고 있고, 가정마다 정부가 연초부터 배급한 3개월치 정도의 식량과 식수를 비축했으며 마당에 간이 방공호와 우물을 파 놓았다. 식수를 담는 빈 페트병이 동나기도 했다. 정전을 대비해 석유램프도 모두 준비했다. 식량이 떨어졌을 경우, 보급받을 수 있는 장소와 연락책도 구축해 놓았다. 이러한 이유는 시민들이 전쟁 준비에 만전을 기하고 있기 때문이다.

대우 인터내셔널 김갑수 바그다드 지사장은 다음과 같이 전한다.

"이라크 국민들도 걸프 전쟁(gulf war)에서 미국이 승리할 것을 알고 있다. 바그다드 시민들은 종전 후 무정부 상태의 혼란과 약탈을 걱정하고 있다." "바그다드는 빈부 차이가 매우 큰 도시로 전쟁이 끝나면 시 외곽에 있는 '사담시티'라는 빈민촌 사람들이 바그다드를 휩쓸어버릴 것을 걱정하고 있다."며 "지난 걸프전 때 남부 도시 바스라에서 실제로 (빈민층의) 무정부적 약탈 행위가 벌어졌다."

공습 때 이라크인들의 행동 수칙은?

"바그다드 시민들은 폭격을 두려워하지 않는다. 미국이 폭격을 해도 대통령궁 등 일부 표적 목표물만 공격한다는 것을 잘 알고 있어, 집에 있는 것이 더 안전하다고 생각한다."

평소 경제생활은?

"이라크인들의 평소 경제생활은 은행에 돈을 맡기지 않는다. 달러 환율이 전쟁 전후로 1만 배 이상 뛰어 고액 달러로 바꿔 보관하고 있다. 가족이 밖에서 식사를 할 때는 이라크 화폐 '다나르'를 가득 담은 가방을 들고 다닌다."

시민들도 시가지 전투에 나설 것으로 보나?

"이라크는 집집마다 이란 · 이라크 전쟁 때 사용했던 총들을 한두 자루씩 가지고 있지만, 시가전에 참가하지는 않는다. 이라크는 다른 아랍국가에 비해 종교적 색채가 약하다. 성전(聖戰)에 목숨을 걸어야 한다는 의식이 약하다."

전쟁을 피해 피신한 사람들은 얼마나 되나?

"500만 바그다드 시민 중에 수십만 명이 빠져 나갔을 것이다. 거래처 사람들도 요르단과 시리아 쪽으로 빠져 나갔다. 후세인 체제에서 기득권을 누린 군인이나 공무원 등의 가족은 정부가 통제를 해서 빠져나가지 못했다."

조선일보, "김갑수 대우 지사장이 전하는 바그다드", 2003. 3. 26. 정리

참고 이라크의 NPT 레짐 위반

1991년 걸프전쟁 이후 이라크가 국제원자력기구(International Atom Energy Agency : IAEA)에 보고되지 않은 핵무기 개발 프로그램을 시행해 온 사실이 발견되었다. 핵확산금지조약(Non-proliferation Treaty : NPT) 조약국인 이라크는 소규모의 핵발전 프로그램을 IAEA에 보고했고 이것은 IAEA의 시찰대상이었다. 그러나 그동안 그 프로그램에서 핵물질이 전용된 것이 없기 때문에 IAEA는 이라크가 비밀리에 핵무기를 개발하고 있다는 의심을 하지 않고 있었다. 걸프전쟁으로 인해 이러한 사실이 드러났고 IAEA와 함께 활동하는 UN의 Special Committee (UNSCOM)가 구성되어 이라크의 핵무기 개발의 규모를 파악하고 핵무기를 파괴하고 NPT 조약의 준수를 감시하는 프로그램을 설치했다. 2001년 서방의 소식통들은 이라크 후세인 동생의 비서였던 인사의 증언으로 이라크가 걸프전 이전에 이미 핵무기를 개발하여 보유하고 있었다는 것을 확인했다.

유현석, 『국제정세의 이해』, 한울아카데미, 2002

2003년 미군의 이라크 침공으로 시작된 이라크 전쟁(또는 제2차 걸프전쟁)은 2011년 종전되었는데 미군이 이라크에서 철수하자마자 이라크는 내란에 휩싸이기도 하였다.

chapter 9

구주 지역 국가들의 비축

제1절 스웨덴 • **제2절** 스위스 • **제3절** 프랑스 • **제4절** 영국 • **제5절** 독일

제6절 노르웨이 • **제7절** 핀란드 • **제8절** 오스트리아 • **제9절** 스페인

제1절 스웨덴

1. 개관

스웨덴은 북유럽 스칸디나비아 반도 동쪽의 반을 차지하고 있으며 사회보장제도가 가장 잘 되어 있는 복지국가이다.

삼림, 철광석 및 수력 등의 자원이 풍부하여, 이를 이용한 철강, 조선, 기계, 제재, 펄프 등의 공업이 발달한 북유럽 제1의 공업국이다. 이 밖에 동, 은, 아연 등도 산출되고 있으며, 북부에 있는 키루나(Kiruna)는 광산지역으로 특히 양질의 철광석을 산출하는 지역이다.

스웨덴은 현대 들어 세계에서 제일 먼저 비축제도를 도입하였으며, 가장 선진화된 비축제도를 갖추고 있는 나라라고 할 수 있고, 국가비축을 총력안보(Total Defense) 및 경제방위(Economic Defense) 개념에서 실시하고 있는 가장 모범적인 국가이다.

이의 배경을 살펴보면, 대북방 전쟁(1700~1721년, Great Northern War) 기간 동안 발트 해의 패권을 둘러싼 러시아 등의 잦은 침공을 경험한 것이 주요 원인이다. 이러한 이유로 스웨덴은 경제안정보장 등을 목표로 더욱 비축에 대한 정책을 중요시하고 있는 강소국이다.

스웨덴은 세계적 선진국답게 지속적으로 비축을 계승, 발전시키고 있다. 한 예로, 필자는 2005년 판문점 중립국 감시단장인 스웨덴의 장군과 나눈 대화에서 이런 사실을 확인할 수 있었다.

2. 스웨덴의 비축제도 연혁

가. 비축제도의 역사적 배경 및 발달

인간은 태고 때부터 비상시에 대비하여 식량, 의복, 기타 생활 필수품과 무기 등을 개인 차원 또는 사회적 · 국가적 차원에서 비축해 왔다.

그러나 광범위하고 조직적인 비상비축 계획을 수립, 실시한 것은 제1차 세계대전 이후이다. 제1차 세계대전 당시 비상비축의 필요성이 크게 인식되었다. 전선에서 승리를 거두더라도 후방경제가 수입 등의 봉쇄로 타격을 받게 되면 종국적으로 더 이상 전쟁을 수행할 수 없으며 패전할 수밖에 없다는 교훈을 준 것이다. 이리하여 경제방위(Economic Defense)가 국가의 안전보장에 필수적인 요소임을 인식케 되었다.

스웨덴은 이러한 인식 하에 비상비축제도를 수립한 선구적인 국가이다. 이러한 임무를 담당하였던 기관은 '국가경제방위처' (the National Board of Economic Defense)였는데, 이 처는 중앙정부 기관인 상업부에 소속되었다. 이 처의 기능은 산업비상계획, 통상, 운송, 비축 및 할당제도 등이다.

1937년에는 비축제도를 발전시키기 위하여 국가비축처(the National Stockpile Board)를 설립키로 결정하여, 1938년에 설립하였는데 동 기관은 산업분야 이용과 원자재의 안정적 공급을 위한 비축목적의 원자재 구매 권한을 부여받았다.

제2차 세계대전이 발발했을 때, 스웨덴은 이미 약 2억 5천만 SEK(Swedish Crowns)를 비축하고 있었는바, 현재의 가격(2000년)으로는 10～20억 SEK에 해당되는 금액이다. 이러한 비축은 제2차 세계대전 초 국가방위에 큰 도움을 주었다. 제2차 세계대전 기간 중 이들 비축물자는 거의 소진되었으며, 1948년까지 국가비축처는 총계약 15억 SEK 상당의 상품을 구매했었다.

스웨덴은 1950년대 한국 동란이 일어났을 때 재비축을 서둘렀다. 그 당시에는 원자탄의 위협이 크게 인식되어 비축물자를 전국 각 지방으로 소량 분산, 보관했다. 비축창고가 부족하자 당시 가축사육의 감소로 남아돌던 축사를 개조해서 비축창고로 사용했는바, 전국에 800개 정도의 비축창고를 가지고 있었다.

1960년대와 1970년대에 들어오자 수송수단 및 보관 기술이 크게 발전하여 근본적으로 '국가경제방위처' (the National Board of Economic Defense)의 비상비축 구조를 변화시켰으며, 종래까지 사용하던 소규모 구식 창고는 여러모로 불편해졌다.

오늘날은 일반적으로 과거와 같은 대규모 전쟁의 직접적인 위험에 대한 긴박한 두려움은 없는 반면, '평상시 위기' (Peace-Crisis) 위협은 상당히 증가되어 왔었다. 평상시 위기란 국가의 생존에 매우 중요한 물자의 공급에 심각한 장애가 발생하였으나 그로 인해 인근지역에 전쟁이나 전쟁의 위협이 생긴 것은 아닌 상태를 말한다. 이에 따라 경제방위처의 업무수행지침이 세워졌는바, 그것은 정상적인 비즈니스 이해관계를 고려한 업무수행을 하되 국가의 비상 대비성을 해치지 않는 범위 내에서 한다는 것이었다.

이러한 신사고(新思考)가 '국가경제방위처' (the National Board of Economic Defense)의 비상비축 구조를 근본적으로 변화시켰다. 이리하여 1960년대 중반부터는 소위 말하는 창고단지(Storage Villages) 내에 시민들이 자신의 취향에 맞게 설계된 창고를 짓는 경향이 나타났다.

나. 주요 비상 비축 품목

스웨덴의 과거 전성기에는 비축대상 품목도 식료품, 금속류, 의료품 등에 걸쳐 약 5,300개나 될 정도였다. 이러한 비축품목의 종류에는 지난 25년(1990년대 중반까지) 동안 상당한 변화가 있었다.

그동안 비축품목은 약 1,500개 품종을 유지하며 소위 '프로그램' 에 열거되어 있다.

1) 식량 분야

이 분야에서 '국가경제방위처' 는 독점적으로 비료와 살충제와 제초제의 상당한 양을 비축하며, 일반적인 식량은 '농업처' 에 의해 비축된다.

2) 의류 분야

이 그룹에서 스웨덴은 원료, 울 및 원면, 방적사 · 직물 · 모포 등과 같은 반제품과 완제품을 비축한다.

3) 의약 분야

이 분야에서 스웨덴이 비축하는 것은 의약품 제조용 원자재인 반면에, 의약완제품의 비축은 상대적으로 비중이 적다.

4) 화학제품 분야

이 분야는 가장 범위가 넓고 복잡하다. 주요 품목을 보면 천연고무, 합성고무, 고무관련 화학제품, 기타 고무제품, 플라스틱 원자재, 동물성 · 식물성기름, 석유화학 제품, 비누 및 세척제 원재료, 각종 용제, 안료, 폭약, 사진재료 등이다.

5) 금속류

이 그룹은 금속 및 합금뿐만 아니라 부유 화학제품, 전극재료, 오븐(Oven)재료 및 베토나이트(Betonite), 흑연 등과 같은 강철 제품을 위한 다량의 필수 원재료이다. 또한 분쇄(griding), 광택(polishing)을 위한 원재료, 다이아몬드 재료, 기계부품, 석면제품, 건전지, 배터리 완제품 · 반제품이 포함된다. 기계 기구에는 목탄가스 발전기(Wood-Gas Generators), X-Ray 필름 제조용 공기 칼(Air Knife) 및 건전지 제조용 기계 등도 있다(〈표 9-1〉 참조).

6) 고체 및 액체 연료 분야

이 그룹에서 대단히 중요한 품목은 고체연료인 석탄과 코크스(Coke)이다. 액체연료 가운데는 주로 특수 연료가 포함되어 있는데 이것은 정상적인 의무 석유 비축 계획에는 포함되지 않는다.

표 9-1 주요 비축 금속류

Aluminium	Dobolt
- Plat-Och Tradamen	Kround
- Stanger Och Tackor	Koppar
Aluminium Fluorid	Krommalm
Aluminimoxid	Kryolit
Aluminiumpulver	Kvartskristaller
Antimon	Lodtenn
Asbestos	Magnesit
Bauxite	MaRnesium
Bentonite	Mangan
Bleckplat	Manganmalm
Brunsten	Molybdenoxid
Diamanter	Massing

Diamantdragskivor	Nickel
Elecktrodmassa	Nickelanoder
Ferromolybden	Petroleumkoks+Beck
Ferrotitan	Platina
Ferrovanadin	Rutll
Ferrovolfram	Svanvelnatrium
Flusspat	Term
Germanium	Titan
Grafit	Vanadinsyra
Hogtrycksplsttor, Klingerit	Volframmalm
Hogtrycksplattor, Permanit	Zink
Kadmiu	- Band Och Bagare
Kalimamylxantat	- Kalotter Och Klorld
Kiselkarbid	Zirkonium

다. 비축상의 문제점

전술한 바와 같이 재고의 규모와 복잡성은 매우 인상적이나 재고 그 자체가 큰 문제점으로 부각되고 있다. 망실을 막고 일정 기간이 경과 된 후 품질저하와 무용지물이 되는 것을 막기 위해서는 각 품목의 특성을 고려하여 비축해야 한다.

각 품목들은 일정 기간이 지나면(품목마다 기간이 다르지만) 소비산업과의 협력하에 신품으로 교체되는데 이때는 특히 다음과 같은 사항이 고려된다.

1) 제품의 통상 수명

이것은 공기나 열, 냉이나 온도의 영향이 문제가 되는데 이러한 영향으로 화학제품, 섬유, 천연고무, 석탄, 금속 등이 변질되기 때문이다.

그러나 새로운 화학제품이나 시중 상품인 경우는 그 물건들이 변질되지 않고, 얼마나 오랫동안 저장될 수 있는지를 알지 못하며 제작자들은 이러한 물건을 비축하지 않기 때문에, 일반 소비자 또한 일정 기간 동안 상품을 저장하지 않기 때문에, 이 점에 대해서는 전혀 모른다.

그러므로 국가경제방위처는 매번 어떤 특정 품목을 얼마나 오랫동안 비축할 수 있는가를 연구해야 한다. 그러나 때로는 연구에 실패하는 경우도 있다.

1950년대로부터 실례를 들 수 있는데, 그때는 합성고무가 스웨덴에 도입된 시기이다. 이 제품의 저장 특성을 조사하기 위해 일부분을 실험용으로 떼어, 매년 성능을 검사하고 전부 비축한 뒤 2년마다 교체하였다. 5~6년 후 실험된 부분은 매우 좋은 결과를 보여줘 그때까지 사실상 전혀 변함이 없었다.

반면에 겨우 2년 정도밖에 저장되지 않은 잔여 비축량은 놀랍게도 전혀 못쓰게 되어 폐기시켜야 될 것으로 밝혀졌다. 그것은 생산자가 제작 공정을 바꾼 데에서 발단되었으니 사물을 보다 더 세밀히 관찰하는 것이 필요했던 것이다.

새로운 제작 공정으로 제작된 제품은 단지 이전 제품에 비하여 비축용으로는 적합하지 못하다는 것뿐이었다.

저장면에서 보면 미확인의 화학제품들에 의해서 많은 문제점들이 야기되는데 그 제품의 구성물을 제작자들이 비밀로 하고 있고 상표로도 믿을 수 없는 화학제품들이다.

2) 제품의 시장성 상실

제품의 시장성 상실은 급속한 기술발전으로부터 야기되는데 이러한 기술발전이 기존 제품의 물리적 성질을 무용한 것으로 만들어 버리기 때문에 보다 더 적절하고 경제적인 것으로 교체해야 한다.

만약 국가경제방위처가 기업 내부에서 일어나는 이런 점에 대한 변화를 적시에 간파하지 못한다면 이 제품은 아주 낮은 가격으로 매각해야 하는 문제가 뒤따르게 된다. 이에 대한 전형적인 예가 1950년도에 있었는데 당시 동 방위처는 계속해서 면제능직(Cotton Cord)이 포함된 화물 타이어를 교체했다.

바로 단기간에 Nylon Cord의 타이어가 시장을 장악하였으며, 도로가 좋아짐에 따라 더욱더 좋은 타이어 등장하였다. 그 결과로 동 방위처는 스웨덴 시장에서는 팔 수 없는 2만 개의 화물용 타이어를 남기게 되어 이들의 대부분을 마차용 타이어로 개조하여 스웨덴의 남부 스케니아 지방에 방매하였으나 얼마 후 이런 타이어들이 스톡홀름 시내에 유입되어 싼 가격으로 유통되었고 용도와 다르게 사용되어 타이어가 터지는 사고가 많이 발생하였던 것이다.

1950년대 초에는 주로 공업용으로 대량의 소금이 비축되었는데 이때에는 건축용 목재가 아주 싼 가격으로 거래되고 있었다. 소금을 보관하기 위해 15~20만 톤을 저장할 수 있는 대규모의 목재 상자를 만들어 그 위에 널빤지로 된 뚜껑을 씌어 놓았다.

20~25년 후 창고 저장 기간이 만료되었을 때 문제가 발생하였다. 저장염의 대부분은 암염으로, 높은 오염도와 환경의 보호면을 고려할 때 공업용으로는 이미 쓸모가 없게 되어버렸다. 이런 중요한 것들 이외에도 소금이 굳어지면 대형 기계만이 겨우 파쇄할 수 있다는 사실도 밝혀졌다.

요즘은 Vacuum Salt를 저장하는 데 굳어지는 것을 방지하기 위하여 화학약품을 첨가한다. 또한 창고는 콘크리트 판넬로, 지붕은 얇은 알루미늄판으로 되어 있는데, 소금이 실제 사용될 20~30년 후에는 어떤 일이 발생될지 의문이다.

금속류와 같은 불변의 상품까지도 때로는 비축시점에서 보는 것과는 훨씬 더 가치가 적어진다. 아연의 경우가 그러하였는데 1950년대의 아연 순도가 1970년대의 수요 증가에 미치지 못한 것이어서, 아연 비축 전량을 방매하고 새로운 것으로 교체하였다.

3) 포장 변경의 문제

언뜻 보기에는 이 문제는 단순하고 사소한 것이어서 별로 중요치 않을 것 같지만 사실은 그렇지 않다. 오늘날의 고도 산업사회에서는 공장이 초과 비용이 드는 포장을 받아들이지 않는다. 이런 점에 있어서 수년 동안 문제가 되어 온 것이 'Carbon Black' 환언하면 'Smoke Black' 이다. 그것은 주로 고무산업, 특히 고무 타이어를 만드는 데 사용되는데 'Carbon Black' 의 비축량은 상당한 것이어서 때로는 50만 포대에 달한다.

또한 이것은 매우 더러워서 취급하기 곤란하기 때문에 일정량마다 포장되어 있는데, 이 포장의 무게는 영국 파운드 단위로 표기되어 있었다.

영국이 십진법으로 전환할 때 새로운 출하량은 킬로 단위로 표시하여 포장되었다. 스웨덴 고무산업들도 파운드 단위가 그들의 생산에 적합하지 않기 때문에 킬로 단위에 따라 생산했으며, 옛 단위 파운드의 표기를 거부했다. 많은 문제점을 알고 기존 비축 분야에 대해서는 파운드 대신에 킬로로 표기 변경했는데, 그러나 다시 새로운 문제점이 야기되었다. 환경보호 면을 고려할 때 부대(Sack)를 사용할 수 없어서 기업들은 콘테이너로 포장된 Carbon Black을 구매하는 것으로 전환했다.

처음에 '국가경제방위처' 가 1톤짜리 콘테이너를 구입했으나 스웨덴에서 가장 규모가 큰 제작사인 Trelleborg Grummi AB사는 여기서 멈추지 않고, 현재는 3톤짜리 콘테이너를 사용한다.

그러므로 정상적인 생산에 있어서는 동 처의 콘테이너를 사용할 수 없다. 비축사업에 있어서 어느 정도까지 합리화 작업이 가능한 것인가 그리고 이 분야의 발전에 뒤떨어지지 않기 위한 가능한 방법은 무엇인가를 자문자답해야 한다.

창고지붕이 새거나 취급 부주의 또는 곤충들로 인해 예기치 못한 손실이 발생하는 것이 비일비재한데 이런 분야에서는 발생 원인을 예견하여 에방하기란 매우 어렵다. 그러나 지난 25년 동안 원면 및 원모제품의 저장 물자에 발생될 수 있는 여러 가지 곤충의 피해는 면했으나 온난화로 인한 겨울철과 여름철의 기온상승으로 해충에 의한 피해가능성이 커 적절한 조치가 필요했다.

상품의 판매, 구매, 유통을 포함한 비축의 전체적인 사업량은 연간 250,000～400,000톤에 이르며, 유류 제품을 제외하고도 가격으로 3～5억 크롤로네에 상당한다.

라. 비축 행정

국가경제방위처 내의 '보급과' 가 '구매과' 와 협력으로 비축 전반에 대하여 감독한다. 단지 'Storage Village' 와 '유류 저장고' 만은 공무원에 의해 운영되며, 여타 저장창고의 운영과 서비스는 외부의 인력에 의해 수행된다. 비축의 대부분은 이런 방식으로 수행되고 있으며, 따라서 중앙부처에 의한 관리는 비교적 적다.

그러나 앞으로는 'Storage Village' 가 추가로 새로 건립되고, 계속적으로 비상비축의 많은 부분을 맡게 될 것이기 때문에 앞으로는 이 제도가 바뀔 것이며, 상품에 따라 간격을 두고 창고를 점검하고 있으며, 적하(積荷)에 관한 점검을 평시보다 자주 하고 있고, 필요시 상품별 전문가도 참석시키고 있다.

마. 비축 요약

스웨덴의 비상비축의 주목적은 경제 봉쇄나 전시 상황에서 물자수입 부족에 따른 부정적인 효과를 감소시키는 것이다. 평상시에 비축물자가 긴급상황에 대처하여 사용된 것은 극히 예외적인 경우밖에 없었다.

그러나 근년에는 공급부족, 광산파업, 정정불안 문제 등으로 인해 비상대비 비축물자를 이용하려는 산업계의 욕구가 증가하고 있다. 이것은 소위 '평시-위기 비축' (Peace-Crisis Stocks)을 해야만 하는지에 대한 의문을 불러일으키고 있다. 이들 비축물자는 전쟁이나 해상봉쇄대비 비상물자와는 달리 '국가기밀법' (the National Secrecy Act)의 적용을 받지 않으며 이들 문자에 관한 정보는 대외비로 취급되지도 않는다.

석유에 관한 한 스웨덴은 평시-위기의 경우에 주로 원유를 비축할 것으로 이미 결정되어져 있다. 이러한 목적을 위해서 세계에서 가장 큰 석유비축 '인공바위 동굴(洞窟)' (Man-Made Rock Chamber)이 있어 원유로 가득차 있는바, 이의 이점이 크게 인식되어 '스웨덴 방식' 으로 널리 알려져 있다.

장기계획상으로는 원자재와 같은 다른 상품도 장래의 평시-위기를 대비하여 비축대상품목으로 삼고 있다. 그래서 무슨 일이 일어나더라도 스웨덴은 만반의 준비되어 있을 것이다.

3. 스웨덴의 비축제도 운영 현황

가. 일반적인 상황

1) 스웨덴 사회의 강점과 약점

스웨덴은 고도로 발달된 산업사회이다. 스웨덴은 현대의 발달된 기술을 잘 이용할 뿐만 아니라 외국에도 성공적으로 수출하고 있다. 이런 면에서는 스웨덴이 강국이지만 이러한 강국도 외국에 의존하는 부분이 많이 있다. 수입되는 것에는 재화만 있는 것이 아니고 세계 여러 곳에서 들어오는 셀 수 없는 종류의 서비스도 포함된다.

오늘날의 사회는 동력이 지속적으로 제공되고, 통신이 개방되며, 석유와 석유제품 및 물, 하수처리시설, 냉난방시설, 식품 등 우리가 당연히 여기는 모든 것이 제공된다는 가정 위에 서 있다. 여기에는 물론 컴퓨터와 전자제품의 사용도 포함된다. 그러나 이렇게 강한 현대사회도 어떤 면에서는 약하다. 현대사회에서 중요한 전자시스템을 운영하는 데 필요한 것 중 90% 이상이 해외에서 수입된다는 사실만 보아도 알 수 있다.

과거의 농경사회나 초기 산업사회는 오늘의 산업사회처럼 공급장애에 큰 영향을 받지 않았다. 우리 같은 사회는 반제품, 에너지, 통신과 같은 복잡한 기술에만 해외에 의존하는 것이 아니고, 복잡성이 커질수록 '노우 하우' 에 더욱 의존하게 된다.

조만간 우리는 시스템이 방해받고 중단되며 결국 모두 붕괴되는 상황을 처하게 될 수도 있다. 반드시 자연의 힘 때문에 그런 일이 벌어질 것이라고는 볼 수 없을 것이다. 변화하는 세계의 정치적 상황 때문에 여러 가지 장애와 위기가 발생할 수 있을 것이다. 스웨덴은 그러한 상황에 대비해야 한다.

2) 가장 비관적인 상황인 전쟁의 발발

만약 사회가 위기시에 공급장애의 영향을 민감하게 받는다면 전쟁이 날 경우 어떻게 될 것인가? 모든 사회구조는 오늘날과 같은 평화로운 조건에서는 상상할 수 없는 긴장에 처할 것이다.

사람들은 집을 떠나 피난처를 찾아갈 것이다. 화재가 진압되어야 하고 생존자들이 폭격 뒤에 무너진 건물을 파내고 나올지도 모른다. 부상자들은 치료를 받아야 할 것이다. 모든 것이 불안과 두려운 분위기에 싸여 있게 된다. 무슨 일이 일어날 것인가? 다른 나라에 사는 내 친척들은 무사한가? 우리 나라가 점령될 것인가? 이런 소문이 사실인가?

신속하고 믿을 만한 뉴스 제공과 제대로 작용하는 정보통로가 매우 중요해진다.

3) 유비무환 : 전체 공동체를 위해 중요한 일

비축은 민간비상에 대비하기 위하여 오랜 옛날부터 자연스럽게 수행되어 왔다. 이것은 전쟁에 대비하여 인적자원과 물적자원을 보호하기 위하여 피난처를 짓고, 철수계획을 세우고 구조대를 유지해 온 것과 같은 맥락이다.

분명히 우리는 중요물자를 계속 비축하고 보호처를 짓고 마스크를 준비하고 구조 및 철수작업 준비를 계속해야 하겠지만 이것만으로는 충분하지 못하다. 현대사회는 새로운 분야, 더 많은 분야에 있어서 비상대비계획수립을 요구한다. 곤경에 처했을 때 적당한 공급과 안전을 제공하기 위해서는 새로운 방법이 모색되어야 한다.

비상대비를 위한 좋은 준비는 강한 힘, 탄력성, 순발력이 동반되어야 한다. 사회는 평화로운 시기의 가치와 조화있게 발전되어야 하지만, 이러한 가치들은 취약성을 인식하고 위기에 맞설 준비를 하면서 추구되어야 한다. 많은 경우에 비용을 아주 적게 들이거나 전혀 들이지 않으면서 새로운 시스템을 설치하는 것이 가능하다. 비상대비를 공동체 발전과 더불어 고려하는 것이 비용을 줄이면서도 효율적인 방법이다. 국가에 중요한 기능을 수행하기 위해서 안전성을 높이기 위한 기금을 마련하게 된다. 여기에 계획, 훈련, 연습, 안전수칙, 재난 시 계획, 물자 취득, 비상대비 시스템, 비축과 생산방법의 대안을 마련함으로써 취약성을 더욱 줄일 수 있다.

환언하면, 이런 것들은 산업, 행정과 민간에 있는 위협과 위험을 더욱 많이 파악하게 한다. 그렇다고 하여 우리가 위기에 적합한 사회를 만든다는 뜻은 아니다. 비상대비는 평화로운 시기를 고려하여 이루어지기 때문이다.

나. 비축의 업무 분야별 책임

국가비상대비는 22개 기능으로 세분할 수 있는바, 각 기능별로 담당기관이 정해져 있다.

책임기관의 임무는 소관 분야의 대비상태를 유지하고 사회의 변화상을 관찰하고 필수적인 비상대비 조치들이 조화있게 행하여지도록 하는 것이다. '국가비상대비처'(ÖCB)는 비상대비 업무담당기관의 조정역할을 담당하고 있다. 국가비상대비 주요업무의 예를 들어보면 다음과 같다.

1) 민간관리 및 조정

전쟁시에나 평화시에나 의회에 의해 임명된 정부는 국가의 최고 권위기관이다.

'국가비상대비처' 의 임무는 평화시에 정부의 비상기획업무를 지원하는 것이다. 기본원리는 국가는 전쟁시에도 평화시와 같이 국가로서의 기능을 해야 한다는 것이다. 물론 전시에는 지방정부 수준의 업무조정이 있어야 할 것이며, 특히 군부와의 협력이 매우 중요해진다.

지역민간방위 책임자와 지방행정기관이 각 지역을 책임지게 된다. 그들은 자원이 불충분할 때 확보 우선순위를 정하며 군부대 지휘관과 합동 작전을 하게 된다.

'국가비상대비처' 는 국가비상계획에 대한 통합적 권한을 갖고 있다.

2) 정보

전쟁이나 기타 위기상황에서 국민은 무슨 일이 일어나고 있는지 빠르고 정확하게 알고 있어야 한다. 이러한 것은 우리가 이미 익숙해 있는 라디오, TV, 신문을 통해서 검열없이 이루어져야 한다. 적들이 선전과 거짓 소문으로 우리의 저항을 깨뜨리려 들 것이다.

그러므로 관계기관에서는 평시에 전쟁과 위기상황에서 정보제공을 강화하는 계획을 세운다. 라디오와 TV는 방송 설비가 파괴되더라도 계속 방송되어야 한다. 신문도 내용을 줄이는 한이 있더라도 계속 발행되어야 한다. 신문발간을 계속하기 위해서는 잉크 등 국내생산을 위한 준비가 되어 있어야 하고 인쇄산업에서 필요한 여러 가지 사항을 안전하게 보호할 수 있는 조치를 취해야 한다.

국가심리방어처(the National Board of Psychological Defense)는 이 분야에 대한 총괄업무를 맡고 있다.

3) 보건 및 사회봉사

효과적인 보건서비스 제공은 전쟁이나 위기상황에서 절대적으로 필요하다. 보건서비스에 대한 수요가 폭주할 것이고 이 수요는 지역별로 다를 것이다. 이와 함께 약품과 부수물의 수요가 증가할 것이나 스웨덴에서의 생산과 분배는 장애를 받을 것이다.

정교한 기술적인 장비, 1회용 살균 용품 환자들에 대한 기록 유지 컴퓨터 시스템 등에 대한 보건서비스 분야의 수요 충족에 문제가 생길 수 있으며 이로 인해 해외수입 의존이 증가할 것이다. 이런 이유로 위기 상황에서도 정상기능을 수행할 수 있도록 보완조치가 취해져야 한다. 스웨덴은 재사용가능 기구, 소독장비, 1회용 주사기, 의약품제조장비 등을 비축하고 있다.

이런 상황에서는 사회봉사도 중요하다. 국민의 여러 가지 보건 및 복지에 대한 요구사항을 충족시켜 주어야 한다. 이 업무는 국가후생보건처(the National Board of Health and Welfare)에서 담당하고 있다.

4) 식품

스웨덴의 식품생산도 취약하다. 왜냐하면 농업에 필요한 비료, 살충제, 사료, 농기구 및 부품을 해외에서 수입해야 하기 때문이다. 보통 상황에서는 대부분의 식품이 스웨덴에서 생산이 가능하다. 그러나 위기상황에서는 농산물 생산의 방법을 변화시켜야 한다. 농업에 필요한 물자의 수입품을 줄이기 위해서 채소류 생산을 더욱 늘리고 육류는 줄여야 한다. 스웨덴의 남부 및 중부지역에 있는 몇 개 안 되는 큰 공장에서 생산을 집중적으로 하게 되면 전시의 교통문제를 일으킬 수 있다.

국가식량처(National Board of Agriculture)가 비상시 식품제공 업무를 맡고 있다.

5) 통신

스웨덴만큼 통신시설이 잘 갖추어진 국가가 없다. 회사, 정부, 개인에 대한 서비스가 점점 증가하고 있다. 전시와 기타 위기시에도 통신과 라디오의 연계성이 잘 이루어져 무엇보다도 방위군과 정부가 지속적으로 운영될 수 있도록 해야 한다.

국민들에 대해서도 마찬가지이다.

스웨덴 통신(Swedish Telecom)은 일반 통신 및 라디오 네트워크 운영기획 업무를 맡고 있다. 따라서 평시에 통신 설비를 증가시킬 때 수요자들이 필요한 것과 전쟁이나 국가 위기시 총체적 방어에 통신이 제대로 기능을 수행할 수 있게 하기 위해서 필요한 것이 모두 고려되어야 한다.

6) 노동력

전시와 기타 위기시에 고용관계 기관에서는 변화하는 상황에 맞게 민첩하고 효과적으로 반응해야 한다. 평시의 노동력 계획은 위기시에 기업과 정부에서 꼭 필요한 노동력을 확보할 수 있게 만들어져야 한다. 이 업무를 국가노동시장처(the National Labour Market Board)에서 맡고 있다. 이런 기능에는 노동력 공급 및 훈련뿐만 아니고 산업 분규시의 노동안정 조치도 포함된다.

7) 에너지

에너지 공급없이는 스웨덴의 모든 기능이 마비될 것이다. 냉난방, 산업, 수송에너지가 도처에 필요하다. 비록 최근에 석유 소비가 줄었지만 에너지분야에서 아직도 많은 양을 수입에 의존하고 있다. 연료와 산업부문에서는 천연에너지가 필요하겠지만 교통 분야에서는 수입되는 석유제품이 필요하다. 전략적 에너지 공급업무를 맡고 있는 곳이 국가산업기술개발처(the National Board of Industrial and Technical Development : NUTEK)이다.

8) 교통

스웨덴은 도로, 철도, 항공, 해운 등의 효과적인 운송수단에 의존하고 있다. 전시 및 기타 위기상황에서 지속적으로 기능하기 위해서는 평시에 준비가 이루어져야 한다. 여기에는 중요 견인회사, 동력펌프, 비상시의 교량, 비행기 및 헬리콥터의 부품에 대한 계획과 분석이 병행되어야 한다. ÖCB는 교통계획 업무를 담당하고 있다.

9) 산업공급 물품

국제무역은 스웨덴의 산업에 대단히 중요하다. 정상적인 무역관계가 어긋나면 심각한 공급문제가 발생할 것이다. 스웨덴은 원재료, 투입물, 중간재 등을 해외에 의존하고 있고 정보와 '노우 하우' 도 해외에서 얻고 있다. 믿을 만한 동력자원과 양질의 정보통신, 효율적인 분배구조가 산업과 통상에서는 필수적이다. 따라서 유지·보수가 매우 중요해진다.

산업은 여러 면에서 약점이 있다. 이것이 바로 전쟁과 기타 위기에 대해 면밀히 준비해야 하는 이유이다. 중요한 원재료, 투입물 및 구성품을 비축해야 하고 대체품도 개발되어야 한다. 평시에 대체적 생산방법을 마련할 필요도 있다. 중간재가 수입되는 상황에서는 산업이 계속 돌아가게 하기 위해서 높은 수준의 유지 · 보수업무가 수행되어야 한다. 스웨덴과 유럽의 관계는 산업생산 부문에서 특히 중요하다. 유지 · 보수를 위해 준비해야 될 내용은 향후 몇 년간 계속 바뀔 것이다.

ÖCB는 위기상황에서 산업부분에 대한 준비업무를 맡고 있으며, 스웨덴과 EEC의 관계발전을 주시해야만 한다.

10) 대중보호 구조업무

평시 및 전시에 구조업무를 직접 맡고 있는 기관은 지방정부이다. 지방정부는 몇 개의 구조반을 운영하고 있다. 국가구조처(the National Rescue Services Board) 구조업무를 감독하고 민방위업무 담당자들에 대한 교육훈련을 실시하고 있다. 국가구조처는 핵사고에 대한 준비를 책임지고 있으며, 도로와 철도에 의해 위험물을 운송할 때 지켜야 하는 규칙을 마련해 놓고 있다. 국제기준에 비추어 보면 스웨덴은 피난처와 방독면을 잘 갖추고 있고, 1994년에는 모든 국민이 방독면을 보유하게 되었고 피난처 제공은 국민에게 경고하는 업무와 더불어 '국가구조처' 업무이다.

11) 기타 중요한 사회기능

전시와 위기상황에서 중요한 기능이 많이 있다. 여기에는 지불 시스템, 보험, 우편업무 등이 포함되며 이들 업무에 대해서는 여러 관계기관에서 관장하고 있다.

다. 지방정부의 비상계획

지방정부는 평시는 전시에서와 같이 총체적 방어에 필요한 대비를 하고 있어야 한다. 대비에는 여러 기능의 계획, 비상대비 일수 책정, 연습 참가 등이 뒤따라야 한다. 또한 구조업무, 일반 대중의 보호, 정보 및 사회업무, 보건, 교통 도로유지, 교육 및 수도, 난방, 하수 등과 같은 공공시설물이 포함된다. 식량배급과 이동식 식당도 당연히 고려되어야 한다.

지방에서는 지방 자치기관이 최고의 방어책임기관이다. 그러나 민방위 지역책임자나 지역행정관 관할에 있는 지역기관에서는 직접적으로 권한을 갖지는 못한다.

지방정부는 총체적 방어를 위해 필수적인 요구사항을 만족시키기 위하여 다양한 지방정부 산하기관의 부서를 통괄해야 한다. 또한 총체적 방어를 위해 민방위 체계와 협력이 잘 이루어지도록 할 의무도 있다.

4. 국가비상대비처의 역할

가. 개요

누군가가 비상계획을 조정하고 주도해야 한다.

만약 어느 사회가 전시와 위기에 대비하여 준비를 잘 하고 있다고 하면, 평시에 일어날 급작스런 사고에도 잘 대처할 수가 있다. 정상적인 상황에서 높은 탄력성을 유지할 수 있다면 비상시에도 잘 대비할 수 있다. 산업발전 초기 단계에서 비상계획이 수립되면 적은 비용으로 보다 효과적인 대비를 할 수 있다.

'국가비상대비처' (ÖCB)가 바로 이에 관한 정책형성을 매우 중요시하며 사회의 다양한 관심사항을 반영하여 비상계획을 세우는 데 관심을 갖도록 하는 기관이다. 산업과 행정부 내의 의사결정자들에게 이런 내용을 깨닫게 하는 일에서부터 민간부문의 대비책을 향상시키는 일에 이르기까지 ÖCB가 해야 할 일인 것이다.

나. 국가비상대비처의 임무

국가비상대비처는 Överstyrelsen för Civil Beredskap (ÖCB)로서 영어로는 'The Swedish Agency for Civil Emergency Planning' 혹은 'The National Board of Civil Emergency Preparedness' 라고 번역되며, 평상시의 긴급사태나 전시에 대비하기 위한 비축제도 관장 기관이다.

이 기관의 주요 임무는 민방위의 관리 및 조정, 산업용 물자공급, 수송, 그리고 평화를 위한 준비이다.

다. 국가비축물자의 구매절차

비축물자의 구매절차는 '정부구매규정'(Provisions Relating To Government Purchase)과 'EU-Regulations'에 의거하고 있으며, 이 규정의 기본원리는 구매가 상거래 방식에 의해 수행되어야 하며, 모든 공급자들은 어느 누구도 특혜없이 똑같은 방식으로 대우되어야 한다는 것이다.

이 규정은 공공기관에 대한 물품공급에도 적용된다.

① **구매방법** : 경쟁입찰, 수의계약(협의구매), 직접구매가 있다.
② **계약절차** : 구매요청 → 입찰제의 → 입찰 → 계약 및 납품지시 → 납품 및 창고에 입고 → 대금 청구 및 지불

라. 국가비축물자의 보관

1) 비축물자의 정부소유창고 장기보관

① **비축물자 보관대상** : 수명이 긴 물자, 무겁고 부피가 큰 상품, 그리고 비축의 주대상물자(예 : 금속)이다.
② **비축물자 보관장소** : 정부소유 비축기지(리타리타 등 전국 8개소)에 보관한다.

2) 비축물자 교체보관

① **근거** : 보관 및 갱신협정에 의거
생산업체는 협정조건과 일치하여 비축품목을 저장하고 교체한다. 그 외 보상문제, 비축품목의 안전유지, 갱신관행, 비축품목의 양, 보고 및 통제, 벌칙조항, 협정기간 준수, 그리고 협정종류의 관행이 있다.
② **대상** : 연간 1~2회를 주기로 교체하여야 하는 물자로 교체에 따른 운송비용이 적을 때에 적합하다.
③ **보관장소** : 정부소유창고에 보관하나 동 물자를 사용하는 생산업체와의 합의를 통하여 일정 기간을 두고 교체한다.

3) 비축물자 교체 및 협정보관(특수저장)

대상은 자주 교체보관을 해야 하거나, 환경적 적성이나 다른 사유로 특별한 취급을 하여야 하는 물자이다.

보관장소는 산업체이다.

4) 보관방법의 장 · 단점

구분	비축기지 보관	산업체 보관
장점	통제가능	최신물자 비축
단점	비축물자의 노후화 위험	비축물자 대여의 위험

5) 자료처리

① 구매, 보관, 대금지급, 기록 등 모든 업무처리가 컴퓨터화되어 통합 관리한다.

② 구매지시서는 컴퓨터 단말기에서 발급되며 납기, 송장일자 등이 입력되고 이런 입력으로부터 재고현황, 예산기록 및 회계기록 등이 재작성된다. 따라서 모든 결과를 컴퓨터 단말기로부터 얻을 수 있다.

마. 국가비상대비처의 비축규모

1) 비축규모

스웨덴의 비축규모(1990년대)는 국가안전보장의 이유 때문에 구체적 품목별로는 공개되어 있지 않고 단지 품류별 금액으로만 제시되어 있다.

산업용 비축규모 (단위 : 백만불)

품류별	구매가	시가
섬유류	25	30
화학약품류	80	120
금속류	75	130
계	180	280

2) 비축현황

1990년대 말의 비축 품목은 금속 합금, 수입 화학제품, 고무 및 플라스틱 원료 등으로 구성되어 있으며, 비축 총액은 6억 SEK인데, 이 중에서 금속(크롬, 알루미늄, 아연, 니켈)이 3분의 2인 4억 SEK, 프로판 가스가 1억 5천 SEK, 나머지는 고무, 플라스틱, 아스톤 등이다.

바. 21세기의 국가비상대비처(ÖCB) 역할

1999년 3월 8일에서 10일까지 수도 스톡홀름에서 "밀레니엄 날짜 변경 문제와 위기관리" 라는 주제로 '평화를 위한 협력 세미나' (the Partnership for Peace-Seminar)가 ÖCB 주최로 열렸다.

이 세미나의 목적은 2000년의 이슈와 위기관리를 위한 상호협력의 준비와 계획을 증진하는 것이다. 이것은 국제협력과 동반자 관계를 촉진하기 위한 것으로 여러 가지 경험, 방법, 문제, 해결책 및 대안의 공유를 통하여 Y2K 인식을 강화하기 위함이었다. 동 세미나에서는 또한 다음과 같은 내용이 발표되었다. ÖCB는 평시에 민방위 위기계획과 동등하게 한다. 민방위 임무는 시민의 보호, 주요 공급물자를 확보하고, 가장 중요한 공공기능을 안전하게 하고, 총체적 사회능력을 강화하는 동시에 평시에도 심각한 국가 긴장에 대비하여 자원을 공급하는 것이다. ÖCB는 비상대비 분야에서 국제평화 증진과 박애주의 활동에 동참한다. ÖCB는 NATO에 있어서 선진국가 비상대비 위원회를 대표한다.

제2절 스위스

1. 개관

스위스는 유럽 중부에 위치한 연방국가로서 한반도 면적의 약 5분의 1밖에 되지 않는 작은 국가이다.

그러나 유럽의 중심지라 일컬어지는 알프스 산지에 위치하며, 영세 중립국으로서 세계에서 가장 부유한 국가 중의 하나이다. 부존자원은 별로 없지만 시계, 디젤엔진, 가스터빈 등의 기계 제작과 약품, 화학, 염료, 보석가공 등이 유명하다.

2. 스위스의 비축제도 개요

가. 비축제도의 연혁

스위스의 비축제도는 역사적으로나 법적으로 국가 비상시에 대비한 예비 조치적인 성격을 가지고 있으므로 일반적인 경제안정보장의 성격은 희박하다고 할 수 있다.

그러나 비축의 실시권자는 정부와 비축계약을 체결한 민간으로서 이 점은 미국 및 기타 국가의 제도와 차이가 있다고 볼 수 있다. 스위스의 이러한 비축제도는 스위스가 오래전부터 영세 중립국의 입장을 천명해 왔으며, 이 중립정책을 유지하기 위한 수단의 하나로 실시하고 있다고 볼 수 있다.

이러한 비축제도는 1938년에 도입되어 1939년부터 실시되었다.

나. 비축제도의 법적 근거

스위스 연방 헌법(Swiss Federal Constitution) 제37조 "생활필수품 및 용역의 심각한 부족으로 인하여 국가경제가 자력으로 이를 극복할 수 없는 경우, 국익이 된다고 판단되면 연방정부는 자유무역 및 자유산업 운용원리에 반하여, 이러한 물품 및 용역을 확보하고 국가경제방위에 있어서 예비조치를 할 수 있는 관련규정을 제정, 운용할 수 있다." 라는 규정에 의거 비축제도를 운용하고 있었다.

스위스의 비축제도는 전쟁으로 인한 경제봉쇄와 수입(공급)로의 교란, 국내정세의 혼란 등에 대비하기 위하여 군과 민간이 일정 기간 동안 수입에 의존하지 않고 분산 비축된 재고 물자로 유지할 수 있도록 지원하기 위하여 발족하였는데 이는 국가안전을 보장하고 국가비상사태에 대비하기 위한 것이었다.

스위스의 연방 헌법은 1999년에 대폭 개정되었는데 그의 특징은 영세 중립국이지만 여전히 국가안보의 확보와 군대를 보유한다고 되어 있으며, 특히 연방헌법 제76조에는 수자원 조항이 있는데 요약하면 다음과 같다. (1) 연방 차원 : 수자원의 합리적인 이용, 보호 및 수자원의 유해 작용 방지, (2) 연방 차원 : 수자원 보존, 이용, 에너지 생산 및 냉각수의 이용과 수자원의 순환작용, (3) 연방 차원 : 수자원의 보호, 적절한 잔류량의 유지, 하천 정비, 댐의 안전 및 강수량 조절과 관련된 조치들에 관한 법률 제정, (4) 주 차원 : 수자원을 보유, (5) 연방 차원 : 해당 주와 협조 하에 국제적인 수자원에 대한 권리에 대한 규정.

이는 인류의 생명 젓줄인 수자원에 대한 비축정책을 중요시한 대표적 국가의 사례라 할 수 있다.

다. 비축제도의 목표

자유주의 경제체제 하에서는 어느 국가든지 모든 경제운영은 자율적인 시장경제 기능에 맡겨두는 것이 기본정책인 것과 마찬가지로 스위스의 기본정책도 이와 같으나 워낙 자원이 부족하고 경제구조나 자연조건상 취약한 부분이 많기 때문에 심각한 자원부족이나 파동 등으로 인하여 발생하는 문제점을 사전에 해소하고 안정적인 자원공급을 위하여 비축제도를 운영하고 있다.

라. 비축규모, 대상품목 및 보관시설

1) 비축 규모

스위스의 비축 규모는 1997년 말 현재 의무비축의 시장가격은 약 5천 7백만 스위스프랑이며, 이는 스위스 국민의 정상 소비액의 6개월분이며, 비축 목표는 1~2년분이다.

2) 비축대상 품목

스위스의 비축대상 품목은 알루미늄, 동, 니켈, 금속, 연료, 식료품, 약품, 화학품 등 다양하다. 비축은 의무비축과 임의비축으로 대별하는데, 의무비축 품목과 의무비축 방법을 보면 다음과 같다.

① 의무비축 품목

설탕, 쌀, 식용유 및 유지류, 코코아, 커피, 차, 곡물, 사료, 종자, 연료 경난방유, 석탄, 항생물질, 비료

② 의무비축 방법

- FONES에서 비축품목과 비축량을 결정
- FONES에서 비축대상업체 선정
- FONES와 업체 간 비축 계약체결
- 계약업체는 통상적인 자사의 비축량 외에 FONES와 계약한 비축량을 별도로 계약서에 명시된 기간 동안 비축, 보관한다.

③ 농산물 의무비축 현황

스위스 농산물 등 의무비축의 종류로는 설탕, 쌀, 식용유 및 유지류, 사료, 곡물, 석유, 디젤유, 경난방유 및 항생물질 등이다.

3) 비축물자 보관 시설

스위스는 전국에 산재해 있는 창고에 비축물자를 분산 보관하고 있는데, 비축업체 창고에 80% 임대창고에 20%를 분산 보관 관리하고 있다.

마. 비축 마당 조직 및 운용

스위스의 비축은 '연방 경제부' 내의 '연방국가 경제조달처'에서 담당하고 있다. 스위스의 '연방국가 경제조달처'(the Federal Office of National Economic Supply : FONES)는 다음과 같이 5개실로 구성되어 있으며, 각 실의 직원은 분야별 전문가들로서 시간제 자원 봉사자들로 구성되어 있다.

1) 식량조달실(the Food Supply Office : FSO)

식량과 사료공급의 안정성 확보

계속적인 안정적 농산물 공급을 위해 필요한 행정조치 및 계획

2) 산업실(the Office of National Industry : ONI)

산업용 원자재, 산업용 중간자재 및 완제품, 에너지 등의 안정적 공급

3) 운수실(the Transport Office : TO)

스위스 국내의 내륙수송, 해상운송, 항공운송 등에 대한 안정성 확보

4) 인력공급실(the Office of National Manpower Supply : ONMS)

국가경제조달에 필요한 인력공급 확보

5) 전쟁보험실(the Office of National War Insurance : ONWI)

전쟁위험의 보험에 관한 업무를 담당하고 있으며, 연방 비상 상황에 대처하기 위하여 공공이익에 기여한다면 정부는 영업의 자유를 제한할 수 있다고 규정하고 있다. 이 규정은 국가경제방위의 분야에도 적용되며, 필수적인 물품과 용역을 민간 부문이 감당할 수 없는 심각한 부족 상태에 빠졌을 때 그것의 국가 공급을 보장하는 데까지 확장하여 적용될 수 있다. 이것은 연방 정부가 사전에 특별한 관리 조치를 할 수 있다는 것을 의미한다.

'국가경제조달처' 는 결코 구조정책, 경제정책 또는 에너지 정책에 영향력을 행사하는 데 이용되어서는 아니된다. 그것은 전적으로 어떤 시기의 경제 상황에 의해 지배되는 예비 체제일 따름이다.

3. 스위스의 위기 대비와 비축

가. 국가경제 공급 확보책

1) 비축 유지

비축을 유지한다는 것을 일반적으로 말하면 민간부문에 관한 문제이다. 정부에 의한 예비 조치들은 민간부문의 조치들을 보완하기 위하여 설계되었다. 충분한 양을 스위스 안에서 구할 수 없는 필수적인 물품들의 안정적 공급은 주로 적절한 비축유지제도에 의해서 이루어진다. 이 의무비축제도는 민간부문과 정부 간의 협력에 기반을 두고 있다.

각 수입자는 의무비축계약을 하여야 한다. 특정적으로 규정된 수준에서 의무비축을 유지하여야 한다. 수입허가는 이에 대해서 조건부이다. 1990년대 말에 스위스에는 약 60억 스위스프랑(항생물질, 식료품, 휘발유, 비료, 종자, 비누와 세척제, 석탄 등)의 의무비축이 있다. 평균적으로 의무비축 금액은 약 6개월간의 정상적인 소비량에 해당한다.

저장비용과 가격위험은 의무비축을 유지해야 하는 사람들에게는 경제적 부담이다. 그러한 비용을 충당하기 위하여 수입자들은 지부기준으로 협력단체를 만들어 그들의 수입에 비례하여 공동계정에 분담금을 낸다. 저장비용은 이 계정에서 지불된다. 이 분담금의 원가는 전부 또는 일부가 소비자에게 전가된다. 예를 들면, 식료품에 대해서는 1인당 연간 8스위스프랑이 부과되고 휘발유는 리터당 1상딤(100분의 1 스위스프랑)을 약간 상회한다.

연방정부 측에서는 은행대부를 보증함으로써 의무비축 금융을 촉진시킨다. 은행에 보증을 제공하는 이 연방제도를 통하여 의무비축을 위한 대부가 시중보다 유리한 이율로 이루어진다. 이에 추가하여 연방정부는 계약기간 동안 비축을 유지하는 사람들에게 세금 특혜를 제공한다. 그것은 의무비축의 금액은 면세될 수 있다는 뜻이다.

'비상비축' 혹은 '가정비축' 이라는 이름 아래 개인가정에서 비축을 유지하는 제도를 접했을 것이다. 연방국가경제조달처는 가정비축의 목적과 구성에 관한 여론을 알리기 위하여 특정 집단을 대상으로 한 캠페인을 수행한다. 1～2년 전에 실시된 조사에 의하면 가정의 80%가 3주간 지탱할 수 있는 식료품 비축을 소유하고 있는 것으로 나타났다.

2) 생산지도

생산지도란 생산을 증가시키거나 생산품을 변경시키는 조치를 의미한다. 예를 들면, 사치품의 제조나 생산의 금지가 있을 수 있고, 회사는 자기가 보유하고 있는 원자재를 필수적인 물자의 생산에 사용하도록 강제될 수도 있다. 또는 우유로 요구르트와 아이스크림을 만들고 감자로 칩을 만드는 것과 같이 가치 있는 식료품의 정제가 에너지 사용과 영양가에 미치는 영향을 이유로 금지될 수 있다.

필요한 경우 식료품 공급을 확보하기 위한 목적으로 생산을 증가시키거나 생산품목을 변동시킬 의무를 농업부문에 부과할 수도 있다. 이것은 생산관리의 전형적인 형태의 하나이다. 참으로 농업을 계속할 수 있다면 국내 생산의 변화는 상당히 공급을 개선할 수 있다. 그러나 스위스의 농업은 종자, 비료 및 살충제와 같은 생산지원이 가능한 경우에 한해서 이것이 가능한 입장에 서게 된다는 것을 잊지 않아야 한다.

3) 소비관리

소비지도의 목적은 소비를 줄이고 의무비축 물자와 생산된 상품(그리고 상황에 따라 아직도 가능한 수입품)을 전국적으로 공정하고 균등하게 분배하는 데 있다. 이런 목적으로 이용될 수 있는 2가지의 고전적인 수단은 할당과 배급이다.

'할당' 은 수입이나 무역 수준에서만 적용되고 있기 때문에 상대적으로 빨리 그리고 큰 행정 비용없이 도입될 수 있다. 도매상과 소매상에 대한 공급은 과거의 특정 기간과 비교하여 단순히 줄어든다. 줄어야 될 공급 비율은 연방정부가 결정한다. 할당제의 단점은 상품이 수요자에게 배분되는 방법이 통제되지 않는다는 것이다.

'배분' 에 있어서 한 품목이나 제품의 특정 규모는 연방정부가 배분표를 사용하여 각 개인에게 배분한다. 이 제도의 장점은 각 개별 소비자가 각자의 배분을 받기 때문에 사회적으로 공평하다는 사실에 있다. 반면에 단점은 행정비용이 많이 소요된다는 데 있는데 이것은 장기간의 준비기간이 불가피하다는 것이다. 소비지도에 포함되는 추가 조치는 소비의 실질적인 감축을 이룩할 수 있는 금지이다. 제리캔 제작, 일요일 자동차운행 또는 비행, 사우나와 수영장 등의 운영을 금지하는 것이 이러한 예이다.

그리고 마지막으로 지원조치들이 있다. 이 조치들은 할당이나 분배의 효과를 지원하는 데 이용될 수 있는 수단들이다. 예를 들면 고속도로의 속도제한을 줄이는 것이다.

4) 용역

국가경제공급처의 명령이 이행되는 것을 확보하기 위해서는 다양한 용역이 영구적으로 이용 가능해야 한다. 먼저 필수적인 물품이 스위스로 들어오고, 다음에는 스위스 전역의 판매지점에 배분될 수 있도록 하기 위하여 적절한 수송수단이 필요하다. 이것은 국내외에서 도로, 철도, 수로 및 항공의 적절한 수송이 보장되는 것을 확실히 하기 위하여 여러 가지 조치들을 이용하여야 하는 것을 뜻한다. 이 분야는 국가경제공급의 목적을 위하여 스위스 해양 상선대에서 스위스 내에서 2만 대 이상의 상품 운송차량의 확보를 위한 지원조치까지 확장된다. 연방정부는 이 모든 운송 수단을 보험에 부보할 수 있도록 하는데 민간 보험업자가 전쟁을 이유로 보험 부보를 거절할 때 이 보험제도가 운용되게 된다.

국가경제공급에 필요한 노동력이 확보되는 것을 사전에 보장하기 위하여, 이에 필요한 충분한 인력을 현역 또는 민방위 근무에서 면제시키는 수단들이 있다. 예를 들면, 그러한 면제는 여러 분야 중에서도 컴퓨터, 보건위생 및 농업분야에 적용될 수 있다. 이에 추가하여 필요하다면 특정 업무 집단의 인력을 소집하거나 강제 근로봉사를 발동하는 법령을 발효시킬 수 있다. 이 근로봉사 수단은 고용되지 않았거나 더 이상 고용되지 않을 사람들로 노동력을 대체할 의도이다. 또한 이 제도는 피고용자를 국가 경제 공급을 확실히 하는 데 필요한 작업장소로 이동시키는 것을 허용한다.

5) 기타 조치

기타 조치로는 2가지로 요약하여 기술한다.

어떤 제품이 국내소비에 사용되거나 외국과의 거래를 상쇄하는 데 사용되는 것을 확실히 하기 위하여 수출제한이 적용될 수 있다. 그런 경우에 수출은 정부허가가 있어야만 가능하다.

공급장애를 일으키는 위기의 시기에는 어떤 가격조치들을 필요로 한다. 최고 가격을 설정하는 권한을 포함하여 가격을 감시하는 수단들이 여기에 해당된다.

나. 의무비축제도

의무비축제도는 민간경제와 공공경제 부문 간의 협조를 기본으로 한다. 이 협조체제는 국가공급처가 대표하는 연방정부와 경제의 다양한 영역에서 운영되는 사기업 간에 비축계약의 체결에 있어서 실질적인 형태를 취한다. 이 회사는 계약에 명시된 기간 동안 계약에 규정된 수량과 품질의 의무비축 물품을 정상재고 이상으로 유지하여야 한다. 또한 그들은 그러한 비축 물품을 정당하게 관리하고 정상적인 간격으로 교체할 것을 보장한다. 의무비축은 항상 사기업의 재산으로 연방정부에 속하지는 않는다.

연방정부는 그 민간 부분에 3가지의 우대를 해준다.

첫째, 의무비축을 형성하는 물품 획득에 대하여 기업은 연방정부가 보증하는 은행 신용대부를 얻을 수 있다. 연방정부의 보증 때문에 이 신용대부는 시중에서 정상적으로 이루어지는 신용대부보다 낮은 이율인 '런던은행간금리' (LIBOR)가 적용된다. 이 보증에는 어떤 약속이 있다. 만일 회사가 파산한 경우에 신용대부를 갚을 수 없다면 연방정부가 대부금을 은행에 갚고 계약상 물품의 소유권을 가지게 된다. 그런 경우에는 정부가 그 돈을 회수하기 위하여 그 물자를 판매하는 것은 연방경제조달처에 달려 있다.

둘째, 재정분야인데, 비용탕감은 연방정부의 직접세와 주의 소득세와 일치한다.

셋째, 당국이 규제명령을 하여야 할 물자가 공급 장애에 처하였을 경우 적어도 의무비축의 50%는 그 물자를 보유하고 있는 회사 자신이 사용하기 위한 용도로 또는 적절하다면 그 회사의 근로자용으로 처분할 수 있도록 계약이 보장한다.

다. 기본 식료품의 의무비축

연방경제 공급법은 모든 기본 식료품의 의무비축을 규정하고 있으며 이들 품목의 수입에는 수입허가를 필요로 한다. 그래서 법은 경제조달처와 의무비축 계약을 체결해야 하는데 이것이 수입허가를 받을 수 있는 유일한 방법이다. 경제공급을 위한 수입허가제도는 WTO협정에서 무역장벽으로 지정되지 않았다.

기본 식료품 의무비축의 실제 상황은 다음과 같다.

의무비축량은 정상적인 소비의 평균 6개월분이다. 의무비축은 의무비축물자를 소유하는 회사의 창고나 임대 창고에 저장할 수 있다. 창고는 스위스 전역에 걸쳐 있을 수 있으며 특히 기본 식료품은 사기업에 의해서 전국적으로 분산되어 있다.

농산물 의무비축의 시장가치는 약 1,038백만 스위스프랑이다. 1996년에 농산물, 에너지 및 화학제품과 더불어 모든 의무비축 유지비는 380백만 스위스프랑이었다. 그것은 각 개인당 연 54스위스프랑에 해당된다. 농산물 의무비축 유지비는 각 개인당 연 20스위스프랑으로 138백만 스위스프랑이었다. 만일 수입허가를 받은 사기업이 기본 식료품을 수입한다면 특별 수입부담금을 지불해야 한다. 이런 모든 수입부담금은 의무비축 원가에 전가된다. 수입부담금을 지불해야 하는 수입자는 이 모든 비용을 소비자에게 전가한다. 의무비축의 모든 비용은 스위스 경제의 민간부문이 부담하고 최종적으로 의무비축을 구성하는 모든 상품의 소비자들이 부담한다.

각 의무비축은 적어도 일년에 한 번 경제조달처의 직원이나 승인된 신탁회사의 직원에 의해 통제될 것이다. 통제의 목적은 의무비축의 양과 질이 계약조건과 일치하는가를 확인하기 위한 것이다. 일반적으로 상품의 품질에는 문제점이 없다. 서두에서 언급한 바와 같이 모든 의무비축은 사기업의 소유이다. 그래서 의무비축을 교체할 때 시장에 그 물자를 판매하여야 하기 때문에 항상 모든 상품의 품질을 우수하게 유지하는 것이 그들 자신의 이익이다.

4. 스위스의 비축제도 필요성

가. 원자재의 상황

스위스 생활의 다른 영역에서와 같이 스위스 국민은 국가의 경제적 공급 발전에 의존하고 있다. 스위스에 대한 직접적인 군사적 · 정치적인 위협은 현재로선 있을 것 같지 않다.

반면에 지역적 분쟁은 다음과 같은 이유로 스위스에 대한 물자 공급에 간접적인 위험을 초래할 수도 있다.

(1) 스위스의 중요한 기초 원자재와 에너지의 공급원이 관련 분쟁지역이 될 수 있다.
(2) 이 분쟁지역이 기초 원자재와 에너지 수송에서 매우 중요할 수 있는데 원유와 천연가스의 공급에 있어서 특히 그러하다.

물자 공급의 안전성은 장기적으로는 점점 더 다른 위협에 의해서도 역시 영향을 받을 수 있다. 즉 세계적으로 원자재, 식품 및 에너지의 고갈이 다음과 같은 사유로 점증하고 있다.

(1) 기술적, 환경적 위험
(2) 인구 폭발
(3) 인구 이동
(4) 담수량의 저하
(5) 기후변화
(6) 자연재해

예를 들면, 사막화, 한발 및 급속한 토양 척박화의 진행은 광범위한 결과를 가지고 전개된다. 오늘날 이러한 이유로 이용가능한 지표면의 44분의 1이 생물학적 토양 잠재력이 축소되게 된다. 사막화는 약 10억 인구에 영향을 미치고 있다. 이 피해는 보통 인간적 요인으로 발생하지만 때로는 강우량의 부족과 기후의 변동에서 기인되기도 한다.

나. 원자재의 해외 의존 형태

오늘날 해외로부터 도입되는 사료, 종자, 비료만의 지원으로 제조할 수 있는 제품을 제외하고 스위스에서 소비하는 총 칼로리의 약 65%를 스위스에서 생산되는 농산물로 충당한다. 식료품(쌀, 세몰리나, 커피, 코코아, 설탕, 식용유 등)의 나머지는 전부 혹은 일부분이 수입되어야 한다. 이것은 스위스가 스스로 충분한 식료품 기반을 구축하지 못하였다는 것을 뜻한다.

스위스는 원자재가 없기 때문에 에너지를 해외에 의존한다. 석유와 천연가스는 에너지 사용량의 4분의 3에 육박하며 이 둘의 100%가 국경 밖에서 들어온다. 이러한 잠재적 위협이 1970년대의 석유위기와 1991년 걸프전쟁 때 나타났다. 그 경우에 스위스는 에너지 공급을 위해 원유수입에 얼마나 의존하고 있는가를 생각하게 되었다.

스위스는 전력의 약 40% 정도를 외국에 의존하는데 이것은 주로 핵 에너지 제조용 우라늄을 외국에서 수입해야 한다는 사실에 기인한다. 이러한 해외 의존은 지리적 상황과 얽혀 있다. 모든 수입은 효율적인 수송체계를 필요로 한다. 그러나 수송로는 취약하여 스위스가 거기에 영향력을 행사하거나 통제를 가할 수 없다. 예를 들면, 송유관이 쉽게 방해받을 수 있다. 라인강의 항해가능성이 얼마나 갑자기 방해받을 수 있는가는 수면이 높거나 낮을 때 또는 심각한 돌발사고가 있을 때마다 잘 보여주고 있다.

위에서 설명한 해외 의존의 형태에 영향을 미치는 경제정책의 3가지를 간단히 부가할 수 있다.

① 생산시설의 해외 이전

회사들이 점진적으로 그들의 제조시설을 국경 밖으로 이동하고 있다. 항생제, 자동차 타이어 그리고 신발이 그 예이다.

② 낮은 재고 수준

많은 회사가 비용을 이유로 재고 유지를 중지했다. 재고는 즉시기준(Just in Time Basis)으로 매일 공급된다.

③ 한편으로는 국제기구(예 : 국제에너지기구)의 통합이 스위스에 안전을 제공하지만 그것을 결속을 위한 협정의 일부로 소비를 줄이도록 강요하기도 한다.

제3절 프랑스

1. 개관

유럽 남서부에 위치한 프랑스는 한반도의 2.5배 정도 크기의 면적을 가진 국가이다. 프랑스는 18세기 이후 현재까지 문화적으로나 국제정치적으로 대국이며, 프랑스 국민은 외국인에게도 프랑스어 이외의 언어로는 의사소통을 하지 않을 정도로 모국어를 사랑하는 국민이기도 하다. 프랑스는 핵개발에도 선두의 위치를 차지하였고 군사력에도 강한 신념을 지닌 국가이다.

프랑스는 전통적 농업국으로 밀과 우유의 생산량은 유럽에서 선두를 유지하고 있으며, 20세기 후반에는 공업이 현저하게 발달하여 독일, 영국 다음의 공업국이 되었다. 철광과 보크사이트의 생산이 상위권에 속하고, 철강 · 기계조립 · 화학 등이 크게 발전하였고, 직물 · 사치품 등의 전통적 공업도 활발하다.

유럽에서는 드물게도 「광업법」의 조항도 길어 제1조에서 제183조까지 되어 있어 부존자원의 중요성과 관리에 철저한 대비를 하고 있다.

2. 프랑스의 비축제도 연혁 및 비축정책의 기본원리

가. 비축제도 연혁

프랑스의 전략 비축제도는 다른 선진국보다는 다소 늦은 1973년에 시작되었다.

물론 역사적으로 보면, 광물 자원의 안정적 확보를 위한 프랑스의 장기 전략은 구 프랑스령 식민지의 독립 당시까지 거슬러 올라갈 수 있다.

프랑스 정부는 구 식민지에서 광산회사의 활동을 촉진시키고, 지원하는 것을 자원정책의 중점으로 삼았다. 특히, 우라늄의 확보를 위하여 프랑스의 '원자력 위원회' 가 아프리카의 '가봉', '나이지리아' 등 지역에서 적극적으로 채광활동에 착수한 것이 그 예라 하겠다.

이렇게 자원의 안정적 확보를 추진하는 한편 국책회사를 통해서 해외 자원개발을 정부가 적극 지원하였다. 프랑스 국책회사인 'B.R.G.M.' 과 그 자회사인 'S.E.R.E.M.' 은 프랑스령 등에서 채광 및 개발 활동을 하였다.

프랑스 정부는 제6차 경제5개년 계획(1971~1975년)의 마지막 해인 1975년 1월에 1차 산품의 안정적 확보에 관한 중점 시책을 결정하였는데 그 내용은 다음과 같다.

(1) 국내 및 해외 자원의 채광활동 강화, 특히 B.R.G.M.의 활동강화
(2) 비철금속의 전략비축제도 도입
(3) 자원에 관한 연구 강화
(4) 광산업체 또는 관련기관이 내·외 연구활동에 대한 지원
(5) 1차 산품의 소비국, 생산국 특히 개발도상국과의 2개국 간 및 다국 간의 개발협력 강화

이상과 같이 프랑스의 자원정책의 중점은 전략물자의 안정적 확보에 있으며, 이 때문에 국내자원의 개발 및 안정적 확보, 자원절약, 재활용의 촉진 등에 있다. 그리고 이와 병행하여 일시적인 긴급사태에 대비하여 수입의존도가 높은 금속에 대해서

는 국가안전보장의 관점에서 비축을 실시하게 되었다. 1975년 1월에는 예산규모 2백 50만 프랑의 비축을 결정하고 동, 니켈, 연, 아연, 주석 등을 구매, 비축하였다. 비축 목표량은 연간 소비량의 2개월분으로 하고 10년 동안에 이 목표를 달성한다는 것이었다. 그러나 첫 번째의 구매비축 이후 재정적자로 인하여 1976년부터 1979년까지 비축 목표량의 달성에 필요한 예산조치를 강구하지 않으면 아니되었다.

1978년 말의 이란전쟁으로 야기된 제2차 석유위기를 계기로 1979년 1월 프랑스 정부는 비축에 필요한 자금 3억 5,000만 프랑의 조달에 관한 구체적인 검토를 시작하였다. 그 결과 1980년 7월에 '프랑스 금고' (Caisse Francaise de Matieres Premieres : CFMP, 일종의 비축은행)가 설립되었는데, 이 CFMP는 정부보증의 채권을 발행하여 필요한 자금을 확보하여 비축자금으로 융자하는 것을 주임무로 한다.

비축물자의 매입 및 방출은 '비철금속 수입조합' (GIRM)이 담당하게 되었다.

제8차 계획(1981~1985년)에는 자원정책에 있어서 자원절약의 촉진, 국내자원의 개발이용, 비축제도의 확충, 산업 소비국 간 협력의 추진과 같게 중요 항목으로 받아들이고 있다. 프랑스는 서구 제국 중에서도 가장 광물자원의 혜택을 받고 있는데 철, 알루미늄, 니켈, 우라늄, 연 등에 있어서는 자급체제가 확립되고 있다. 그렇지만 국내자원의 개발에 있어서는 기존의 광산이 자원적인 조건이 악화되고 있고, 그의 경제성은 수입광석에 대하여 상대적으로 저하하고 있다.

한편 제1차 석유파동 이래 프랑스의 경제도 장기적인 후퇴에 빠져 비철금속의 소비는 낮은 수준에 머므르고 있다. 이는 동시에 프랑스 광산업계의 활력을 현저히 약화시키고, 장기적인 자원안정 공급을 고려한 경우 탐광 및 개발에의 저수준 투자는 매우 중대한 문제가 되고 있다. 이를 위해 전술한 제7차 기본 정책에는 BRGM의 기능, 활동을 확충하는 것으로 재정적 조성을 강화하고 선행투자의 확대를 도모하는 것으로 광산산업협력협회(Sociéte de Coopétrtion Minieretet Industrielle : SOCOMINES) 등의 국책회사를 설립하고 국내 · 외에서의 투자 강화를 도모하고 있다.

나. 비축정책의 기본원칙

프랑스의 자원정책은 다른 국가와는 달리 강력한 자립의식에 의한 현실주의에 입각하고 있다는 것이다. 이것은 국제연합(UN) UNCTAD 1차 산품회의에서 프랑스의 입장, 원자력 개발에 대한 독자적인 입장 등에 나타나고 있다.

자국의 안정은 자국민이 수호한다는 국민의식이 자원정책의 기본원칙이 되었으며, 자원의 안정적 공급에 대한 불안과 국가안전보장의 견지에서 비철금속의 비축제도가 도입되었다.

이러한 원칙 하에 비축대상 품목은 국가안보 측면에서 정확히 밝히고 있지는 않으나, 구 자이레의 공급위기를 고려한 코발트와 (핵 연료인 사이클로트론에 필수적인) 지르코늄 구입 등에 정부는 특별한 관심을 나타내고 있는 것 같았다.

프랑스의 비축은 국가안전보장의 측면에서 단기적인 긴급위기에 대처하기 위하여 실시된 것으로 독일의 비축과는 달리 민간비축을 요구하지 않고 있다. 이 때문에 비축물자의 소유권은 국가에 속하고, 방출은 원자재 구입이 중단되어 경제가 타격을 입을 것으로 예상되거나 기업의 평상시 산업활동이 큰 지장을 받을 위험성이 있을 때에 이루어진다.

3. 프랑스의 비축제도

가. 비축제도의 개황

프랑스의 비축제도는 자원의 안정적 확보에 관한 제6차 기본계획(1971~1975년) 수립 시에 일시적 긴급사태에 대비하여 수입 의존도가 높은 광물자원을 국가안전보장의 관점에서 도입된 것이나 1975년 1월의 제7차 기본계획 책정을 위한 관계각료회의에서 기본체제가 결정된 후 동년 3/4분기부터 비로소 비축물자의 구매가 시작되어 오늘에 이르고 있다.

나. 비축 목적

프랑스의 비축 목적은 국가안전보장을 기초로 하고 있으나, 전략산업이 어려움에 처했을 때 이를 해소하기 위한 경제안정보장 전략이기도 하다. 그러나 경제안정보장 목적보다는 국방 전략목적에 더 많은 중점을 두고 있다.

다. 비축담당 기관

프랑스의 비축담당 기관은 재무부와 과학기술산업부의 위원으로 구성된 '광산물 국가비축관리 위원회' 이다. 1980년부터 1996년까지는 프랑스 원자재 기관(Caisse Francaise des Matieres Premieres)이 비축물자를 관리하였으나, 1997년 1월에 비축물자를 판매하고 해체되었다.

라. 비축대상 물자

프랑스의 비축대상 물자는 수입 의존도가 높은 동, 아연, 연, 니켈, 코발트, 크롬, 텅스텐, 몰리브덴, 수은 등 약 30종이다.

마. 비축 목표

프랑스의 비축 목표는 국내 소비량의 2개월분을 구매, 비축하고 있는데 상세한 내용은 알려지지 않고 있다. 비축 총액도 현재로는 명확히 확인되지 않고 있으나, 1985년에 40억 프랑으로 보아 1990년대 말에는 그의 2배 이상에 해당하는 금액이 되지 않을까 추산되기도 하였다.

프랑스 정부는 비축량은 '엄격하게 비밀을 지키지 않으면 안 되는 사항' 이기 때문에 공표를 금지하고 있는데 그 이유는 다음과 같다.

(1) 비축 필요량이 리스크와 국내 소비에 따라 항상 변화하고 있는 점

(2) 국가의 매입, 매각에 따라 상품시장에 혼란을 초래하여서는 안 되는 점

(3) 가장 중요한 것은 국가의 비축내용을 공표하면 수요자가 자기재고를 감축할 가능성이 있다는 점

바. 비축 예산액

프랑스의 비축예산 총액도 보안상의 이유로 확인되지 않고 있으나, 1975년 예산은 전액 국비(일반회계)로 2억 5천만 프랑이었으나 그 당시에도 발표되지 않은 부분이 많아서 명확하지 않았다.

사. 비축제도 운영

비축제도 운영에 관한 최고의사결정 기관은 재무부 및 과학기술산업부의 관계국 간부 6명으로 구성된 '광산물국가비축관리위원회' (Le Comité de Gestion de Stock Nationale de Materieres Minerals)에 있다. 따라서 본 제도는 정치적 결정에 의하고 의회에서는 예산상의 뒷받침이 행하여지며, 본 제도를 위한 특별한 법률은 존재하지 않는다. 동 위원회의 의장은 과학기술산업부의 광산국장이며, 비축량, 비축시기 등의 중요한 문제의 결정은 이 위원회에서 행하여진다. 본 위원회의 사무국은 광산국으로 이를 위해 특별기관이 설치되고 여기서 필요한 정보수집, 자료의 작성을 하고 위원회에 제출한다.

동 위원회의 결정에 따라 민간기관인 '비철금속 수입조합' (GIRM)에 의하여 비축이 실시된다. GIRM은 비축물자를 대량 매입하고, 보관 등 비축에 필요한 업무의 일체를 정부에서 위탁하고 있다.

GIRM은 제2차 세계대전 직후 광물자원의 안전확보를 도모하기 위해 설립된 기관으로 이의 주된 출자자는 광업회사, 금속협회(Chamber Syndicate des Mines et Metaux), 금속가공협회(Chamber Syndicate de Forge Production de Fer)가 주 멤버로 되어 있는 민간기관이나, 1990년대 국가비축의 경우나 국가의 위탁에 의한 활동이 많아지고 있어 프랑스 자원정책의 중요한 담당기관으로 되어 있다. GIRM

업무의 대부분은 동 수입으로 프랑스 동 수입의 약 60%가 동 조합에 의해 이루어진다. GIRM은 상업기준에서의 비축도 행해지고 1976년 10월에는 4만 6천 톤의 동을 보유하였다. 비축물자의 보관에 있어서는 GIRM이 민간의 영업창고를 사용하고 있다. 그러나 장래 비축 목표가 달성되는 단계에서는 전용창고가 필요하다고 생각한다.

비축과 관련 매입, 방출 등의 구체적인 사업계획에 있어서의 상세한 내용은 불분명하지만, 매입에 있어서는 비교적 소량의 물자이고 시장에 대한 영향은 작은 것이라고 생각되고, 정부로서도 국가의 재정상태, 가격수준, 장래의 전망 등을 감안하여 적의적증한 여러 방침이 있다.

본 제도에 대하여 프랑스 민간기업의 반응도 같은 맥락이다. 비축제도는 국가안전보장을 중심으로 하고, 양도 제한, 시장에 끼치는 영향이 작아야 한다는 것이다. 또한 제도의 운영은 민간의 의향을 반영하지 않는 것은 아니지만, 광산국에서는 비공식적으로 민간의 의견을 경청하여 실시하고 있다. 또한 방출에 있어서는 공급장애가 발생하는 경우에 실행에 옮겨지고, 단순한 가격앙등, 경제대책 등에는 이용하지 않고 있다. 방출하는 경우에는 일반시장의 시가에서 이루어지고, 1982년까지는 이미 수회에 걸쳐 이와 같은 방법으로 방출한 실적이 있었다. 더욱 비축운영의 주체는 형식적으로는 재무부와 과학기술산업부로 되어 있지만 필요시에는 국방부도 참여하고 있다.

아. 비축업무 절차도

프랑스 비축업무 절차는 다음과 같다.

프랑스의 비축운영 체제

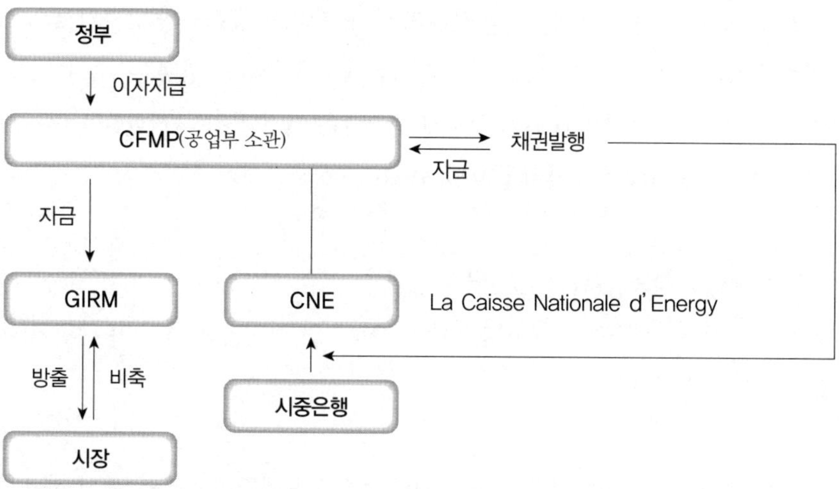

4. 프랑스의 원자재 비축은행(CFMP)

가. 원자재 비축은행의 설립 목적

공무부 장관 앙드레 지로는 1980년 6월 30일 '광물 및 비철금속연맹 위원회' 에서 1980년 6월 26일자로 관보에 발표한 법령에 의거하여 프랑스 원자재 비축은행의 설립에 관한 사항을 발표하였다.

이 비축은행의 설립목적을 밝히기에 앞서 공무부 장관은 비에너지 원자재에 야기될 수 있는 주요한 몇 가지 문제점들을 상기시켰다.

비에너지 원자재의 문제점

원자재에 관한 분야에서는 여러 가지 문제점들이 나타날 수 있고, 이러한 문제점에 미리 대비해 두는 것이 적절한 조치이다. 이러한 문제점들은 다음과 같다.

① 비대체 원자재 공급의 단절

비대체물자의 공급 단절로 인하여 원자재공급을 외국에 의존하고 있는 국가의 가공산업은 파산을 당할 수 있다. 결국 원자재 생산국은 그들의 시장가격에 비례해서 가공생산품에 대하여 관세를 부과하려고 한다. 그러므로 이러한 원자재 공급가격에 의존함으로써 우수한 생산성을 가지고 있음에도 불구하고 경쟁가격을 유지할 수 없는 국가들의 가공산업에 대하여 원자재 생산국은 여러 가지 문제점들을 야기시킬 수 있을 정도로 원자재 수출가격을 높일 수 있다.

② 원자재 가격의 변화가 실현될 가능성

이러한 상황에 직면해서 원자재에 대한 총괄적인 정책이 조정되었다. 그 정책의 중요한 몇 가지 점은 다음과 같다.

- 지금은 금속에 관한 계획이 된 구리(동)에 관한 계획이 1973년부터 사용되었다(금속에 관한 계획).
- 천연 지하자원의 목록이 1975년에 지정되어 1980년까지 경신되었다.
- 원자재의 경제성에 관한 적극적인 정책이 개시되고 있다.

공무부 장관은 "이제부터 장기적으로 미래에 대비하여 준비해 두는 것이 시의 적절한 일이다. 그런 점에서 금속이 많이 포함되어 있는 유괴광맥(癌魂鑛脈)에 관한 전망과 평가와 아울러, 그 광물을 차후 채광하는 데 필요한 기술적 방법의 전망에 헌신적인 노력을 경주시키는 것이 시기적절한 일이다."라고 말하며 원자재 비축은행의 설립배경을 설명하였다.

나. 원자재 비축은행의 내용

이미 1975년에 2억 5천만 프랑의 비품구입 예산으로 '국립 원자재 비축은행'을 설립한다는 것이 결정되어 있었다. 그리고 약 2개월 후에는 원자재 비축은행의 설립을 완결 짓는다는 것이었다. 그 후에는 재정사정의 악화 등의 이유로 1976년부터 1979년까지 4년간은 비축예산이 전혀 계상되지 않았고, 따라서 비축의 적증도 행해지지 않았다. 그러나 1979년 12월 각의에서 지금까지 일반회계에 의거 구매방법을 변경하여 '1차 자원 프랑스 금고'(CFMP)를 창설하여, 금융채권을 발행, 자금을 조달하고, 이자는 전액 국가가 부담하는 조건으로 방침을 변경하였다.

1980년 6월 24일 법령에 의거하여 설립된 이 원자재 비축은행은 국가 비축의 조직과 관리를 담당하였다. 이 원자재 비축은행은 '공무부 장관'의 감독 하에 있다. 그것은 '에너지 및 원자재 위원회'의 대표 이사가 주재하는 이사회와 경제부, 예산부, 외무부, 국방부 및 대외무역부의 대표자로 된 구성원에 의하여 관리되고 있다.

1980~1981년 사이에 16억 프랑(약 280억원)을 구매, 비축하였으며, 1982~1983년에는 18억 프랑 상당을 구매, 비축하였다. 1986년의 비축 총액은 약 40억 프랑이었고 1990년대 말에는 그의 2배 이상 금액으로 추정되었다.

원자재 비축은행에 대한 금융거래에 관한 행정상의 감독기관으로는 국립 에너지은행이 있고 비축물자관리 및 원자재의 매매는 물자 수입국의 감독을 받게 된다.

원자재 비축의 정확한 분포는 프랑스 산업 필수품의 발전 정도와 정치적 목적에 의한 지역 배정에 따라서 그때그때 변할 수 있으나 그것은 비밀에 붙여질 것이다.

5. 프랑스의 원자재 비축정책에 관한 보고서[1]

프랑스의 '원자재 비축정책에 관한 보고서'를 통해 프랑스의 비축정책의 방향을 가늠할 수 있으므로 여기에 참고로 게재한다.

가. 각료회의에 제출한 보고서(1979년 12월 12일)

공무부 장관 앙드레 지로는 1979년 12월 12일 다음과 같이 원자재 비축정책에 관한 보고서를 각료회의에 제출하였다.

프랑스는 원자재 공급분야에서 불시에 나타날 수 있고, 또한 프랑스의 경제에 치명상을 입힐 수 있는 난관을 피하기 위하여 주요 원자재의 공급중단에 대비하여 국가적 차원에서의 원자재 비축을 실질적으로 증가시킬 것이다. 동, 연, 텅스텐이나 크롬에 특히 기

1. 조달청, "선진국의 비축제도"(프랑스 편), 1986. 12. 12.

반을 두고 착수해 나가야 할 것이다.

프랑스 정부는 총 16억 프랑으로써 1980년과 1981년을 대비해서 원자재의 구입계획을 수립하였다. 즉 국제금융시장에서의 차용금에 대하여 국가가 보증을 하게 될 프랑스 원자재 비축은행 창설의 덕분으로 국가 비축자원에 대한 출자금은 저축을 수단으로 해서 우선적으로 확보할 것이다.

그러나 주요 원자재의 공급을 더욱 확고히 보장하기 위해서 프랑스는 국내에서는 물론, 해외에서도 거대한 규모의 광산업과 제련업에 대한 투자증진에 심혈을 기울여야만 한다.

프랑스에 대한 원료 공급의 안전성을 보장한다는 조건 하에서 프랑스의 광업업체들에게 세계 지하자원의 개발에 참여할 수 있게 하기 위한 재정적 지원방법과 기술적 지원방법이 모색되어야 할 것이다.

나. 원자재의 예비비축에 관한 정책

1) 예비비축의 역할

각 국가의 지하자원을 개발하고, 원자재를 재생하고 절약할 수 있는 모든 가능성을 활용하기 위하여 여러 가지 노력을 해보았지만, 프랑스가 필요로 하는 원자재의 대부분을 수입에 의존하는 일은 어찌할 수 없는 일일 것이다.

원자재 생산국과의 상호 유대와 원자재 공급 절차에 관하여 프랑스 정부가 현재 보유하고 있는 기술진과 원자재가 공급되는 원산지를 다양화시키는 것은 이러한 원자재 수입 과정에서 야기되고 있는 취약점을 감소시키기 위하여 필요한 것이다.

그러나 위기가 발생하여 원자재 공급을 실질적으로 중단시키는 위험에 처했을 때 프랑스 국내에 비축되어 있는 예비 원자재를 처분하는 것은 필수 불가결한 일이며, 매우 짧은 기간 내에 언제나 사용할 수 있는 방법이다.

프랑스 산업에 대한 원자재 공급의 안정을 증대시키기 위하여 기업의 상업용 비축을 보충하면서 국가비축이 이루어져야 한다. 원자재 공급이 현실적으로 부족한 위기가 발생한 경우 혹은 시장 가격이 상승해서 공권력으로는 해결할 수 없는 수급불균형이 일어났을 때 비축물자를 프랑스 기업에 방출하여야 한다. 기업체의 상업용 비축이 있다는 점을 고려하면 2개월분의 정부비축은 약 6개월 동안 초과 부족량을 지탱할 수 있게 한다.

2) 법령과 비축의 중요성

원자재의 국가비축기관의 설립을 결정했던 것은 1975년도이다. 그 기관의 목적은 프랑스 원자재공급의 안전성을 10년 동안 보장하는 데 있다. 2개월분의 초과비축의 목적은 여러 가지 전략적인 요인으로써 1년을 초과할 수 있는 실현목표를 나타낸다. 비축은행을 설립하기 위해서 1975년도 예산에서 2천 5백억 프랑 이상의 신용대부가 이루어졌다. 원자재 구입의 1차분은 자재 수입국에서 담당했다. 프랑스 정부가 결정한 원자재 비축계획을 촉진시킨다는 원칙의 결정에 따라서, 프랑스는 1980년과 1981년에 실시할 16억 프랑의 구매계획을 결정하게 되었다.

3) 원자재 비축의 분산 관리

구입한 원자재는 자재 수입국에 의해 프랑스 내의 서로 다른 장소(정거장, 산업용 창고, 군사기지)에 저장되어 있다. 자재 수입국은 공무부 장관이 그곳에 통고해 주는 판매와 구매에 관한 모든 결정권을 행사한다.

관계 부처의 대표자들로 구성되어 있는 '비축관리 위원회' 는 물자의 구매에 관한 모든 결정에 앞서 의결한다.

4) 광물원자재에 대한 공급정책

비에너지 원자재에 대한 공급정책은 필요한 질과 합당한 비용조건과 프랑스가 의존하고 있는 국가와 유대를 지속하고 적절한 규모의 경제에 필요 불가결한 물자에 대한 공급을 확보하는 데 목적을 두고 있다.

다. 프랑스가 당면한 상황과 위기

1) 세계가 당면하고 있는 상황

세계적인 측면에서 자원의 실제적인 고갈로 인하여 원자재 부족의 위험이 언제

일어날지를 미리 예측할 수는 없다. 그러나 세계는 심각하고 일반적이고 만성적인 자원품귀와 이러한 자원의 답사와 채굴과 가공을 위한 투자증대의 시대로 전진하고 있다.

세계 모든 나라가 현재의 생산능력을 유지하거나 갱신하는 데 필요한 투자액은 연간 5백억 내지 6백억 프랑에 달할 것으로 추정되고 있으나, 몇 년 동안 세계에서 효과적으로 추진되고 있는 조사결과에 의하면 매년 겨우 130～170억 프랑 정도가 투자되고 인다.

각 국가의 경제성장률이 어떻든 간에 그러한 사태는 피할 도리없이 심각한 가격 상승의 길을 가지 않을 수 없다.

소비에 상응하는 개발 가능한 자원을 확보하기 위하여 세계적인 수준에서 불충분한 광물 및 제련소에 대한 투자가, 원유시장에서 이미 보아왔던 것과 유사한 방법으로 이루어지지 않으면, 주요한 전략적 원자재에 대한 가격 상승이 불가피할 것으로 예상된다. 따라서 원자재 공급의 철저한 안전성은 광물자원개발과 가공절차의 조절에 달려 있다. 그리고 원자재 공급을 확보하기 위하여 전적으로 국제시장 가격에 일임되는 일은 거의 일어나지 않을 것이며, 원자재 공급은 장기적인 협정으로써만이 보장될 것이다.

2) 프랑스가 당면하고 있는 상황

여러 가지 이유로 프랑스는 정상적인 경제조건 하에서 개발할 수 있는 지하자원을 개발하지 않고 남겨두고 있다.

동시에 원자재의 절약과 물자의 재생과 여러 가지의 물자에 대한 대체 방법이 마찬가지로 장려되어야만 한다. 그러나 금속물자의 여러 가지 중요성에 비추어 프랑스는 프랑스의 필수품과 매우 유효 적절한 비율로서 광물이나 금속물질을 수입하여야만 한다.

프랑스는 총 필요량의 55%를 수입한다. 나머지는 재생 등으로 충당된다. 더욱이 이러한 총비율은 큰 차이를 나타내고 있다.

① 프랑스 지하자원은 유황, 알루미늄, 형석, 가성칼륨, 니켈이 풍부하다.

② 연, 아연, 텅스텐은 중간수준이다.

③ 프랑스의 자급 정도는 활발한 자원복구 노력에도 불구하고, 동, 망간, 몰리브덴, 코발트, 티탄, 크롬과 희귀물질, 즉 산업체에서 사용되는 대부분의 물질과 인산염에 대해서는 빈약하거나 전무한 상태이다.

라. 프랑스가 자초한 위기

이러한 사태는 몇 가지 중대성을 가져오며 몇 가지 위험을 야기시킨다. 그 중대성은 다음과 같다.

(1) 재정적 측면에서, 이러한 수입에 대한 비용은 1979년에 2백억 프랑이라는 막대한 금액이다.

(2) 정치적 측면에서, 몇몇의 원자재 생산국은 원자재를 공급하면서 우월한 입장을 유지하므로 종속적인 입장이 되어질 수 있다. 원자재의 공급으로 인하여 생기는 위험은 3가지 중요성이 있다.

(3) 갑작스럽게 일어나지 않고 처음 단기간에 걸쳐 원자재 공급이 실질적으로 단절되는 사태는 거의 불가능하다. 그럼에도 불구하고 그러한 사태는 세계의 여러 지역에서 전쟁이 발생한 경우에 쉽게 생각될 수 있다.

(4) 원자재의 예비비축을 잘 해둠으로써 이러한 예상되는 사태를 잘 극복해 나갈 수 있다.

원자재 생산국의 카르텔 형성으로 노골적으로 가격을 상승시킬 위험이 있고, 광산원자재 분야에서 원자재 생산국의 행동의 일치가 가능하다. 그러한 사태가 발생되지 못하게 하기 위해서는 '생산물 협정' 과 같은 유형이나 보편적인 형태의 다각적인 협상이 필요할 것이다.

(5) 완제품 생산국들은 원자재 수출국들의 새로운 전략과 전면 충돌할 위험이 있다. 즉 이러한 원자재 수출국들은 그들의 국내에 설립되어 있는 가공산업에 공급해 주는 가격보다 훨씬 높은 가격으로 그들의 원자재 수출 가격을 올릴 수 있다.

마. 프랑스의 비축정책

이러한 분야에 대한 프랑스의 비축 정책은 다음의 두 가지를 주축으로 정리되어야 한다.

첫째, 원자재 공급의 위기와 파동으로부터 프랑스 경제에 해악을 끼치는 요인을 제거하여야 한다.

둘째, 원자재 생산국과 소비국 사이의 상호발전을 위한 새로운 형태의 국제관계를 수립해 나가는 것이다.

이러한 두 가지 기본 방향에서 다음과 같은 행위가 이루어져야 한다.

1) 원자재의 절약

원자재의 절약은 투자산업에 대한 재정상의 교부금을 지원하는 것과 동일한 효과가 있다고 볼 수 있다. 에너지 절약에 관하여 이미 실시되었던 방법이 강조되고 있는 것이다. 이러한 노력은 희귀한 자재의 절약에 관해서 집중적으로 추진되어야 한다.

2) 국가자원의 최적정 수준의 투자와 확장

이것은 B.R.G.M.과 광산지사처럼 공개조작을 이용한 국가기관의 직접적인 개입이나 혹은 간접적인 개입(광산물에 대한 규제나 과세, 광산물 답사에 관한 보조금 지급 등)을 의미한다.

제1차 5개년 계획(1975~1980년)의 대규모로 시작된 프랑스와 기니아의 천연자원의 목록에 관하여는 모든 분야에서 강조되고 있다. 새로운 5개년 계획이 공무부장관의 제안으로 1979년 1월 3일의 각료회의에서 결정되었다. 그 목록은 누벨, 칼레도니아에서 1980년을 시작으로 해서 전개될 것이다.

3) 국가 비축

국가비축을 위한 구매의 첫 번째 시도는 2억 5천만 프랑으로 실현되었다. "2년 동안에 16억 프랑의 구매계획이 확정되었고 이 계획의 속행은 다음 연도 초부터 시작하는 것으로 법률의 구속을 받게 될 것" 이라는 것이었다.

바. 원자재의 구입에 대한 국제정치 활동

프랑스가 원자재 생산국과 소비국 간의 국제관계의 새로운 모형을 계속 추구하는 것은 결국 원자재를 공급하는 생산국들과 함께 쌍무교역의 유대와 정치적 유대를 밀접하게 유지하기 위한 노력을 의미하지만 프랑스는 원자재를 소유하고 '생산물 협정' 을 체결하는 데 있으므로 여러 가지 목적에서 건설적인 방법으로 공헌하고 있다.

이러한 목적을 위하여 서로 다른 몇 가지 방법을 가정한다.

1) 개발도상 국가가 요구한 기술지원

B.R.G.M.은 원자재에 있어서 프랑스의 기술지원의 노력의 대가로서 특권이 인정되는 방향이어야 한다.

2) 외국에 대한 광산투자

프랑스는 프랑스에 대한 원자재 공급의 안정성을 부여받는다는 조건에서 세계자원의 경신에 필요한 광산 및 제련업에 대한 투자에 지대한 노력을 경주해야 한다.

이러한 목적을 위해서는 재정적, 기술적 수단과 인적 요인이 필요하다. 왜냐하면 장비를 갖추어야 하고, 기술을 가르쳐야 하고, 탐사를 실시해야 하고, 투자를 해야 하고, 거래를 해야 하고, 운반을 해야 하고, 프랑스의 경제를 성장시키기 위하여 필요한 원자재를 변형시켜야만 하기 때문이다.

그러므로 이러한 정책에서는 개인소유와 공공소유의 광산 및 제련업무를 담당할 수 있어야만 한다는 것이 중요한 역할인 것이다.

특히, 동에 관한 계획(그것은 이미 좋은 결과를 얻었고, 다른 원자재에 관해서도 내년초에 확장하게 될 것이다)과 우라늄 계획에 대한 투자에 당국이 적극적인 노력을 경주하는 것이 좋은 일이다.

일반적으로 말해서 외국에 대한 프랑스 광산기술의 참여는 외국의 원자재 생산자와 프랑스 소비자 사이의 유대 관계와 마찬가지로 공적이며 사적인 요소를 제공하는 여러 가지 가능성에 참여함으로써 강화되었다는 것이 중요한 일이다.

6. 프랑스의 자원정책

가. 광물자원 정책의 개요

1) 기본정책

프랑스가 자급자족할 수 있는 자원은 니켈, 칼륨으로 자원 전체로 보면 해외 의존도는 매우 높다. 그를 위해 정부는 자원의 안전공급의 확보를 자원정책의 최대 목표로 하고, 보다 구체적인 자원 공급에 있어서 취약성을 중시하고 그의 감소를 위해 각종 시책을 전개하고 있는데, 이러한 자원확보의 안전도를 위한 3가지 기준을 설정하고 있다.

첫째는 수지균형이다. 이것은 단순히 광물자원의 문제라기보다 프랑스 전체의 국제수지에 관계되는 데에 있다. 프랑스의 주요 수출 생산품으로 있는 농산물, 철강, 펄프, 섬유 등의 산업 부진과 석유 가격의 앙등으로 프랑스의 국제수지는 악화되고 있고, 그의 개선이 급선무이다. 프랑스 광물자원의 수입액은 전체의 약 5% 정도 되고 있지만, 국내 광물자원의 자급률 향상은 중요한 정책 테마이다.

둘째는 국내생산에 있어서의 자급률이다. 이는 국내에 있어서 재활 포함, 자국의 선도로 확보 가능한 것을 포함하고 있다. 이를 위해 프랑스에서는 자원절약, 유효이용, 재이용의 촉진은 중요 정책이 되고, 연구개발의 촉진, 생산자 및 수요자에 PR을 적극적으로 진행하는 한편 지질광업조사 사업단(Bureau de Recherches Géologiques et Miniéres : BRGM)에 의해 국내, 해외 영토에 있어서 탐광 개발도 활발하다.

셋째, 자원 안정공급 확보에 대한 안정성의 취약성 평가이다. 이는 프랑스에 대하여 자원 공급국의 정치 · 경제 상황, 분포 상황, 프랑스 선도의 정도 등에 의거 평가한다.

2) 국내탐광

매장량을 확인 시 개발의 가능성 조사와 함께, 신규자원의 존재를 명확히 하여 경제성을 조사하는 것을 목적으로 1975년부터 계획적인 조사를 추진하고 있다. 이 사업은 전액 정부자금으로 실시되고, 실제의 조사는 지질조사소 및 지질광산조사사업단이 행하고 있다.

3) 금속계획

동, 연, 아연 등의 각 광종에 대하여 탐광에서 제련, 가공에 이르기까지 일련의 자원 관계 산업을 강화하는 것을 목적으로 하여 이를 행하는 기업에 대해 성공 상환 보조금을 교부(50%)하는 제도로, 1973년 동(銅)계획을 창설하고, 1980년에는 동 이외의 광종도 대상으로 하여 금속계획을 발전시키는 데 있다.

4) 대외협력

다국 간의 관계에서는 자원시장의 안정을 도모하기 위하여 각종 국제기관과 다국 간 회의에 적극적으로 참가하고 있으며, 여기에 기여하는 자세를 보이고 있고, 양국 간의 관계는 적극적으로 탐광개발을 하는 협력을 추진하고 있다. 또한 발전도상국의 기술자 양성 훈련에도 힘을 쏟고 각종 양성코스를 준비한다.

5) 자원절약

주로 기업을 대상으로 자원절약의 계몽활동을 하고 있는 외에, 자원절약에 기여하는 투자에 대하여는 특별융자나 세제상 특별상각 제도를 도입, 운용하고 있다.

나. 광물자원 탐광개발 촉진책

1) 탐광

(가) 보조금 제도

프랑스 정부는 1973년부터 '동 계획'을 실시했다. 이 계획은 프랑스의 동 공급안정에 유용하도록 산업계의 실행계획에 대해 정부가 지원하는 정책으로

1973 ~ 1979년까지 7년간 총 1억 4천140만 프랑의 예산이 보조금으로 교부되었다. 이 보조금 대상 기업은 BRGM, SNEA, IMETAL, PENARROYA, THOMSON-BRANDT 등이다.

1977년 당시에 프랑스 정부는 동 계획을 다른 금속에도 대상을 확대하는 일을 검토했지만 1980년부터 이를 실행에 옮겨 동년 3월 8일에 '금속계획위원회' 를 설립하고, 동년 10월에는 그 대상을 동, 연, 아연, 은, 인산염 및 텅스텐으로 확대하여 '금속계획' 으로 개칭했다. 또한 그 후에도 지원대상 광종을 계속 검토하지만, 가능성이 있는 것은 티타늄, 주석, 코발트, 크롬, 안티모니, 마그네슘, 지르코늄 등이라 할 수 있다.

이 제도는 성공 상환 보조금으로 보조율은 50%, 성공 시의 상환액은 보조금액의 120%로 되어 있다. 더욱이 이 제도는 해외사업도 지원대상으로 하고 있다.

(나) 세제

세제면의 지원으로서는 광상재건준비금 제도가 있고, 매출액의 50% 또는 광업소득의 15% 중 어느 쪽이든 적은 금액을 준비금으로 이월, 5년 이내에 신 광상탐광비 등에 지출하는 경우에는 손금에 산입(면세)케 되어 있다. 더욱이 이 제도는 해외에도 적용되고 있는데 탐광사업 계획마다 재무부의 허가를 필요로 한다.

2) 개발

(가) 보조금 제도

국토정비지방진흥청에 의한 보조금 제도가 있는데, 저개발 지역에 진출하는 기업에 대해 고용 1인에 대해 2만 5천 프랑의 보조금을 교부하여 준다. 그러나 이 제도는 국내를 대상으로 하고 있다.

(나) BRGM에 의한 출자

개발의 분야에는 대부분 BRGM의 자회사에 의한 출자가 있는데, 자회사인 COFRAMINES가 뉴칼레도니아를 포함, 국내 기업 3개사, 해외 기업 5개사에 출자하고 있다.

7. 프랑스의 최근 비축 동향

프랑스는 최근 원자력 이외에 재생에너지에 대한 활용에 큰 관심을 보이면서 수소전기, 풍력발전을 첫 번째로 시작했으며, 많은 에너지 절약 캠페인을 열면서 생활습관을 바꾸고자 노력하고 있다. 그리고 주택에 에너지 절약을 위한 무이자 에코(Eco) 융자정책을 시행하기도 하였다. 에너지 절약으로 실내온도를 낮추면서 난방비를 절약하고 건물에너지 절약지침도 발표했다.

제4절 영국

1. 개관

영국은 유럽 서부에 위치한 섬나라로 면적은 한반도보다 약간 넓은 국가이지만 세계에서도 가장 먼저 산업혁명을 거쳐 무역·외교를 통하여 전세계로 진출하여 '해가지지 않는다' 는 대영제국을 건설하여 지구의 약 4분의 1을 지배하기도 하였다.

민주주의의 산실이며 '풀뿌리 민주주의' 라고 하는 '지방자치제도' 의 본산이자 영미법 계통의 국가로서 보수주의를 견지하며 아직도 세계를 선도하고 있는 국가이다. 필자가 1997년 10월 말 해외 단기 훈련차 방문한 세계 최대 도시인 뉴욕 근교의 호텔 휴게실에서 만난 영국의 70세가량의 부부에게 "미국이 영국보다 좋으냐?" 고 물었더니, "역시 영국이 좋다." 라고 말한 것으로 보아도 영국 국민의 강한 주체의식의 성향을 느낄 수 있었다.

영국은 다소 복잡한 지질학적 구조로 인해 많은 종류의 자원을 보유하고 있다. 금속광상의 규모는 적으나 품위는 비교적 높다. 동과 주석의 채광은 청동기 시대 이래로 계속되고 있으나 대부분의 광물이 고갈되고 있기 때문에 수요량을 충족하기 위해 수입을 필요로 하고 있다.

2. 영국의 비축제도의 연혁 및 비축 현황

가. 비축제도의 연혁

영국은 1962년도에 약 4,000만 파운드 상당의 원자재를 비축하였으나 지속은 되지 않았다. 그 후 영국 정부는 1980년 원자재의 안정적 확보를 위하여 산업부를 중심으로 비축정책을 검토하여 동년 5월 생산자, 소비자, 은행, 업체 등 관계 대표자들이 참가한 회의에서 비축제도를 채택하기로 결정하였다.

영국은 다른 공업국에 비하여 광물자원의 해외 의존도가 높지만 일반적으로 정부, 산업계 공히 자원의 안정적 공급에 관한 관심이 별로 높지 않다.

그 이유는 다음과 같다.

(1) 광물자원의 소비가 크지 않을 뿐만 아니라 신장률 또한 적다

(2) 영국계의 큰 광산회사가 세계 각지에서 적극적으로 활동하고 있다.

(3) 런던에 세계적으로 유명한 상품거래소인 '런던금속거래소'(London Metal Exchange : LME)가 있다.

(4) 캐나다, 오스트레일리아, 아프리카 제국 등 영연방 내 광산물 생산국과의 관계가 돈독하다.

그러나 1973년 제1차 자원파동을 계기로 전략물자의 공급에 대한 위협에 관하여 세계적인 인식이 높아지고 영국 등 서방 공업국들이 비축문제에 대하여 본격적으로 검토하기 시작하였다.

1980년대 초에 산업부는 영국이 비축제도를 채택하게 되면 그 목적은 물가안정과 전면전쟁과 같은 비상시에 있어서 필요한 중요물자를 확보하여 경제안정을 기하는 데 있다고 하였다. 비축방식은 독일의 방식이 영국에 적합할 것이나 자금조달에 있어서 산업계는 정부가 부담하기를 희망하고, 한편 정부는 산업분야에 정부의 역할 범위의 확대를 고려하였다.

그 후, 의회에서 주요 광물의 비축문제가 제기되었고 정부는 주요 광물의 공급문

제에 대하여 산업계와 의논하게 되었다. 산업계는 정부의 비축제도 도입을 지지하고, 비축희망 품목은 코발트, 망간, 바나듐, 크롬 등으로 독일과 비슷하며 이는 원료공급지인 남아프리카의 정세불안에 대한 염려를 반영하고 있는 것이 명확하다.

한편 '왕립 국제문제 연구소'는 1980년 비축에 관한 보고서에서 다음과 같이 건의하였다.

"자원의 수입 의존도가 높은 상황 하에서 단기적으로 긴급 수요물자의 비축이 공급위기에 대처하는 최선의 방법으로 판단되고, 비축대상 물자는 페로망간, 페로바나듐, 페로크롬, 코발트로 하여야 한다."

1년분을 목표로 전술한 물자를 비축하려면 약 1억 파운드의 자금이 필요하지만 정부는 긴축 재정으로, 민간기업은 불황으로 자금부담에 어려움이 있었다.

그 후 영국의 비축제도는 다른 선진국에 비하여 늦은 1983년에야 도입되었다.

나. 비축 현황

1) 비축 목적

비축목적은 여타 국가들과 유사하게 '경제안정보장'의 비축을 하는 데 있다.

2) 비축대상 품목

비축대상 품목은 망간, 크롬, 코발트, 바나듐, 니오븀 (추정) 등이다.

3) 비축 목표

비축 목표는 국내 수요량의 2개월 물량이다.

4) 비축실시 기관

국가의 무역산업부에 의하여 실시하고 있으며, 구입, 방출 등은 민간업체가 대행하고 있다.

5) 회계제도의 운영방법

회계처리의 운영방법은 일반회계에 의한 구매방법을 채택하고 있으며, 비축물자의 매각수입은 국고에 납부토록 되어 있다.

3. 영국의 비축운영 현황

1985～1987년의 3년간에 걸쳐 비축량 중에서 60～65%의 방출을 실시하였으나, 방출 내용은 공개되지 않았다. 1990년대 비축 총액이 4,000～4,500만 파운드 정도로 대부분 매각된 상태이고, 1998년 이후로는 보안을 이유로 구체적으로 공개하지 않고 있다.

그러나 자원정책 중 국내 정책란에 '비축의 증대'를 강조한 점으로 보아, 자원부족, 불확실한 상황, 즉 국민생활의 안정유지, 지진, 전쟁 등 우발사태에 대비하기 위하여 비축을 운영하는 것으로 보인다.

4. 영국의 자원정책

가. 자원정책의 개요

1) 광물자원 정책

(가) 기본정책

영국정부 수준에서 광물자원 정책은 3개의 부에 의해 실시되고 있다. 즉 에너지부는 에너지 광물자원을, 환경부는 건설사업에 사용되는 광물을, 산업부는 기타 산업에 사용되는 광물을 담당하고 있으며 비철금속광물은 대부분 산업부의 소관으로 되어 있다.

영국 광물자원 공급의 대부분은 해외에 의존하고 있으며, 자원정책의 주 목적은 국내자원의 활용, 자원절약, 해외공급원의 다양화 등에 의한 자원수입 의존도를 크게 수반하는 위험성을 적게 하는 데 있다.

(나) 국내탐광 개발정책

① 탐광

지질조사소가 실시하고 있는 산업부의 광물 예비 사찰계획은 정부 자금으로 주로 비철금속 광상의 탐광에 있다. 또한 대영 국토 지질 조사 및 광역지화 예비사찰 탐색에서 얻게 되는 자료도 광물 탐사에 활용되고 있다. 한편 산업부는 1972년 '광물탐광투자 보조금법' 에 의거 비철금속을 포함하는 특정 광물탐광을 위한 보조금을 민간기업에 교부하고 있다.

② 개발

산업부는 1972년 산업법에 의거 산업개발 지정지역의 광업에 대한 보조금, 융자, 출자 및 보증 등의 재정원조를 실시하고 있다.

③ 탐광개발

정부는 계획, 허가 및 인가 등 제도를 총괄하고 자원의 탐광 및 개발을 추진하고 있다.

(다) 해외탐방 개발정책

① 정부에 의한 해외탐광 개발

해외 원조계획에 의하여 경제협력의 범위 내에 실시되고 있다.

② 민간의 해외투자 장려책

해외투자보험, 양국 간 투자보호 협정, 이중과세 방지협정 등 통상의 제도 외에 영국 기업이 발전도상국과 조인트 벤처 사업(Joint Venture Project)에 대해, 양 연방 개발공사가 민간의 해외투자를 장려하는 관점에서 자금을 지원하고 있다.

(라) 자원절약

산업부 및 환경부의 자금 지원 하에 범국가적인 '자원낭비방지사업단' (National Anti-Waste Programme)은 정부 수준에서 자원절약 활동을 통합하고, 위렌스프링 연구소가 동 프로그램, 특히 광물자원 분야에서 중요한 역할을 하고 있다. 그리고 산업부의 Chemical and Minerals Requirements Board도 이 분야에서 연구개발 지원에 노력하고 있다.

산업부는 이 분야에서 EC의CREST(과학기술 유럽위원회)연료 소위원회에도 참가하여, 비철금속의 재생이용에 관한 연구를 하고 있다.

(마) 해외협력정책

영국의 해외원조 계획은 연방외무부의 산하 해외개발청의 관할로 되어 있다. 양국 간 원조는 재무 및 기술협력으로 2종류의 형태가 있는데, 광물자원 분야에 재정원조로서는 발전도상국의 사업계획에 대한 보조금 또는 융자 형태를 취하고, 기술협력은 지질조사소의 전문가가 발전도상국의 사업계획에 종사하는 형태를 취하고 있다. 재정원조 예산의 일부는 영연방개발공사를 통해서 영연방 제국 또는 기타 발전도상국에 관한 사업계획에 융자되고 그 사업 중에는 광물자원에 관한 사업이 다수 포함되어 있다. 또한 영국은 기술협력 사업을 하는 영연방기술협력기금에 참가하고 있다. 이 기금은 영연방에 속하는 모든 국가를 포함하는 다국 간의 기구인데, 최대의 출자국은 영국, 캐나다 등의 선진국으로서 동 기금은 광물자원 분야에서 여러 가지 사업계획을 실시하는 데 사용하고 있다.

2) 광물자원 탐광개발 촉진책

(가) 국내

① 광물 탐광투자보조금법(1972년)

이 법률에 의거 탐광 및 평가를 요하는 경비의 35%를 원조하고, 국내 광물자원의 탐광 및 평가를 촉진하고 있다. 이 제도는 비철 금속, 형석, 발륨 및 칼륨의 탐광 및 평가를 대상으로 하고 있다. 또한 이 제도에 의거 탐광 성공 시 12년 이내에 상업생산이 가능한 경우에는 이자를 붙여서 보조금을 반제해야 되는 것이 있다.

② 산업법(1972년)

이 법률에 의거 국내의 특정 지역 광업이 재정지원을 받을 수 있다. 이는 산업개발 지정지역이라 일컬어지고, 중간지역, 개발지역 및 특별 개발지역의 3종류로 분류되고 있다. 광산회사는 이 법률에 의거 1977년까지는 전부 산업 개발 지정지역의 광업을 대상으로 하여 보조금, 융자, 투자, 보평(保評) 등의 조치 외에, 특히 개발지역의 경우는 경비의 20%, 특별개발 지역의 경우는 2%의 지역개발 보조금을 받는다.

③ 계획관리제도

영국은 최근에 광업에 관한 계획관리제도를 개정하는 법안, 다시 말하면 도시 및 지방계획(광물)법안을 의회에 제출했다. 이 법안의 장기적 목표는 다음 4개 항목으로 되어 있다.

㉮ 국내의 수요를 만족시키는 충분한 광물을 확보하는 일

㉯ 광물 매장량에 대해 계획적 개발을 도모하는 일

㉰ 어느 경우에도 환경파괴를 최소화하는 일

㉱ 채굴 종료 후 신속히 채굴지의 복구를 도모하는 일

이 법안에 첨가하여 정부는 통합개발령으로 알려지고 있는 일련의 규제를 수정하여 광물계획 제도를 더 한층 개선하려고 하고 있다. 그 수정 중에는 지방계획국은 탐광에 의해 주위의 환경이 파괴될 가능성이 있는 경우 및 고고학적 또는 과학적 견지에서 그의 토지를 보호할 필요가 있는 경우에 한해, 광물탐광 허가계획에 필요한 중요한 항목이 포함되어 있다. 이로 인해 이전만큼 허가계획이 필요 없게 되고, 광물탐광이 촉진되는 것도 향유되고 있다.

④ 세제

영국 세법에는 국내자원의 탐광개발을 촉진하기 위한 특별한 제도는 없지만, 1972년 재정법에 의거 기타 일반 산업과 같은 설비, 기계류의 자본지출은 과세소득에서 공제된다.

(나) 해외

해외투자보험, 양국 간 투자협정, 이중과세 방지협정 등 통상의 제도 외에 영연방개발공사에 의한 투자촉진책이 있다. 현재 공사는 영국 기업과 함께 조인트 벤처사업에 참가하는 방법과 발전도상국에 대해 영국 기업과의 조인트 벤처(Joint Venture)를 위해 투자를 실시하는 2가지 방법으로 추진되고 있다.

나. 자원정책

영국의 자원정책은 원칙적으로 시장원리가 작용하는 '자유경제원칙' 을 지향

하지만 중요 자원인 석탄, 석유 등은 국가자원이며 엄격한 정부 통제 하에 운영되고 있다. 이에 따라 자원정책은 광의의 '에너지 정책' 과 협의의 '자원 정책' 으로 대별할 수 있다.

1) 에너지 정책

(가) 목표

우선 에너지의 목표는

① 기술이 추구하는 중요성에 대한 국민의 합의

② 영국 국유의 자원인 북해석유, 천연가스의 이익극대화 유도

③ 에너지 절약, 석탄 및 원자력 기술에 우선

④ 경제성 있는 에너지 기술개발을 추진

⑤ 국제 간의 협력기회를 가능한 한 증대

(나) 에너지부에 의해 추진되는 시책

① 열수송 및 열교환 분야의 에너지 절약

② 연소 분야의 에너지 절약

단열재의 개량, Heatpump, 산업폐기물의 건물 이용

(다) 석유 및 천연가스

① 석유 천연가스의 자원량 평가

② 재회수 기술

③ 탐해석유, 천연가스 개발

④ 해상구조물 안전에 관한 R&D

⑤ 개발자재로서의 철강 Concrete에 관한 R&D 등 추진

(라) 석탄

① 석탄생산의 안전에 따른 증산

② 탄광의 고효율화, 석탄이용 기술의 개선

③ 석탄액화 및 가스화 연구

(마) 원자력

① 개량형 가스 냉각로의 이용 확대

② 농축, 재처리사업 추진

(바) 대체 에너지원

태양열, 풍력, 지열 이용에 관한 연구

2) 자원 정책

협의의 자원 정책은 국내 정책과 해외자원 개발정책으로 나눌 수 있다.

(가) 국내 정책

① 국내자원의 활용

② 비축의 증대

(나) 해외자원 개발

① 해외자원 공급원의 다양화에 의한 위험회피

② 개도국에 민간투자 장려

③ 해외투자보험제도 강화

④ 기술협력사업의 강화

⑤ 개도국과 이중과세 방지협정

3) 자원 관련 기관 및 기능

(가) 정부 부처

① 상공부(Department of Trade and Industry)

영국에서 생산되는 건설용 광산물을 제외한 모든 자원을 총괄 담당하나 기능은 제한되어 있다.

자원개발에 관련된 로열티는 상공부를 통해 정부 측에 지불된다.

광업권을 부여하고 파이프 라인을 관리한다.

② **환경부**(Department of Environment)

석탄, 천연가스, 석유 등 연료광물의 탐사 및 개발을 한다.

골재, 점토, 시멘트, 석재, 석고, 모래 등 건축산업에 활용되는 자원을 관리한다.

(나) 정부 산하 기관

영국지질탐사기관(the British Geological Survey)뿐이다.

상공부의 자금 지원으로 영국 광물자원의 분배에 관한 연구, 기록을 유지하고 있으며 동 연구는 '광물지형답사계획' (the Minerals Reconnaissance Programme)이라 칭한다.

(다) 기타 광업관련 법규 및 법령

영국의 광업관련 법규 및 법령은 200백년 이상의 역사를 가지고 있으며, 이에 따른 무수한 관련 법규 및 법령이 제정 및 개정되고 있다.

5. 영국의 최근 비축 동향[2]

영국의 조달기관은 몇 년 사이 기관의 명칭이 변경되었다. 왕립상업기관(the Crown Commercial Service : CCS)은 행정기관이며 영국정부 내각의 무역거래 자금을 담당한다. 1991년 구매기관(Buying Agency)으로 창설되어 2000년에는 영국국왕 재무성(Her Majuesty Treasury) 내에 정부상업청(Office of Government Commerce : OGC)의 일부로 개편되었다. 2009년에는 구매담당기관(Buying Solutions)으로 변경되었고 2011년에는 정부조달기관(the Government Procurement Service : GPS)으로 되었으며 2014년에 정부부서에서 현재의 왕립상업성(Crown Commericial Service : CCS)이 되었다.

---

2. http://en.wikipedia.org/wiki/Crown-Commercial-Service. (2015. 12. 14)

왕립상업성은 전문적인 조달서비스를 담당하는 공공부문에 상업활동과 관련된 자금을 공급하는 기관으로 역할을 한다. 문제가 있을 때 기술적 이슈, 에너지 비축 및 환경개선 보조하는 데 전문적인 지원을 제공한다.

영국은 표준시간을 한 시간 앞당기는 서머타임제로 여름철 낮 시간을 효과적으로 활용하면서 에너지 절감을 하며 많은 부수적 효과도 올리고 있다.

제5절 독일

1. 개관

유럽 중서부에 위치한 독일 연방 공화국(독일)은 한반도 면적의 약 1.6배에 지나지 않으나 세계 열강에 속하는 국가이다.

독일은 1990년 10월 3일 서독과 동독이 통합되었으나, 독일의 통일은 동독이 서독에 개별적으로 가입함으로써 달성되었다.[3] 따라서 1949년 5월 23일에 제정된 독일 연방 공화국의 헌법인 기본법 등이 대체적으로 그대로 적용되고 있다고 할 수 있다.

주요 자원으로는 석탄, 아연, 칼륨염, 갈탄 등이 있으나, 부존 자원이 많지 않으며 높은 기술 수준으로 각종 공업이 발달한 국가이다.

이러한 환경 하에서 독일은 비축제도 실시를 위해 주요 금속에 관한 검토를 이미 수십 년 전에 완료하였으나, 재정상 등의 이유로 아직 실시하지 않고 있다. 그러나 식량 농업분야의 비축은 세계 어느 국가도 공감할 정도로 논리적, 기술적, 행정적으로 완벽하게 잘 되어 있다고 볼 수 있다.

---

3. 법제처(1992), 『독일통일관계법연구(II)』, "기본법의 효력확장", p.31.

2. 독일의 비축제도

가. 비축제도 검토의 배경

독일의 경제체제는, '사회시장경제' 이다. 경제적 사이클은 중앙의 개입없이 시장에 의하여 조정된다. 정부 당국은 경쟁이 실행가능한 상태를 보장한다. 시장은 소비의 자유, 무역의 자유, 직업선택과 근로의 자유 및 개인 소유권을 포함한다. 경제적 목표는 가격안정, 높은 고용수준 및 안정된 무역균형을 확실히 하는 것이고, 이와 함께 견실하고 적정한 경제성장을 유지하는 것이다.

이러한 독일정부는 제1차 자원파동을 계기로 1973년 11월에 자원문제에 관하여 관계 각 부 사무차관회의를 발족하여 광물자원 카르텔 형성의 가능성, 대응책, 광물자원 수입증진이 독일의 경제와 고용에 미치는 영향, 유동적인 아프리카 정세 등에 대하여 검토하고, 1976년 3월 각의에 보고하였다.

이 보고서를 접한 독일경제연구소, 지질자원조사소, 연구기술부 등이 약 4년간에 걸쳐 여러 관점에서 대응책의 조사연구를 한 후 보고서를 제출하였다. 이 보고서에 의거, 1978년 7월에 내각은 다시 사무차관회의에 대해 원료입수의 위험성 및 경제에 미치는 공급장애에 대한 정부의 위기 대책의 종류, 규모 및 비용에 관한 협의를 한 후 1978년 10월에 검토 결과를 보고토록 하였다.

참고 독일의 제2차 세계대전 이야기

독일은 심각한 경제공황으로 많은 사람들이 일자리를 잃자 가장 간단한 해결책으로 전쟁을 생각하게 되었다. 전쟁이 일어나면 실업자들이 군복무를 하거나 군수공장에서 일할 수 있고 또 가증스러운 베르사유 조약이나 생제르맹 조약도 무효화할 수 있다는 계산에서였다.

제2차 세계대전 동안 미국 군수산업의 거의 무한한 역량은 영국과 소련에 유리한 정세를 조성했으며 전쟁에 종지부를 찍는 데 결정적 역할을 했다. 제2차 세계대전의 대표적 주역이며 전 유럽을 석권한 히틀러(Adolf Hitler)가 연합군에 패한 것은 결국 전쟁 당시의 군수물자의 부족에 기인한 것이다.

나. 비축계획의 구체적 내용

독일은 1979년 6월 각의에서 다음과 같은 비축계획을 확정하였다.

① 비축대상물자 : 크롬, 망간, 바나듐, 코발트, 석면
② 비축목표 : 국내소비의 1년분(국가 8개월, 민간 4개월) 목표 달성기간 6～7년
③ 비축자금 : 약 6억 마르크 및 유지 비용
④ 반품물자의 소유자 : 민간(신설되는 회사)
⑤ 신설회사의 설립 : 민간의 활력을 활용하여 정부와 민간에 의하여 설립한 신설회사 간에 비축계약을 체결한다.
⑥ 정부의 역할 : 정부는 8개월분의 신규 비축에 대하여 연방은행에서 재건은행(KFW)을 통하여 대출 역할한다.
경제부는 정부예산으로 신설회사의 인건비와 금리를 보조금으로 교부한다.
정부의 대출과 보조금의 대가로 정부는 계약을 통하여 다음과 같은 권한을 확보한다.
- 긴급시 민간소유의 정부관계 비축에 대한 지배권
- 긴급시의 배급권
- 독립법상의 처치권
- 비축을 추진하기 위한 행정권 및 시장교란 요인의 배제 등

⑦ 보조금액 : 약 400만 마르크
신설회사의 인건비 및 재건은행(KFW) 융자의 이자분의 합계액
⑧ 신설회사와 민간기업과의 관계
비축 대상품목과 관련있는 약 100개의 민간회사와 신설회사 간에 '콘소시엄' 의 형태로 운영되고, 동 관계는 계약에 의하여 결정된다. 동시에 보완계약에 의하여 민간기업의 남은 창고를 활용하기 위해 생산기업의 창고를 선택적으로 사용한다.
⑨ 민간부담 문제
비축에 참가하는 각 기업에 자기 소비의 4개월분 상당의 비축을 의무화하고

있다. 그리고 신설회사 운영을 위한 인건비와 금리 이외의 제경비 및 창고료는 민간부담으로 되어 있다.

⑩ 비축의 관리운영도 정부가 작성한 비축제도에 의하여 1차적으로는 신설회사가 구입, 보관 및 검사 등의 책임을 갖는다.

⑪ 비축 창고

생산회사의 창고를 신설회사가 빌려쓴다.

독일의 비축방식은 '민간비축' 과 민간과의 계약에 의한 '국가비축' 의 양립방식이라고 할 수 있다. 이는 수급 및 가격안정을 목적으로 한 것이 아니고 일시적인 공급단절 결과 발생할 경제적 타격을 최소한으로 줄이는 것을 목적으로 하는 '경제안정보장' 비축이라고 볼 수 있다.

이와 같이 비축계획은 완료되어 1981년 3월부터 시행될 것으로 예정했으나, 재정상의 이유와 자연환경의 변화 등의 이유로 보류하였다.

독일 관계자들은 독일의 비축문제의 현상에 대하여 EC 및 OECD 주요 가맹국가 중에서 전략광물의 국가비축제도가 없는 국가는 독일뿐으로 가까운 장래에 주요 원자재에 대한 전략비축제도를 채택할 것으로 예상하고 있었다.

독일의 비축운영 체계

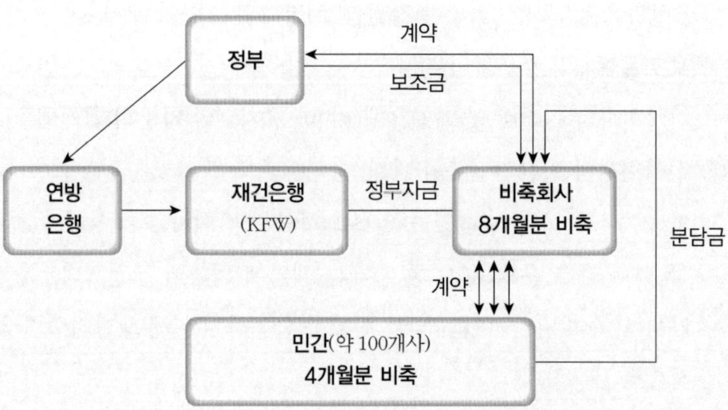

3. 독일의 비축제도의 현황

독일의 비축제도는 1973년 '석유 수출국 기구' (OPEC)의 석유가격 인상을 계기로 하여 주요 광물 자원의 대부분은 수입에 의존하고 불투명한 자원문제에 대처하기 위하여 1973년 말에 '자원문제 관계 위원회' 를 설치, 운영한 것이 그 효시라 할 수 있다. 그러나 전술한 바와 같이 광물자원의 비축이 실시되지 못했다.

따라서 독일의 비축제도는 식량분야를 중심으로 실시하고 있다고 할 수 있는바, 관련 법규는 '기본법' 에 의거 '식량 확보법' (1965년), '식량업 신고법' (1975년) 및 상기 후자법에 따른 '일반행정 규정' 등에 의거 운영되고 있다고 볼 수 있다.

이하는 1994년에 출판된 '식량 대비' 와 '식량 확보' 에 대한 유명한 저서인 롤프 졸메케 · 한스-요하힘 볼터(Rolf Solmecke · Hans-Joachim Wolter)의 『독일 연방 공화국의 대비 조치안내(*eine Einführung in die Vorsorgemaßnahmen der Bundesrepublik Deutschland*)』의 책자 내용이다.

가. 식량확보와 식량대비를 위한 '대비 조치 안내'와 '시민 비상대비 시리즈'

1983년에 발할라와 프라에토리아(Walhalla und Praetoria) 출판사와 '시민방어' 시리즈로 '식량 확보' 의 발간을 시작으로 농업법과 사정법, 일반행정 규정과 NATO 수준에서 채택했던 대비 조치들도 포함되어 있었다.

1986년의 구 소련의 '체르노빌 원자로 참사' 가 발생했고 그로 인해 '비상시의 시민대비' 로 바뀌었다. '체르노빌 원자로 참사' 로 인해서 대비조치에 대한 필요성에 대한 의식이 생겨났다. 군사 대결 시뿐만이 아니라 고도의 기술설비 사고, 그리고 자연 · 환경 재해 시에 위협적으로 부족한 공급이 그 원인이 될 수 있음에 따라 그에 대한 해결 과제가 확대되었다.

식량대비와 식량확보에 대한 관심이 고조되어 특히 식량경영과 농업에 관한 사항이 강조되며, 또한 비상시의 시민대비의 광범한 물품담당자와 관청의 도움이 필요하고, 이에 따른 훈련과 양성교육이 필요한 것이다. 방어를 목적으로 한 식량확보를 떠나 근본적으로 개선하였는데 다음과 같은 2가지 이유에서이다.

첫번째 이유는 1986년 구 소련의 '체르노빌 원자로 참사' 와 그 결과로 인해 그 사이 '식량 대비법' 이 공포된 것이다. 이 법에는 근본적으로 국가의 도움으로 신속하고 유연하게 공급의 위기시에 대응할 수 있는 전권(全權)의 공포가 포함되어 있다.

두번째 이유는 동 · 서 관계의 중요한 변화에 있다. 통일된 독일을 고려하여 비상대비에 관한 대체적인 상황의 설명을 했으며, 그 밖에도 식량분야에서의 대비조치에 관한 새로운 정치적인 사실과 그 성과에 대해서도 상세히 조사하였다.

여기에는 연방 · 주 · 도 · 읍의 관청은 생존대비의 틀 내에서 식량분야에 불시의 위기상황 극복을 위한 준비조치를 취할 법적 의무가 있다. 그 외에도 이 책자는 비상대비에 대한 관심사와 문제들에 대한 이해를 공식적으로 일깨워 줄 수 있는 시사점이 흥미롭다.

나. 비축, 특히 원재료 투자 대비 조치(Vorratshaltung, insbesondere die materiellinvestiven Vorsorgemaßnahmen des Bundes)

비상시의 대비를 위해서 제시된 입법상의 대비조치 다음으로 특히 중요한 것은 원재료 투자 대비조치이다. 다시 말하면, 식량재에 필요한 비축의 투자, 유지, 그리고 연구가 중요하다.

비상시의 예를 들면 자연 · 환경 재해로 인한, 널리 퍼진 동물의 전염병으로 인한, 농산물 생산에 있어서 세계시장의 실질적인 막힘으로 인한, 화학 · 핵기술 설비에서와 같은 고도 기술설비에서의 사고로 인한, 독일연방 공화국 밖에서의 정치 · 군사적인 위기로 인한 비상시와 같은, 다시 말해 진짜 방어가 필요한 경우의 공급의 차단 · 중단, 특히 수입품의 일시적인 중단 등이 고려되어야 한다. 또한 그러한 위기시에 식량을 필요한 만큼 확보하기 위해서는 적절한 비축이 절대적으로 필요하다. 생활필수품, 사료 그리고 그것들의 생산에 대한 필요 정도는 비축관리를 통해서 지역적으로, 시기적으로 구분 · 조정될 수 있을 것이다.

비축은 크게 민간 부문(the Private Sector)과 공공 부문(the Public Sector)으로 나누어진다.

1) 민간 부문에서의 비축(Vorräte in der Privatwirtschaft)

농업부문에서 곡류와 감자가 비축되고, 주로 식품으로뿐만 아니라 종자 목적과 소비 목적으로도 비축된다. 비축은 수확한 뒤 즉시 실시되고, 다음 수확 때까지 경작 연도가 지날수록 계속해서 적어진다.

무역과 가공업에서 발생하는 식물성 생산비축은 수확 직후의 농가판매에 가장 많이 의존한다. 특히 빵, 사료, 산업 곡물, 설탕, 마가린 원료들이 그것이고, 소비가 끝난 상태의 설탕은 특히 설탕공장에 비축된다. 동물성 생산품에서의 농업생산은 시간이 경과하면서 비교적 꾸준히 줄어들기 때문에, 경영상의 고려에서는 동물성 생산을 중요하게 생각하지 않는다.

2) 공공 부문에서의 비축(Vorräte der offentlichen Hand)

계획된 국가비축의 특성과 범위에 관한 고려는 국내의 공급상황에 그 출발점을 둔다. 왜냐하면 필요한 비축조치는 결정적으로 독일의 수입의존에 관련해 그 방향을 정할 수 있기 때문이다.

독일의 공공분야에서는 다음과 같은 비축이 유지되고 있다.

① 연방 비축 곡물(Bundesreserve Getreide)[4]

이 비축은 밀가루와 빵 공급의 확보를 그 목적으로 하고 있다. 그것은 연방정부의 독점적인 처분권 내에 놓여 있고, 해외에서 수입 중단의 경우 독일의 곡물 수요를 해외 공급 시의 상태로 복구해야 한다.

② 비상시의 시민 비축(Zivile Notfallreserve : ZNR)

이 비축은 소비성 식료품으로 구성되어 있으며, 특히 밀접지역 주민 공급이 차단되거나 막힌 경우와 같은 비상시기에, 그 공급이 규정된 수준으로 복구 · 조정되어질 수 있다는 것이 보장되어야 하는 비축이다. 대도시에 있는 시민들이 어느 특별한

---

4. 베를린에서는 '식품공급확보법' 을 적용하지 않으며, 베를린에 대한 연방 비축은 베를린의 상원의 협정동맹의 계획에 기초하여 비축이 설립되었던 것이 존재한다. 베를린의 비축은 연방식품 공급과 베를린의 상원에 의해 취해진 비축으로 구성되어 있다.

기간 동안 '1일 1식' 의 준비에 대한 충분한 음식이 공급될 수 있도록 보장할 의도이다. 이 비축은 저장, 수송 및 분배에 대해서는 그리 큰 수요를 요구하고 있지 않다. 저장장소의 선택은 공급정책의 관점에 따라서 이루어져야 한다. 결정적인 것은 대소비지구, 예를 들면 대도시나 중심 밀집지구의 근접이다.

③ 유럽공동체 개입 비축(EG-Interventionsbestände)

독일은 게다가 유럽공동체 개입물품을 비축하고 있다. 개입의 목적은 '물가안정' 과 '시장균형' 에 도달토록 하는 것이다. 중대한 계절적인 변동 하에 있는 개입생산물들은 빵 곡물과 사료 · 산업곡물, 버터, 탈지유, 그리고 쇠고기 등이다. 그것들은 소모되기 전에 보통 조직적인 가공을 필요로 한다. 독일은 유럽공동체 개입비축이 관리상으로는 처리 가능하다는 것을 알 수 있다. 유럽공동체 개입비축은 유럽시장질서, 즉 공동법규에 상응하며, 전적으로 시장질서의 관점에 따라, 다시 말하면 생산분야에서의 중요성에 따라 비축될 수 있다는 것이 총체적으로 고려될 수 있을 것이다.

따라서 여기서는 공급 정책적인 관점은—연방비축 곡물이나 비상시 시민 비축과는 달리—고려되어지지 않을 것이다.

국가비축의 실행은 농업 시장질서를 위한 연방기관의 과제이다. 연방기관들은 국가소유 비축창고 공간이 없기 때문에 이것을 위해 요구된 장소를 조직적인 비축관리인들에게 임차하여 사용하고 있다.

다. 가정에서의 자발적인 식료품 비축(die Frwillige Lebensmittelbevorratung in den Haushalten)

사적인 비축에 대한 법적인 규정은 없고, 그런 계획도 세워지지 않고 있다. 자발적인 비축은—연방이 그것의 이득과 사용 목적에 대해 설명하려면 적지 않은 재정적인 비용이 들 것이다—그럼에도 불구하고 포기되어서는 안된다.

국가가 일어날 수 있는 모든 공급의 차단에 대해 생각해 내는 것은 불가능하다. 국가적인 행위와 사적인 대비가 함께 잘 보완되어진다면 생존대비는 실제로 훨씬 더 효과가 있을 것이다. 이에 시민 개개인은 각자에게 발생가능한 대비 차단에 대한 예방책을 준비해야 한다.

시민은 그런 이유로 '14' 일 분량의 식료품 비축을 증가시켜야 한다. 그러한 비축은 또한 발생가능한 재난의 경우에도 마찬가지로—여기서는 단지 슬레스비히 홀슈타인(Schleswig-Holstein)의 눈사태만을 상기했지만—유용한 도움이 될 것이다. 또, 이런 비축은 일상 생활조차, 예를 들면 불청객이 왔을 때에도 시민에게 이득이 될 것이다.

라. 기타 경제분야에서의 식량 확보 의존(die Abhängigkeit der Ernahrungssicherstellung von den Uebrigen Wirtschaftsbereiched)

정치 · 군사적인 위기 상황에서 등장하는 변화들, 특히 결핍은 생활필수품 영역에만 국한된 것이 아니다. 예를 들자면 산업 · 유통 조직 · 노동시장 등 다른 분야에서도 마찬가지로 문제들이 발생할 것이다.

그 문제들은 식량과 농업 생산에 영향을 미칠 것이다. 여기에서는 산업 재화 · 유통 실행 · 노동력에 대한 필수적인 필요를 찾아내기 위해 각 분야에서 알맞은 대비 조치들을 언급하는 것으로 충분하다.

여러 법들과 법령에 의해 보완된 다음의 법들이 여기에 첨가된다.

- 자금 · 자본 유통 등과 같은 산업 분야에서의 실행에 관한 확보법(경제 확보법) 1968년(민법 I, 1069쪽) 10월 3일 공포 초안. 1976년 12월 14일(민법 I, 3341쪽) 법 62조에 의해 변경됨
- 유통 확보를 위한 법(유통 확보법) 1968년 10월 18일(민법 I, 1082쪽) 공포 초안. 1993년(민법 I, 278쪽) 2월 26일 법령 제65조에 의해 변경됨
- 방어를 목적으로 하는 수리(水利)의 확보를 위한 법(수리 확보법) 1965년 8월 24일(민법 I, 1225쪽, 1817쪽). 1990년 12월 17일(민법 I, 2809쪽) 법 제18조에 의해 변경됨
- 노동 확보법 1968년 7월 9일(민법 I, 787쪽). 1989년 12월 18일(민법 I, 2261쪽)

법 제32조에 의해 변경됨

마. NATO 수준에서의 대비 조치(Vorsorgemaßnahmen auf NATO-Ebene)

정치 · 군사적 위기시에 충분하고 적절한 연방 공화국 시민 지원의 확보를 위해, 국가적인 대비 조치가 첫 번째로 중요하다. 그러나 이것은 국제적 수준의 비상 계획을 통해서 보충되어야 한다.

독일은 1955년 5월 6일 이래로 북대서양 조약기구(NATO)의 회원국이다. 그 동맹의 목적은 '평화 유지' 와 '자유의 보장' 이다. 그리고 또한 동유럽의 근본적인 변동과 '바르샤바 조약' 의 해제(1991년) 후에 그 목표 설정은 멈추어 있는 상태이다. 그러나 그 목표 설정은 새로운 과제 영역들에서 보완될 것이다. 동서대립 관계 대신에—도입부에서 이미 설명한 것처럼—안정의 위기라는 중요한 문제가 등장하였다. 그래서 NATO 전략에서 갈등예방과 갈등극복, 다시 말해 평화유지를 위한 조치의 중요성은 더욱 증대된 것이다. 인도주의적 영역에서의 활동 등은 이것을 증명해 주고 있다.

그럼에도 불구하고, NATO는 첫째로는 방어 동맹이고 그에 상응하는 시민방어 기구를 가지고 있다. 또한 이 수준에서 국민들의 식량확보를 위한 특별 대비 조치들이 NATO 개별 동맹국 내에서 적절하게 맞추어질 것이다. 그 조치들은—필수적인 비밀유지 때문에, 가능한 데까지만—다음에 간략히 설명될 것이다.

1) 시민 비상기획 수석위원회(der Oberausschuß für Ernahrungund Landwirtschafg, FAPC : Food and Agriculture Planning Committee)

특히 중요한 위원회에 '식량 · 농업 기획 위원회' 가 헤아려진다. 이 위원회는 위기시에 동맹국들을 식량 · 농업 생산으로 지원하기 위한 모든 조치들을 미리 준비하는 과제를 맡고 있다.

다음에 나오는 사항들은 시민 비상 계획 위원회의 결정에 따른 과제에 속한다.

① 위기시에 가장 먼저 소환되는 시민 나토 전쟁국의 하나인 '중앙보급품 기관'

(CSA)의 설치를 위한 준비

② 새로운 국제적 사실에 따라 농업 · 식량 생산이 떨어지는 것에 대한 산정

③ 식량 · 농업에 필수적인 재화의 지원이 막히는 경우, 그 결과에 대한 산정

④ 동맹국에서 필수적인 식료품과 사료 원조가 막히는 것을 피하기 위한 예비 조치 카탈로그와 그 구제 · 시정 조치 카탈로그 제작, 특히 '중앙보급품 기관'의 설치를 위한 준비 조치가 중요하다.

식량 · 농업 기획 위원회는 산업 재화를 지원하는 산업 위원회(IPC)와 긴밀히 협동한다. 이때—이미 설명한 것과 같이—중앙보급품 기관이 두 분야를 관할한다. 공동 작업은 양 기획 위원회의 공동 그룹에서 실행된다. 양 위원회와 공동 그룹의 활동 전에 주문 · 설치 · 담당 · 정보 · 연결망의 결정이 있다. 이것은 중앙보급품 기관의 결정 과정과 같다. 위원회에서 나온 결과는 작업 방향 노선에서 확실해진다.

동맹국의 국제 전문가로 구성된 식량 농업 기획 위원회와 공동그룹을 독일 연방 공화국에서는 식량 · 농업 · 임업부가 맡고 있다.

2) 중앙보급품 기관(die Zentale Versorgungsbehörde, CSA : Central Supplies Agency)

중앙보급품 기관은—위기시의 그 활동에 따라—8개의 시민 NATO 전쟁국 중의 하나가 된다. 중앙 지원국은 동맹국이 식량 · 농업 분야에서—산업분야에서도 마찬가지로—필요한 재화의 처분권에 대한 복안을 만들어내고, 그것의 실행을 조정하는 임무를 맡고 있다. 게다가 NATO와 지원에 관한 의문을 가지고 있는 개별 동맹국들에게 정보를 제공해 주고 조언을 해주며, 문제 상황에 대한 해답을 제안해 줄 수 있다.

중앙보급품 기관은 2개의 관청으로 구성되어 있다. 북미 서부 지부(Western Division)가 총 동맹 내에서의 지원업무의 조정을 담당하고 있는 동안, 유럽 동부 지부(Eastern Division)는 주로 단기 유럽 지원과 분배 문제의 판정의 임무를 맡고 있다.

중앙보급품 기관의 활동을 위해 준비된 협력자들은 오늘날 지속적으로 발생할 수 있는 과제와 문제에 이미 숙달되었고 그에 따라 교육을 받는다. 모든 분야의 대비

조치들도 이와 마찬가지로 꾸준히 재고되고 시험되고 있다.

4. 독일의 식량분야의 국가적 과제 비상대비

가. 식량분야의 국가적 현안

인간에게 있어서 식료품은 필수품이다. 따라서 국가는 생존 대비의 틀 안에서 국민의 충분한 식량 공급에 대해 걱정할 근본적인 과제를 안고 있다. 생활필수품이 부족한 경우라면 더욱더—어떤 이유에서라도—그렇다. 오늘날의 과잉이 항상 우리를 내일의 결핍에서 지켜주지는 않는 것이다.

오늘날 농업정책의 선두 목표는 '시장 균형의 재건' 이다. 공공 농업정책 개혁의 틀 안에서 지향된 조치들을 통해서, (예를 들면 휴경지를 통해) 생산과 수요는 서로 더 잘 조화되어야 하고, 시장은 균형을 이루어야 할 것이다. 융자의 한계에 부딪히고 있는 과잉생산은 상당히 감소되어야 할 것이다. 이런 과잉생산 때문에 우리는 결핍이 일어날 수 있을 것이라는 데 대한 의문을 전혀 갖지 않는 것이다. 그와 동시에 이 지구상에는 수백만이 기아에 시달리고 있다.

독일은 소비자가 자신이 필요에 따라 제공된 수많은 것들 중에서 양질의 식료품을 고를 수 있는 시대에 살고 있다. '계약의 자유' 는 독일 시장경제의 중요한 주춧돌이다. 자유경쟁은 결정적인 질서원리이다. 국가는 이런 자유경쟁이 시장 지배력의 권리오용에 의해 그 자유로운 발달에 방해를 받는 경우 개입한다. 우리에게 제공된 수없이 풍부한 생필수품들을 살펴본다면—우리가 단지 3,000여 개의 다양한 생활필수품을 생각해 본다면 그때마다 100개의 종류가 넘는 소시지와 치즈, 빵, 그리고 그와 같은 특정한 것들에 대해 생각해 보게 되는 것이다—그때 우리에게는 우리의 신체적인 편안함에 대해 걱정해 볼 기회는 없는 것이다. 그러나 자유로운 상품의 교환이 방해받거나 완전히 능력 밖의 것으로 되어 버린다면 무슨 일이 일어나겠는가? 우리의 농업이 위기 상황으로 인한 사료 수입의 부족으로 자신의 사료 토대 위에서만 생산해야만 하고, 식량수입이 되지 않는다면 어떻게 되겠는가? 그러면 부족한 생활필수품을 어떻게 분배해야 가난한 사람들과 부자들, 젊은이와 노인, 장애자와 병자가 동등하고 사회적으로 정당하게 공급받을 수 있을 것인가?

고도 기술 설비에서의 사고나 자연 · 환경재해, 널리 퍼진 동물 전염병, 국제시장들의 실제적 막힘이나 상품의 교환을 방해하는 다른 요인들이 방해의 원인이 될 수 있으며, 또한 공급위기가 될 수 있다. 물론 더 많은 요소들이 동시에 작용하고, 그로 인해 또 누적되어 작용될 수도 있다.

그런 종류의 위기가 발생하며, 그것은 아마도 체르노빌 원자력 발전소 사고의 결과에서 볼 수 있는 것처럼, 국가의 개입없이 무역정책상의 조치로 극복될 수도 있을 것이다. 그러나 이 사고 후 가장 먼저 추출될 수 있었던 "중부 유럽과 동부 유럽에 있는 여러 핵기술 설치장소의 상태는 불안을 유발시킬 만하다", "중대한 원자로 사고는 계산할 수 없는 생태학적, 경제적, 사회 · 정치적인 결과를 낳을지도 모른다" 와 같은 추론은 유감스럽게도 증명되었다. 이 '재깍재깍거리는 원자 시한 폭탄' 을 제거하자는 요구들이 정치분야에서 더욱더 강하게 나타날 것이다.

가장 심각한 방어의 경우인 정치 · 군사적인 위기도 마찬가지로 제외될 수 없을 것이다. 무력 대결의 위험은 특히 동유럽의 평화로운 전복—특히 구 소련 지역에서의—과 그 결과에서 비롯된 바르샤바 조약해제의 결과이다. 그 당시에는 알 수 없었지만, 이 개개의 위험들은 측정할 수 없으며, 산정하기도 어려운 것들이다. 냉전의 종식이 영원한 평화로 통하는 것은 아니다. 왜냐하면 본질적으로 발생가능한 권력의 자리에 일련의 국가들이 발을 딛고 서 있기 때문이다. 그 국가들에서는 이제껏 억압된 갈등들이 공개적으로 조정되고 있다. 오늘날에는 군사적인 힘을 정치적인 목적으로 대치시키려는 시도가 과거 동 · 서 대립 시절보다 더 쉽고 빨리 완화되는 듯한 인상이다. 다시 생겨나는 민족주의들, 풀리지 않는 지역갈등, 인종분쟁, 경제 · 사회, 그리고 정치적인 어려움으로 인한 불안정, 대량 파괴 무기들의 확산 등은 새로운 군사적 위기의 원천이 될 수 있으며, 그 원천들은 특정 불안 요소들을 설명해 줄 것이다.

세계의 어느 지역이 갈등들의 원인이 되고 있느냐와 관계없이, 그런 갈등들은 매번 연방 독일 공화국과 중부 유럽에 영향을 미칠 것이다. 그렇다면 그때는—특히 1962년 '쿠바위기' 와 최근 1991년 '걸프전쟁' 때처럼—불안과 매점(買占)이 고려되어야만 할 것이다. 또 그 결과로는 중요한 식료품의 부족과 물가상승이 초래될 것이다. 만일 그런 갈등들이 노골적인 식료품 · 사료수입의 감소와 관련된다면, 상황은 특별히 악화될 것이다. 생활에 필수적인 필요를 커버하기 위한 국가적인 조치는 '시장 행위' 를 일으키는 것에 그 목표를 두어야 할 것이다.

현재의 국가는 이미 오늘날 비상시의 충분한 주민 공급을 위한 모든 필요한 예방책을 마련할 의무를 가지고 있다.

확실한 공급을 위한 중요한 전제는 농민의 관리에 기반한 농업의 유지이다. 그것은 우리 모두를 위한 특종의 생명보험이다. 그것은 우리 주민들 모두가 그렇게 생각한다. '중앙 마케팅 협회' 의 위탁으로 실시된 설문조사에 따르면, 우리 농가는 '주민의 85%가 농업이 생활에 필요하다고 생각한다' 는 내용의 농업에 대한 전반적인 동의에 만족하고 있다고 한다. 그러나 탁월한 생산수준과 독일 농업의 높은 총생산은 종종 위기시의 대비조치 필요성을 잊게 만들고 있다. 전체 농업시장의 문제, 동 · 식물 보호의 문제, 환경 · 자연 보호의 문제, 유럽 내에서 농업과 식량업 경영의 생존대비, 세계 자유무역의 도전들은 확실히 영구적인 현실이 될 것이다. 비상상황을 위한 대비조치가 그것과 맞물려 등한시되어서는 안 될 것이다.

그 기능을 제대로 발휘할 수 있는 식량대비는 전체의 노력과 연방 · 주 · 시 · 읍 · 면내에서의 책임을 맡은 사람들의 지지를 필요로 한다. 국가 외에도 주민과 농업 · 식량업 모두가 대비조치를 이해하고, 어떤 예방책이 자신들에게 알맞은지를 시험해 보도록 촉구되어야 한다. 국가적인 조치를 보완해 주는 자조(自助)를 통한 시민의 책임감 없이 구각만의 행위는 단지 서투른 행동에 지나지 않을 것이다.

나. 식량분야의 비상대비에 관한 조건들

1) 농업

제2차 세계대전 후 사회적, 구조적 적응과정은 1헥타르 이상 가용면적으로 농장수가 1949년 1,646,800개에서 1984년 732,500개로 감소하는 결과를 초래하였다. 동 기간에 1헥타르 이상의 모든 농장에서 농업 목적으로 사용된 전 면적은 13,280,000에서 11,950,000헥타르로 감소하였다.

이런 집중은 큰 규모로 '전문화' 와 동반하였으며, 그것은 여전히 집중 과정을 더욱 독려했다. 가축생산에 종사된 농장은 하나 혹은 두 종의 동물로 전문화되는 경향이었는데, 특히 지난 10년에 그랬다. 전문화와 집중은 또한 점진적인 기계화로 선도하여 왔다.

독일의 농업부문은 수입사료에 근거한 사육이 포함되면 식품과 사육의 현재 수입의 95%, 그러한 사육이 포함되지 않으면 78%(곡식 단위 중량)를 충족시킬 수 있다. '자급자족' 의 정도는 현안에서 개인 생산에 광범위하게 의지하는데 다양화한다. 특히 설탕과 밀크의 경우에는 국내생산이 국내수요를 상당히 초과하며, 우유 초과분은 자체로 탈지분, 전유분, 농축된 우유 및 버터와 같은 비부패성 목축품을 위하여 100% 보다 더 높은 '자급자족' 수준에서 나타난다.

다른 한편으로는, 어떤 다른 중요제품의 경우에 수입품(예를 들면, 식용류 유지류, 달걀, 일반 고기, 일반 곡식)으로 만들어져야만 되는 부족품이 있다. 단백질을 포함한 식품재료(특히 오일 케이크와 조잡한 영역 오일 종자)의 경우는 국내생산은 국내수요의 약 12%를 충족시킬 뿐이다. 위기시에 사용될 대비 조치들의 견지에서, 연방 공화국의 자급자족의 수준이 중요할 뿐만 아니라, 지역생산을 통한 여러 지역에 수요를 충족시키는 문제가 또한 중요하다. 왜냐하면 거대한 노력이 잉여 지역에서 부족 지역으로 생산품을 수송하기 위하여 요구된다.

연방 공화국의 여러 나라에서 지역수준의 생산을 통하여 수요를 충족시키는 문제는 잘 되는 수준을 다양화함으로써 해결되고 있다. 이것은 개인 생산에서와 마찬가지로 모든 농산물의 생산의 평균에 적용한다.

우리가 적절한 식량을 획득하기 위하여 자급자족을 평가하면, 우리는 여러 생산지역에 상당한 수입 의존에 관하여, 대비 조치는 수입이 방해받을 우연성을 위하여 채택되어야만 된다.

식량의 영양내용이 '1일 1인당' 13,442줄(Joule)(3,213칼로리)에 해당하는 현재(1981/1982년)(주류를 제외)로 먹어버리는 것이 잘 된 것으로 기록되어야만 한다. 비록 우리가 식량이 생산자(생산과 도매 수준에서) 개인 가정에서 취급되고 진행되었을 때 발생하는 것과 15%만큼 높게 평가되는 손실을 공제하더라도, 평균 10,040줄(2,400칼로리)로 '독일영양학회' 에 의하여 추천된 양을 약 14% 초과하고 있다. 그러므로 현재의 식품 소비는 건강만을 이유로 줄어들 수 있다. 또한 우리는 위기시에 약

15% 추정 손실이 상당히 줄어들 수 있다는 것을 소비한다.

2) 식량업

제2차 세계 대전 후 일어나고 있는 집중 과정은 또한 다음 부문으로 이루어지는 식량경제에 영향을 미쳐왔다. 즉 식량업, 식량무역 및 식량 도 · 소매상, 그리고 그의 영향은 농업에서 보다 더욱 긴밀하게 감명을 받게 되었다.

3) 주민

마지막으로 식량의 보장에 관한 모든 고려상황에서 가장 중요한 요소는 소비자이다. 약 8천1백만 국민이 현재 연방 공화국에 살고있는데, 그들 중 거의 절반은 라인강-루르, 라인강-중심, 라인강-네카의 큰 도시 및 함부르크, 뮤니크와 수투가르트 지역 등에 살고 있다.

큰 도시는 경제생활과 행정의 중요한 중심지이다. 그들의 규정의 영향과 효율을 유지한다는 것은 각 지역을 넘어서까지도 대단히 중요하다. 그러므로 고도의 우선 임무는 농업의 자급자족 수준이 낮은 지역으로 식량공급이 되어야만 한다. 수송 문제는 연방 공화국 내에 잉여 농산물 지역이 어떤 경우에는 큰 도시에서 공급될 때까지 100km 이상인 경우가 있으므로 위기시 이런 임무를 수행하는 것이 어렵게 될 수 있을 것이다. 위기대비는 공급이 불충분한 지역이 잉여 지역에서 생산품을 보상받을 수 있다는 것을 확신할 조치가 되어 있어야만 된다.

4) 개략적인 결론에서 얻은 결과

식량의 획득과 관련되는 계획에 따르면 현재의 식량 공급 상황을 걱정할 필요는 없다. 그러나 동시에 그 계획은 국민 모두에게 충분한 식품공급을 보장할 수 없는 위기가 발생할 수도 있다는 점도 내포하고 있다. 그러므로 국가에 의한 어떤 개입이 요구될 것이다. 그것은 평시에 철저하게 준비되어야만 한다.

지금까지 연방 수준에 취해진 준비는 필수적으로 2개의 주요한 범주로 나누어 질 수 있다.

첫째 범주는 입법적이며, 필요한 법적 기준의 제정에 목적을 둔 모든 대비 조치들을 포함한다.

둘째 범주는 원재료 투자, 예를 들면 국가에 의한 식량비축과 관련된 것이다.

5. 독일의 식량분야 비상대비의 법적 근거

증가하는 '외교정책긴장' 때문에 국민의 식량공급에 구체적인 위험이 있다면, 국가가 경제통제를 내포한 조치들을 도입하는 것이 불가피하게 될 것이다.

독일 연방 공화국의 '헌법' 에 따라, 법적 근거가 이들 조치들을 위하여 필요하게 된다. 한편에서는 그들은 필요한 방해가 개인의 법적 영역과 경제적 요소의 자유 흐름으로 연루하고, 다른 한편으로는 당국의 권한이 규정될 수 있도록 하기 때문이다.

가. 식량대비법과 식량확보법 제정(Entstehung des Erährungsvorsorgesetzes und Ernahrungssicherstellungsgesetzes)

1965년에 먼저 식량확보법(ESG)이 공포되었다. 식량확보법은 방어의 목적으로, 무엇보다 시민의 욕구와 전투력의 욕구를 위해 필수적인 식량농업 생산물 지원을 보장하기 위한 것이다. 같은 해에 경제 · 유통 · 수리(水利)확보법이 공포되었다.

1968년부터 이미 식량확보법은 비상시를 위한 입법의 테두리 내에서 그 중요한 사항들이 수정되었다. 식량확보법은 그 당시에 또한 평화시 지원 위기가 닥쳤을 때 그 안전을 위한 몇몇 규정들을 포함하고 있다.

1986년 말의 '체르노빌 참사' 는 식량 분야에서의 위기시를 위한 식량확보법의 입법상의 대비를 고려하는 동기를 유발시켰다. 주민들 사이에서 일어난 초기의 불안한 상태에 비해 지원 위기는 발생하지 않았지만, 평화시에도 특별한 위기 상황이 발생할 수 있다는 것이, 그리고 그에 상응하는 대비를 행할 수 있다는 것이 분명해졌다.

평화 시기의 지원 확보를 위한 입법상의 대비조치들에 대한 고려는 이제까지의 기관들로는 충분하지 않다는 결과를 낳았다. 특히, 대비조치들에 대한 국가 기관들의 법적 의무들이 빠져 있었다. 그 법적 의무들과 식량확보법에 포함되어 있는 규정들은 이 법에서 나왔고—필요한 보완에 의해—독립적인 법으로, 즉 식량대비법으로 요약되었다.

이런 맥락에서 또한 식량확보법의 몇 군데가 보충 · 수정되었다. 이와 같은 입법상의 조치들의 분리에 의해 1990년 8월 비상시의 식량 영역에서의 방어 규정과 비(非)방어 규정의 분리가 또한 초래되었다.

'식량대비법' 과 '식량확보법' 은 물론 다른 목적을 가지고 있다. 그러나 그 개념과 구조와 개별 규정들의 형태에 따라 그 두 법은 궁극적으로 조화를 이루게 된다.

나. 식량대비법(das Ernährungsvorsorgegesetz)

식량대비법(EVG)은 지원 위기시에 식량 · 농업 생산의 충분한 지원 확보를 위한 법적 근거이다.

이 법과 이 법을 근거로 한 법령들의 효력은 엄연히 식량대비 분야로 국한된다. 식량대비법은 방어의 목적에는 적용되지 않는다. 이로써 식량확보법에 비해 완화된 식량대비법을 근거로 한 법령들의 적용 가능성이 남용되는 것이 배제되어야 할 것이다. 식량대비법을 근거로 그 적용이 유보되어 있는 법령들의 적용은 다시 말해 식량확보법을 근거로 한 법령들과는 정반대로 어떤 의회의 협력 하에도 놓여 있지 않다. 즉, 식량대비법은 오로지 연방정부의 결정에 달려 있는 것이다.

이 법은 지원 위기의 개념을 다음과 같은 상황으로 정의하고 있다.

"생활에 중요한 식량 · 농업 생산에서의 욕망 충족이 연방 공화국의 실제적인 부분에서 위협을 받고 있으며, 이 위협이 시장에서 알맞은 조치들에 의해서 적시에 해소될 수 없으며, 오로지 전혀 관계가 없는 수단들에 의해서만 해소될 수 있는 상황."

그런 위협적인 상황들의 원인으로—이미 언급했던 것처럼—자연재해와 환경재해, 대규모의 동물 전염병, 고도의 기술 설비 사고(예를 들어 핵 반응로), 농업생산에서 국제시장의 실제적인 막힘, 독일의 안전을 위협하지는 않는 다른 나라들의 전쟁 상황 등을 들 수 있다.

연방 공화국의 실제적인 부분에서의 지원 위기들이 언제 논의되어야 하는지에 대해서는 사전에 일관된 대답을 할 수 없다. 실제 상황에서 이러한 예측은 아마도 전 연방에 관련될 때에 제시될 것이다.

식량대비법에서 식량 · 농업 생산의 의미는 다음과 같다.

a) 농업 활동과 양봉 · 사냥 · 어업을 통해 얻어진 식물성 생산과 동물성 생산, 이 생산물의 가공으로 얻어진 식품 · 기호품 · 사료를 뜻한다. 그러나 담배 · 커피 그리고 이것들로부터 얻어진 생산물은 물론 제외된다.

b) 농업에 필요한 종자와 식물들을 뜻하며 야채 · 과일 · 원예 · 포도 재배에 필요한 종자와 식물도 이에 포함된다.

임업 생산물과 목재 생산물은—식량확보법과는 정반대로—식량대비법에는 규정되어 있지 않다. 그것들의 포함되느냐의 여부는 그렇게 필요한 것이 아니다.

식량대비법은 단지 위기시 충분한 식량 지원을 위한 국가적인 처리에 대해서만 규정하고 있다. 개별적이고 직접적으로 연관되는 규정들은—예외들을 제외하고는—그 법에 포함되지 않는다. 왜냐하면 평화시의 위기 상황 극복을 위해 다양한 방식으로 요구되는 조치들이 일반적으로 미리 정해질 수 없기 때문이다. 필요한 것은 각각의 상황에 적합한 국가 담당 기관의 처리이다. 그래서 국가적인 처리의 신속성과 유연성의 견지에서 볼 때, 필요한 규정들을 공포하는 전권(全權)을 입법자들에게 위임하는 것은 적절한 것이다. 식량대비법 제2조에 의해 이 전권이 발생하는 것과 마찬가지로, 그 내용 · 목적 · 입법자들의 법령 규정 범위도 정해진다.

이 전권은 규정들의 다양한 스펙트럼을 포함하고 있다. 그 중에서도 생산물들의 생산 · 획득 · 배달 · 분배에 관한 것이나 가격 결정과 영업 전환에 대한 규정들을 포함하고 있다. 그것에 따른 예는 다음과 같은 것들이다.

• 경작 허가와 경작 금지 공포(제2조 제1항 1)
• 일정 생산물을 특정 장소나 일반 수취인에게 교부하는 경우에 대한 규정, 인 · 허가증을 제외한 주문과 교부에 대한 규정, 특정 생산물을 위해 사용되는 우유의 사용에 관한 규정, 다른 분야에서 식료품 수송에 대한 규정, 특정 시기를 위한 혼합 생산물의 비축에 관한 규정(제2조 제1항 2)
• 품질의 기준 설정(거래 등급법의 차이에 관한 설정과 함께)과 방부제 사용의 의무

화(제2조 제1항 3)

- 영업상의 개별 혹은 모든 생산물의 배부 금지 최대 48시간까지(제2조 제1항 4)
- 최고가 설정(제2조 제1항 5)
- 생산물 · 비축 · 용량에 대한 관리 일자 신고(제2조 제1항 7)
- 법령이 준비에 대한 안내 공포의 의무화(제2조 제1항 8)

다양한 전권의 범위의 견지에서 입법자들은—물론 이것이 당연하다 할지라도—법령들은 지원 확보에 필요하고 위기시에 적절한 규정들로 제한될 수 있다는 것을 명확히 결정했다. 그것에 따라 예를 들어 충분한 지원을 유지하기 위해 필요하지 않은 생산물들의 관리는 허용될 수 없다.

그 법령들은 지원 위기에 들어서기 전에 연방 의회의 동의를 얻은 연방 정부에 의해 공포된다. 이러한 권한은 물론—연방의회의 협력없이—연방 식량 · 농업 · 임업부에 위임될 수 있다.

지원 위기에 들어선 후에 법령들은 연방 식량 · 농림부에 의해 공포된다. 연방 의회의 동의는 법령의 효력 기간이 2개월로 국한된 경우에만 그 소용이 있다. 법령들은 지원 위기시 외에도 공포될 수는 있다. 그러나 법령들은 기본적으로 연방 의회의 동의가 필요하지 않은 법령들을 통해 지원 위기에 들어섰다는 것이 명확히 확정된 경우에야 비로소 그 적용이 가능하다. 이 시점에서야 비로서 법령들은 시민과 다른 해당 분야에 대한 법적 효력을 갖는다. 1975년 '에너지확보법' 에도 포함되어 있는 법령들의 적용 제한과 그와 연결되어 형성된 절차들을 통해 중요한 국가 간섭 가능성의 목적을 벗어난 효과는 피해져야 한다.

적용 유보의 예외가 되는 것은 다만 특정 법령들의 준비를 위한 관리의 신고 · 안내 의무에 관한 법령들이다. 이는 위기 방지를 위해 필수적인 보고가 적시에—즉 발생할지 모를 원조위기 전에—이루어질 수 있게 하는 데 필요하다.

각 주들은 자신들의 업무로서 식량대비법을 집행한다—기본적인 임무 할당에 상응하도록, 그러나 식량확보법은 반면에 연방정부의 지시에 의해 집행되어진다. 연방이 그 법이 필요하다고 여기면, 연방은 법령을 통해서 각 주의 관청들의 관할을 조정할 수가 있다.

프랑크푸르트에 있는 연방 식량 · 임업국은 연방 식량 · 농림부 산하의 최고 기관으로서 식량확보 영역과 식량대비 영역에서 중요한 임무들을 맡고 있다. 식량 대비 영역에서 그 임무들은 다음 사항들을 포함하고 있다.

- 비축, 생산과 식량 · 농업 생산물 소비 및 특정 생산물의 생산용량에 관한 주요 결정
- 주요 지원 · 비축 계획이 설계

자신에게 맡겨진 임무들에 근거해 연방 식량 · 임업국은 특히 지역적인 지원 대차대조표를 작성해 낸다. 이 대차대조표는 매년 중요한 농업생산을 위해 컴퓨터 정보처리의 도움으로 읍의 수준까지 계산된다. 이 지역적인 대차대조표는 우선 오늘날의 생산 · 가공 · 소비에 관한 보고를 포함하고, 그 밖에도 관리상의 소비도 포함한다. 관리상의 소비는 특히 소비자에게 우선 임시로 계획된 할당량으로 계산한다.

그러나 지역 대차대조표의 중점은 지원계획에 관한 최근의 날짜를 항상 얻을 수 있기 위한 지역의 생산예측에 있다. 상응하는 대차대조표들로부터 식량 대비와 확보를 목적으로 하는 중요한 기본 식료품 지원시 생산물자 부족지역과 과잉지역에 관한 설명을 얻을 수 있다. 지역 지원 대차대조표는 또한 위기시에 변경된 외부조건 내에서 계속되는 지원계산과 계획에 관한 출고 날짜를 포함한다.

식량대비법에 근거해 가능한 규정들의 실행은 많은 경우에 있어서 업종별 협회와 식량 · 농업 연합(예를 들어 생산자 · 생산 · 유통 단체들), 기관(예를 들어 '농업 회의소')들의 도움이 없이는 불가능하다. 이들이 가지고 있는 전문지식과, 구체적인 경제적 경과와 관련 조치들이 이루어낼 수 있는 성과에 대한 지식은 지원 위기시에 포기되어질 수 없는 것들이다. 심의나 법령들의 집행 또한 그런 이유에서 입법자들에 의해 명확히 계획되는 것이다.

이제까지 법적으로는 정해지지 않았지만, 연방 · 주 · 군 · 읍들이 이미 모든 조직적 · 인적 · 물적 조건들을 마련하도록 의무화되는 것이 중요하다. 그 조건들은 지원 위기시에 충분한 식량 · 농업 생산물 지원의 확보를 위해 요구되는 것이다. 이러한 의무들은 식량대비법에 근거한 법령들이 공포되고 그로 인해 국가적 처리에 관한

구체적인 지시가 내려지면 특히 중요해진다. 이제까지 식량확보법에 따라 상응하는 의무에 기반한 조치들을 실시하도록 임명된 공무원들은 다양한 행정 관청 수준에서 또한 식량 대비의 목적을 위해 필수적인 예방책을 준비하고 있다는 사실은 명백하다. 여러 국가들에서 중요한 식량확보법에 다른 준비 조치들 중 어떤 것이 또한 식량대비법에 기본적으로 유용하게 이용될 수 있는지가 여기에서 시험될 수 있다. 여러 해 동안 식량확보법에 근거를 두고 존재했던 지원 대차대조표를 위해 이것은 긍정적일 수 있다.

지원 확보를 담당하고 있는 관청들과 일반 공공기관들은 특히 모든 자연인과 법인, 법률상의 권리가 없는 단체들(예를 들어 생산자 · 생산품 · 유통 단체들)에 관한 법령을 실행할 수 있다.

- 그 단체들이 식량업과 농업에 종사하고 있는 한
- 식량대비를 목적으로 안내를 요구하고 또한 특별히 식량 · 농업관리의 비축 일자와 생산 일자에 관한 안내를 요구하는 경우

이것은 가공 능력 · 비축의 양 · 실적이 좋은 업체의 비축용량에 관한 정보들이 특정 지원조치를 위해 초지역적으로 필요하게 될 경우에만 교려될 수 있는 것이다.

안내의 의무는 식량대비법에 따른 법령들이 공포되면서 발생한다.

지원 위기시에 지원확보를 담당하고 있는 관청들과 일반 공공기관들에게 특정 개인 자료와 물적 자료를 접근 가능하게 해주는 것은 필수적이다. 그 자료들은 다른 관청들과 공공기관들에 비통계적인 목적으로 이미 존재하고 있다. 따라서 지원 위기시에 충분한 지원확보에 대해 우세한 공공이익의 범위 내에서 이 법은 특정 자료의 송달과 그로 인해 발생하는 간섭을 허락한다. 그 간섭은 기본권으로 보장되는 정보의 자치권 내에서 행해진다.

그에 따른 다음 사항들의 송달이 요구될 수 있다.

- 신고 관청에 관한 요구 : 이름과 성, 주소와 소비자들의 집, 14살 미만인 경우에는 생년월일도(이것은 중요하다, 왜냐하면 14살 미만의 어린이들은 관리의 경우

에 있어 식료품이 추가로 비축되기 때문이다.)

- 나머지 관청들과 공공 기관들에 대한 요구 : 식량·농업에 관계된 기업들의 이름과 주소, 기업의 종류와 그 생산 방식에 관한 설명, 기업의 비축 일자와 생산 일자

지원 위기에 들어서기 전에 앞서 언급한 자료들은 각각의 관할 감독 관청들이 송달 요구에 동의한 경우와 그 송달이 대비 의무를 실현시키기 위해 필요한 경우에만 식량대비법 제8조에 따라 관할 관청들과 공공기관들에게 송달될 수 있다.

지원확보를 위해 즉시 효과가 있는 조치들의 실행이 가능하기 위해서는 지원 위기시의 이러한 조치들에 대한 반대와 항고 소송은 어떤 유예된 효과도 가질 수 없다는 것이 명확해야 한다. 그로 인해, 특히 식량확보가 막히는 것에 대한 공공의 이익이 개별 시민의 이익보다 우위에 있게 된다. 이 결정은 적절한 것이다. 이 결정에는 권리보호 영역에 있어 어떠한 제한도 요구될 수 없다는 것이 포함되어 있지는 않다. 왜냐하면 시민 개개인은 행정재판법규(Verwaltungsgerichtsordnung : VwGO) 원칙 제80조 제5항 1에 따른 고소를 통해 유예된 반대와 항고 소송을 제기할 수 있는 가능성을 가지고 있기 때문이다. 그에 반해 지원 위기에 들어서기 전에 권리의 항변에 대한 제한은 유효하지 않다.

법에 근거를 두고 있는 법령들이나 법령들에 근거한 규정에서 발생한 의무를 고의나 과실로 위반한 경우는 규칙 위반으로서 기소된다. 특히 심한 규칙 위반은 형사범으로 처벌된다.

식량대비 분야에서 그 임무를 수행하는 과정에서 주들에게 발생하는 비용은 전적으로 주들이 부담해야 한다. 여기에서 연방과 주들 사이의 재정부담 분배원칙이 유효하다. 어떤 임무를 맡은 자는 그 임무에서 초래되는 비용 또한 스스로 부담해야 한다(연계원칙).

다. 식량확보법(das Ernährungssicherstellungsgesetz)

식량확보법은 1990년 개정된 이래로 전적으로 충분한 주민 지원과 전투력 지원

의 확보에 기여해 왔다. 이 지원은 방어의 목적, 다시 말해 정치 · 군사적 위기에 그 원인이 있는 비상 상황에 식량 · 농업 생산물을 통해 이루어진다. 이 법은 식량대비법과 마찬가지로 단지 필요한 국가 간섭에 관한 법적인 테두리만을 정하고 있다. 예외들을 제외하고, 이 법은 개개인의 법률권을 직접적으로 간섭하지 않는다. 이 법은 오히려—여기에 그 중점이 있다—법령 공포권에 관한 포괄적인 목록을 포함하고 있다. 이 법령들은 가능한 관리조치들에 관한 법적 지시를 구체적으로 설명해 주어야 하고 그 준비와 실행을 필요한 경우에는 보장해 주어야 한다.

식량확보법의 핵심은 식량확보법 제1조 제1항에 제시된, 방어를 목적으로 한 법률제정 조치들에 대한 전권(全權)들이다. 이 전권들은 회계 · 신고 · 안내 의무에 관한 법령들과 저장과 비축 유지에 관한 법령들에 의해 보충된다. 필요한 경우에 식량 · 획득 · 거래 · 구입에 관한 규정들과 식량 · 농업 생산물 분배에 관한 규정들이 계속해서 맞추어진다.

전권 목록은 중요한 범위에서 식량대비법 제2조 제1항과 일치한다.

식량대비법과는 정반대로 식량확보법에 근거하여 그것으로부터 또한 식량과 농업에서 관리와 생산수단의 사용—즉 사용과 소비—에 관한 규정을 정할 수 있다. 이 규정들은 예를 들어 농업분야에서 농업에 쓰이는 기계 · 농기구들 · 발동 원료 · 연료 · 화학 비료 · 전선 · 윤활제 · 체인 등의 투입과 배치를 조정할 수 있다. 식량업 분야에 대해 기계 · 전기 · 가스 · 발동 원료 · 연료 · 물의 사용에 관한 규정이 공포될 수 있다. 전권들을 근거로 하여 법령 내에서 또한 농업생산에 기여하는 특정관리 · 생산수단의 분배가 규정될 수 있다.

식량확보법이 식량대비법에 비해 그 전권의 범위가 더 넓은 이유는 비상조치를 요구하는 정치 · 군사적인 위기상황이 규정 내에서 중요하고 모든 경제영역을 포괄하는 효과를 갖기 때문이며, 그로 인해 또한 더 많은 간섭이 필요할 수 있기 때문이다.

공공관리가 그것을 요구하는 한, 식량대비법에 따라서와 같이 생산상태 · 가격결정 · 비용부과에 관한 더 많은 규정들이 가능할 것이다—즉 그 생산물의 품질과 양적인 구성을 고려하여.

식량확보법에 따라 관리될 수 있는 식량 · 농업 생산물은 식량대비법 내에서의 그것들과 일치한다.

식량확보법 내에서의 생산물은 야생 사료가 덧붙여진다. 나머지 분야에서는 담배 · 담배 생산물 · 커피 · 커피 제품 · 커피나 카페인 성분의 커피 엑기스 등이 식량확보법에 따른 생산물이 아니라는 것이 중요하다. 따라서 이것들은 식량확보법에 의해 관리될 수 없다.

법령에 관한 더 많은 전권들은 그러나 단지 다음과 같은 경우에 사용될 수 있다.

a) 지원의 위협을 개선시키거나 방지하기 위해서
b) (지원) 목적이 시장에서 알맞은 조치들을 통해 같은 방식으로 달성될 수 없는 경우에 전권들이 사용된다면, 법령들은 필수 불가결한 조치들로 제한된다. 또한 여기서 명확히 기술된 관계법은 시장경제의 메커니즘이 실패한 경우 지원의 막힘을 개선하거나 방지하기 위해서만 그 간섭을 허락한다.

정치 · 군사적인 위기시에 관한 법령들은 오늘날 이미 공포될 수 있으나, 주로 기본법 제80a조(긴박 상태)에 있는 다음의 4가지 조건들 중 하나가 제시된 경우에 한해 적용될 수 있다는 데에 더 많은 특별히 중요한 제한들이 존재한다.

a) 연방 의회가 각 법령의 적용에 동의한 경우
b) 연방 의회가 긴급 사태라고 정하는 경우
c) 원칙적으로 연방 상원회의 동의를 받은 연방 의회에 의해 확정되어야 하는 방어 상황의 경우
d) 동맹계약의 테두리 내에 있는 국제기관이 독일정부의 동의를 얻어 만들어진 결정이 제시된 경우(소위 동맹 상황)

관리규정이 효과적으로 되기 위해서는 규정상으로 독일 연방 의회의 특별한 협력이 필요하다. 의회 심의회의 간섭은—기본법 제80a조항을 만드는 것에 대한 많은 비판에도 불구하고—전체 경제생활과 개인 경제생활에 관한 순서를 이유로 환영된다.

독일 연방 의회의 동의는 그러나 소위 동맹의 경우에는 요구되지 않는다. 그로 인해 동맹조약 협정에 따라 독일이 더욱 수준 높은 방어조치 준비를 지속할 수 있다는 사실을 고려할 수 있다.

여기에서 예를 들어 특정 원칙에 따라 등급이 나뉘어진 특정 동원조치들의 해결 방안들이 NATO 위원회를 통해서—현재 NATO 내에 존재하는 정보계획 시스템 내에서 계획되고 있는 것처럼—생각되어질 수 있다. 그러나 NATO 테두리 내에 있는 독일 연방 공화국의 의무뿐만이 아니라, 발생 가능한 유사한 미래의 방어 동맹 내에서의 독일 공화국의 의무도 생각될 수 있을 것이다. 법률위원회의 과반수의 견해에 따라, 독일 연방 공화국의 시민의 권리충족의 의무는—그 의무들은 동맹국들에 의해 만들어진—국제기관들이 만들었다. 아직 독일 의회의 동의에 의존되어 있지는 않다(독일 의회의 동의를 필요로 하지 않는다). 연방 정부가 행사하는 그런 종류의 국내 연결은 강력한 시간적인 지체로 이끌어질 수 있으며 독일의 결속 능력을 해칠 수도 있을 것이다.

독일 연방 의회는 그러나 정정권을 가지고 있다. 연방 의회는 동맹의 경우에 근거한 조치들을 해체할 수 있는 요구권을 가지고 있다.

방어의 목적을 위해 또한—이미 언급된 것처럼—회계기록 · 신고 의무 · 생산물의 저장과 비축유지에 관한 법령들이 공포될 수 있다. 이 법령들에서는 그 적용의 유보가 유효하지 않다. 그 법령들은 평화시의 대비조치들을 가능하게 해야 하고, 그래서 또한 평화시에도 적용될 수 있어야 한다.

식량확보에 관한 법령들은 연방 주의 동의를 얻은 연방 정부의 규정 내에서 공포될 수 있다. 법령 동의에 대한 필요성은 기본법 제80조 제2항에서 발생한다. 법령의 효력이 6개월로 그 기한이 정해진 경우에는 동의가 필요치 않다.

연방 정부는 입법권을 또한 연방 식량 · 농업 · 임업부에 위임할 수 있다. 그와 같은 위임은 연방 의회의 협력을 필요로 하지 않는다. 연방 식량 · 농림부는 그로부터 식량확보법 제7조 제2항에 비례하여—다시 말해, 기본법 제80a조가 제시된 경우에—근본적인 입법권을 얻게 된다.

이 법은 그 입법권을 a) 연방 식량 · 임업국에 위임할 수 있고, b) 계속해서 그 권한을 위임할 수 있는 전권과 함께 주 정보들에게 위임할 수 있다.

법령의 실행은 연방의 위탁으로 이러한 임무를 받은 주 · 읍 · 면들이 관할한다. 연방이 임무완수에 영향을 미칠 가능성이 있음에도 불구하고, 연방위임관청은 주에 속한 관청이다. 이 기관은 특별히 포괄적인 명령권으로 구성되어 있다. 그 명령권은 합법적이며 임무완수의 목적에도 맞는다. 이로써 동시에 연방법 실행은 주 자체의 업무로서(예 : 식량대비법) 구별된다. 연방은 그 업무들에 대해 단지 임무위임의 합법성만을 조정한다.

연방 위임 관청에서 연방에게 위임한 영향력은 식량확보법 제10조, 제4항 1에 따라 연방 식량 · 임업국에게 일련의 업무들이 위임된다. 이 위임된 임무들은 특히 단일 계획에서, 식량 확보를 위한 중요한 자료 결정에서, 그리고 중앙 지원 · 비축 계획을 세우는 데에까지 이른다. 연방 식량 · 임업국은 이와 관련하여 특히 지역 지원 대차대조표—그것의 기능과 의미는 이미 설명되었다—를 만든다.

연방 식량 · 농림부는 그것으로부터 연방 식량 · 임업국에 추가의 행정 임무를 위임할 수 있다.

식량확보법에 의해 연방국에 맡겨진 임무에 농업 시장질서를 위한 연방 기관이 협력한다. 농업 시장들은 공공의 권리와 국가적인 규정 내에서 조정하는 주요 임무 외에도 그 연방 기관은 식량재와 사료비축을 조달하고 유지하고 사용하는 임무를 가지고 있다.

관리 조치들의 적절한 실행에서—이미 식량대비법과의 연관에서 설명한 것처럼—직업별 동맹 단체들과 식량 · 농업적인 연결에 대한 전문 지식은 기관들과 법인들에 대한 전문지식과 마찬가지로 포기되어서는 안 된다. 그런 이유로 법령들 내에서 그와 같은 기관들의 심의 · 협의가—부분적으로는 또한 임무의 위임이—계획될 수 있다.

위기시에는 단지 평화 시기에 준비된 것들만이 그 기능을 발휘할 수 있다. 그래서 이미 오늘날—서두에서 이미 설명한 것처럼—위기에 대한 예방이 필수적이다.

식량확보법은 이것을 연방 · 주 · 군 · 읍 · 면들에 명확히 의무화하여야 할 것이다. 이들은 식량확보를 위해 요구되는 모든 조직적 · 인적 · 물적 조건들을 마련해야 한다. 여기에서 무엇보다 법령의 실행을 위해 준비된 모든 조치들이 중요하다.

식량확보법 자체를 통해 만들어진 법적인 의무는 식량확보를 담당하고 있는 기관들과 일반 공공기관들에게 법령의 실행과 그 준비를 위해 필요한 안내를 해주는 것이다. 이것은 무엇보다 관리의 경우에 있어서 중요해진다. 왜냐하면 식량관청은 그것을 통해 신속하게 개별 상황에 필요한 자료들을 시험할 상황에 놓이게 되기 때문이다. 안내의 의무는 식량대비법에서와 동일하다.

정치 · 군사적인 위기시에, 또 그 위기에 들어서기 전에 있어서 자료의 송달은 내용상 식량대비법과 같은 방식으로 조정된다. 따라서 그 실행에 있어 '주문증' 이 도입된다. 예를 들면, 송달규정은 식량업 신고법에 근거한 지방자치 도시들 수준의 규정에서 존재하는 개별 기업들과 개인신상에 관한 자료들을 식량확보 담당 관청들에게 제공해 주는 것을 가능하게 해 준다. 그 관청들은 자신들의 임무완수를 위해 그 자료들을 요구한다.

식량확보를 담당하고 있는 관청들은 특정한 자료의 송달이 없이는 식량확보법 제15조에 따른 자신들의 대비의무를 여러 분야에서 충분히 완수할 수 없다.

공고식량 관리의 경우 생산자들에 의해 교부되는 양을 조사하기 위해, 가능한 한 신속한 직접적인 자료 검증이 생산자에게 요구된다.

생산자는 그래서—이미 설명한 대로—농업 · 사정법에 따라 관리의 경우에 있어 이틀 이내에 생산자 설문지를 채워야 하고, 읍 해당 관청에 이것을 제출해야 한다. 이러한 절차를 신속히 하기 위해서 농업 · 사정법에 관한 일반적인 관리규정은 읍들이 설문지를 생산자들에게 관리 시작 직후에 송달하는 것을—될 수 있으면 배달부를 통해서라도—정하고 있다. 즉, 자료들을 신속히 마련하는 것은 결정적으로 생산자들의 성명과 주소가 준비를 담당하고 있는 관청들에게 필요한 법적인 기초를 마련해 준다. 식량확보법 제15조에 따라 자신들의 애비 의무를—예를 들어 농업 · 사정법에 관한 일반적인 관리 규정에 의해 구체화된 대비 의무—충분히 교려할 수 있게 하기 위해서, 정치 · 군사적인 위기시에 반대와 항고소송은—이전의 법률 초안에 대한, 그러나 식량대비법의 규정과는 일치하는—어떤 유예 효과도 갖지 않는다. 행정재판법규(VwGO) 원칙 제80조 제1항에 위반한 이 규정은, 식량 확보를 위한 조치들의 효율성에 관련된 공공 이익 내에서 주어진다. 유예된 효과는 행정재판법규(VwGO 제80조 제5항 1)에 따른 고소를 통해서 복구될 수 있다.

행정 재판상의 절차가 결부되어 있는 경우에는—식량대비법에 어긋난—판결에 대한 항고와 재판의 다른 결정에 대한 항고는 허용되지 않는다. 그러니 위기 상황에 들어서기 전에는 이 설명된 제한들은 유효하지 않다—식량대비법에서의 제한들과 마찬가지로.

식량확보법의 확정적인 규정들은 확보 조치 위반에 대한 징벌과 연관되어 있다. 그러한 위반 행위는 경제처벌법의 규정에 따라 1954년부터 추소(追訴)되었다. '연방의 위임으로 주들에 의해 실행되는 임무에 대한 비용을 누가 지불하느냐? 하는 문제는 법적으로는 더 이상 규정되어 있지 않다. 왜냐하면 그것은 1969년 이래로 금융개혁의 태두리 내에서 기본법 제104a조에 규정되어 있기 때문이다.

식량확보법 제15조에 따른 자신들의 대비의무를 여러 분야에서 충분히 완수할 수 없다.

연방위임 관청의 태두리 내에서 목적비용과 행정비용이 구별된다. 연방이 목적비용을 부담한다. 행정비용은 그에 반해 주 · 읍 · 면들이 부담한다. 왜냐하면 법령의 실행과 이에 적합한 준비 조치들은 관청의 설비와 마찬가지로 그들의 업무이기 때문이다.

행정비용은 인적 비용과 물적 비용이다. 그 비용들은 한 관청의 설치 · 유지 · 현행 관리와 일치하는 비용이다. 인적 행정 비용에는 무엇보다 해당 공무원들의 비용이 속한다(예를 들어 임금, 보조금, 여행경비). 물적 행정비용에는 예를 들면 사무실용품 마련, 전신 · 전화비용, 사무실 임대료, 기기들 등의 비용이 속한다. 또한 서류양식의 인쇄와 저장비용도 포함된다. 이 서류 양식들은 해설용지와 설명용지와 마찬가지로 신고 법령에 근거해 특정 시고들에 관해 규정한 양식들이다.

목적비용은 그에 반해 행정기구들의 관리에 기여하는 것이 아니라, 식량확보 요청에 직접적으로 기여하는 모든 조치들에 대한 비용이다. 예를 들면 여기에 인 · 허가증 · 식료품 · 우유카드 · 주문증 등의 인쇄비용이 속한다. 이러한 증(證)들은 행정관청을 위한 보조수단이 아니라, 시민과 경제를 위한 '증명서' 이다. 그 증명서들은—비록 준비조치로서이지만—직접적으로 식량확보 요청에 기여한다.

라. 식량확보법에 따른 법령들(Rechtsverordnungen nach dem Enährungssicherstellungsgesetz)

1) 현재 적용될 수 있는 법령들(Rechtsverodnungen, die gegenwärtig anwendbar sind)

식량확보법에 근거한 법령들이 오늘날 이미 공포될 수 있으나, 더 나아가 정치 · 군사적인 위기시에야 비로소 그 법령들이 적용될 수 있다는 것은 이미 설명하였다.

이미 공포된 2개의 법령들은 여기에 대해 하나의 예외를 갖는다. 이 예외는 이미 현재에도 적용될 수 있다. 그것으로부터 나온 의무들도 적절한 단체에 의해 오늘날 이미 완수될 수 있다. 우선 이 2개의 법령들이 설명되어야 할 것이다.

① 식량업신고법(die Ernährungswirtschaftsmeldevoerordnung)

식량업신고법(EWMV : 1975년)은 특히 식량확보에 중요한 식량업을 하고 있는 기업의 소유주들이 매 5년마다 그 관리에 대한 상세한 보고를 하는 것을 그 의무로 하고 있다. 그 보고들은 특히 생산 · 비축량, 노동력, 그리고 물적 관리 수단에 관해 언급하고 있다.

이 법령은 해당 식량 관청들에게 그들의 대비계획에 필요한 자료들을 마련하는 것을 가능하게 해준다. 그것은 통계 법령에 관계되는 것이다. 그 주요 목적은 오히려 장소와 지역에 대한 구체적인 서류들을 행정 기관들의 업무를 위해 얻어내려는 것이다. 두 번째로 주들과 연방수준에서의 계획에 관해 요약된 자료들이 중요하다.

무엇보다 다음과 같은 기업의 소유주들에게 의무가 지워졌다.

- 곡식 분쇄와 탈곡
- 밀가루 제품 생산
- 일정한 종사자 수의 빵공장(빵집과 같은 곳에서부터)
- 일정한 종사자 수의 도살업(정육점과 같은 곳에서부터)
- 기름 공장과 유지 생산업체
- 우유 가공 · 제조업체

- 과일 · 야채 가공 · 제조업체
- 사료 생산업체
- 사료 · 식량 저장업체
- 식량 · 사료 거래업체

식량업신고법에 따른 신고는 1976년 이래로 매 5년마다 3월 31일에 모든 기업체가 개별적으로 실시한다. 그러나 이 신고는 1990년 이 법이 바뀌어서 해지되었다. 그 원인은 동서관계 변동과 막 완성된 두 독일 국가의 통일에 있다. 이 특별하고 일반적으로 긴장완화에 달한 국제상황 속에서 방어를 목적으로 실시되는 신고행위가 실행되는 것을 변명할 수 없을지도 모른다. 다음 신고 행위는 그래서 윤번으로 1996년에 행해진다. 입법자들이 그 다음에 다른 규정을 정하기 전까지는 연방 식량 · 농림부는 법령을 통해 신고를 다른 기한으로 규정할 가능성을 보이고 있다. 그러나 이 가능성에 대해서는 여태까지 실용화되지 않았다.

현 신고 관청은 주들에 의해 결정된다. 규정상으로 이 관청들은 면과 면 자치 도시들이다.

② 식량업신고법 양식에 관한 법규(die Verordnung uber das Formblatt zur Ernährungswirtschaftsmeldeverordnung)

식량업신고법 양식에 관한 법령은 1980년부터 신고양식을 규정해 왔다. 그 신고 양식은 식량업신고법에 따른 신고에 사용된다.

질문 목록들은 특히 관리에 대한 질문들을 포함하고 있으며, 무엇보다 노동력 비축 · 에너지 소비 · 생산량 · 비축 등에 대한 질문들을 포함하고 있다. 그 목록은 게다가 기업들에 의해 생산을 위해 투입된 원료들, 반 생산품, 한 해에 생산되고 평균적으로 비축되는 생산량에 대한 내용을 포함하기에 이른다.

2) 정치 · 군사적 위기시에 적용될 수 있는 법령들(Rechtsverordnungen, die erst in einem politisch-militärischen Krisenfall anwendbar sind)

다음에서 설명될 법령들은 오늘날 경제분야나 시민들에게 영향력을 가지고 있지 않다. 그 법령들은 독일 연방 의회가 그것이 필요하다고 간주하는 경우에만 그 효력을 가지고 될 것이다.

① **식량관리법**(die Ernährungsbewirtschaftungsverordung)(EBewiV)

식량확보법에 근거한 첫 번째 법령으로서 1979년에 단지 위기시에만 적용할 수 있는 식량확보법이 공포되었다. 이 법은 발생 가능한 식량관리에 대한 기본 법령이다.

식량관리법은 첫째로 관리의 경우에 있어 중요한 식량·농업 생산물의 분배를 규정한다. 관리되는 생산물에는 무엇보다 다음과 같은 것들이 있다.

- 곡물들과, 그것에서 얻어진 생산물들(예 : 밀가루, 빵, 밀가루 제품, 식료품)
- 콩과의 식물
- 감자
- 동물들(예 : 쇠고기, 돼지고기, 양고기, 말고기, 사조류飼鳥類 : 닭 · 칠면조 · 거위 · 집오리 따위), 고기 및 이 동물들에서 얻은 고기 제품
- 달걀
- 우유 및 유제품
- 기름이 있는 장과(漿果)
- 식물성 기름과 유지
- 야채 · 과일 통조림
- 사료

식량관리법에 근거한 관리시스템의 기본원칙은 모든 생산물 관리에 관한 처분권 제한과 교부 의무이다. 공공관리는 공공분야를 위해서 어떤 압류도 포함하고 있지 않다. 처분된 제한은 관리된 생산물이 기본적으로 단지 인 · 허가증에 대해 교부하거나 옮겨지는 것을 뜻한다. 교부의무는 관리된 생산물이 인 · 허가증을 얻은 소유자에게 교부되어야만 한다는 것을 뜻한다. 그로 인해 관리된 생산물이 필요한 요구에 상응하여 분배되고, 보유되지 않는다는 것이 달성되어야 한다.

소비자에 대한 교부의무는 그러나 단지 최종 소비자에게 일반상품을 배달하는 기업들에게만 있다. 생산과 제조는 그에 반해 소비자에게 엄연히 금지된 교부이다—이것이 법령을 통해 허가되지 않는 한은.

오직 인 · 허가증에 대한 교부법칙의 예외로서 생산자와 낙농업자는 특정한 경우에 있어 인 · 허가증을 가지고 있지 않는 수령자에게 물건을 교부해 줄 의무를 가지고 있다. 이것이 생산자들에 의해 이제껏 통상 교부되어진 경우에 한해, 이 의무는 생산자들에게 소위 첫 번째 예외가 되는 분야이다. 낙농업자들에게 이 의무는 탈지분유 · 버터 우유 및 유장(乳漿)을 우유 공급자들에게 반송하는 것을 의미한다. 지원상황이 그것을 급박하게 요구한다면, 관할 기관들의 특별 명령을 통해 더 많은 예외들이 생겨날 수 있다.

처분권 제한과 교부의무들에 개인 가정에 있는 관리된 생산물은 해당되지 않는다. 더욱이 또한 연방 방위군과 같이 자체 내에서 완전한 관리가 이루어지는 시설들—병원비축과 가정비축들—은 예외에 속한다.

처분된 제한과 교부의무는 직접적으로 사적인 법률권에 간섭하지는 않는다. 그 의무들은 그러나 기업들이 계약상태를 자유롭게 선택하는 것을 제한한다(계약자유의 제한). 계약자유에서의 더 많은 간섭은 그러나 그 의무들과 연결되어 있지는 않다. 그래서 관리된 생산물이 상인이 요구하는 판매가격을 지불한 의사나 능력이 없는 누군가에게 교부될 의무는 존재하지 않게 된다.

관리된 생산물의 주문에 인가된 증명서는—소위 인 · 허가증은—다음과 같다.

a) 소비자 카드들(식료품 카드 · 우유 카드 · 특별카드)

b) 주문증들(바우처)

이것들은 그 밖에 경제영역 수준에서의 지원에 기여한다. 즉, 생산자 · 제조자 · 거래 · 다양한 집단급식 설비와 여관급식 설비에 기여한다. 집단급식 설비는 소속(예 : 연방 방위군)과 수용(예 : 병원, 요양원)에 의해 그 급식이 유지되는 설비를 뜻한다. 여관급식(예 : 여관, 구내 매점)은 그에 반해 소비자 카드 각장에 대해 실시된다.

c) 인 · 허가증

> 이것은 임시적으로 이제까지 존재하지 않았으나 필요한 경우에 있어 법령들을 통해 도입할 수 있는 인 · 허가증에 대한 총체적 명칭으로 기여한다.

인 · 허가증은 전 독일 연방 지구에서 일정 시기 동안 그 효력이 있다. 예를 들어 소비자 카드는 전 독일 연방 지구에서 일정 시기 동안 그 효력이 있다. 예를 들어 소비자 카드는 4주 중 1번의 지원에 매번 그 효력이 있다. 소비자 카드는 기본적으로 양도될 수 없다.

소비자들에게 개별적으로 할당되는 양은—즉, 관리된 생산물의 양, 개인에게 4주간을 위해 배당되는—식량관리법에서는 규정되어 있지 않다. 배당은 오히려 식료품 분배 법령에 유보되어 있다. 소비자 카드와 주문증에 대해 상세히 설명하기 전에, 그 절차에 대한 이해를 돕기 위해 관리의 경우에 있어 계획된 행정기관에 대해 설명되어야 할 것이다.

필요한 조치들의 실행을 위해서 식량관리법은 현존하는 행정조직에 귀속되고, 기본적으로 새로운 관청들의 설치를 포기한다.

행정임무에서의 중점은 관리의 경우에 있어 주와 주 자치 도시들에 놓여진다. 그들은—식량확보법에 따른 법령에 근거를 두지 않고, 약간 다르게 조정되는 경우에 한해—실제로 획득 · 조정 · 분배에 관한 임무를 맡고 있다. 상위 관청들은 물론 규정상 지원 상황이 간섭을 절실히 요구하는 경우에 간섭할 수 있다.

군들은 주민들에게 소비자 카드를 교부하는 업무를 담당하고 있다.

a) 소비자 카드의 교부를 위해 기본적으로 주민이 자신의 거주지를 두고 있는 군에 군 카드 배급소가 있다. 특정한 조건 하에서 소비자 카드는 또한 다른 거주지나 체류지에서 교부받을 수 있다.
b) 주문증의 교부를 위해 식량국은 주문증의 요구에 법적으로 인가된 기관이다.

식량 관청은 자신이 보조를 위해 직업별 동맹 단체나 협회를 심의 · 협동하도록 이끌 수 있다. 관리 조치들에 있어서 식량 · 농업의 이해가 들어맞는 경우에 한해서, 이것을 통해 물건이나 장소 문제에 대한 전문지식을 얻을 수 있으며, 그 지식을 통해 관리의 경우에 있어 그 완수가 요구되는 중대한 행정업무를 달성하는 데 기여할 수 있다.

다음으로 이제 관리된 생산물들의 주문과 교부에 대해 개괄적으로 설명할 것이다.

모든 소비자는 군의 현 카드 배급소에서 소비자 카드—다시 말해, 특히 식료품 카드를—발급받는다. 이 카드를 가지고 소비자가 물건을 구입하는 경우, 상인(개별 상인)은 매번 생산물에 상응하는 식료품 카드의 일부분을 떼어내어 보관해야 한다.

그 카드의 일부분(한 귀퉁이)들은 주의 깊게 보관되어야 하고, 특히 전지 등에 풀로 붙여서 계산을 위해 질서 있게 정돈해 놓아야 한다. 매 지원 시기 후에(4주) 식량국과 함께 보관한 카드의 일부를 계산해야 한다.

식량국은 개별 상인들과 계산된 카드 일부분을 주문증과 교환해 준다. 주문증을 가지고 개별 상인들은 대상인들에게 자신들이 원하는 물건을 가져올 수 있다. 물건을 받을 때 주문증들은—예를 들어—개별상인들에 의해서 대상인들에게 양도된다. 그 외에도 물건의 수령은 주문증 자체를 통해서뿐만이 아니라, 서면 양식으로 된 다른 방식으로도 가능하다.

대상인은 개별상인으로부터 받은 주문증을 식량국과 함께 계산해야 한다. 그 주문증들은 새로운 물건을 가져오는 것을 합법화해 주는 다른 주문증들과 교환된다. 예로 밀가루 500kg에 대한 인 · 허가증이 계산되는 경우, 그에 대해 밀가루 500kg에 대한 주문증이 교부된다.

제조자들에게는 그와 같은 교환 과정이 불가능하다. 제조자는 다시 말해 중간 또는 완전 생산물을 가공하는 데 드는 원료를 필요로 한다. 예로 제빵사는 빵을 제공하지만, 밀가루도 필요하다. 여기서는 환산량을 정할 필요가 있다. 그 환산량에 따라, 관리된 생산량을 위해 제조자들이 제출한 생산 원료에 관한 주문증이 교부된다. 제빵사에게는 무엇보다 밀가루와의 환산 관계가 조정된다는 것을 그 전제로 하여 밀가루 주문증을 교부한다.

이제까지 설명된 규정들은 우선 현존하고 있는 식량 · 농업의 거래와 그 판로가 가능한 한 기본적으로 유지된다는 데에서 기인한다. 그러나 그 규정들은—특히 앞선 관리의 상태에 있어서—또한 이에서 벗어난 충분한 생산물 원조 확보를 위해 구체적인 조절 조치들을 실시하는 것이 필수적이라는 사실을 제시해 주기도 한다. 이러한 경우를 위해 식량관리법은 식량 관청에게 교부하고 제출받는 것을 명령할 가능성을 주었다. 관리된 생산물은 특정 수취인에게 배달되어야 한다. 수취인은 관리된 생산물을 배달자에게 주문할 의무가 있다. 배달의무는 형식화되어 있다. 그것은 인・허가증에 진술되어 있어야 하고, 배달자들을 관리하는 식량국에 의해 정해져야 한다.

배달과 수취에 대한 조절 수단이 외적으로—경제 내에서—작용하는 반면, 물자과잉지역과 부족지역에 있어 지원의 불균형은 지원확보를 위한 행정적 보조 수단을 필요로 하게 만든다. 식량지원이 한 관청의 담당영역에서 확보되지 않는 경우에는 항상 지역・초지역적인 지원 균형을 위해 (그 임무가) 상위 관청들로 위임된다.

그러나 해당 관청들 사이에 타협을 통한 지원 균형이 이루어져야 할 것이다. 상위 관청들이—최고 기구는 연방 식량・농림부이다—명령을 통해 어떻게 하면 지원 균형이 이루어질 수 있을지를 결정하기 전에.

관리의 경우에 있어 도표에 나와 있는 물건 주문시스템은 불완전한 것일지도 모른다. 충분한 조정 가능성이 존재하지 않는다면, 준비된 규정들이 엄수되는지 시험하기 위해, 식량업에서는 식량비축 표시를 의무화하고 있다. 식량관리 내에 존재하는 모든 기업은 물건의 종류와 양에 따라 교부되는 비축에 대한 표시를 하여야 한다. 물건 비축은 식량국에게 그 후 즉시 알려진다. 물건 비축 표시는 계속해서 실시되어야 한다. 즉 매달 정리되어 식량국이 요구할 때 제시되어야 한다.

특별한 간섭 조정조치는 주문증 차단 조치이다. 이 조치는 기업의 소유주나 관람자가 지원을 위협하는 방식으로 관리규정을 위반하는 경우에 구역 식량 관청에 의해 조사를 목적으로 실시될 수 있다. 주문증 차단은 제재 규정이 아니다. 관리결정을 위반하는 경우의 영업정지에 대한 전권은 식량관리법에 포함되어 있지 않다.

식량관리법을 마무리 짓는 2개의 법령은 특히 뚜렷해진다. 그것은 식량확보법에서 이미 언급된 적용 유보에 관한 것이다. 적용 유보란 이 법령에서 정해진 관리 기구들에 의해서만—기본법 제80a조에 조건이 제시된 경우에—그 적용이 실시될 수 있다는 것을 뜻한다. 공공 식량 관리의 도입은 이 기본법의 4가지 조건 중 하나에 그 여부가 달려 있다. 그래서 단지 정치・군사적인 위기시에만 이 법령이 개인이나 경제 전체에 간섭할 수 있는 것이다.

이미 적용되고 있는 몇몇 결정들은 예외없이 연방 식량 · 농림부가 연방 정부를 대신하여 법령을 공포할 전권을 포함한다. 그래서 그 전권은 이미 평화시기에 보완된 대비 조치들을 실시하기 위해 적용될 수 있다. 개인이나 경제 전체의 법률권에 대한 현재의 간섭은 그러나 발생하지 않는다. 왜냐하면 상응하는—아직까지 존재하지 않는—법령들은 마찬가지로 위기시에 기본법 제80a조에 따라 적용될 수 있기 때문이다.

이제는 중요하고 유효한 교부 금지에 대해 언급한다. 이 교부 금지는 관리의 도입 후 48시간 동안 관리된 생산물의 영업상의 교부가—몇몇 예외는 있으나—금지되는 것이다. 각각의 경우에 있어 줄일 수는 있으나 늘릴 수는 없는 이 시기는 중요한 준비 조치들 · 기업 내 비축 조사 · 개별 관리에 요구되는 전환 조치들 · 식량 관청을 통한 소비자 카드와 주문증 교부에 크게 기여한다.

식량관리법 위반이나 현 관청들의 지시를 위반하는 것은 1954년 '경제제재법'(Economic Penal Act)에 의해 처벌받는다.

식량관계법을 위한 일반행정 지시는 주로 관리의 경우에 있어 행정적인 법령의 실행을 포함하고 있다. 이로써 그것은 평화시에 현 관청들에 의해 적절히 준비되는 조치들에 대한 결정을 포함하는 것이다.

② **농업법과 사정법**(die Landwirchafts-Veranlagungsverordnung : LwVeranlV)

'농업법' 과 '사정법' (LwVeranlV)은 1983년 4월 26일에 발효되었다. 그것은 '식량관리법' 을 수정한다. '농업법' 과 '사정법' (査定法)은 생산물을 인도할 목적으로 농산물의 기록과 생산자의 분배를 규제한다. '법' 은 보다 먼저 '식량관리법' 에 명문화된 대로 농민을 위하여 생산품을 인도할 기본적 의무를 구체적 형태로 한다.

원칙적인 문제로 모든 생산자는 사정 조건이다(예 : 농산물을 인도할 의무). '사정위원회' 는 각 시에 이 작업이 되도록 설치되어 있다. 명령을 조건으로 하는 이 위원회의 목적은 그의 임무의 수행과 관련하여 시 당국에 조언한다. 무엇보다도 먼저, 그것은 농산물 부분의 지역성과에 관한 기본 데이터 정보를 제공하기 위하여 사정으로 위임된 당국을 이용할 수 있도록 기대될 것이다. 그러므로 위원회의 멤버가 시의 농업상태를 잘 알고 있는 것이 필요하다.

사정절차는 다음과 같이 수행될 것이다. 경제통제 도입 후 즉시 시 당국은 각 농민에게 소위 생산자의 '앙케이트'를 제공하여야만 되고, 농민은 적어 넣어서 2일 이내에 시 당국에 돌려주어야 한다.

질문은 특히 다음에 관한 것이다.

㉮ 기업의 특성

㉯ 농토의 이용가능한 면적

㉰ 식물의 생산(면적, 수확고, 비축)

㉱ 동물의 생산물(생산물과 관련된 현안을 포함하여)

㉲ 자가의 수확물로 동물을 기를 능력

이들 문제에 관하여 생산자에 의하여 제공된 자료는 인도될 양의 다음 결정을 위한 가장 중요한 기초 자료이다. 사정목표가 개인 기업의 생산에 맞게 되도록 수행될 수 있도록 이들 데이터의 도움이 필요하다. 사정 당국은 통계적 입법에 기초한 개인별 농장에 대한 데이터에 의지할 수 없다. 왜냐하면 이 입법은 통과된 개별 데이터를 허락하지 않기 때문이다.

생산자에 의해 제출된 데이터를 이용하여, 시 당국은 인도될 생산량을 확정한다. 그렇게 함에 있어서 기업의 생산성과 지역의 생산 수준을 고려한다. 그러나 생산자는 기업의 운영에 필요한 모든 생산품을 계속 유지하도록 허락된다. 종자, 사료 및 동물 사육이 포함된다. 인도될 생산량은 통지토록 규정되어 있다. 이 양은 생산자에게 적절한 바우처로 가까워지는 사람에게 인도되도록 되어 있다.

부가하여, 다음의 중요한 규정들이 기록되어야만 된다.

농업법과 사정법은 원칙적으로 사정 조건인 제품의 취급과 공정을 금한다. 최종 목록에 명시되어 있는 확실한 예외만이 허락된다. 이 금지는 통제규정이 어떤 책략을 방어토록 하려는 의도이다. 원칙적인 문제로 생산자는 통제된 생산품을 소비자에게 인도하는 것을 허용되지 않음에 따라, 식량관리법의 규정 위반(a departure from the regulations)이다.

농업법과 사정법은 감자, 달걀, 사조류, 고기 및 생우유 같은 경우에는 예외를 허락한다. 이들 생산품이 관련되는 한도까지, 생산자와 소비자 간 직접적인 거래가 이제까지 육성되어 왔었다. 그 의도는 그들에게 경제통제의 시기까지도 확실한 환경하에 계속하도록 허락하는 것이다.

감독조치에 관하여 시 당국은 생산자가 제품을 인도할 그들의 임무를 수행하고 있는지 정규적으로 점검할 것이다. 이들 점검은 생산자가 특별한 의무 하에 제출해야만 되는 제품의 인도에 관한 보고서를 기초로 할 것이다.

농업법과 사정법에 위반하면 1954년의 '경제 제제법' 에 따라 식량청에 의해 처벌받을 것이다. 농업법과 사정법에 관련되는 '일반행정규정' 은 반드시 생산자의 사정의 행정적 이행에 관한 규정을 포함한다. 부가하여 대비조치는 평시조차도 이와 관련하여 채택되어야만 되는 리스트이다.

3) 부가적 법규의 필요성(Notwendigkeit weiterer Rechtsverordnungen)

더 보충적인 규정이 이미 발효되어 왔던 상기에 기술된 법적 근거를 형성한 규정들 이외에 필요하게 된다. 이들 몇몇 규정에 대한 초안이 이미 있다. 예로 법령 초안은 다음과 관련되어 있다.

① 4주간 소비자에게 공급할 할당 배급량(식료품 배급량)
② 식량업과 농업 부문의 생산품의 가격 설정
③ 식량확보법에 의거 공급 상황이 다른 나라에서 다르게 발전되는 사실이 채택된 상황에 대해 충분한 설명을 할 수 있도록 정부에 법적 권한을 부여

기술적 ① ②와, 법적 ③의 이유로, 그러나 생각해 낸 규제는 경제 통제가 안내될 때까지 발해질 수 없다.

그것으로부터 무엇보다 다음과 같은 준비 계획이 나온다.

① 식량, 농업생산 분배자를 위한 손해 보상법
② 식량관리법(무력을 위한 공급 지침)의 적용성에 따라 무력에 대한 식량확보를 위하여 따르게 될 절차에 관한 지침

③ 식량관리법의 적용성에 따라 경찰과 시민 방위 단위에 식량 확보를 위하여 따르게 될 절차에 관한 지침

④ 긴박시와 무력투쟁 시에 선박의 통제와 관련하여, 해안과 수로에 가까운 국가의 어업 당국과 선박 당국 사이에 협력과 관련한 지침

마. 맺는 말

이 글에서 설명한 혹시 일어날지도 모를 비상상황에 대한 대비 조치들은, 많은 사람들이 생각하는 것처럼 입법자들에 의해 실정에 맞지 않게 고안된 것이 아니다. 사실 그와는 정반대이다. 우리 모두는 그 계획된 조치들이 실제로 사용되지 말아야 한다고 바라지만, 그렇게 바라는 것만큼 그 조치들이 공포되기 전에 여러 분야(경제 · 동맹 · 생산자 · 소비자)에서 실행될 수 있는지에 대해서도 작전훈련으로 시험해 보고 토론하였다. 농업사정법의 경우를 예로 들면, 농업 사정법의 초안은 그 공포에 이르기까지 수년간 심도 있게 고려되고, 관찰되고, 농촌에서 시험된 것이다. 생산자 설문 조사지의 실행가능성을 확인하기 위해서 읍 · 면의 다양한 땅들을 시험해 보았다. 그 시험에 수많은 농부들이 참여하였다. 마찬가지로 그들의 제의와 언급을 생산자 설문지 형태로 만들었다. 법령을 만드는 과정에서는 물론 해당 단체들이 포함되었다. 비상시 독일 국민의 식량원조를 위한 준비조치에 드는 상당한 경비에도 불구하고, 우리는 계획된 준비 조치가 필요한 때를 모면하기를 희망한다.[5]

---

5. 저자들의 약력 : 1. 롤프 졸메케(Rolf Solmecke)는 정부 고문, 연방 식량농업임업부 내에서 발표된 '식량 대비' 에 관한 보고서의 책임자. 2. 루돌프 반델 박사(Dr. Rudolf Wandel)는 전 정부 고문. 1993년 10월까지 바덴 뷔르템 베르크 주에서, 식량 · 농림부에서 비상대비시의 업무와 관련 활동. 현재는 1993년 11월부터 변호사, 대학강사. 3. 한스 요하임 볼터 박사(Dr. Hans~Joachim Wolter)는 정부 고문, 연방 식량 · 농림부 내에서 발표된 '원칙법 문제' 에 관한 보고서의 책임자. 전에는 수년간 '식량 대비' 에 관한 보고서 작성.

6. 독일의 최근 비축 동향

독일은 우라늄을 채굴할 수 있는 기간이 많이 남아 있지만 풍력이나 태양광에 초점을 맞추고 이에 노력하고 있다. 특히 만약의 시대를 대비하여 전기사용을 줄이고 조금씩 비축하여 사용한다. 독일인들의 철학을 알 수 있는 "쓸 게 없으면 안 쓰고 모으면 된다."는 말처럼 독일인들은 에너지 절약을 자연스럽게 수용한다.

독일정부는 에너지 전환을 추진하기 위하여 에너지 경제법과 건축법, 에코에너지 관련 기금법 연계병합법, 재생가능에너지우선법 등 법률개정 작업을 진행하고 있다. 2050년까지 재생에너지(recycle energy) 사용을 80%로 확대하는 목표를 설정하고 있다.

제6절 노르웨이

1. 개관

스칸디나비아 반도에 위치한 노르웨이는 대서양 연안에 위치한 수많은 협만이 있어 풍부한 어장을 갖춘 세계적인 수산국으로 알려져 있다.

국민의 생활 수준은 높으며, 사회보장제도도 잘 정비되어 있다. '유엔개발계획'(UNDP)이 발표한 인간다운 생활 수준의 복합지수인 '1999 세계 각국 인간개발지수 보고서'에서 세계 3위를 기록한 국가이기도 하다.

2. 노르웨이의 비축제도

가. 비축제도 운용체제

노르웨이는 전통적인 비축인 '전략 비축'에 목적을 두고, 1950년에 비축제도를 도입하였으며, 비상대비, 업무의 효율적 측면 및 '민 · 관 협동' 체제의 이념에 기초한 '일부 국가', '일부 민간' 으로 양분하는 기조를 채택하고 있으며, 주요 자원의 방출은 정부가 직접 관리하는 운용체제를 취하고 있다.

나. 비축대상 품목

비축대상 품목은 주로 동, 연, 주석, 천연고무, 폭약, 망간, 전지원료용 화학물질 등을 대상으로 하고 있다.

다. 비축 실적

비축 목표는 2억 크로네의 공업 및 기타 공업원료를 책정하였으나, 약 3천만 크로네의 비축 실적을 유지하고 있다.

라. 비축에 대한 재정조치 수단

노르웨이는 1950～1953년에 노르웨이 의회(Stortinget)가 비축계획과 관련하여 총 1억 5천만 노로웨이 크로네 정도 정부보증의 은행차입 사용을 인가했다. 1953년에 비축량은 증가했지만, 그때 공업용 원재료를 위해 보증한 채무는 4천만 노르웨이 크로네에 달했다.

비축의 약 3분의 1은 정부소유이고, 나머지는 사기업이 정부보증으로 은행차입을 이용하고 있다. 이러한 차입에 따른 이자 및 예를 들면 보험료, 창고임대료, 유통비용 등은 정부에 의해 지불되고 있다. 사기업의 물자에는 어느 기간 내에 사용할 물자도 포함되어 있다.

3. 노르웨이의 주요 자원 현황

주요 지하 자원으로는 철광석이 대종을 이루고 있고, 알루미늄 · 철강 · 기계 · 조선 · 식품가공이 성행하고 있다. 또한 삼림이 풍부하여 펄프, 제지, 레이온의 원료로 사용되고 있으나 석유와 석탄 등의 에너지 자원과 기타 자원은 비교적 부족하여 수입에 의존하고 있는 실정이다.

제7절 핀란드

1. 개관

발트해의 보드니아만과 핀란드만에 위치한 핀란드는 민족적, 언어적으로 독특한 국가이다. 무수한 호소(湖紹)와 삼림으로 덮혀 좋은 경관이 많으나 삼림 자원과 수력 발전 외에는 자연적 혜택이 적고, 종이 · 펄프 · 목재 등의 삼림제품으로 경제의 기반을 구축해 온 국가이다.

국민의 생활 수준은 높으며, 사회보장제도도 잘 정비되어 있으며, 특히 '아동 복지' 는 완벽하다. '삶의 질' 의 척도라고 할수 있는 '인간 개발지수' (HDI)에서 99년에 세계 6위를 기록한 국가이기도 하다.

2. 핀란드의 비축제도

가. 운영 현황

(1) 핀란드의 비축은 거의 완벽한 사회보장제도 국가답게 비교적 이른 1958년에 비축제도를 도입하였으나, 아래와 같이 크게 2단계로 발전하여 왔다고 할 수 있다.

1958년에 처음으로 비축제도의 도입 시에는 '국가안전보장' 대비와 '국가비상사태' 에 대비 목적으로 '국가전략비축법' 의 근거에 의하여 국가가 주도적으로 담당하였다.

1983년의 2단계에서는 국 · 내외 여러 정치적, 경제적 등 변화로 경제에 중점을 둔 '경제안전보장' 에 비축의 목적을 두고, 국가에서 민간으로 이관되었으나 자율적이 아닌 정부와의 계약에 의거 수입업자가 실시한 것이다.

(2) 좀더 구체적으로 보면, 핀란드는 '국가전략비축법' (the Act on the Strategic Stockpiles the State)에 전략적 원재료 비축에 관한 규정이 내포되어 있다. 전략적 원재료 비축의 대상물자에 있어서는 공적 자금공급에 한정되어 있으므로 비교적 제한되어 있다. 핀란드 정부는 국가수준에서 공급상의 안전보장을 강화하므로 경제비축제도(Economic Stockpile Scheme)를 채택하고 있다. 이 제도는 다음과 같은 원칙에 의거하고 있다.

① 경제비축은 민간기업에 의해 수행되어야 한다.
② 정부는 이런 비축이 실시되는 데에 여러 가지 재정적인 인센티브를 준비한다.
③ 경제비축은 법률에 의거 실시된다. 단적으로 말하면 통상산업부는 이 법률에 의거 민간기업과 비축계약을 체결하는 권리를 갖는다.
④ 이 계약에 의거 기업은 비축에 동의한 비축물량을 보유할 의무를 가진다.

정부와 민간 사이에는 경제비축의 필요성에 대하여 이견은 없다. 이들은 평시의 비축을 위해 민간기업의 자금각출의 책임을 광범하게 인정하고 있다. 핀란드의 제도에는 경제비축 물자의 결정은 정부가 하도록 되어 있다. 그렇지만 물자의 리스트는 정부와 기업 쌍방의 협의 하에 이루어진다. 물자의 선택기준에 있어서는 공급상 취약성 정도와 공업 생산수준을 충분히 유지하는 관점에서 긴급성이 두 번째로 고려되고 있다. 이 제도는 민간부문과 공공부문의 재정능력을 감안하여 점차 실시하는 것으로 되어 있다. 이런 비축은 기업의 상업비축에서 빠뜨릴 수 없는 부분을 점하고 있으므로, 기업의 유지 변화에 탄력적으로 대응할 수 있도록, 또한 물자의 방출과 교환에는 상업비축의 통상 사용과 관련하여 용이하게 하도록 되며, 비축계약에 의거 구속되는 정부의 비축을 충분히 조정하도록 한다.

나. 비축대상 품목

비축대상 품목은 1958년부터 페로합금, 니켈, 알루미늄, 주석을 비롯하여 합금철, 압연금속 제품, 액체연료, 면화, 모(毛)를 소비의 6개월～1년분으로 설정하였으나, 수십 년간의 사회 환경의 변동으로 비축 품목도 변동되었다. 즉 1983년부터는 광물원료, 화학제품, 전기설비, 전자재료 등으로 바뀌었다.

다. 비축 실적

비축 실적은 국가의 사정으로 명확히 발표되지 않고 있다.

라. 비축에 대한 재정조치의 수단

핀란드의 계획상 비축에 필요한 비용은 기업 스스로 부담하고, 필요에 따라 시중 은행에서 자금조달이 행해진다. 정부는 어느 정도까지 시중 은행에서 차입금에 대한 이자부담을 하는 동시에 가능한 범위 내에서 이의 목적을 위해 국내 및 해외시장에서 충분한 자금확보에 노력하고 있다. 또한 민간 자금조달에 관하여 세금공제도 고려되고 있다. 이는 정부로서 최소한의 비용으로 충분한 공급보증 수준을 확보하는 데 있다. 비축계약 내용에 물품을 비축하는 기업이 파산하는 경우, 공익이 확보되도록 되어 있다. 비축량이 부족할 경우에는 관여한 기업은 경제적 제재를 받게 된다. 경제비축의 방출에 관해서는 엄격한 조항의 적용에 의거 상업비축을 감축하는 데에 기인하는 것과 같이 투기도 금지되어 있다.

3. 핀란드의 주요 자원 현황

주요 자원은 광 · 공업 부문에서 동, 아연, 니켈, 철광석 등의 금속 광상(鑛床)은 풍부하며, 에너지 자원은 호소를 이용한 풍부한 수력 발전에 의존하고 있으나, 석탄 · 석유 등은 거의 없어 수입으로 충당하고 있는 실정이다.

제8절 오스트리아

1. 개관

오스트리아는 유럽 중앙부에 위치하고 독일, 헝가리, 이탈리아, 스위스 등 7개국과 인접하고 있으며, 19세기 유럽 외교의 최대 초점이 되어온 나라였다.

또한, '오스트리아 국가 조약' 에 의거 영세 중립국으로 되어 국제 정치에서, 동서양 진영 사이의 '완충 지역' 이 되어 톡톡한 역할을 수행하고 있는 국가이다. 그러나 광업 · 제철 · 석유 정제 등의 기업이 대부분 국영 혹은 국유화되어 운영되고 있다.

2. 오스트리아의 비축제도

오스트리아의 최근 비축 정책의 동향을 보면, 원유, 휘발유, 디젤유 등 난방유를 비축하고 있다. 그러나 정치적으로 안정된 입지 조건인 동시에, 일단 유사시에도 필요한 원자재는 대부분 자체 조달이 가능하므로 기타 원자재의 비축은 실시하지 않고 있으나, 언젠가는 비축 대상 품목이 증가될 것으로 예상된다.

3. 오스트리아의 주요 자원 현황

오스트리아의 지하자원으로는 종류는 많으나, 흑연을 제외하고는 갈탄 · 철광석 · 동 · 연 · 암염(岩塩) · 안티모니 등의 산출량이 적어 석탄 · 석유 · 철광의 공업자원을 수입하고 있다. 그러나 목재는 스웨덴, 핀란드와 함께 유럽의 3대 수출국일 정도로 풍부하다.

제9절 스페인

1. 개관

스페인(Spain)은 유럽의 대서양 남단에 위치하고 아프리카와 인접해 있어 유럽의 다른 국가들과 그 자연, 사회의 양상이 매우 다르게 되어 있어 아프리카 같은 인상을 주는 국가이기도 하다.

면적은 한반도의 약 2.3배에 해당하며, "스페인이 움직이면 세계가 떤다"라는 표현이 있었듯이 유럽 세력의 세계적 확대의 주역이 되었던 16세기가 황금시대였으며, 아직도 남미 등 세계 각국에서 스페인어를 사용하는 국가가 많다.

오늘날은 유럽에서는 빈국에 속하지만, 유럽 여러 국가들과 경제적, 문화적 교류를 증대하고 있다.

2. 스페인의 비축제도

가. 비축계획

스페인의 비축제도는 1979년에 국제적 자원파동에 대비 주요 원자재에 대하여 비축을 실시할 계획을 검토하였으나 실현되지는 못한 것으로 알려졌다.

나. 비축실시 계획 대상 검토 품목

비축실시 계획대상 검토 품목은 알루미늄, 동, 망간, 니켈, 주석으로서 4년간 39억 뻬세타 상당이었던 것으로 알려졌다.

3. 스페인의 주요 자원 현황

스페인의 자원으로는 광산자원이 풍부하여 철광석, 연, 아연, 수은, 인, 석탄 등이 각지에서 산출되며 농업분야는 유럽에서 최대국으로 인구의 35%가 농업에 종사할 정도이다.

또한 스페인에서는 전통적으로 광업을 비롯하여 제산업에 영국, 프랑스 등 외국 자본의 비중이 크며, 제2차 세계대전 후에는 미국의 자본이 전기산업 · 군수산업에 집중하고 있는 실정이다.

chapter 10

기타 주요 자원부국

제1절 개관 ● **제2절** 기타 주요 자원부국의 현황

제1절 개관

세계는 지금 빠른 속도로 하나의 '세계화(globalizarion)' 또는 '지구촌' 이라고도 표현될 만큼 가까워지고 있으며, 비록 개발의 속도와 문명이 다소 늦어 선진국들처럼 비축제도를 실시한다고 볼 수 없는 일명 중진국, 개발도상국 및 후진국이라고 일컬어지고 있는 국가들이 풍부한 자원의 보유국으로서 무한한 잠재력으로 자원을 개발하고 있고, 또한 선진국들조차도 '이데올로기' 내지 국경을 초월하여 막대한 자금을 동원 '컨소시엄', '합작투자' 등을 통하여 중 · 장기 계획을 세우는 등 자원의 탐사 및 개발에 박차를 가하고 있는 것이 현실인 것이다.

이와 같은 현상은 이미 50여 년 전인 1960년대에 예일대학교 킨들버그(Charles P. Kindleberger)가 밝힌 "경제 세계는 이미 런던과 뉴욕의 주변만을 맴돌고 있지는 않다. 수많은 신생국가들은 서구의 그것과 전혀 다른 제도적 기반 위에서 경제적 자립과 공업의 성장을 위하여 분투하고 있다."[1]라는 것이 자원분야에도 나타나고 있는 현상이라 하겠다.

이러한 자원 중에 광물은 세계적으로 약 4,000여 종이 있고 우리나라는 약 330 광종이 있다. 앞으로도 자원확보의 경쟁이 치열하다는 것은 당연하다고도 할 수 있겠다.

이와 같은 상황에서 우리나라의 비축제도 운영도 중 · 장기적 측면에서 세계 각국의 비축제도 및 자원 정책의 흐름과 '궤' 를 같이하여 '선진국으로 진일보' 하기 위하는 동시에 '양질의 원자재를 저가로 비축 내지 공급' 하기 위해서는 물론, 경제협력개발기구(OECD), 세계무역기구(WTO)[2] 및 아시아 · 태평양 경제협력체제(APEC), 자유무역협정(FTA) 등의 국제기구 가입국으로서의 역할에 참고가 될 수 있도록 세계 각지의 주요 자원 부국들을 중심으로 발췌하여 그 국가의 자원정책 내지 현황을 요약 · 정리 수록하였다.

---

1. Charles P. Kindleberger(1966), 신영복(역), 『외국무역과 국민경제』, 법문사.
2. 국내 물자의 구매도 13만 SDR(특별인출권) 이상은 WTO 조건에 의거 국외에 개방 입찰되고 있으나, 현재 비축물자는 이에 해당되지 않고 있다.

제2절 기타 주요 자원부국의 현황

1. 러시아

러시아(또는 러시아 연방)는 독립 국가 연합(CIS)에 속해 있으며, 면적은 구 소련 연방의 76.2%에 해당하는 17,075,400km²로 세계에서 두 번째로 넓은 캐나다의 1.7배에 달하는 거대한 국가이며, 인구는 51%이고 GNP의 61%를 차지하고 있어 구 소련 내에서 차지하는 비중은 거의 절대적이라고 할 수 있다.

러시아의 자원은 구 소련의 석유와 가스의 대부분과 철금속 매장량의 70%, 염화칼륨 매장량의 60%를 보유하고 있으며, 비철금속인 동, 알루미늄, 납, 아연, 주석, 니켈, 텅스텐, 몰리브덴, 다이아몬드, 운모, 석면, 인회석은 러시아 연방 전지역에 걸쳐 매장되어 있다.

2. 말레이시아

말레이시아는 한반도 면적의 1.5배나 되지만 적은 인구와 다민족 구성에 따른 어려움을 극복하고, 동남아시아 중심이라는 지정학적인 조건을 최대한 활용, 개방적 경제정책과 투자환경 개선을 통해 높은 경제성장을 달성하여 왔다. 이러한 경제적 성장의 결과 APEC, WTO, ASEAN 등 국제사회에서 말레이시아 위상이 크게 제고되고 있다.

말레이시아는 세계 유수의 고무, 주석의 산지이며 석유, 목재 등의 자원의 혜택도 많다. 고무는 세계 총공급량의 약 40%이고, 주석도 상당한 양을 점하고 있다. 지하자원도 풍부하여 주석 외에도 철광석, 보크사이트, 동, 금 등을 생산한다. 석유는 말레이시아 생산 · 소비 에너지원 중에서 가장 많은 비중을 차지하고 있는 중요한 자원이며, 천연가스도 아시아에서 최대 보유국이다.

현재 말레이시아의 광업은 과거의 주석 충적광상 중심으로부터 탈피하려는 전환기를 맞이하여, 암층 광상을 대상으로 광범위한 탐사 및 개발체제를 재구축하려고 하고 있다.

1989년 UNDP로부터 도움을 받아 광업규정에 대한 기본 체계를 들여왔고, 이 결과 광업 투자와 범위를 확대키 위한 필수 요소를 포함한 '국가 광업 정책'을 수립하였다. 또한 세칙으로 적절한 광역 기구를 구성하고, 정부의 현대화에 부합되도록 하였다.

3. 인도네시아

1) 자원 개관

인도네시아는 한국의 8배 이상의 면적을 가진 국가로서 세계 최대인 20,000여 개의 군도(群島) 국가이며, Bohasa Indonesia 언어 등 300여 개의 언어를 사용하고 있다. 인도네시아는 1969년부터 제1차 개발 5개년 계획의 수립, 착수로 자유 진영의 여러 나라로부터 경제 재건을 위한 차관 공여를 받았다.

주요 산물은 세계 생산량의 40%를 차지하는 천연고무를 비롯하여 세계 생산량의 33%를 점하는 코프라(Copra)와 상당한 양인 후추 등으로 세계시장에서 우위를 차지하고 있다. 주요 광업으로는 일찍이 개발된 유전, 주석 등을 비롯하여 보크사이트, 철, 니켈, 금, 은, 망간 등이 있어 세계의 보고가 될 여건을 갖추고 있는 국가이다.

인도네시아는 1967년 Contract of Work(COW)[3] 체계로 광업정책이 시작되어 1981년 Coal Contract of Work(CCOW)로 이어졌다.

COW의 주요 규정은 표준과 비양도성이다. 여기에는 다른 조세 규정과 재정적 채무관계, 보증금, 위탁 최소비용 요구액 등이 포함되나, 시대와 환경변화에 따라 COW는 현재 7세대에 이르고 있다. 그러나 Coal COW는 3세대에 이르고, 인도네시아 정부는 두 가지 기본 원리, 즉 ① 계약자가 상업적 광상을 발견하면 즉시 개발, 채광을 보증해야 하고, ② 계약기간 동안 광업법령과 정책이 변하더라도 계약자를 보호해야 하는 원리를 유지하고 있다.

---

3. Contract of Work(COW) : 인도네시아 광업법과 법규에 따라 인도네시아 정부와 외국 기업과의 공동 광물 자원개발에 대한 협정(투자자를 협정지역 내에서의 독점 계약자로 정의).

2) 국영기업 민영화 현황

인도네시아 국영기업은 개발의 선두주자가 자체 성장 촉진능력을 보유해야 하는 두 가지 임무를 안고 있다. 이로 인해 국영기업은 비영리 서비스 및 봉사를 위주로 하는 정부기관과 유사한 성격을 띠게 되며, 다른 사업체와 마찬가지로 효율성 및 능률성을 추구하도록 한다. 그러나 두 가지 임무는 항상 상충하는 경향이 있다.

따라서 인도네시아 국영 기업은 다른 민간 기업에 비해 지분이 증가하거나, 과보호되거나, 자체시장을 가지고 있거나 또는 보다 나은 시설을 갖추는 문제와는 상관없이 정부의 지속적이며 적극적인 관여를 필요로 한다. 이러한 정부 개입의 필요성 때문에 인도네시아 정부는 다양한 형태의 보조금 지급이나, 자체 내 내부 출혈사태의 방관이라는 두 가지 입장에서 선택의 기로에 서게 된다.

PERTAMINA(석유) 등과 같은 전략적으로 중요한 국영기업들을 제외한 나머지 국영기업들은 민영화가 가능하며, 그것도 정부가 경영권을 소유하는 조건으로 이루어질 것이다.

4. 태국

동남아시아, 인도차이나 반도의 거의 중앙부에 위치하고, 한반도의 약 2.3배에 해당하는 태국은 세계에서도 손꼽히는 쌀 수출국이며 고무재배를 중심으로 한 '농업 기반 공업국' (Angro-Industry)을 이룩한 대표적인 국가이다. 태국은 일찍이 식품산업을 발전시켜 왔는데, 특히 태국에서 많이 생산되는 주석을 사용하여 통조림 산업이 발달하였다. 갈탄은 전체 광물 중 생산과 소비가 가장 높은 광물이며 아연 생산도 비중이 높다.

1990년에 들어 태국은 경공업 중심의 산업구조에서 자동차 및 석유화학 공업 등 부가가치가 높은 산업 위주의 구조로 전환하여 동남아시아의 신흥 공업국으로 도약을 모색하고 있다.

태국은 다양한 광물이 매장되어 있으나 대부분 풍부하지는 않다. 주석의 경우는 1985년 후반 주석시장이 붕괴되기 전까지 수세기 동안 국가 경제의 큰 비중을 차지하였다. 오늘날은 이 위기를 극복하기 위해 '태국 광업 위원회' 의 광물 자원부와 광업권자들이 함께 노력하고 있는 중이다.

또한 광업의 위상강화를 위해 수년 전부터 위원회가 구성되어 국가 광업정책을 재편하고 있고, 이와 같은 시기에 '태국 광업 협의회' 에서는 정부에 대해 조세제도 수정안과 환경적 요구, 예외 규정 등을 제안하고 있다.

5. 필리핀

필리핀은 1946년 독립 후, 미국으로부터 제공된 경제원조를 바탕으로 공업화를 추진하여, 아시아 국가들 중에서는 1960~1970년대에 걸쳐서 공업화뿐만 아니라 GDP 규모에서 일본 다음가는 선도적인 국가였다.

그럼에도 불구하고 필리핀의 독재정치 및 소비재 산업의 발전으로 수출산업은 경시되어 경제구조의 왜곡이 심화되어서, 1980년대에는 아세안 국가들 중 경제성장이 가장 낮은 국가가 되었다.

그러나 부존자원이 풍부한 동, 크롬, 금, 은, 철, 연, 아연, 망간 등을 활용하여, 특히 1992년 라모스 출범 이후 정정안정, 경제 및 산업구조 재편, 시장자유화 등 개혁 조치가 실시되어 1994년 광물생산에 낮은 과세를 부여한 주요 정책 재편 후에서야 1995년 '필리핀 광업법' (Philippine Mining Act of 1995)과 '세보시행규칙' (Implementing Rules and Regulation : IRR)을 제정하였다.

필리핀은 국가의 광물자원에 대한 외국기업의 완전한 소유를 승인한다. 또한 특징은 '소규모 광업' 인데 이는 광산개발구역의 최대 25%에 해당하는 부분에 대해서만 개발이 허용되는 광업을 말한다. 소규모 광산 개발 업체들은 '공화국법 제7076호' 규정과 기타 해당 법률에 따라야 하며, 이들 업체는 일반 광산 개발업자 또는 재정 또는 기술지원 계약(FTAA)업체의 동의 하에서만 사업을 할 수 있다.

6. 카자흐스탄

1) 자원 정책

중앙 아시아의 5개 스탄제국 중 제일 큰 규모의 카자흐스탄은 1991년 말 구 소련의 붕괴 과정에서 탄생된 국가이다. 한국과는 1992년 1월 대사급 외교관계를 수립한 이후 정치 · 경제적 측면에서 매우 긴밀한 관계를 유지해 오고 있다.

1994년 시장경제 체제를 도입하여 경제개발을 위한 개혁정책을 지속적으로 추진하고 있으며, 정치적으로 대통령의 강력한 지도력 하에 안정된 국가로 평가받고 있고, 경제적으로는 1996년에는 플러스 성장을 하는 등 빠른 경제성장을 하고 있다. 카자흐스탄은 광대한 국토와 구 소련 광물 매장량의 약 60%를 보유한 세계 10대 자원 부국이다.

이러한 지하자원을 보유한 카자흐스탄에서는 현재 채굴업이 가장 중요한 산업의 하나로 되어 있으며 광물자원은 3,000여 지역에 매장되어 있는바, 이 중 1,000여 곳에서 채굴작업이 이루어지고 있다.

현재 생산되고 있는 주요 부존자원은 원유, 가스, 철광, 보크사이트, 코발트, 동, 크로뮴, 금, 납, 니켈, 백금, 은, 주석, 우라늄, 아연 등이다. 사실상 지하자원 주기표상의 거의 모든 원소가 발견되고 있다. 철금속은 엄청난 양이 매장되어 있으며, 특히 야금산업이 발전된 카라간다를 중심으로 하는 북부지방에 집중되어 있다. 공업용 다이아몬드는 쿰드트 인근에서 생산된다.

카자흐스탄에서는 200억 달러에 상당하는 광물자원이 수출되고 있으며, '광물거래소' 가 설립되어 있다. 정부는 일부 광물자원의 수출 시 할당제를 실시하고 있으며, 구 소련 당시 생산된 비철금속의 70%가 카자흐스탄에서 채굴 및 제련되었다.

광물채굴을 주관하는 부서는 '지리 · 광물자원 보존부' 이다. 동 부서는 광물자원의 개발을 위해 외국기업과 다수의 합작기업을 설립하였으며, 또한 세계 유수 기업의 관심이 집중되고 있는 3,000여 건의 채굴권 입찰이 전역에 걸쳐 진행되고 있다.

구 소련 당시에는 사실상 광물자원을 해외로 수출할 수 없었으나, 1991년 말 독립 이후 채굴업이 개발됨에 따라 서방은 1993년에 최초로 동 22만 톤, 납 8만 톤, 아연 등을 수입할 수 있었다.

최근 독일의 아연 제련업체는 카자흐스탄이 인위적으로 저가의 전력을 공급하여 아연의 생산비용을 낮추어 유럽시장에 덤핑 수출함으로써, 독일과 부당경쟁을 하고 있다고 불만을 표시하였을 정도로 해외 수출에 박차를 가하고 있다. 산화 알루미늄은 1993년 이후 수출이 급증하여 1994년에는 1억 달러를 초과했다.

1993년부터 IMF 등의 지원을 얻어 시장경제 체제로의 전환의 종합 경제구조 조정계획을 실시하고 있으며, 1994년 초 '국가재산 위원회' (State Property Committee : KGI)는 국내 · 외국인 투자가들로 하여금 주요 광물 생산 업체를 포함한 38개 대규모 기업을 인수하도록 하기 위해 입찰을 통한 민영화를 가속화하기로 결정하였으며, 1997년 4월에는 직접투자에 대한 '국가 지원법' 이 발효됨에 따라 '국가투자 위원회' 가 구성되어 투자가에 대한 법적인 보호 등이 가능하다.

광업관련 기관으로서는 경제부, 석유 · 가스부, 에너지 · 석탄 산업부, 재무부, 지질 · 지하자원보존부, 통상산업부이다.

2) 사유화 정책과 광물 수출세

1994년 4월 말에 도입된 사유화 프로그램의 중요 특징은 최초로 외국인 투자자에 대해 채굴분야에서 참가 기회(지분 매입)를 제공했다는 점이다. 국영기업의 사유화에는 알루미늄 공장, 아연 공장, 동(Copper) 협회 등의 대형 업체들이 포함되어 있다. 최대 규모의 사유화 대상 기업인 소클로프스코예 '광산 생산 협회' 는 채굴 제련 공장으로 대규모 철광석을 보유하고 있으며, 납 · 아연 · 보크사이트를 가공하고 있다.

한편 동, 알루미늄 및 납에 대한 수출세는 25%의 정액률로 부과되고, 향후 지질학적 전망에 따라 광물수출세는 현재 판매가의 8%로 될 것으로 예상되는데, 이는 채굴업자와 정부 간에 체결된 로열티 지급과는 별개의 것이다.

7. 몽골

아시아 대륙의 중앙에 위치한 몽골은 아시아에서 6번째로 면적이 큰 나라이며 동북아시아에 속해 있다. 몽골민족은 기원전부터 소, 말, 양을 등을 기르며 유목생활을 하였다. 이들은 일찍부터 가축을 다루는 기술이 뛰어나 강력한 기마 전투력을 보유하고 있었으며, 여기에다 유목민 특유의 날렵함과 강인함을 바탕으로 주변국 정복에 나섰다. 13세기에는 칭기즈칸에 의해 아시아와 유럽 일대에 세계 역사상 최대의 대제국을 건설했다.

주요 자원으로는 동, 석탄, 몰리브덴 등이 많으며, 최근에는 원자력의 원료인 양질의 우라늄 광산이 발견되어 원자력 발전에 상당한 영향력을 미칠 것으로 기대되는 나라이다.

8. 미얀마

인도차이나 반도에 위치한 미얀마는 1989년 6월 18일 버마를 미얀마로 개칭한 국가로 면적은 한반도의 약 3배에 해당한다.

우리에게는 미개발국이라고 알려져 있는 미얀마는 저임금, 양질의 노동력과 각종 광물, 임업 자원이 풍부하며 1992/1993 회계연도부터는 새로운 경제개발계획을 추진하면서 대외 개방을 위해 노력하고 있다.

미얀마는 동, 아연, 연, 주석, 중석, 안티모니, 석탄, 철, 니켈, 은, 천연가스, 석유 등의 부존과 옥, 루비, 사파이어 등 보석 및 준보석이 풍부하게 부존되어 있어 제1, 2차 세계 대전 당시 및 독립 후에도 영국, 일본 등에 의해 광산이 개발되어 동남아에서 손꼽히는 자원부국으로 인식되어 왔으며, 동 광종 등이 최근에도 생산되고 있다.

9. 오스트레일리아

1) 자원 개관

오스트레일리아는 7백만km^2 이상의 광활한 국토에 인구는 1,800만 명밖에 되지 않는 다인종, 다문화적 특징을 지닌 풍요로운 생활을 구가하나 백호주의로 인종차별도 심한 연합 국가이다. 산업구조면에서는 전통적인 농목축업과 풍부한 천연자원을 배경으로 하는 1차 산업 중심이다. 한국과는 1961년 이후 각종 외교통상관계를 기밀히 유지해 오고 있으나, 양국의 무역 의존도가 빠르게 증가하여 상호 보완 관계가 있다고 할 수 있다.

오스트레일리아는 세계적 광물 자원국으로서 금, 은, 아연, 은의 개발에 이어 철광석, 니켈, 동, 보크사이트 등이 개발되어 왔다. 보크사이트, 금홍석, 지르코늄은 세계 1위의 생산량, Ilmenite와 철광석은 세계 2위, 니켈과 연은 세계 3위의 생산량을 기록하고 있고, 철광석 생산은 세계 2위이다.

에너지 자원은 석탄, 석유 및 천연가스, 우라늄의 4가지로 구분할 수 있다.

수출면에서 보면 석탄은 세계에서 제1위이며, 알루미나, 다이아몬드, 금홍석, 지르코늄도 제1위이고, 철광석, 연, 아연, 우라늄은 제2위, 그리고 금은 제3위를 기록하고 있다.

2) 자원 정책[4]

오스트레일리아 연방정부가 1998년 2월 발표한 광물자원정책은 크게 다음과 같다.

① 투자 유치 정책
② 경쟁성 향상 정책
③ 경제성 증대정책
④ 환경 친화 정책
⑤ 세계화 정책

비교적 관련성이 많은 것을 설명하면

먼저, 경쟁성 향상 정책은 거시경제적 측면과 미시경제적 측면으로 나누어진다.

연방정부는 안정성이 있고 책임있는 거시경제적 운영을 위해 국내 경기의 활성화 및 효율성 향상을 통해 호주의 투자환경을 개선하고 증진시켜 국제경쟁력을 갖추며, 이를 위해 필요한 제도적, 행정적 지원을 적극적으로 한다는 기본 방침 하에 현재의 재무규정들을 유지함으로써 일관성을 유지하여 국내 저축률의 증대를 유도하고 낮은 인플레이션과 고도의 경제성장을 달성한다는 것이다.

미시적 측면에서는 연방정부의 궁극적인 목표는 미시경제적 개혁을 통해 상품과 서비스의 질적 향상 및 경쟁력과 효율성의 증대를 도모하고 불필요한 규제 또는 중복되는 업무를 철폐하여 행정처리의 효율성을 증대시키는 것으로서 연방정부는

4. Parliament House, "Resources Policy Statement," Feb. 1998.

그동안 우라늄 광산개발을 제한하여 온 Three Mines Policy를 현실적으로 타당성이 없다고 결론짓고 폐지하였으며, 환경, 문화 등에 해가 되지 않는 한도 내에서 새로운 우라늄 광산 개발 및 수출을 허가할 방침이다. 또한 석탄, 보크사이트, 알루미나 및 규사에 대한 수출규제를 철폐하였으며, 핵의 위험성 때문에 우라늄에 대한 수출 규제만이 존속하고 있는 실정이다.

다음으로 세계화 정책을 보면

㉮ 오스트레일리아의 통상 정책

연방 정부의 통상정책은 관세의 점차적 인하 및 비관세 장벽의 철폐를 통해 시장개방을 유도해 오스트레일리아 기업의 국제 경쟁성 향상을 고취시키고, 호주 기업의 시장 개척활동을 적극적으로 지원하는 한편, 수출 주도형 경제성장을 위해 생산성이 높은 산업이 성장할 수 있는 기반을 조성하는 것이다.

연방정부는 수출증대를 위해 호주 지원상품 및 기술과 서비스를 다양한 채널을 통해 해외의 소비자들에게 소개하여 판매를 증진시키고, 해외시장의 수출기회에 대한 정보를 호주의 기업들에게 제공하며, 수출증진을 위한 외교적 노력을 기울이며, 주요 프로젝트를 위한 경제적 지원을 통해 해외투자를 유치하고, 수출금융(Export Finance Insurance Corporation)의 활성화를 통해 수출을 적극 지원한다는 것이다.

㉯ 자원 부문의 무역자유화 성취

오스트레일리아 연방정부는 오스트레일리아 자원의 수출을 증진시키기 위해 다양한 외교채널을 통해 노력을 기울이고 있으며, 그 성과 중 'GATT Uruguay Round' 에서 자원 수입국의 관세 및 비관세 장벽을 완화시키는 데 성공하여 국제적으로 비철금속의 관세가 50%까지 완화되었으며, 석탄의 경우 무관세로 국제 교역이 이루어지고 있으며 유럽연합(EU)과의 협의에서 석탄에 대한 유럽의 관세를 폐지하고, 점차적 유럽 석탄생산의 감축이라는 합의에 도달하였으며, 이 합의의 산출물로서 독일의 경우 몇 개의 석탄광산의 폐광이 결정됨에 따라 2005년의 석탄 수입량이 40백만 톤으로 추정되고 있다.

현재 국제무역기구(WTO)에 새롭게 가입하려는 중국, 대만, 사우디아라비아, 베트남, 러시아 등에게 가입 조건으로 자국의 관세 인하 및 비과세 장벽의 철폐 등을 내세우고 있어 호주 자원의 시장을 확대하려는 노력을 기울이고 있으며, 그 중 대만은 앞으로 관세 인상과 같은 조치를 취하지 않을 것이며, 비철금속 및 철금속에 대한 관세 인하와 함께 석탄 부분에 대한 규제도 해제할 것이라고 발표하였다.

10. 브라질

브라질은 남미 대륙의 47%를 차지하며 막대한 자원 매장량을 가진 국가이다. 그런데 낮은 수요 수준 및 광활한 국토로 인한 많은 운반비 때문에 개발이 늦은 편이다. 광물생산량의 상당부문 특히 금, 주석, 다이어몬드 등은 영세 비공식 광상업자에 의해 생산되고 있다.

브라질의 광업은 광업법의 규제를 받고 있으며, 집행 기관은 Departanento Nacional da Producao Mineral(DNPM)이다.

브라질의 철광석 매장량은 전세계 매장량의 1/3, 보크사이트는 중남미 국가 중 최고의 매장량인 것으로 알려지고 있으며, 이밖에도 망간, 석탄, 아연, 크롬, 금 및 주석이 풍부히 매장되어 있다.

브라질이 보유하고 있는 전체 철광석 매장량의 45%가 집중되어 있는 Carajas 광산은 동 10억 톤, 니켈광 1억 2천 톤, 망간 6천 톤, 보크사이트 4천만 톤이 매장되어 있어 자원의 보고 지역이며, 이 지역 개발계획을 대통령령 1813호로 정식 국가계획으로 승인, 공포하고 개발계획기간(1981~1990년) 동안 약 3백 30억 달러를 투자할 계획이였으나 초과 소요경비 및 IMF 등의 국제금융의 차관중지 등으로 사업의 난항을 겪고 있다.

브라질의 모든 광물 자원은 정부 소유를 원칙으로 하고 있으며, 정부 전매자원(원유, 방사성 물질)을 제외하고는 채광권을 허가하여 영국기업 또는 개인 회사들이 채광토록 하고 있다.

11. 아르헨티나

라틴 아메리카 중에서도 가장 발전하고 안정된 국가 중 하나인 아르헨티나는 실리 외교를 표방하며, 1990년 말에 1인당 GDP가 8천 9백 달러로서 경제 순위는 세계

20위이다.

천연자원이 풍부하고 인구가 적은 아르헨티나에서 광업은 경제적 비중이 높다. 농산물과 쇠고기에 이어 광산물이 아르헨티나의 5대 수출품에 포함된다.

아르헨티나의 주요 광종은 세계적으로 중요한 붕산염을 비롯하여 연, 아연, 귀금속, 우라늄 및 석탄이다. 아르헨티나는 국내 생산이 가능한 많은 광물을 수입하고 있다. 철도 체제가 부실하고, 국내 비용이 높아 아직도 생산보다는 수입이 유리하기 때문이다.

아르헨티나의 모든 광산물의 소유권은 국가에 귀속되나, 정부가 직접 광산개발을 하지 못하고, 개인 기업 차원에서 활동할 수 있는 국영회사(State Entities)를 설치, 개발이 가능하다.

12. 페루

한반도의 약 6배에 해당하는 넓은 국토와 풍부하고도 다양한 각종 광물 및 농산물을 보유하고 있는 페루는 1990년 '후지모리' 정부의 출범 이후 실시된 강력한 자유무역정책, 민영화 정책에 힘입어, 그간 극심한 인플레, 마이너스 경제성장률, 외환보유고 6억 달러이던 것이 1994년 세계 최고의 12.9%의 경제성장률을 달성한 후 비교적 높은 성장을 기록하고 있다.

특히 페루는 구미 일변도의 교역 구조에서 교역 다변화 정책의 일환으로 대아시아 진출을 위해 남미에서는 칠레와 함께 아시아 태평양 경제협력체(APEC)에 가입도 하였다.

페루는 동, 은, 아연, 철광석, 금, 주석, 텅스텐, 몰리브덴, 인광석 등 풍부한 광물자원을 보유하고 있으며, 광업은 페루의 가장 중요한 수출산업으로서 전체 수출의 약 40%를 차지하고 있다. 생산은 Centromin사, Minero Peru사 등 3개의 국영 기업과 외자 기업인 SPCC(Southern Peru Copper Corporation)사, Hierro Peru 등이 생산량의 약 70%와 수출의 약 40%를 담당하고 있다. 그 외 석유와 가스 부문에 아직 개발되지 않은 무한한 잠재력을 가지고 있다. '페루광산보안법' 은 광산 관련법 중에서 세계에서 가장 길고(제1편 : 일반적인 처분에서 제8편 : 감독까지 구성되어 있고,

제1조에서 제564조로 구성) 가장 정교하게 구성되어 있는 것으로 알려져 있으며, '에너지 광산성' 의 소관으로 되어 있다. 1992년 6월의 일반 광업법(General Mining Law)의 제정을 통해 투자를 허용하였다.

13. 가이아나

1) 자원 개관

가이아나는 남미 대륙의 동북단에 위치하며, 면적은 한반도와 비슷한 21만 4,970km²이나 인구는 72만 3,000명으로 남미에서 영어만을 사용하는 국가로서 무공해 자연 경관으로 유명하다. 가이아나의 주요 산업은 농업, 특히 쌀, 설탕의 생산이지만 최근에는 광업이 가장 중요한 산업으로서 보크사이트, 다이아몬드 및 금 등이 생산되고 있다.

가이아나의 기존 법률이 광업권의 획득 및 관리, 광업분야의 감시활동 등에 알맞은 구조를 제공하고 있지만, Claim에 대한 광업권자들 사이의 분쟁을 줄이고 투자자들의 불신을 해소시키기 위해서는 전제되어야 할 문제점들이 있어 정부는 1996년도에 재무부가 주관하는 국가 개발 정책의 문제점들을 재검토하였다. 광물정책을 재검토하면서 광업권 보장 규정을 중점적으로 다루었다.

또 다른 문제에 대해서는 광업분야의 행정에 대한 것으로서 '가이아나 지 · 광물 위원회' (Guyana Geology and Mines Commission : GG MC), '가이아나 천연 자원 기관' (Guyana Natural Resources Agency) 및 여러 부처 등 다양한 기관들의 역할이 분명하게 구분됨으로써 문제가 발생할 경우 그에 알맞은 대처방안을 모색하게 되도록 하였다.

2) 주요 광물

가이아나의 주요 광물의 생산 현황(1996년 기준)은 금 372,000온스, 다이아몬드 약 50,000캐럿, 보크사이트 2.25백만 톤이다.

3) 광물탐사 현황

가이아나에는 가장 경제성 있는 광물들이 녹암지대에 넓게 분포되어 있으며 동지대, 지질 구조적 특징, 양호한 기후 및 지형학에 따른 사광 개발 등은 금광개발을 재촉하고 있다. 다이아몬드는 특히 중요한 자원이다. 가이아나는 처리과정을 거쳐 소성 보크사이트를 생산할 수 있는 고품질 보크사이트를 상당량 보유하고 있다.

14. 콜롬비아

콜롬비아는 남미대륙의 국가로 한반도의 약 5배에 해당하는 광활한 국토와 다양한 광물 및 농수산물 자원을 보유하고 있다.

중남미 국가 중에서도 비교적 안정적인 경제성장을 시현하고 있으며 인플레도 가장 작은 수치를 나타내고 있다. 1996년 경제는 정치적 불안정으로 일시적인 침체를 보였지만, 1998년부터는 쿠시니아-쿠피아구아 유전에서 원유 생산이 개시되어 회복세를 보이고 있다.

또한 콜롬비아는 구미 일변도의 경제협력 구조에서 탈피, 태평양 경제권과의 관계강화를 모색하고 있는바, 1987년 이래 '태평양 경제 협력 위원회'(PECC), '태평양 경제협의회'(PBEC) 등을 통한 협력 활동에도 적극 참여하고 있다.

콜롬비아에서 광업은 그동안 정부의 인식 부재, 자본 및 기술의 부족으로 각광을 받지 못했으나, 최근 정부가 광업육성책을 적극 실시하고 있어 급속한 발전을 보이고 있다. 특히 생산부문은 석유, 천연가스, 금, 에메랄드 등 풍부한 자원을 보유하고 발전 잠재력은 크다.

이에 대한 주요 광업진흥정책을 보면, 다음과 같다.

① 법적 · 제도적 정비

정부가 각종 외국인 투자 규조조항을 철폐하여 외국인 투자와 관련해 발생하는 모든 대외 거래의 자유가 보장되었다.

이외에도 광업부문 환경 개선을 위한 각종 정책을 추진하고 있는데, 먼저 에너지 광산부는 '사회도약'(Salto Social) 계획의 일환으로 광산개발의 합법화 프로그램을 계획하고 있는바, 비공식 광업 부문의 기술지원, 협력신용, 환경운동 및 훈련 프로그램을 포함시키기로 하였다.

② 석유화학기금의 창설

정부는 석유수입의 안정적인 활용책을 목적으로 석유안정기금을 창설했는데, 해외자금 송금은 국영 석유회사, 기금 운용은 중앙은행이 관리키로 하였다.

③ 민영화 정책

콜롬비아 정부는 민간부문 육성을 통한 경제 효율성 제고와 공공부문 축소를 통한 공공재정의 건전화를 목적으로 가비리아 전 대통령 집권시기인 1991년부터 민영화 정책을 추진해 오고 있다.

1996년부터의 민영화 정책의 시행은 IMF의 권고를 적극 수용했다. 콜롬비아의 광물자원 소유권은 헌법에 의거 영해를 포함, 지상 및 지하에 부조되어 있는 것은 국가에 있으며, 국가는 지방자치 단체 및 개발권 양도를 통해 자원을 직 · 간접적으로 개발할 수 있도록 되어 있다.

특히 에메랄드는 수세기 동안 세계 최대의 생산국이며 1997년 중반 정부는 공급독점 종식을 위한 계획의 일부로서 세계 최초의 '에메랄드 증권 거래소' 를 보고타에 개설했다.

15. 볼리비아

볼리비아는 해발고도 3,653미터에 면적은 12,000km²로 우리나라의 5배 정도 되는 국가이다. 세계 최대의 살라르데우유니(Salar de Uyuni) 소금사막의 리튬(lithium)을 비롯하여 주석, 연, 아연, 안티몬, 텅스텐, 석유, 천연가스 등이 풍부한 국가로 우리나라도 첨단소재 자원확보를 위해 자원정책의 대상국가로 여기고 거래를 형성하고 있다.

16. 베네수엘라

베네수엘라는 한반도의 4배가 조금 넘는 면적에 총 인구의 86%가 도시 지역에 집중되어 있다. 천혜의 대규모 광물 매장량을 보유하고 있을 뿐만 아니라 주요 시장으로의 접근이 용이하다.

베네수엘라의 큰 특징은 중남미 최대의 산유국이라는 점이며, 석유 산업 국유화는 국가가 모든 경제활동을 통제할 수 있는 수단이 되었을 정도이다. 그러나 1980년대 외채위기와 석유가격 폭락으로 외환위기를 맞아 경제구조의 취약성을 극복할 목적으로 현재의 한국과 비슷한 국가의 역할을 최소화하는 구조조정정책을 1989년부터 실시하였다.

정부는 1996년 4월부터 보다 적극적인 경제 안정화 및 구조조정정책(Agenda Venezuela)을 실시하여 인플레이션 진정, 재정안정, 국제수지 호전 등의 결과를 시현하고 있다.

베네수엘라는 지질학적 특성으로 거의 모든 광종들이 부존되어 있는 축복받은 국가이다.

선캄브리아기(紀) 순상지에서는 상업성이 매우 높은 철광석, 알루미늄, 망간, 토륨, 우라늄, 텅스텐, 탄탈, 니오븀, 희토, 주석, 다이어몬드, 점토, 석영, 화강암 광상들이 발견되고 있다.

인데스, 빼리히(Perija) 및 해안산벽지역 복합지질 구조에는 니켈, 동, 납, 아연, 은, 수은, 티타늄, 바나듐, 황철, 석탄, 인산염, 장석, 운모, 석고, 활석, 감람석, 마그네 사이트, 흑연, 남정석(藍晶石), 벤톤석, 규소, 백운석, 사문석(蛇紋石), 석회석, 대리석, 각섬석(角閃石) 등이 매장되어 있다.

충적지에는 원유, 가스, 비투멘, 아스팔트, 가스 및 원유 응축물 등 막대한 규모의 자원이 매장되어 있어 최근 20여 년 동안 중남미의 주요 광물 생산국으로 부상하였으나 개발은 미비한 상태이다.

광업법상 자원 주무기관은 '에너지 광업부' 이나, 오늘날 베네수엘라의 수많은 광업개발 프로젝트에는 지방공사들이 큰 역할을 하고 있다.

17. 남아프리카 공화국

1) 자원 개관

남아프리카 공화국(남아공)은 아프리카 남단부에 위치한 공화국으로 한반도 면적의 5배에 상당한 큰 규모의 자원부국이다. 우리나라와는 1972년 수교하였으며, 1997년 현재 교역 규모가 30억 달러를 상회하는 등 경제협력 관계가 돈독해지고 있는 국가이다.

■ 대서양과 인도양이 만나는 아프리카 대륙의 남단에 위치한 희망봉 (the Cape of Good Hope)

주요 자원으로는 크롬, 동, 바나듐, 망간, 금, 다이아몬드, 백금족금속, 싼 전력을 제공하는 대규모 석탄광 등 풍부한 자원이 보존되어 있으며, 아프리카 국가 중에서 자원이 제일 많다.

남아프리카 개발 지역(SADC)에는 천혜의 방대한 자원이 아직 개발되지 않은 상태로 있어 남아공 회사들이 탐사에서 선도적인 위치를 차지하고 있다. 1997년 탐사비용은 아프리카 총 예상 탐사비용의 40%에 해당하는 2백 50만 달러 정도가 된다.

2) 주요 광업 정책

① 광업 투자 및 법규 환경

남아공은 유난히 광물자원이 풍부하게 부존되어 있으며, 주요 광물의 4～5종은 세계시장의 소비를 능가하는 잠재력을 지니고 있다.

정부는 적절한 법규에 따라 국가경쟁력 제고, 외국인 직 · 간접 투자 유치, 사업확장을 위한 환경조성 등을 통해 광업의 장기적 이익을 보장하기 위해 미시적 경제전략으로 경제 자유화 추진, 경제의 경쟁력 제고, 재정 및 관세제도 개혁, 관료주의적 규제행태 완화 등을 추진하고 있다.

② 소규모 광업

중소기업은 일반적으로 산업 경쟁력을 높여주고, 고용 창출이 효율적인 역할을 담당한다. 광물의 실질 가격 하락으로 수익을 내지 못해 수많은 대규모 광산이 운영을 중단했으나, 소규모 광산은 어려움을 극복하고 경제적으로 채광을 수행할 잠재력을 지니고 있다. 따라서 소규모 광산은 전세계 광물생산에 중요한 기여를 하고 있다.

■ 케이프 타운(Cape Town) 국립도서관에 비치된 세계 최고 언어 중 하나인 산스크리트어(Sanskrit) 사전(1878년)

정부는 소규모 광상의 최적 개발을 보장하고 소규모 광업이 국가 및 지역 경제에 적극적으로 공헌하도록 소규모 광상의 지속적 개발을 촉진하고 지원한다.

③ 광물 마케팅

광물 마케팅 정책은 시장원리에 따라야 하고, 정부가 할 역할은 지원하는 것이고 간섭은 일반적으로 시장실패를 보완하는 데 그쳐야 한다.

④ 광물 수익의 극대화

정부는 광물 자원의 모든 잠재력이 개발되어 국민의 이익이 극대화될 수 있도록 원자재의 부가가치를 극대화하기 위한 제2 및 제3의 광업 관련 산업을 육성하여야 한다.

⑤ 연구 개발

정부는 고객의 요구를 충족시키고 광물의 부가가치 잠재력을 개발하고, 탐사 · 채광 · 가공 · 광물 수익 · 환경 보존 및 환경복구의 문제를 해결하기 위한 연구개발을 지원하며, 응용 경제지질학에 대한 연구 및 다양한 연구 기관들 사이의 협력을 촉진할 것이다.

18. 에티오피아

아프리카의 동쪽의 Horn 지역에 위치한 에티오피아는 공용어로 Amharic어, 상용어로 영어, 이태리어 등 286개 언어를 사용하며, 국토가 한반도의 5.5배이며 상당량의 부존자원이 있는 국가이다. 그러나 과거 내전과 사회주의 통치로 정정 불안과 빈곤의 악순환으로 인해 부존자원이 미개발 상태에 있었다. 최근에는 정정이 안정되고 경제개발에 힘써 1994년에서 1996년까지 평균 7.4%의 GDP 성장을 기록하였다.

에티오피아에 부존된 주요 광물로는 금, 백금, 탄탈륨, 니켈, 철, 동, 석탄, 대리석 칼륨, 소다회, 벤토나이트 인회석 등이며 석유 및 천연가스도 부존되어 있는 것으로 알려져 있다.

에티오피아 정부는 정치적인 개혁과 경제적인 개선 프로그램을 계속 시행하여 왔으며, 1993년 '광업법 시행령 제52호' 및 '광업세법 시행령 제35호' 를 발표한 후 광업 회사들은 점점 광업 투자에 많은 관심을 보이고 있다. 또한 채광허가권을 얻는 데 필요한 조건을 명시하고 광산 임차료, 채광권, 관세 면제와 같은 우대제도 등을 반영하여 적극적인 광업 정책을 계속하고 있다.

광업관련 기관으로는 광산 에너지부, 광물 개방공사 및 지질 조사소가 있다.

19. 보츠와나[5]

50년 전부터 아프리카에서 민주주의와 시장경제를 실시한 보츠와나는 경제정책에서 자원의존도를 줄이는 정책으로 체질을 개선하여 과도한 정부지출을 억제하고 다이아몬드, 동, 니켈 등의 자원을 판매한 수입의 일부로 미래에 대비한 펀드를 조성·운영해 왔다. 최근 4년간 연평균 4.55%의 성장률과 아프리카 국가 중 최고 국제신용등급(무디스 A2, S&P A-)을 유지하고 있는 것도 이런 경제정책의 성과라는 평가이다.

---

5. 조선일보, 2014. 6. 3.

20. 기타 아프리카 제국[6]

1) 콩고민주공화국(구 자이레)

주요 광물은 동, 코발트, 아연, 다이아몬드, 금 등이며 천연 자원이 무한하며, 광물 자원도 상당하다.

2) 이집트

주요 광물은 철, 인산염, 금, 글링커, 석고, 대리석, 화강암, 석회암 및 석탄 등이다.

3) 가나

주요 광물은 금, 다이아몬드, 보크사이트, 망간, 알루미늄 등이며, 목재가 중요하다.

4) 가봉

주요 광물은 우라늄, 망간, 니오븀, 철광석, 금 등이다.

5) 기니

주요 광물은 금, 다이아몬드, 니켈, 흑련, 석회암, 철광석, 보크사이트 등이다.

6) 케냐

주요 광물은 소다회, 형석, 질석, 고령토, 다이아토마이트, 중정석, 티타늄 및 기타 보석 등이다.

7) 리비아

주요 자원으로는 가스 및 오일, 암염, 석고, 석회암, 점토 등이다.

---

6. *Supplement to Mining Journal*, 1999. 1. 22.

세계 3대 석유공급원

석유(petroleum)는 19세기 후반부터 인류 문명사에서 중요성을 갖게 되었는데, 제1차 세계대전을 계기로 그 경제적 · 군사적인 중요성이 높아지고 국제정세를 좌우하는 요인이 되었다.

1. 서부 텍사스 중질유(West Texas Intermediate : WTI)

미국 텍사스주 서부지역에서 생산되는 원유로서 뉴욕상품거래소(NYMEX)에서 선물, 현물로 거래된다. 미국에서 체결되는 원유거래의 기준가일 뿐만 아니라 국제유가를 선도하는 지표로 활용된다. WTI는 소비지역이 미국 내로 국한되어 있는 등 기준유가로서의 불충분하다는 지적이 있으나 거래규모가 워낙 커서 시장을 선도하는 구실을 하고 있다.

2. 북해산 브렌트유(Brent oil)

영국과 노르웨이 사이에 있는 북해 9개 유전에서 생산되는 원유로서 런던 ICE(Intercontinental Exchange) 선물거래소에서 주로 선물로 거래된다. 이 원유는 유럽과 아프리카로 수출되기 때문에 이 지역의 유가 기준이 된다.

3. 두바이유(Dubai oil, 아랍에미리트 연합)

우리나라가 수입하는 원유의 80% 이상을 차지하는 중동산 두바이유는 비교적 가격이 저렴하여 아시아, 태평양, 중동을 대표하는 원유로서 중동권역과 싱가포르에서 현물로 거래된다.

참고

배럴(Barrel)당 가격은 브렌트유, WTI, 두바이유 순위로 높으나, 유가의 상승은 WTI 가격이 상승하면 다른 두 유가도 동반 상승하는 경향이 있다.

http://blog.naver.com/PostPrint.nhn?blogId=midesse&logNo=220332902712 etc. 정리

4
part
비축을 통한 발전

chapter 11

비축행정

제1절 개관

오늘날 세계 각국은 자원확보를 위하여 전세계로 손을 뻗을 것이며, 이에 따라 각국 정부의 최고 지도자들도 자원외교에 힘을 쏟을 것이다. 따라서 비축행정도 점점 더 확대되는 경향을 보일 것이다.

비축행정(stockpile administration)은 21세기 들어 사용된 용어로 정부에서 비축의 필요성을 인식하여 정부 또는 공공단체들이 비축행위를 하는 것을 말한다. 이는 조달행정(procurement)의 일환으로 이루어지고 있다고 할 수 있다. 조달행정은 정부기관, 공공단체 등에서 필요한 물자, 시설자재 등을 구입(purchase)하여 필요한 기관이나 부서 등에 공급하는 것을 말하는 데 반하여, 비축행정은 미래에 발생할 불확실성(uncertainty)에 따른 위험이나 전쟁이나 물가폭등 등에 대비하기 위해 구매한 물자를 일정 기간 보관하였다가 공급하는 것을 말한다. 즉 공급하는 시기에 차이가 있다.

구매(purchasing)**와 조달**(procurement)**과 비축**(stockpile)

구매와 조달은 엄격히 구별되는 것은 아니지만, 구매(purchasing)는 구입(buying)의 과정을 말하는 데 반해, 조달(procurement)은 구매보다 더 넓은 개념으로 공급 서비스의 모든 단계를 포함하는 것으로 필요한 물자를 수령, 저장하여 수요자에게 공급하는 등 구매 외의 사항까지 포함한다.[1]

세계무역기구(World Trading Organization : WTO) 정부조달협정(GPA)에서도 조달을 구매보다 넓게 보고 있으며 물품과 용역 구매에서 시설공사까지 포함하고 있다.

구매 및 조달과 비교해 보면 비축은 물자와 이에 따른 기법 등을 연구한다는 측면에서는 구매나 조달과 큰 차이가 없다. 다만 구매나 조달은 가계, 기업 그리고 정부가 정상적으로(as usual) 유지 내지 운영을 위해서 필요로 한다면, 비축은 불확실한 미래를 위해 사전에 대비한다는 측면에서 차이가 있는 것이다. 좀더 구체적으로 말하면 비축은 가계, 기업 그리고 정부가 보다 합리적이고 정상적으로 운영될 수 있도록 지원하는 보완적 역할을 한다고 하겠다.

1. Howard T. Lewis, *Procurement*, 1949 참조.

제2절 비축행정의 의의

1. 비축행정의 개념

비축행정(stockpile Adminstration)이란 비축(stockpile)과 행정(administration)의 합성어이다. 이는 21세기 용어이며, 비축이란 다의적으로 설명할 수 있으나 일반적으로 부족할 때 사용하기 위하여 일정한 장소에 일정량을 필수품, 즉 원자재, 식량, 상품 등을 예비용으로 저장하는 것을 말한다. 따라서 비축행정이란 정부가 비축하는 행위를 말한다.[2]

비축은 민간기업이 상품을 제조하고 이윤을 확보하기 위한 재고(stock)와는 구별된다.

법률적으로는 비축은 장 · 단기 물자수급의 원활과 물가안정을 위하여 정부가 직접 구매하여 비축, 공급하는 생활필수품 · 원자재 및 시설자재로 정의된다.[3]

2. 비축행정의 필요성[4]

자유시장경제의 발전과정에서 원자재 시장의 불확실성과 변동위험이 커지게 되자 선진자본주의 국가에서는 시장 안정장치로서 비축정책을 정부 주도로 발전시켜 오고 있다. 이러한 비축의 일반적인 필요성은 다음과 같다.

첫째, 비축은 국가의 위기극복 관점에서 필요하다. 비축은 기후변화 등을 극복하는 수단으로서 농경사회에서 농작물(예 : 곡물)에 대해 시작하였으나 산업사회로 발전하면서 위기극복의 수단으로 그 범위가 확장되었다.

둘째, 비축은 가격안정을 위해 필요하다. 무한한 자유경제시장에서 한정된 자원이 급격한 고갈상태에 이르게 되면 시장은 가격기능을 상실하게 되어 예기치 않은

---

2. http://www.epadic.com(온라인 행정학 전자사전 참조)

3. 조달사업에 관한 법률시행령 제2조 제3호.

4. 황윤원 · 김성철, 『재무행정론』, 법문사, 2005 참조.

가격의 급등이나 급락 현상이 발생되는 상황에서 시장가격의 안정을 도모하여 시장의 질서를 회복시킬 수 있다.

셋째, 비축은 자원의 안정적 확보를 위해 필요하다. 인류의 문명은 자원의 활용을 통해 발전해 왔으며, 첨단 과학기술의 발달로 더욱 다양화되고 많은 자원을 필요로 하게 되었으며, 희소자원의 가치는 더욱 높아가고 있다.

제3절 비축행정의 패러다임

1937년 귤릭(L. Gulick)이 POSDCoRB에 따라 구분한 행정활동을 보면, 전통적 행정과정은 (1) 계획(planning), (2) 조직(organizing), (3) 인사배치(staffing), (4) 지휘(directing), (5) 조정(co-ordinating), (6) 보고(reporting) 및 (7) 예산(budgeting)이다. 그러나 현대에는 기동력을 필요로 하는 시대이므로 (1) 계획, (2) 실행 그리고 (3) 평가로 단순화하는 추세이다.

비축행정의 패러다임은 여러 갈래로 나눌 수 있으나, 계획(plan), 실행(do), 평가(see) 및 환류(feedback)를 거쳐 간단(brevity)하면서도 함축성(implication) 있게 전개할 수 있다.

1. 계획(plan)

비축행정에서는 자원확보, 기후변화, 재난관리, 식량, 에너지 안보, 전염병 등 고려할 요소가 많다. 이러한 요소들을 고려하여 성공적인 비축을 하려면 이에 대한 계획이 필요하다.

비축의 패러다임(paradigm)을 등식으로 나타내면 다음과 같다.

$$S = f(MBC) + O$$

즉 여기서 S는 비축(stockpile), f는 함수(function), M은 물자 · 원재료

(materials), *B*는 인간행위(behavior), *C*는 환경(circumstance)을 의미이고, *O*는 목적(objective)이다.

이 식을 풀이하면 비축은 주체에 따라 상수라고 보는 목표(*O*), 예를 들어 국가안전보장이나 물가안정, 가격안정, 생활유지 등 주체의 성격에 따른 목표와, 자원(물자나 원재료)·인간(행위)·환경의 3대 변수의 함수적 관계를 통해 성립한다고 할 수 있다.

비축은 목표가 있을 때 진화·진보하고 진화·진보는 현재보다 더 나아지는 것을 의미하므로 그 자체가 가치 있는 일이다.

2. 실행

실행은 구매-인수-보관-방출의 단계를 말한다. 여기서는 구매, 특히 구매계약을 중점적으로 살펴보고자 한다.

비축행정은 주로 계약이란 방식을 통해 성립한다. 18세기 중반 루소(Rousseau)는 자유인의 합의에 의한 국가의 구성을 논한 사회계약설(Du Contract Social)과 일반의사에 의한 국가의 운영을 논한 인민주권론을 골자로 하는 이상국가를 구상하였는데 여기에서 계약론이 시작되었다고 할 수 있다. 근대 시민사회에서는 사유재산에 따른 계약자유의 원칙이 개인, 집단, 국가 사이의 관계에서 광범위하게 영향을 미치는 구속력을 뜻하기도 한다. 다시 말하면 근대법은 대인간관계가 일체 합의로써 규율되어야 한다는 계약지상주의를 그 특색으로 한다. 영국의 법학자 메인(Maine)은 "신분에서 계약으로"(from status to contract)라는 말을 하기도 하였다. 이러한 계약사상에 따라 현대의 자본주의 시대에는 여러 가지 계약방법이 있으나 분쟁을 방지하고, 구속력 있는 계약을 위해서는 문서로 하는 것이 올바른 선택이다. 비축행정도 계약[5]이라는 방식을 통해 물자를 구매하고 방출(판매)하는 절차를 거치게 된다.

---

5. 계약이론(the Theory of Contract, 1987)의 권위자들인 올리버 하트(Oliver Hart) 하버드 대학 교수와 벵트 홀름스트롬(Bengt Holmstrom) 매사추세츠 공대(MIT) 교수가 2016년 노벨경제학상 공동수상을 하였다. 하트 교수는 "모든 직원 업무는 일일이 계약 불가능하고, 갑작스러운 일, 최종결정 구도 연구, 금융·법률·기업지배구조까지 영향을 미친다."고 하였고, 홀름스트롬 교수는 "노력을 끌어내

가. 구매계약의 개념[6]

1) 계약의 정의

계약은 광의로 해석하면 사법상의 효과를 발생시키는 것을 목적으로 하는 서로 대립되어 있는 의사가 합치함으로써 성립하는 계약을 말한다. 또 계약을 협의로 해석하면 채권의 발생을 목적으로 하는 서로 대립되어 있는 두 개 이상의 의사가 서로 합치함으로써 성립하는 법률행위를 말한다. 환언하면 계약은 법률행위이고, 상호 대립하는 두 개 이상의 의사표시가 존재하여야 하고, 복수의 의사표시가 합치하여야 한다. 또한 의사표시는 서로 다른 의사를 가지고 있어야 하며, 채권과 채무의 관계를 발생시키는 것을 목적으로 한다.

2) 구매계약의 성립

구매계약은 구매할 물자에 대한 청약행위와 청약행위에 대한 업자의 승낙으로 성립한다. 청약이란 어떠한 내용의 계약을 체결할 것을 상대방에게 요청하는 행위이며, 승낙은 청약자가 제시한 계약내용에 합의를 표명함을 말한다.

3) 구매계약의 효과

구매계약의 법적 효력은 입찰이라는 청약행위가 낙찰에 의하여 승낙되어 그 승낙된 사실이 낙찰자에게 통보된 후 낙찰자가 이를 접수한 순간부터 발생한다.

는 성과급이 필요하지만 측정 가능한 분야만 힘쓰면 부작용이 생기므로 성과기준 등 업적설계가 중요하다." 고 강조하였다.

6. 박운성, 『현대구매관리』, 박영사, 2002. (이항녕, 『민법학개론』, 박영사, 1973 재인용)
구매계약의 의의와 개념은 학자에 따라 일부 다를 수 있으나 대체적으로 학자 간에 공감하는 내용과, 정부기관에서 다년간 계약 관련 연구를 하고 실무를 경험한 필자의 견해와, 현행법의 내용도 아울러 기술한다.

나. 구매계약의 방법

구매계약의 방법으로는 크게 경쟁계약과 수의계약으로 나눌 수 있는데, 경쟁계약은 일반경쟁계약, 지명경쟁계약, 제한경쟁계약 등으로 구분할 수 있다.

1) 일반경쟁계약

(가) 일반경쟁계약의 의의

일반경쟁계약이란 입찰 및 계약에 관한 사항을 신문 또는 게시와 같은 방법으로 일정한 기간에 일반인에게 널리 공고함으로써 응찰자를 모집하고, 입찰에 있어 상호 경쟁시켜 가장 타당성 있는 입찰가격을 제시한 응찰자에게 낙찰시키는 계약방법이다.

이 방법의 최대 장점은 염가로 구매할 수 있다는 것이다.

(나) 일반경쟁계약의 절차

계약절차는 공고, 입찰, 개찰, 업체조사, 낙찰 및 계약체결의 순서로 이루어진다.

2) 지명경쟁계약

(가) 지명경쟁계약의 의의

지명경쟁계약은 누구나 낙찰되면 계약 내용을 수행할 수 있는 것이 아니라 특정한 자격을 구비한 업자만이 계약내용을 이행할 수 있다고 판단할 때, 이러한 자격 있는 업자만을 지정하여 경쟁 입찰하는 계약방법이다. 우리나라 국가계약법 시행령 제23조 제1항에는 "계약의 성질 또는 목적에 의하여 특수한 설비, 기술, 자재 또는 풍부한 신용과 실적이 있는 자가 아니면 계약의 목적을 달성하기 곤란하다고 인정할 때에 지명경쟁계약을 체결할 수 있다."라고 규정하고 있다. 이 계약방법의 장점은 품질, 책임소재 및 계약이행의 보장 등을 들 수 있다.

(나) 지명경쟁계약의 통지 사항

지명경쟁계약은 일반경쟁계약과는 달라서 소수인이므로 공고할 필요는 없고 지명할 업자에게만 통지사항을 통지하면 된다. 일반적인 통지사항은 경쟁 입찰에 붙이는 사항, 경쟁 입찰의 장소와 일시, 경쟁참가자의 자격에 관한 사항, 입찰보증금과 그 국가귀속에 관한 사항, 계약조항을 공시하는 장소, 입찰에 관한 조건에 위반한 사항 및 기타 정부가 필요로 하는 사항이다.

(다) 지명경쟁계약의 참가자의 자격

지명경쟁계약에 참가할 수 있는 자는 기획재정부 장관이 정하며, 일반경쟁 참가자 자격을 구비한다.

(라) 지명경쟁계약의 지명 기준

국가계약법 시행령에서는 명문의 규정이 없고, 각 부처별로 자체규정 또는 통첩의 형식 및 관행에 따라 정하고 있다.

(마) 지명경쟁계약의 일반경쟁계약에 관한 준용

일반경쟁에 관한 제규정 중 부정업자의 자격 정지, 경쟁방법, 예정가격, 입찰보증금, 경쟁입찰의 성립 희망 수량제 입찰, 등기 입찰의 낙찰자 등 제규정이 지명경쟁계약에 준용된다.

(바) 계약의 승인과 통지

각 중앙관서의 장이 지명경쟁계약을 승인하였거나 체결하였을 때에는 지체 없이 기획재정부 장관에게 통지하여야 한다.

3) 제한경쟁계약

(가) 제한경쟁계약의 의의

오늘날 제한경쟁계약은 민간분야뿐만 아니라 공공분야에서도 활발히 이용되고 있는 계약방법이다. 기업의 경우 일정한 자격과 시설을 보유하고 신뢰를 쌓은 협업적 관계에서는 제한적인 계약방법이 매우 유용할 것이다. 공공영역 또한 고도화되고 있음에 비추어볼 때 불가피한 계약방법이라고 생각된다. 이는 국가 또는 공공기관에

거는 국민들의 의식 수준의 향상은 물론 국가의 과학기술 수준이 경쟁력을 가늠할 수 있는 지표가 되기 때문이다.

(나) 제한경쟁의 방법

① 기획재정부 장관이 정하는 금액의 공사계약의 경우에는 도급한도액, 시공능력 또는 당해공사와 같은 공사실적

② 특수한 기술 또는 공법이 요구하는 공사계약의 경우에는 당해공사 수행에 필요한 기술의 보유 상황 또는 당해공사와 같은 공사실적

③ 특수한 설비 또는 기술이 요구하는 물품제조 계약의 경우에는 당해 물품제조에 필요되는 설비 및 기술의 보유상황 또는 당해 물품과 같은 종류의 물품제조 실적

④ 특수한 성능 품질이 요구되는 물품구매 계약의 경우에는 당해물품의 납품능력

⑤ 특수한 시술이 요구되는 용역계약의 경우에는 당해 용역수행에 필요한 기술의 보유상황 또는 당해용역과 같은 종류의 용역 수행실적

⑥ 중소기업진흥 및 구매촉진법의 규정에 의하여 중소기업청장이 지정한 물품을 제조 또는 구매하는 경우이다.

4) 수의계약

(가) 수의계약의 의의

수의계약은 경쟁에 붙이지 않고 계약내용을 이행할 자격을 가진 특정인과 계약을 체결하는 방법을 말한다. 따라서 수의계약은 특정한 업자와의 계약이 가장 유리하다고 판단될 때 적용되는 것이다.

수의계약은 공정성 문제, 담합 등의 부조리, 업자와의 유착 등을 방지하기 위하여 법률적으로 엄격히 제한하고 있다. 국가계약법 시행령 제26조에 의하면 수의계약을 체결할 수 있는 경우를 다음과 같이 규정하였다.

① 계약의 성질 또는 목적에 의해 특정인의 기술, 용역, 설비 또는 특정한 위치,

구조, 품질 등으로 인하여 경쟁을 불허하거나 현저하게 유리한 가격으로 계약할 수 있을 때

② 천재지변, 작전상의 병력이동, 긴급한 행사, 기타 이에 준하는 경우, 경쟁에 붙일 여지가 없을 때

③ 국가의 행위를 비밀리에 할 필요가 있을 때

④ 예정가격이 5천만원을 초과하지 아니하는 공사나 제조를 하게 하거나 또는 예정대가가 3천만원을 초과하지 아니하는 재산의 매입을 할 때

⑤ 각 관서 상호간에 계약을 할 때

⑥ 법령 또는 법령에 의거한 고시에 의하여 배합 또는 가격이 통제된 물건을 매입할 때

⑦ 재외공관에서 군수품을 매입할 때

⑧ 지방자치단체 기타 공법인 또는 공익 법인으로부터 직접 물건을 매입할 때

⑨ 정부투자기관을 보호 장려하기 위하여 그 생산한 물품을 매입할 때

⑩ 공업표준화법 제15조의 규정에 의하여 표시가 허가된 공업규격표시 물품으로 당해 물품의 생산자가 1인뿐인 경우에 생산자로 하여금 제조하게 하거나 매입할 때

⑪ 중소기업협동조합법의 규정에 의한 검사조건이 구비된 중소기업협동조합의 조합원의 생산품으로서 기획재정부 장관이 정하는 품종에 속하는 것을 당해 조합과 단체와의 단체적 계약에 의하여 제조하거나 매입할 때

수의계약의 장점으로는 적기 공급, 특수한 제품과 양질의 물자를 구매할 수 있으며 신용을 담보할 수 있다.

5) 기타

(가) 미국에서 시행하고 있는 MAS 프로그램(복수계약제도 : mutiple award schedule)

MAS란 미국의 조달청(GSA)이 연방정부의 각 행정부서에서 필요한 물품과 용역들에 대하여 복수의 공급자들과 계약을 체결하여 연방정부 각 부서 고객들이 이용할

수 있게 하는 체계이다. MAS를 때로는 연방공급 계약제도(Federal Supply Schedule)라고도 부르며, 이는 GSA가 여러 공급자들과 체결한 조달계약의 목록이라고 할 수 있다. MAS 계약은 근본적으로 불특정 공급 및 불특정 수량계약(undefinite delivery, indefinirte quantity)의 형태를 갖고 있다. 이 제도는 MAS와 공급자 간에 장 · 단점이 있으나 복잡한 요소, 즉 제품수명, 가격, 기술적 요건 환경과 에너지 효율성 등을 감안할 때 적용 가능성이 높다.[7]

(나) 협상(negotiation)에 의한 계약

정보통신분야(IT)의 자비 및 용역구매가 증가함에 따라 기술성 확보를 위하여 협상에 의한 계약을 적용하는 사례가 늘고 있다. 정부는 지식 · 기술 중심의 고부가 가치 산업을 육성하기 위하여 지식기반 사업에 대한 계약을 체결하는 경우에는 협상에 의한 계약 방법을 우선 적용하여 기술우위자가 선정될 수 있도록 하며, 신기술 · 신공법 도입에 대한 보상규모를 확대하여 기업의 신기술 개발의욕을 고취시키기 위한 제도를 마련하고 있다. '국가계약법 시행령' 에 협상에 의한 계약 방법을 두고 있으며 '협상에 의한 계약체결기준' 을 회계예규로 세부기준을 정하고 있다. 우리나라의 협상에 의한 계약은 미국의 협상계약(negotiated contract)과는 다른 성격으로 미국은 수의계약에 가깝고, 우리나라는 경쟁 계약의 현실을 취하고 있다.[8]

다. 국제 간의 계약(거래, transaction)

1) 국제구매의 의의

(가) 국제구매의 개념[9]

국제구매란 국가 간 거래로서 상품이 국경을 넘고 바다를 건너 이동한다는 것과 주로 우편이나 전화, 텔렉스 또는 팩시밀리 등의 통신수단을 통하여 이루어진다는 특징을 말한다. 일반적으로는 상품의 거래는 판매활동에서 시작하여 매매계약의 이

---

7. MAS 계약제도에 관하여 더 상세한 내용은 『구매조달관리』(추욱호 · 박명석 외 공저) 참조 바람.

8. 협상계약에 의한 계약에 대한 구체적인 사항에 대해서는 상계서 참조.

9. 권오상, 『창조구매론』, 범문사, 1990 참조.

행으로 끝나는 데 비하여, 국가 간의 거래의 과정은 상품의 성질이라든가, 상관습 등으로 상당히 다르다.

국제구매(계약)는 각국의 문화, 언어, 법률, 거래제도, 상관습 등 그리고 통화 가치 등의 차이와 대륙별, 지리적으로 떨어져 있어 비롯되는 여러 가지 위험부담 등을 어떻게 처리할 것인가가 중요한 문제이고 이에 따른 집행상의 전문성과 치밀성을 필요로 한다. 또한 국가 간의 사법상 거래이므로 시간상 상당한 준비를 요하는 것이다. 특히 자원이 대부분 외국으로부터 수입된다는 점을 감안할 때 더욱 그러하며, 비축의 필요성이 제기된다는 설득력을 가지게 된다는 사실이다.

복잡한 국제거래를 행하는 데 있어 가장 중요한 것은 상호 이해(understanding)라든가 상호 신뢰(credit)를 바탕으로 하여 교섭(negotiation)이나 절충(trade-off)을 하는 것이다. 그 과정에는 국민으로서 정체성(idendity)을 서로 인정하는 상호 이해나 상호 신뢰가 전제되어야 한다. 이에 따라 보다 성숙한 국제관계 내지 국제거래를 위해서는 그 나라의 정치 · 경제는 물론, 역사 · 언어 · 문화 · 이념 · 법률 · 습관 그리고 여러 제도 등에 관하여 광범위하게 알고자 하는 노력이 필요하다.

국내거래에는 국내거래법만을 준수하면 되지만, 국제거래는 주로 영미법을 준수하고 있다.

(나) 외자구매의 중요성

국제구매는 협의로 외자구매라 할 수 있다.

산업혁명과 도시의 급격한 도시화 현상, 기술의 발전, 인구의 증가, 자연환경의 파괴 등 제반 문제의 발생에 따른 국가기능의 확대는 행정을 수행하는 수단으로서 재화와 용역의 수요를 대폭 증가시켰고 그에 따라 국가재정의 많은 부분이 재화와 용역의 구매에 사용되고 있다.

행정기능이 소극적이었던 19세기에는 각 기관이 예산의 범위 내에서 필요한 재화 용역을 구매하면 되었으나, 행정기능이 적극화되고 예산의 규모가 커지고 구매하고자 하는 재화와 용역이 다양해지고 구매제품이 고도의 기술성과 정밀성을 띠게 된 오늘날에는 구매행정도 고도의 전문성을 요하게 되었다. 복잡한 현대에 국가나 기업체의 목표달성을 위해서는 더 많은 재화와 용역을 필요로 하고 이러한 재화와 용역은 다른 나라나 다른 지역에서 공급되는 경우가 많다.

이에 따라 부존자원이 부족한 우리나라는 해외에서 물자를 수입할 수밖에 없는 상황이다. 이를 수입하는 각국의 자원현황, 문화, 관습 그리고 국제상거래 등 제반 기법도 중요한 것이다.

참고

2015년 1월 17일자 중앙일보 사설에 따르면 우리나라는 대부분의 에너지 · 광물자원의 분야에서 세계 5위권의 수입국이다. 수입의 의존도는 에너지 97%, 광물 99%에 달한다. 국제에너지위원회가 매년 발표하는 에너지 안보지수를 보면 한국은 2014년에 127개국 중 103위, 경제협력개발기구(OECD) 국가 중에는 최하위이다. 자원빈국이면서도 자원 다소비국인 현실에 비춰볼 때 자원확보는 국가안보의 문제이다.

이러한 현실에서 비축에 필요한 에너지와 광물질은 대부분 외국으로부터 수입하여야 하는데 이 과정은 일반 국내 절차보다 다소 복잡한 절차인 외자구매절차를 따른다.

2) 외자구매의 방법(절차)

(가) 개설

비축행정에 대한 국제구매는 외자구매라는 절차를 밟고 있다. 외자구매는 정부수립 직후부터 시행하고 있는 다소 특이한 계약 방식이다. 외국의 원조물자를 관리하거나, 차관자금 및 정부보유불(KFX) 자금으로 국내에서 생산되지 않은 물자나 상품을 외국으로부터 수입하여 사용하거나 비축과정을 거쳐 방출하는 계약이다.

(나) 외자구매의 절차

외자구매의 절차는 대체적으로 다음과 같은 절차를 거치는 다소 복잡한 형태를 띤다.

① 입찰공고

② 입찰(입찰서 검토)

③ 낙찰자 선정

④ 대외 신용장(Letter of Credit) 개설

⑤ 물품선적

⑥ 대금지불

⑦ 계약물자 인수 및 검수 등

그러나 국제적인 전자조달 시스템으로 이러한 전통적 절차가 일부 생략되거나 변형되어 운용되나 근본적인 변화가 있다고는 보기 어렵다. 국내입찰과의 큰 차이는 외국환(미달러, 유로, 파운드, 엔, 위안 등)으로 지급되며, 신용장 개설 등 국제 상거래 절차와 국제법과 국제관습을 중시하는 데 있다.

(다) 외자구매관련 법규

- 외환관리법
- 외자구매관련 법규(훈령)
- 각종 차관자금의 협정(agreement)
- 신용장통일규칙
- 국제관례

라. 계약의 종류

계약의 종류에는 여러 가지가 있을 수 있으나, 우리 민법에는 14개의 종류가 있다. 즉, 증여, 매매, 교환, 소비대차, 사용대차, 임대차, 고용, 도급, 현상광고, 위임, 임치, 조합종신정기금 및 화해가 있다. 이 중 대부분의 거래(transaction)는 사고파는 매매(賣買)라는 계약이다.

3. 평가

비축계획에 따른 실행의 장단점을 주기적으로 평가(모니터링)하여 계획을 수정・보완하는 일련의 사이클(cycle)이 필요하다.

참고 비축행정과 게임이론(Game Theory)

1. 의사결정의 상황은 크게 (1) 확실성 (2) 불확실성 (3) 위험 · 위기 (4) 상충 등으로 구분할 수 있는데 상충 하에서의 의사결정 문제를 다루는 것에 게임이론이 있다. 게임이론에서 의사결정자는 항상 합리적이며 지능적이고 또한 목적 달성을 위하여 노력하는 경쟁적인 입장을 취하고 있다. 게임이론은 전쟁이나 경쟁 또는 포커(poker) 등과 같은 게임에 있어 참가자로 하여금 최적 전략을 수학적으로 검토, 선택하게 하는 수학적 방법이라 할 수 있는데 이는 경제학에서의 의사결정이론, 기타 사회과학 및 군사학 등에 크게 원용되고 있다.
2. 게임이론에는 기대순편익의 극대화 방법(Maximization of Expected Net Benefit), Maximin 방법, Maximax 방법 그리고 Minimax Regret 방법이 있다.
   Maximin 방법은 불확실성이 매우 클 경우 비관적인 측면에서 각 대안이 초래할 최악의 결과를 비교하여 가장 안전한 길을 택하는 방법이고, Maximax 방법은 보다 낙관적인 측면에서 각각의 최대치를 비교하여 그 중에서 최대치를 선택하는 방법이다. Minimax Regret 방법은 기회비용을 최소화하는 것으로 특정 대안의 Regret(후회의 감정)을 산출하는 방법이 같은 상황 하의 각 대안의 편익을 비교하여 가장 큰 편익으로부터 특정 대안의 편익을 뺀 값을 선택하는 것이다.
3. 비축행정의 관리 측면에서도 불확실성이 상존하고 있다고 가정할 때 어느 일방이 완전히 독차지하는 제로섬(zero sum) 게임이 아닌 넌제로섬(non-zero sum : 비영합 게임)의 게임이론을 적용, 실행하는 것이 합리적인 방법이라 하겠다.

chapter 12

비축과 국제정세

제1절 개관 • 제2절 전쟁과 국제체계의 변형

제3절 국제정치학의 과학적 연구 • 제4절 자원 등을 둘러싼 전쟁 시나리오와 분쟁사례

제5절 비축과 국제정세(정치) • 제6절 우리나라 비축행정의 국제화

제1절 개관

오늘날 세계는 첨단과학과 통신기술의 발달로 지구촌 시대를 맞이하고 있다. 과거에 비해 국가 간에 서로 주고받는 영향이 더 커지고 있어 전쟁, 외교, 자원관계, 인류의 공동문제 등 여러 측면에서 국제정세는 소용돌이라 할 만큼 복잡하고 예측이 어렵다. 이런 와중에 국제질서 유지에 조약이 한몫을 담당해 왔다.

조약(條約)은 나라와 나라 사이에 맺은 법적 구속력을 가지는 약속이다. 국가가 의회 등을 통해 비준하면 그 국가의 법이 된다. 국제조약이란 명칭과 관계 없이 국가와 국제기구가 필요에 의해 상호 합의하여 지키기로 약속한 국제적 합의를 말한다. 일종의 국가 간 계약과 같은 것으로 서로 약속한 내용을 지켜야 하므로 법적 준수가 보장되는 것이다.[1]

참고 **베스트팔렌 조약**(Peace of Westfalen)

1648년 체결된 이 조약은 '국제법의 출발점'이라고 한다. 이 조약의 원인이었던 30년 전쟁을 '최초의 국제전쟁'이라 부르는데 국제법과 자연법의 아버지라 불리는 그로티우스(Hugo Grotius)가 사망한 3년 뒤 오스나브뤼크와 뮌스터에서 체결되었다.

중세와 근대의 점접에 살았던 그는 유럽에서 벌어진 수많은 전쟁들을 몸소 목도하였다. 이러한 경험은 그로 하여금 전쟁을 어떻게 하면 방지할 수 있을지에 대한 고민을 안겨다 주었고 그가 전쟁에 관한 국제법 이론을 떠올릴 수 있게 하는 계기가 되었다. 그는『전쟁과 평화의 법』(1625년)에서 전쟁의 정당한 이유를 자기방어, 재산회복, 처벌의 세 가지 요인으로 한정하여 설정하였다. 토머스 아퀴나스(Thomas Aquinas)에 의해 합리화된 자연법을 더욱 진전시켜 자연법을 신(神)이 아니라 인간 이성에 기초를 둠으로써 자연법의 세속화를 전개해 나갔다. 국제사회에 자연법을 적용하고 개인의 자연권에 상당하는 국가주권 간의 자연법적 질서를 국제법의 기초로 삼았다.

베스트팔렌 조약은 최초의 근대적인 외교 회의를 통해 나온 것으로 국가주권 개념에 기반을 둔 새로운 질서를 중부 유럽에 세웠다. 1806년까지 이 규정은 신성로마제국의 헌법의 일부였다.

---

1. https://ko.wikipedia.org/wiki/%EC%A1%B0%EC%95%BD. (2105.12.14.)

프랑스와 에스파냐의 전쟁을 종식시킨 1659년 피레네 조약도 종종 여기에 포함하기도 한다. 이 조약을 통해서 종교의 자유가 허용되면서 개신교 국가들이 로마 가톨릭교회의 탄압에서 벗어나 생존의 발판을 마련했으며, 역사에서 처음으로 프로이센이 왕국으로 등장하였다. 네덜란드와 스위스는 독립을 인정받았으며 프랑스는 이 전쟁을 통해서 영토를 확장하였다.

http://ko.wikipedia.org/wiki/%ED%9C%B4%EA%B3%A0. (2015.12.13.)

제2절 전쟁과 국제체계의 변형[2]

비축은 국제정세에 따라 많은 영향을 받게 되므로 이에 대해 구체적으로 기술하고자 한다.

인간이 국제정치 및 그 체계의 변형에도 주역임은 사실이나 국가나 국제체계의 변형이 단순히 인간의 의지와 노력으로 가능해진다는 말은 아니다. 인간의 행위 유형과 사고는 특수한 문화와 환경에서 영향을 받으며, 인간의 정치행태는 정치문화로부터 오는 사회학 과정에서 형성되므로 인간의 행위는 그가 지닌 지각과 이미지(image)의 소산이고 이는 그의 다양한 경험 및 습득에서 얻어지는 것이다.

인간은 많은 목적을 위하여 국내외의 많은 절차 및 제약을 통하면서 여러 수준의 정치단위에서 상호작용하고 있다는 것이며, 국제체계의 변형을 포함한 국제정치 전반을 이해하기 위한 분석단위와 수준은 인간과 국가, 즉 미시적 수준(microlevel)과 거시적 수준(macrolevel)을 종합한 형태인 것이다.

국제정치학은 인간행태의 연구가 중요한 부분을 이루어야 할 것이며, 전쟁이 인간의 갈등(conflict)에서부터 시작된다는 가능성과 이에 대한 이론을 검토한 사례들이 많다.

---

2. 구영록, 『인간과 전쟁』, 법문사, 1980.
국제정치의 연구는 제2차 세계대전 이후에 체계적으로 연구되기 시작하였으며, 특히 오늘날의 불확실하고 복잡한 시대에는 변화가 많은 국제관계를 이해하고 이에 대처하는 방향으로 연구되고 있다. 제2절과 제3절은 각각 국제정치이론의 대표적인 구영록의 『인간과 전쟁』, 이춘근의 『세계정치의 쟁점과 이해』에서 실용적인 사실 중심으로 발췌 · 정리하였다.

일반적으로 갈등당사국들이 그들의 쟁점을 그들의 요구 · 주장 · 방어 역주장 및 대응요구 등을 공식화할 때 갈등은 분쟁으로 이어진다.

분쟁을 해결하기 위한 협상이란 협상당사국들이 그들의 상충적 이익과 공통적 이익을 새로운 형태로 조정하는 상호작용을 의미하며, 국제분쟁을 타결하는 수단이 협상이며 협상의 기술은 외교라고 할 수 있으나 외교는 단순한 협상의 기술이라기보다 협상기술을 포함하여 커뮤니케이션 · 홍정 등을 일컫는다. 오늘날 서구 민주주의 국가들의 외교형태는 협상 및 화해 등 복잡한 것이다. 이는 곧 협상에는 당사자들 사이에 득실의 중간점(middle point 혹은 break-even point)이 가정되고 있다.

오늘날 과격한 정치이념과 과격한 방법에 의한 외교공세는 핵시대의 세계를 더욱 위태롭게 만들고 있으며, 현금의 민족주위는 이러한 상황을 더욱 복잡 · 미묘하게 해놓았다. 전쟁 이전에 국가 간의 분쟁에서 발생하는 정책결정과 인간의 지각 및 이미지의 문제의 관련성은 복잡한 양상을 띠고 있으며 이와 관련된 것이 당사국 간의 반응체계이다.

전통적으로 전쟁은 힘의 인과이론 · 경제적 인과이론 및 이들의 혼합 형태로 설명되어 왔다.

1. 전쟁의 방지

전쟁을 억제 · 방지하기 위한 노력은 다각적인 방향에서 추구되어 왔다. 인간은 환경과 제도의 개혁, 국제법과 같은 규모의 증진 등을 고려해 왔고 이러한 노력은 부단히 계속되고 있으며, 오늘날 주권국가로 구성된 국제관계에서 전쟁의 억제 · 방지의 수단으로 유일한 것은 힘이다.

힘(power)이라는 개념은 모호하고도 복잡한 것인 까닭에 힘을 중심으로 형성되는 힘의 균형체제는 안정된 평화체계가 되기 힘들다. 힘은 질적 · 양적 · 상대적 · 심리적 및 동태적 측면을 가지며, 힘을 적절히 행사하는 데에는 힘의 목표선택 · 통제 · 조정 · 시기 · 시행 등에 관한 기술적인 뒷받침이 따라야 한다. 이와 같이 인간이 추구하는 평화는 힘의 균형에 의존한 불안정한 국제체계에서 찾을 수 있다.

오늘의 세계는 정치문화의 이질성과 과도한 정치사상의 등장 등으로 말미암아 국제질서의 형태에 관한 합의권을 발견하지 못하고 있을 것이다. 뿐만 아니라 힘의 극단화 현상과 군사기술의 급격한 보급은 국제체계를 양극체계로 변모시켰다. 다시 말하면 현존의 양극체제는 핵무기를 기반으로 하여 공포의 균형이라는 새로운 개념을 낳았다. 20세기에 나타난 국제연맹과 국제연합은 모두 힘의 우위체제이며, 특히 후자는 집단안보기구로 창설되었던 것이다.

■■ **에피소드** ■■

틱낫한(Thich Nhat hanh, 베트남 스님)은 『힘』(*power*)에서 "멈출 수 있는 힘이 진정한 힘이다." 고 하였다. 이 말을 전쟁과 관련해서 보면, 멈추지 않고 계속 진격만 하면 결국 실패할 것이니, 중간에 멈추어서 에너지 비축과 동시에 비축물자 등 전략을 점검하는 것이 필요하다는 생각도 해보았다.

2. 전쟁의 예방

국제연합은 힘의 우위체제를 제외하더라도 전쟁과 평화라는 문제를 갈등 · 분쟁 · 전쟁의 3단계로 취급할 수 있는 장치를 갖추고 있다. 즉 갈등을 해소하기 위한 국제환경 및 인간심성의 쇄신을 도모하고 정치적 분쟁을 해결하기 위한 주요 기구와 사무총장직 등의 장치뿐만 아니라 법적 분쟁을 해결하기 위한 국제사법재판소 등의 장치를 갖추고 있으며, 전쟁은 집단안보 및 예방외교로서 방지하게 되어 있는 것이다.

평화의 여건을 충족시키는 데에는 유엔(UN)의 힘이 오늘날 극히 미약한 상태에 있고, 유엔은 평화를 위한 국제정치의 도구에 불과하며 평화의 보장으로서의 가능성에 한계가 있는 것이다. 유엔도 유기체가 아니며 회원국들이 부여하는 능력과 권한만을 보유하고 있을 뿐이다. 오늘의 국제관계는 국가 경계를 넘어서는 상호협동의 망으로 이루어진 상호의존성 및 거래량의 급격한 증대로 특징지어진다. 제2차 세계대전 후에 창설된 지역기구들은 국제관계망 및 거래를 흡수 · 조정하는 데 새로운 활력소가 되었다. 특히 유럽에서 창설된 유럽 석탄 및 철강공동체(ECSC)와 유럽 공동시장(ECM, EEC 또는 EU)은 유럽을 통합하려는 동기의 목적에서 발족되었던 것이다.

에드워드 카(Edward Hallett Carr)는 국제체계의 변형 및 국제평화란 국제기구로서의 직접적 접근방법으로 실현될 수 있는 것이 아니라고 주장하고 민족주의로부터 국제주의로의 전환은 그 중간점인 지역주의로부터 시작하는 것이 보다 현실적이라고 제시하고 있다.

결론적으로 국제평화를 이룩하기 위한 환경조성과 여건개선에 있어서 전쟁을 예방하기 위한 장치와 아울러 상당수의 기본적인 인간의 문제가 해결되어야 한다. 세계 도처에서 경제적 불평등 및 불안이 만연한 오늘날 급속한 경제성장에 의하여 생활수준과 교육수준의 향상이 이루어질 수 없다면 부정적 차원의 민족주의 전쟁의 위협은 상존하게 될 것이다. 이러한 기본조건과 아울러 인간은 인간행태 특히 전쟁과 관련하여 정치문화를 중심으로 한 변수를 추출하고 이를 개선하여 창조적이고 평화지향적인 새로운 국제정치 문화를 보급 · 창달해야 할 과제를 안고 있다. 전쟁은 궁극적으로 인간의 문제이며, 인간은 스스로 그 해결책을 찾아야 할 것이다.

제3절 국제정치학의 과학적 연구[3]

국제정치학의 연구는 군사 및 전쟁승리의 목적에서가 아니라 평화를 위한 전제조건으로서의 전쟁을 이해해야 한다는 목적 아래 전쟁의 연구가 세계적, 과학적으로 이루어지기 시작한 점에서 퀸시 라이트(Quincy Wright), 루이스 리차드슨(Lewis F. Richardson) 등의 업적을 과학적 전쟁연구 또는 평화연구(Peace Research)의 효시라고 말한다면 겨우 1940년대 이후의 일이다. 1942년 발간된 퀸시 라이트의 『전쟁의 연구』(*A Study of War*)는 전쟁연구에 있어서 거의 백과사전이라고 할 수 있을 정도로 전쟁연구에 관한 접근방법, 사상, 전쟁의 원인을 총망라하고 있으며 국제관계 또는 전쟁과 같이 복잡한 현상도 정교한 기술을 원용, 체계적인 탐구의 대상이 될 수 있음을 보여 주었다. 그의 연구는 인간의 복지를 위한다는 인본주의적 관심으로부터 출발한 것이었고 라이트 자신도 "전쟁의 문제는 점점 더 절박해지고 해결하기도 어려

---

3. 이춘근, 『세계정치의 쟁점과 이해』, 박영사, 1993 정리.

워지고 있다. 이 문제를 해결하는 방법은 반드시 찾아야만 할 것이다." 라고 하고 있다. 그의 전쟁연구는 '근대문명 속의 전쟁' 이라고 명명된 1480년부터 1940년에 이르기까지 발발한 278회의 전쟁에 관한 귀납적 연구였다. 그는 278회의 전쟁에 관한 분석을 위해 첫째, 각 전쟁이 시작된 날과 끝난 날을 기록하였고, 둘째, 전쟁을 종료시킨 조약이 무엇이었는가를 조사했으며, 셋째, 어떤 국가들이 전쟁 참가국이며 그들은 언제 전쟁에 개입했는가, 넷째, 어느 나라가 전쟁을 발발시켰고 어느 나라가 방어적 입장을 취했는가를 관찰하였다. 이렇게 수집된 방대한 자료의 계량적 분석을 통하여 전쟁으로 나타나는 규칙성(regularity)을 여러 가지 발견하였다.

루이스 F. 리차드슨(Lewis Fry Richardson)의 전쟁연구는 '치명적 싸움들의 통계학' (Statistics of Deadly Quarrels)과 군비경쟁에 관한 '무기와 불안정' (Arms and Insecurity)를 통해서이다. 리차드슨은 전쟁을 통제하기 위한 수단이 발견되어지기 위해서는 전쟁에 관한 신화와 위선이 우선적으로 제거되어야 하리라고 생각하였다.

그는 1820년부터 1949년에 이르는 130년 동안 '치명적 싸움' 이라 부를 수 있는 자료, 즉 인명의 피해가 발발한 모든 싸움을 포괄하는 자료를 수집하였다.

특히 러시아 출신 미국의 사회학자 소로킨(Pitirim A. Sorokin)은 주요 유럽 국가들의 역사를 거슬러 올라가서 고대 이래 20세기에 이르기까지의 전쟁을 모두 기록하였고 어떠한 변수가 전쟁의 발발과 관련이 있는가를 추적하였다. 특히 그가 수집한 자료들은 유럽문명이야말로 전쟁과 더불어 시작되고 전쟁과 더불어 끝났다는 말을 증명해 주고 있는 듯하다. 그는 자신이 연구한 유럽 각국들이 얼마나 오랜 기간 동안 다른 나라들과 전쟁을 했는가를 계산해 본 적이 있다.

이에 따른 국제정치학의 과학적 연구는 1960년대가 되어서 본격적으로 이루어지게 되었다. 1960년대는 특히 정치학의 발달사에서 행태주의가 풍미하던 시대였는데 국제정치학에도 행태주의적 접근은 큰 영향을 미치게 되었다. 주요한 국제정치 프로젝트를 약술한다.

1. 1914 연구계획(the 1914 Project)

1914 연구계획은 국제분쟁 및 통합에 관한 스탠포드 연구(the Stanford Studies in International Conflict and Integration)라고도 불리는 연구계획으로서 1914년에

발발한 제1차 세계대전의 원인을 규명코자 정치학자 이외에도 수많은 학문에 종사하는 학자들이 모여서 이룩한 전쟁연구계획이며, 분석 그 자체는 철저한 역사연구(intensive history)였다. 예로서 이 연구계획에 참여하는 사람들은 케임브리지 대학에서 출간된 방대한 역사책인 케임브리지 고대사, 중세사, 근대사 및 토인비 교수의 역사의 연구를 샅샅이 읽으며 수많은 전쟁의 '원인'이 되는 요인들의 리스트를 일일이 작성하기도 하였다. 그들은 갑자기 역사의 연구에서 무엇인가를 얻을 수 있다고 생각하였고 역사책과 더불어 인류학, 민족학의 서적을 읽기 시작하였다. 이러한 과정을 통해 1914 연구계획에 참여한 학자들은 인간의 본질, 인간의 야욕, 권력에 대한 사랑, 불확실성에 대한 반발, 위협에 대한 두려움 등을 찾아내었다.

특히 연구자들은 인구의 증가 및 기술의 발달, 그리고 끊임없는 자원추구라는 요인들에 대해 관심을 가지기 시작하여, 여기서 나온 가설은 '풍부한 자원은 인구의 증가를 초래하고 인구의 증가는 다시 더 많은 자원을 요구하게 될 것이다'이다. 기술의 발달은 인간으로 하여금 자원의 획득을 위하여 더 멀리 나갈 수 있도록 할 것이다. 과학기술의 발달은 국내적으로 과거에 캐낼 수 없었던 자원의 획득을 가능케 하기도 하지만 오히려 대외적인 측면에서 이웃 국가를 정복하고 식민지를 차지하며, 더욱 많은 자원을 획득하기 위하여 또 다른 나라를 위협하고 전쟁을 하게 될 것이라는 가설이다.

2. 국가차원연구계획(Dimensionality of Nations Project)

국가차원 연구계획은 미국의 국제정치학 연구계획 중의 하나이지만 한국의 국제정치학과 상당히 깊은 관련을 가지고 있는 연구 계획이다. 특히 이 계획의 주도자인 럼멜(Rudolf J. Rummel) 교수는 지한파(知韓派)로도 유명하며 카터 행정부의 주한 미군철군정책에 반대하는 등 한국과 여러 모로 관련이 많은 학자이다. 럼멜 교수는 미국 과학 기금의 보조를 받아 1962년부터 데이터 수집 작업을 진행하였는데 이 자료는 1955년 당시 전세계 82개국의 국가속성에 관한 것이었다. 총 236가지의 국가속성 자료가 수집되었는데, 주요한 내용은 국방비, GNP, 문맹률, 에너지 소비, 위협, 인구, 면적 등이다. 1965년부터 시작된 국가차원연구의 제2단계 작업 기간 중 소위 사회장이론(社會場理論)의 핵심 명제는 '각국의 행위는 행위자와 행위객체 간의 속성차의 함수' 라는 것이다. 즉 A국의 B국에 대한 k 차원에서의 행위는 양국 간의 각 차원에서 거리 벡터의 총화의 함수라는 것이다. 간단히 말한다면 국가란 사회장 속에서 상호작용하는 단위이며 사회장은 분석적인 면에서 두 가지, 즉 행위 영역과 속성의 영역으로 나누어진다는 것이다. 복잡한 수학적 기호에 의해 표시되는 사회장이론은 국가들이란 그들의 사회, 경제, 문화, 지리 그리고 정치적 거리에 입각해서 행동하며 각 행위국들은 자신의 관점에 의해 이러한 거리를 판단한다는 것이다. 국가차원연구는 특히 사회과학 연구에 있어서 하나의 독특한 방법을 개발했는데 그것은 요인분석(Factor Analysis)으로 국가차원연구계획에 의해 비로소 국제관계 및 국제행동의 분석에 최초로 적용하게 되었다.

여기서 얻어낸 중요한 결과 중의 하나는 국가들의 국제행동은 상당한 정도로 정형화된 행위(patterned behavior)라는 것이다. 즉 국제관계학은 고도로 구조화된 것으로서 조약, 무역, 위협, 국민총생산, 국방비지출, 문자해독률, 폭동 및 여타 속성과 행태는 상당히 안정적이고 분명한 양식으로 조직화되어 있다는 것이다. 또한 국가의 여러 속성 가운데 국가관계에 가장 중요한 영향을 미치는 차원들은 부, 정치, 힘(power)으로서 양국관계 다이어드(雙子, dyad)의 대부분을 설명하는 변수가 된다. 또한 이 연구가 밝혀낸 사실 중의 하나는 우리가 상식적으로 믿어온 전쟁원인론 한 가지를 정면으로 거부하는 것이었다. 일반적으로 국내정치의 불안은 대외적으로 공격적인 행동을 유발할 수 있다고 본다. 어느 국가의 독재자가 자신의 국내적 치적에 대한 국민들의 불만을 대외공격을 통해 해소하려고 한다면 그럴듯한 논리에 입각한 것으로 보이나 국가차원 연구계획은 국가의 대외형태와 대내적인 혼란은 상호 무관한 독립적 관계에 있음을 밝혀내었다.

3. 전쟁관련 요인 연구계획(the Correlates of War Project)

전쟁관련요인 연구계획은 미국 미시간 대학의 싱거(J. David Singer) 교수와 웨인 주립대학의 스몰(Melvin Small) 교수의 주도에 의해 이룩된 미국 최대의 전쟁연구 프로젝트로서 전쟁에 관한 업적은 물론 전쟁연구를 전문으로 하는 학자들도 가장 많이 배출한 전쟁연구 프로그램이라고 말할 수 있다. 싱거 교수는 사회과학에서 인과관계를 도출하는 데에는 방법론적 문제점이 많다는 사실에 유념하여 인과관계

(causal)의 관점에서라기보다는 상관관계(correlational)의 관점에서 연구를 시작하였다. 그는 연구의 공간적 범위를 어떤 특정 국제정치체제가 아닌 1815년 이후 세계체제 모두를 연구의 대상으로 하였다. 수집된 자료는 각 국가들의 군사-산업-인구학적 능력에 관한 데이터로서 이처럼 데이터 수집에 큰 비중을 둔 이유는 COW 프로그램의 철학과도 밀접하게 관련이 있는 것으로 싱거와 스몰 교수의 "전쟁이 체계적으로 기술되기 이전에, 전쟁은 올바르게 이해될 수 없다."라는 말에서도 그의 비중을 알 수 있으며 국가속성과 관련되는 것들이었다. COW 프로젝트에서 수집된 전쟁데이터의 내용은 첫째, 유럽 및 세계 정치체제의 구성원에 관한 것이었다. 어느 정치 단위를 국가라고 부를 수 있는가에 관한 기준이 설정된 후 1816년 이후 세계정치체제 속의 국가들에 대한 자료가 수집, 정리되었다. 둘째, 전쟁에 관한 것인데 무엇이 전쟁이며 어떤 행위자들이 싸운 것이 전쟁인가에 관한 몇 가지 기준이 상정되었고 이 기준에 따른 전쟁자료가 수집되었다. 특히 미시간 대학의 전쟁연구계획이 공헌한 바는 전쟁이 역사에서 차지하고 있는 모습이 그 자체에 관한 분석일 것이다. 비록 전쟁연구기간이 1816년, 즉 나폴레옹이 전쟁에서 패배하고 비엔나에서 나폴레옹 후기 유럽의 국제질서가 논의된 해부터 1965년까지(차후 1980년)의 비교적 짧은 기간에 한정되지만 이 연구계획은 가장 정교한 전쟁자료를 제시했으며 이 기간 동안 국제체제에서 전쟁의 패턴과 경향을 분석하였다.

4. 전쟁연구의 신경향

국제정치의 과학화 운동의 여파는 1980년대에도 계속되었고 국제정치학, 특히 국제분쟁의 연구에 있어서도 많은 진전이 이룩되었다. 방법론적으로는 1970년대 전쟁연구방법을 혁명적으로 변화시킨 연구는 존재하지 않지만 전쟁연구의 시각 및 발상에 있어서 새로운 이론들이 많이 출현하였다. 새로운 시각 중 1980년대의 전쟁연구에 가장 큰 영향을 미친 것은 사회학자 왈러스타인(Immanuel Wallerstein)의 정교화된 세계체제이론(World System Theory)이라고 말할 수 있을 것이다. 세계체제론은 국제정치의 분석단위를 전지구적 차원에 두는 거시적 분석방법을 취하는데 서기 1500년 이후의 지구는 한 가지 기준, 즉 자본주의 경제체제에 의해 영결된 하나의 단위로 볼 수 있을 것이다. 사회학, 경제학에서 주장된 세계체제론은 국제정치학일반은 물론 전쟁연구에도 즉각적인 영향을 미치게 되었다. 모든 외교사 교과서의 서장들은 1815년 나폴레옹 전쟁이 종료된 이후 열렸던 최대의 국제회의인 비엔나 회의를 외교사의 출발점으로 서술하고 있다. 그러나 왈러스타인의 세계체제론은 전쟁연구의 시간적 범위를 16세기까지 끌어올렸다.

정치학자 중에서 가장 먼저 세계체제론적 접근방법을 원용하여 국제정치체제의 변화에 관한 연구를 시도한 학자는 모델스키(George Modelski)일 것이다. 그는 「세계정치의 장주기와 민족국가」("The Long Cycle of Global Politics and the Nation State")라는 유명한 논문에서 15세기 말엽 이후 세계는 네 차례의 장주기가 있었는데 각 장주기의 지속기간은 100년이며 매 장주기마다 하나의 패권국이 존재하며 각 주기의 국제질서를 주도하였으며 한 주기가 끝나고 다른 주기로 이어지는 시점에서 강대국들은 패권을 결정하기 위한 대전쟁(global war)을 치렀다고 주장하였다. 이처럼 국제정치체제의 분석대상 기간은 19세기 이후의 국제정치제제로부터 16세기 이후의 세계체제로 시간적 연구대상이 대폭 확대되게 되었다.

15세기 말엽 이후부터 오늘날에 이르기까지의 전쟁에 관한 가장 자세한 데이터는 텍사스 주립대학의 잭 리비(Jack S. Levy) 교수의 강대국 간 전쟁연구계획이라는 개인적인 연구프로젝트에 의해서 완성되었다. 그는 『근대 강대국 국제체제에서의 전쟁 : 1495–1975』(*War in the Modern Great Power System : 1495–1975*)라는 저서에서 1495년 이후 야기된 강대국 사이의 전쟁 119개에 관한 데이터를 완성하였다. 그는 프랑스를 공격한 1495년을 근대 국제정치체제의 기원이라고 간주하고 1495년 이후 유럽 및 세계 기타 지역에 출현한 강대국의 리스트를 작성한 후 이들 강대국에 의해 치루어진 전쟁에 관한 데이터를 모두 수집하였다.

1980년대의 전쟁연구에 있어서 또 다른 이론은 부에노 드 메스끼따(Bruce Bueno de Mesquita) 교수에 의한 전쟁원인에 관한 '기대효용이론'(Expected Utility Theory of War)이라고 말할 수 있을 것이다. 그는 투키디데스 이후 전쟁원인에 관한 우리의 지식에 별로 증가가 없었다고 단언하고 자신은 국제분쟁 및 전쟁에 관한 일반이론을 제시하기 위하여 책을 쓴다고 호언하고, 연역적 방법으로 전쟁의 원인을 밝혀내고자 시도하였다. 그는 전쟁이란 갑자기, 준비도 되지 않은 상태에서는 일어나지 않는 것이라고 전제한 후 전쟁이란 조심스럽게 계산되어진 합리적 행위라고 주장하였다. 특히 전쟁이냐 평화냐의 선택은 상황에 의해 강제되어지는 것이 아니라 지도자 개인에 의해 선택된다는 것이다. 그 선택은 정치지도자가 전쟁을 함으로써 얻게 될 이익(benefit)과 전쟁을 함으로써 감당해야만 할 고통(cost) 그리고 정치지도자가 생각하는 선과 악의 개념에 의거한다는 것이다. 그는 불확실성(uncertainty), 위험의 감수(risk taking) 등의 개념을 원용하여 보다 정교한 기대효용 공식을 만들어내었고 주로 미시간 대학의 전쟁관련요인 연구계획에서 개발된 1815년 이후의 전쟁사 자료를 약간 개선시킨 자신의 자료를 이용하여 기대효용이론을 검증하고, 자신의 이론이 과거의 전쟁 원인론보다 탁월한 설명력을 가진다고 주장하였다. 이 이론은 기존의 전쟁이론가들이 주장하는 전쟁을 질병으로 간주하기도 하고, 정치지도자들의 오해, 실수 때문에 일어나는 것이라고 생각하기도 했으며, 또는 전쟁이란 지도자 개인에 의해 발생하는 것이 아니라, 국가사회의 속성, 또는 국제정치의 속성 때문이라고 주장하여 기대효용이론이 전쟁원인 이론에서 차지하는 비중은 상당하다.

위와 같이 전쟁이란 우리가 일반적으로 생각하는 이유에 의해서만 발생하지 않았던 것임이 확인된 것이다. 민주주의 국가라고 해서 전쟁에 소극적이지 않았고, 세월이 변함에 따라 전쟁의 빈도가 변하지도 않았고, 과학이 발달했다고 전쟁에서의 인명피해가 급격히 증가되지도 않았다.

이러한 비상식적인 발견들은 정확한 역사자료들에 대한 수집, 정리, 분석이라는 경험적 연구를 통해 가능할 수 있었다.

오늘날의 전쟁은 제3차 세계대전과 같은 대전쟁은 당분간은 일어나지 않을 수도 있지만, 세계적으로 핵무기의 개발을 비롯하여 종교적 · 지역적 분쟁, 자원전쟁, 영토분쟁, 최근에 발생한 극단주의 이슬람국가(IS)의 테러에 따른 소규모의 국제전쟁은 상존하고 있으므로 이에 대한 대비책으로 물질적, 정신적 철저한 대비를 할 필요성도 상존한다고 할 수 있다.

참고로 2012년 현재 세계의 핵무기 보유국의 핵무기 비축량 추정치와 과거 보유했던 국가, 개발 의심 국가, 개발 시도 국가를 보면 다음 표와 같다.

세계의 핵무기 보유국의 핵무기 비축량 추정치(2012년)

국가	가용 탄두/전체	최초 실험연도(코드명)
핵 보유 선언국		
미국	2,104/4,804*	1945("트리니티")
러시아	1,600/4,480*	1949("RDS-1")
영국	160/225*	1952("Hurricane")
프랑스	290/300*	1960("Gerboise Bleue")
중국	180/250*	1964("596")
인도	n.a./110*	1974("Smiling Buddha")
파키스탄	n.a./120*	1998("Chagai-I")
북한	n.a./<10*	2006("돌아온 김일성")
보유 선언을 하지 않은 핵 보유국		
이스라엘	n.a./60~400	Unknown (possibly 1979) ("벨라 사건")

그 외 핵무기 관련 국가	
과거 보유했던 국가	남아프리카공화국, 카자흐스탄, 벨라루스, 우크라이나
개발 의심 국가	시리아, 사우디아라비아, 미얀마
개발 시도했던 국가	나치독일, 일본제국, 한국, 브라질, 아르헨티나, 알제리, 리비아

* : "Federation of American Scientists : Status of World Nuclear Forces"(http://www.fas.org/programs/ssp/nukes/nuclearweapons/nukestatus.html). Fas.org. (2010년 1월 12일 확인)

출처 : http://ko.wikipedia.org/w/index.php?title=핵무기_보유국&oldid=17333460

관련 글 **미국(美國), 3차 대전 보고서 … "중국과 싸울 가능성 가장 커"**

"러시아, 이란,[4] 북한과도 갈등 조짐 … 우주 · 사이버전까지 준비해야.

미국 육군이 미래에 충돌할 가능성이 가장 큰 국가로 중국을 꼽았다. 러시아, 이란, 북한 등과도 부딪칠 가능성이 크다고 봤는데, 일부 언론에서는 이를 두고 '제3차 세계대전 청사진'이라고 보도했다. 미국 육군은 최근 발표한 "육군 작전 개념(AOC) : 복잡한 세계에서 승리하기"라는 제목의 보고서에서 미래 갈등 조짐을 몇 가지 유형으로 분류했다. 중국 · 러시아는 '경제 관계 패권국', 이란 · 북한은 '국지적 강국'으로 꼽았고, 수니파 이슬람 무장세력인 IS 같은 테러 집단(초국가적 테러 집단)과 중남미 마약 카르텔(초국가적 범죄 집단) 등도 위협군으로 분류했다.

4. 이란과는 핵무기 문제가 2015년 해결되었다.

가장 위협적인 국가로 꼽은 중국에 대해 미 육군은 "중국이 한시적이고 강도 높은 역내(域內) 비상사태에 대처하기 위해 포괄적인 군사현대화 프로그램을 계속 추진하고 있다."며 "일본과의 영토분쟁, 인도와의 국경 갈등, 필리핀 · 대만 등에 대한 해양 압박 등을 통해 패권 국가임을 과시하고 있다."고 말했다. 중국은 우주와 사이버공간에서 미국을 무력화하려는 초국가임을 과시하고 있다."고 말했다.

러시아에 대해 미국은 전형적인 군사모험주의의 양상을 띠고 있다고 분석했다. 군사모험주의란 전쟁에서 객관적 조건이나 근거를 무시하고 무모하게 행동하는 경향을 뜻한다.

'지역 강국'으로 꼽은 이란은 이슬람 세력 내 종파 갈등을 적절히 이용하면서 세력을 키워가고 있다고 미 육군은 분석했다.

미 육군은 북한을 "군사적 위협국이긴 하지만 중국의 후원에 의존해 살아가는 실패한 국가"라고 규정했다. 핵무기와 탄도미사일 능력에 대한 우려와 함께 재래식 군사력도 상당한 위협 요소라고 봤다. 또 미 육군은 "북한은 주요 시설과 무기 등을 지하에 감춰 놓고 있다."며 "사이버전과 생화학전까지 가능하기 때문에 동맹인 한국군과 함께 모든 분야에서 대응할 수 있는 총력전 체제를 갖춰야 한다."고 말했다.

조선일보, 2014. 10. 17.

제4절 자원 등을 둘러싼 전쟁 시나리오와 분쟁사례

국제 간의 분쟁에서 대소불문하고 앞으로도 전개될 사항이 여러 가지가 있겠으나 크게 기후변화와 자원공급의 부족이 대종을 이루고 있다고 할 수 있다.

1. 기후 변화[5]

2011년 7월에 유엔안전보장이사회는 중요한 결의안을 채택했다. 전쟁과 위기가 발생할 때 소집되는 유엔안전보장이사회는 전세계적인 기후변화가 발생할 위험을 경고하는 결의안을 가결한 것이다. "유엔 안전보장이사회는 기후변화의 부정적인 효과로 인해 기존의 국제평화와 안정에 대한 위협이 한층 더 커질 수 있다는 점을

5. 안드레아스 링케 · 크리스티안 슈배개를 지음, 육혜원 옮김, 『미래전쟁』, 영림카디널, 2013 참조.

우려한다."

이 결의안이 채택되기 전에 이미 유엔환경계획(UNEP)의 사무총장인 아킴 슈타이너(Achim Steiner)는 기후변화로 인해 어떤 위협이 발생할 수 있는지를 유엔 안전보장이사회에 보고했다. 2014년에 발표할 기후변화에 관한 정부 간 패널(IPCC)의 평가보고서가 나오기도 전이지만, 지구온난화는 인류의 공동생활에 중대한 장애를 초래할 것이 분명하다는 것이다. 또한 해수면은 21세기 말까지 1미터 이상 상승할 것이고 이렇게 되면 방글라데시와 같이 해안에 인접한 지역은 물이 스며들고 투발루(Tuvalu)와 같은 섬나라는 바다 속에 잠기게 된다고 말했다. 이 사무총장은 지구온난화의 평균적인 규모가 2060년까지 섭씨 4도, 2100년까지 섭씨 7도에 이를 것이라고 전망하면서 이는 생태계에 부정적인 변화를 초래해 식량생산을 감소시킬 것이라고 경고했다.

이 총장은 특히 중앙아시아와 히말라야 지역에서 발생할 수 있는 위험을 강조했다.[6] 그는 유엔 안전보장이사회에 댐을 둘러싼 분쟁과 불어나는 빙하수, 그리고 티베트의 고지대에서 발생한 새로운 상황에 따라 변화하는 중국 당국의 물 정책에 대해 보고했다. 이에 의하면 이제 전세계적으로 문제가 되는 것은 기후변화가 안전을 위협하는지의 여부가 아니라 국제공동체가 이 위협을 극복하는 방법이다.

인간에 의해 유발된 기후변화의 영향이 전세계적으로 히말라야 산악지역보다 더 뚜렷하게 드러나는 곳은 드물다. 또한 이 지역은 기온 상승과 물 부족이 막대한 정치적 · 경제적 · 군사적 영향을 미치고 있는 곳이기도 하다. 핵무기를 보유한 인도, 중국, 파키스탄이 이 지역에서 충돌하고 있다. 이 국가들 사이에 국경선은 오래전부터 논란이 되어왔다. 인도와 중국의 국경선은 확정되지 않은 부분이 광범위하다. 게다가 인도는 파키스탄과 카시미르 지역을 두고 지속적으로 갈등을 겪고 있다.

히말라야 산악지역은 인도 지각판이 유라시아 지각판 밑으로 밀려들어가 유라시아 지각판을 들어 올리고 있는 지형으로서 4천만 년 동안의 아시아의 기후에 큰 영향을 미쳐왔다. 봉우리 중 11개가 8천 미터 이상인 히말라야 산맥의 정상은 북쪽에

6. 히말라야 등은 『미래전쟁』이 출간되기 전 필자가 티베트를 거쳐 이곳을 탐방한 사실이 있어 더욱 와닿는 면이 있어 그대로 인용 기술하였다. 중국도 동서남북 대부분을 탐방한 사실이 있기에 실용적이라 느꼈고 자원전쟁 시나리오가 현실화되고 있다고 생각하였기에 인용하였다.

서 인도로 흘러가는 차가운 공기를 차단하고 남쪽에서 부는 따뜻한 공기를 북쪽으로 흐르게 한다. 그런데 근래에 기후연구자들은 조만간 급격한 변화가 올 것이라고 예측하고 있다. 이 연구자들의 예측에 따르면 이 지역의 온도는 세계의 어느 지역보다 더 빠르게 급격히 상승한다. 이는 몬순(계절풍) 강우량에도 변화를 초래해 곧 15억 명에 도달할 인도인들의 식량수확에 막대한 차질을 빚게 할 것이고 빙하의 해빙도 가속시킬 것이다.

히말라야 산맥의 빙하는 북극과 남극을 제외하고는 가장 큰 얼음 덩어리를 갖고 있기 때문에 흔히 '제3의 극'으로 불린다. 인더스 강과 갠지스 강, 그리고 야룰창포 강(브라마푸트라 강)의 상류 지역만 해도 3만 3천 개의 빙하가 있으며 이 빙하들이 품고 있는 담수량은 지구에서 가장 크다. 히말라야에서 흘러내리는 이 강물에 의존해서 살고 있는 인도인, 중국인, 네팔인, 부탄인, 방글라데시인, 그리고 인근의 동남아시아 국민들에게 이 빙하수는 생존에 절대적인 중요성을 띤다. 이들은 지금까지는 자연적인 가뭄과 물 부족 사태가 생길 때 이 빙하수를 이용할 수 있었다. 이 강들은 아시아인들에게 생명의 젖줄이며 식량과 농업용수 그리고 수송수단을 제공할 뿐만 아니라 특히 인도에서는 영적인 의미를 지닌다. 아시아의 여러 지역에 빙하수를 지속적으로 공급하려면 히말라야의 빙하가 매년 새롭게 형성되어야 가능하지만 중국과 인도의 연구자들은 수년 전부터 빙하가 줄어들고 있다고 진단한다.

2007년에 발표된 기후변화에 관한 정부 간 패널의 제7차 평가보고서는 히말라야 빙하가 2035년이 되면 모두 사라질 것이라고 예측했지만 이는 과학적인 자료에 의해 뒷받침되지 않은 오류로 판명되었지만 인도 정부는 2011년 초에 인공위성 사진에 근거해 2,800여 개의 빙하를 대상으로 한 장기간에 걸친 연구 결과를 발표했다. 이에 따르면 4분의 3이 매우 빠른 속도로 매년 1.75퍼센트가 사라지고, 빙하의 8퍼센트만이 늘어나고 있다.

중국과학원의 연구자들은 2010년에 자료를 발표했는데 이에 따르면 중국의 빙하는 지난 30년 동안 17퍼센트가 줄어들었다. 중국과학원의 빙하전문가인 야오 탄통은 히말라야 빙하가 2030년까지 30퍼센트 2050년까지는 40퍼센트 줄어들 것이라는 연구결과를 신뢰한다. 지역 단위로 기후를 예측한다는 것은 매우 어려운 일이다. 기후변화에 관한 정부 간 패널은 2100년이 되면 인도, 파키스탄, 방글라데시는 산업화 초기에 비해 섭씨 2도에서 4.7도까지, 티베트 고지대는 섭씨 2.8도에서 5.1도까지 올라갈 것이라고 예측한다. 지구상에서 마지막으로 겪은 빙하기에는 오늘날보다 평균기온이 섭씨 4도에서 5도 정도만 더 추웠을 뿐이다. 3도 또는 4도만 온도가 상승해도 '열대기' 가 도래하는 것이다.

발원지가 히말라야 지역의 5대강인 인더스 강, 갠지스 강, 야룽창포 강(브라마푸트라 강), 아시아에서 제일 긴 강인 양쯔 강, 황허 강을 모두 합치면 전세계인에게 다섯 명 중 한 명꼴로 물을 공급한다. 과학 잡지인 『사이언스』(*Science*)에 발표된 모델 계산에 따르면 기후변화에 관한 정부 간 패널이 예측한 지구온난화로 인해 강들의 수량은 크게 줄었다.

'물 전쟁' 에 대한 다양한 경고에도 불구하고 인류는 지금까지 대체로 강물의 분배를 둘러싼 갈등을 평화적인 수단으로 해결해 왔다. 물 갈등에 대한 세계적인 전문가인 미국 오리건 주립대학교의 지리학 교수인 애런 울프(Aaron T. Wolf)는 지금까지 물 전쟁이 발생한 경우는 단 한 번밖에 없었다고 강조한다. 이 전쟁은 4,500년 전에 티그리스 강과 유프라테스 강을 두고 벌어졌다. 1950년 이래로 물을 둘러싼 국가 간의 전쟁이 대략 5백 번 정도 벌어졌지만 평화적으로 타협점을 찾은 경우는 1,200번이 넘는다. 울프 교수는 "물을 놓고 폭력을 행사하는 것은 전략적으로 합리적이지 않고, 수리(水理)학적으로 효과적이지 않으며 경제적으로도 적절치 않다" 고 말한다. 예를 들어 강의 하류에 있는 나라가 상류에 있는 댐을 폭파하는 것은 현명한 처사가 아니라는 것이다. 이렇게 하는 것은 자신에게 물 공격을 하는 것과 마찬가지이다. 또한 울프 교수는 앞으로 폭력행위가 벌어질 수 있는 상황은 "용수량이 크게 달라져 관계기관들이 새로운 상황에 대처하기 어려워질 때" 라고 말한다. 물을 이용할 권리와 물을 분배하는 방법과 관련한 일련의 네트워크는 세계 도처의 산악지역에 비축된 눈과 얼음의 양에 따라 좌우된다. 울프 교수는 기후변화의 예상 시나리오를 그리면서 앞으로는 물 전쟁이 일어날 가능성이 높다는 결론을 내린다.

특히 댐 건설 계획으로 인해 전세계적으로 국가 간의 분쟁이 발생한다. 이러한 계획으로 강의 상류에 있는 나라는 건조기를 대비해 물을 저장할 뿐만 아니라 운하의 터널을 통해 지류를 내어 하류에 있는 사람들에게 흘러갈 물을 차단하는 것이다. 이 때문에 티그리스 강에 일루수(Ilusu) 댐을, 유프라테스 강에 베이한(Beyhan) 댐을 건설하려는 터키의 계획은 시리아와 이라크에게 물 부족에 대한 우려를 불러일으키고 있다. 케냐에서는 많은 사람들이 에티오피아의 자이브(Gibe) 댐이 초래할 부정적인 영향에 대해 걱정하고 있다. 히말라야 인근의 주민들도 댐 건설의 여파로 생존의 위협을 받을 수 있다. 2011년에는 메콩 강의 댐 건설 계획으로 인해 미얀마와 중국이 공개적으로 설전을 벌였다. 여러 국가들을 지나는 3개의 히말라야 강은 모두 뉴델리의 북동쪽에서 약 5백 킬로미터 떨어진 조밀한 지역에서 발원한다. 갠지스 강만이 발원지가 인도 영토 안에 있다. 인더스 강과 야룽창포 강은 중국에서 발원한다. 제2차 세계대전과 인도와 파키스탄 사이의 핵 군사력 우위다툼이 벌어진 이래로 히말라야에서 수많은 군사적 충돌이 있었지만 지금까지는 각 나라가 수자원을 평화적으로 나누어 사용해 왔다. 인도와 파키스탄은 장기간에 걸친 협상 끝에 1960년 '인더스 강 협정' 을 맺었다. 인도와 방글라데시는 장기간에 걸친 갈등 끝에 1977년 마찬가지로 수자원 협정을 체결했다. 하지만 이로써 수자원 용권을 둘러싼 분쟁이 해결된 것은 아니다. 이들 간에는 댐 건설과 물 이용을 둘러싸고 비난이 오가고 있다.

인도와 중국 간에는 긴장이 가장 큰 경우이다. 이 두 나라는 지금까지 수자원을 어떻게 분배할지에 대해 협정도 체결한 적이 없다. 중국은 인도의 북동쪽 끝에 있는 아루나찰 프라데시 주를 자신의 영토라고 주장한다. 이곳에서는 창포 강이 히말라야 계곡을 따라 흘러내리다가 브라마푸트라 강으로 합류한다. 중국 영토에 속한 창포 강의 상류에는 지금까지 댐이 없었다. 댐 건설 계획에 관한 언론보도가 수 년 동안 반복되고 있지만 중국 정부는 이에 대해 철저하게 부인해 오고 있다.

하지만 2009년에 창포 강의 상류지역인 티베트의 시창(西藏)자치구 자차(Gyaca) 근처에서 5개의 댐을 건설한다는 뉴스를 중국 신문이 처음으로 보도했다. 뒤늦게 이 사실을 안 인도인들은 인공위성 사진을 보고 엄청난 충격을 받았다. 이 사진을 통해 댐 중의 하나인 '장무' 댐에서 이미 상당한 정도로 공사가 진척된 것을 확인한 것이다. 2010년과 2011년에는 인도 의회에서 열띤 논쟁이 벌어졌고, 인도 정부는 중국의 댐 공사에 대해 미온적으로 대처하는 바람에 결국 인도의 국익에 막대한 손실을 초래했다는 비난을 받아야만 했다.

수많은 인도인들이 중국의 댐 건설 계획에 대해 이렇게 민감한 반응을 보이는 이유 중의 하나는 중국이 창포 강에 지류를 내어 극심한 물 부족 사태를 겪고 있는 중국의 건조한 북부지방으로 물응 유도하려는 계획을 끊임없이 세워왔기 때문이다. 중국은 대규모 운하를 건설한 경험이 많다. 베이징과 항저우를 잇는 '대운하' 의 건설은 2,400년 전에 이미 시작되었다. 물론 티베트의 고원지대를 관통하는 수로 건설은 기존의 운하 건설과는 완전히 다른 차원의 건축술이 필요한 것이다. 그럼에도 중국의 영향력 있는 인사들은 이러한 운하 건설을 끊임없이 추진해 왔다. 2005년에는 이러한 계획의 선구자인 궈카이와 리링이 운하의 경로를 구체적으로 제안하는 책 『티베트의 물이 중국을 구한다』(*Tibet's Waters Will Save China*)를 발표했다. 중국 정부는 이 경로가 '난센스' 라고 부인했지만 불과 몇 년 후에 경로가 다르기는 하지만 중국의 국립수리학 실험실에서 이와 유사한 계획을 수립했다. 새로운 경로는 건설 중인 장무 댐에서 갈라져 나오는 것으로 기획되었다. 이 계획의 입안자인 왕광첸(王光謙)은 창포 강에서 1년에 2천억 세제곱미터의 물을 중국의 북부지방으로 끌어들일 것을 제안했다. 2010년 가을과 2011년 여름 중국에 거의 8백만 헥타르의 땅에 가뭄이 들어 250만 명이 식수부족으로 곤란을 겪자 이러한 종류의 계획은 다시 주목을 받게 되었다. 그러자 인도에서는 생명의 젖줄인 브라마푸트라 강이 실개천으로 전락할지도 모른다는 우려가 또 다시 고개를 들게 되었다.

갈등의 해결책은 보이지 않는다. 1950년대부터 온실가스로 인해 전세계적으로 기후변화가 발생할 위험이 있다는 사실이 알려졌다. 1992년 브라질 리우데자네이루에서 열린 '유엔 지구정상회의' (UN Earth Summit)에서 190개국 이상이 온실가스의 배출을 제한해 위험한 기후변화가 생기지 않도록 하는 결의안을 채택했다. 1997년에는 선진국들에게 온실가스를 감축할 의무를 부여한 '교토의정서' (Kyoto Ptotocol)가 체결되었다. 하지만 그 이후로는 더 이상 협상의 진전이 없었다. 특히 미국은 수년 전부터 구속력 있는 기후변화협약이 맺어지는 것을 체계적으로 가로막아 왔다. 중국과 인도 역시 이런 협약을 강력하게 거부한다. 이 두 나라는 기후변화로 인해 자국에서 발생할 여러 위험에도 불구하고 역사적으로 볼 때 대기에 있는 이산화탄소의 대부분은 서구 선진국들의 책임이라고 선전한다. 중국과 인도가 수년 전부터 온실가스 배출량을 감축할 의무사항으로 확정하는 것을 단호하게 거부함으로써 2009년 코펜하겐의 유엔 지구정상회의는 실패로 끝나고 말았다. 2011년 11월과 12월에 더반에서 열린 유엔 지구정상회의는 이 문제에 관해 어느 정도 성과를 거두었다. 2020년 이후 '모든 당사국에 적용되는 의정서, 법적 체제 또는 법적 결과물'(Protocol, another legal instrument, or agreed outcome with legal force)을 채택하기 위해 2012년 상반기부터 시작하여 2015년까지 협상을 완료하기로 합의한 것이다. 이제 적어도 이론적으로는 최초로 주요 이산화탄소 배출국들을 포함하는 세계환경협약이 가능해졌다. 하지만 특히 미국과 중국은 여전히 자국의 이산화탄소 배출량을 실질적으로 감축하려는 의지를 보이지 않고 있다. 중국은 국내적으로 에너지 소비를 줄이고 재생가능 에너지를 이용하려는 야심만만한 시도를 하고 있지만 경제성장으로 인해 절대적인 이산화탄소 배출량은 계속 상승하고 있는 실정이다.

산업화 시대 이전과 비교할 때 기온 상승을 섭씨 2도 이하로 제한하는 국제적으로 합의된 목표치를 넘지 않으려면 전체적으로 750억 톤에서 최대 1천억 톤 사이의 이산화탄소만을 대기로 방출해야 한다. 2011년 말까지 인류는 이 총량에서 이미 551억 톤의 이산화탄소를 방출했다. 현재의 방출 추세를 감안할 때 지구온난화가 위험한 수준에 도달하는 한계치는 2028년과 2044년 사이가 될 것으로 예측된다. 이를 피하기 위해서는 방출량을 2.5%에서 5%까지 낮추어야 한다. 그렇다면 인류는 이제 더 이상 흉작, 악천후, 자원갈등, 기아, 물 부족 등을 유발하는 위험한 기후변화를 피할 수 없다는 말인가?

기후연구자들은 세계기후정책의 실패를 직시하면서 비상대책을 강구하고 있다. 이러한 대책 중 하나는 평균 온도를 낮추기 이해 세계 기후에 인공적으로 개입하는 것이다. 이러한 '지구공학'(Geo-Engineering)을 위해 많은 방안들이 제안되고 있다. 그 중 하나는 일종의 비료 역할을 하는 쇳가루를 바다에 뿌리는 것이다. 이렇게 해서 철 성분이 바다로 유입되면 해초들이 대기로부터 더 많은 이산화탄소를 흡수할 수 있다. 또 다른 방안은 뜨거운 햇빛을 다시 우주로 되돌리기 위해 엄청나게 큰 거울이나 반사시키는 장치를 대기권에 설치하는 것이다. 하지만 대기권에서 온실가스와 정반대되는 효과를 내는 가스를 정조준해서 방출하는 것이 가장 현실적인 대안인 것처럼 보인다. 이러한 가스는 태양광선이 지구에 도달하는 것 자체를 방지한다. 따라서 노벨화학상을 수상한 파울 크루첸(Paul Crutzen)과 같은 학자들은 냉각 작용을 하는 가스를 정조준해서 방출하는 방법을 제안했다. 이 방법을 선호하는 학자들은 화산의 분출과 같은 장려적인 방법으로도 이러한 냉각 효과가 나타난다고 주장한다. 이를테면 1991년 피나투보(Pinatubo) 화산의 분출만으로도 세계의 지면온도는 이후 2~3년 동안 섭씨 0.1도에서 0.2도 낮아졌다. 지난 몇 년 동안 화력발전소에서 나온 유황산화물인 황산 에어로졸과 같은 물질들은 배출된 이산화탄소의 온난화 효과를 약 4분의 1 정도 억제했다. 학자들은 인간이 방출한 이산화탄소의 온실가스를 상쇄하기 위해서는 매년 150만 톤에서 5백만 톤의 유황을 성층권에 뿌려야 한다고 진단한다.

미국의 스탠포드 대학교에서 '에너지와 지속적인 발전을 위한 프로그램'을 이끌고 있는 데이비드 빅터(David A. Victor)는 2009년 동료들과 함께 『포린 어페어즈』(*Foreign Affairs*)에 발표한 논문에서 "가까운 미래에 어느 시점이 되면 기후변화에 충분히 대처하지 못한 나라는 지구온난화가 자국의 이익에 큰 손실을 초래하는 결론에 도달해 결국 일방적으로 지구공학을 추진하는 사태가 발생할 수 있다."고 언급했다. 국제위험통제회의(IRGC)의 도널드 존스턴(Donald Johnston)은 지구공학이 "즉각 심도 있게 논의되지 않으면 기후 논쟁에서 가장 논란이 되고 가장 심하게 양극화될 주제 중 하나"라고 생각한다.

이와 같은 기후변화 등에 대한 세계 각국들의 전세계적인 우려와 적극적인 관심 속에 2015년 12월 초 파리에서 열린 제21차 유엔기후변화협약 당사국총회(COP21)에서 세계 195개국이 만장일치로 '파리협정'을 체결했다. '교토의정서'에 신기후체제가 막을 올린 것이다. 그의 내용을 요약하면 (1) 지구 기온 상승폭을 섭씨 2도보다 훨씬 낮게 유지하고 1.5도가지 제한하도록 노력, (2) 온실가스 감축에 대해 각국이 모두 참여, (3) 각국의 온실가스 목표 이행 상황을 3년마다 의무 검증 등 내용이 담겼다. 우리나라는 2030년까지 온실가스 배출량을 전망치(BAU) 대비 37% 줄이기로 했다는 내용이다.

2. 자원공급의 부족[7]

자원을 둘러싼 국가 간의 갈등 요인으로는 첫째, 증가하는 세계의 에너지 수요,

---

7. 마이클 클레어 지음, 김태유 옮김, 『자원의 지배』, 세종연구원, 2002 참조.

둘째, 심각한 자원부족의 표면화, 셋째, 매장지 소유권을 둘러싼 분쟁의 확대[8]를 들 수 있다.

필수자원에 대한 수요 증가는 몇몇 자원들의 세계 공급량이 극히 제한적이라는 사실의 또 다른 주요 관점과 상충하고 있다. 인류는 지구로부터 막대한 양의 필수적인 자원인 수자원, 경작지, 광물, 목재, 그리고 화석연료 등을 얻을 축복을 받았지만, 지구의 환경에서 얻어낼 수 있는 것에는 현실적인 한계가 있다. 최근의 한 연구에 의하면 지구는 인간 활동의 결과로 인해 1990년과 1995년 사이 이용가능한 자연적 부의 3분의 1을 잃었다고 한다. 이것은 인류 역사상 다른 어떤 기간에서보다도 더 많은 손실이다. 1998년 세계야생기금(World wide Fund : WWF)은 산림표면, 해상어장, 담수 시스템, 그리고 화석을 포함한 많은 중요 자원의 이용가능성과 질이 심각하게 떨어지고 있다는 연구 결과를 밝혔다. WWF 연구가 중요한 모든 자원을 다룬 것은 아니지만 인간은 많은 필수 물질의 심각한 부족에 직면할 수 있다고 제시하였다.

이러한 민감한 범주에 드는 다양한 자원 중 가장 중요한 것이 석유와 수자원이다. 둘 다 현대산업사회를 유지하는 데 있어 결정적인 역할을 맡고 있으며, 사용량이 끊임없이 증가하고 있고, 가장 중요하게는 21세기 중반까지 공급이 세계의 수요를 충족시키기에는 불충분한 수준이라는 것이다. 세계는 2020년, 2030년까지는 재래식 석유의 심각한 부족을 겪기 시작할 것으로 예상된다. 세계의 수자원 수급 방정식도 비슷하며, 비록 지구가 막대한 양의 해수를 가지고 있지만, 담수의 공급은 상대적으로 제한적이다. 지구의 수자원 총공급량 중 3% 이하가 담수이고 이 중의 상당량은 극지방의 만년설과 빙하에 갇혀 있다. 석유의 경우처럼 인구증가와 생활수준의 향상은 수자원에 대한 수요를 계속적으로 증가시키고 있다.

또한 다가오는 수십 년 내 필수자원들의 부족난이 예상된다. 미래 어떤 자원에 대한 사용가능성 또한 세계 환경의 변화에 영향을 받을 것이다. 환경에서 축적된 이산화탄소 증가와 다른 '온실가스'는 연평균 기온의 점진적 상승을 초래하고 있으며 어떤 지역에서는 기근을 만들어내고 모든 식물의 생존과 동물의 종을 위협하고 있다. 이런 종류의 기후변화는 또한 강수량을 감소시키며 건조한 내륙 지역의 증발률

8. 예로 필자는 지구의 온난화로 빙하가 줄어들면 풍부한 자원이 매장되어 있는 북극권의 소유권 문제가 발생될 것으로 판단한다.

을 증가시켜 나일강과 인더스강 같은 중요한 하천으로의 수자원 유입을 줄일 수도 있을 것이다. 토론토 대학의 토머스 호머 딕슨(Thomas Homer Dixon)에 의하면 이런 종류의 '환경적인 부족난'은 중요한 자원에 대한 접근을 두고 이해집단과 사회 간의 경쟁에 더욱 불을 붙일 것이라고 한다. 세계의 소비가 증가하고 환경상태가 악화됨에 따라 많은 주요 자원의 가능한 총공급량은 줄어들고 남아 있는 것이 무엇이든지 간에 가격은 상승할 것이다. 가격이 상승함에 따라 자원을 생산해내는 국가의 투쟁집단과 지식층은 유용한 광산, 유전, 목재를 관리하고 지배하는 데 더 큰 주도권을 가질 것이다. 경과는 필연적으로 불가결한 물질로 인해 분쟁을 낳게 될 것이다.

경쟁관계에 놓인 공급원

중요한 자원의 공급량 감소에 따른 분쟁의 위험은 세계 자원 방정식의 또 다른 주요 특징이기 때문에 더욱 걱정스럽다. 이러한 자원의 주요 공급원이자 광상(鑛床)이 둘 이상의 국가들에 의해 공유되거나 또는 경쟁적인 국경지역과 근해 경제수역에 있다는 사실이다. 일반적으로 국가들은 필수자원의 공급을 자국 국경 내에 있는 자원에 전적으로 의존하고 싶어 한다. 그러나 이런 공급원들이 고갈될 때는 자연적으로 이웃 나라들과 분쟁의 위험을 고조시키면서라도 경쟁력 있는 근해 매장지역으로 최대한 접근하고 싶어 한다. 이런 경우 관련된 이해당사국들은 비교적 서로 우호적인 상황에서조차도 우발적인 분쟁을 일으킨다. 게다가 이런 경쟁이 이전의 적대감을 배경으로 일어날 때면 아프리카나 중동 여러 지역의 경우처럼 필수자원의 경쟁적 공급원에 대한 분쟁은 가히 폭발적일 수도 있다.

혼란은 자원경쟁의 몇몇 유형에서 야기된다. 분쟁은 국제적인 경계선들에 걸쳐 있는 큰 하천계나 지하 석유분지 같은 특정한 공급원의 분포 때문에 일어난다. 예를 들어 나일강은 9개국, 메콩강은 5개국 그리고 유프라테스강은 3개국에 걸쳐 흐른다. 이 강들은 어떤 일단의 국가들에서 발생하여 바다로 빠져나가기 전에 다른 나라들을 거치기 때문에 상류에 위치한 나라들은 항상 하류에 있는 나라들로 유입되는 수자원의 흐름을 통제할 수 있는 위치에 있다. 실제로 상류에 있는 나라들이 그들의 수자원 사용량을 늘리기 위해 하류에 있는 나라들을 희생시키는데 이런 경우 분쟁을 일으킨다. 이와 유사하게 거대한 지하 석유분지가 양국에 걸쳐 있고 양국 중 한 나라가 석유생산량을 제 몫 이상으로 과도하게 뽑아낼 때 이것은 상대국가 석유 예상 수익을 감소시켜 갈등을 초래하게 된다. 이와 같은 사실은 1980년대 후반 이라크와 쿠웨이트의 관계를 악화시킨 원인 중의 하나였다. 유전 공유지역에서의 분쟁은 국경선이 제대로 확정되어 있지 않은 '텅빈 지역' (Rub' al-Khali)에 맞닿아 있는 사우디아라비아와 예멘 사이에서도 터졌다.

분쟁의 두 번째 유형은 주요 에너지나 광물자원이 매장되어 있는 근해지역에 대한 경쟁으로 일어난다.

유엔해상협정법은 대양에 경계하고 있는 국가들의 근해 200마일 연장선까지 배타적 경제수역(EEZ)으로 간주하도록 해준다. 이 선 내에선 해양생물과 해저자원 축적물을 개발할 독점적 권리를 가진다고 했다. 그러나 카스피 해처럼 내륙에 위치한 바다나 육지로 둘러싸인 수역을 경계로 하고 있는 여러 나라의 상황에서는 엄청난 분쟁을 유발시킨다. 이런 경우에 해상 EEZ에 대해 종종 자신의 소유권을 주장하게 되며, 이는 근해 경계 위치에 대한 분쟁을 만들어낸다. 남중국해가 이러한 분쟁지역의 대표적 예로서 브루나이, 중국, 인도네시아, 말레이시아, 필리핀, 대만, 베트남의 총 7개 나라가 넓은 수역에 대한 영유권을 주장했다.

분쟁은 필수적인 자원의 수송에 반드시 필요하다고 생각되는 페르시아 만이나 수에즈 운하 같은 수역으로 접근할 때 일어날 수도 있다. 세계에서 매일 소비되는 상당한 양의 석유가 페르시아 만에서 유럽, 미국, 일본까지 배로 운송된다. 이 배들은 페르시아 만 입구에 있는 호르무즈(Hormuz) 해협과 인도와 말레이시아 사이의 말라카(Malacca) 해협, 또는 홍해와 같이 좁고 제한된 수역을 통과해야만 한다. 이들 수역을 지나는 선박들의 자유로운 통행은 자원의 원활한 흐름에 필수적인 것으로 간주되기 때문에 주요 수입국들은 항상 그들을 막고 항해를 제한할지도 모르는 지역 세력과 대항해 왔다. 예로 1986년 미국은 쿠웨이트 선박에 미국 국기를 바꿔서 계양하고, 그 당시 이란과 이라크 사이의 해군 충돌 지역인 페르시아 만을 통과하도록 했다.

다가오는 분쟁에 대한 전망

세계적 수요의 가차 없는 팽창, 중요 자원 부족의 출현, 그리고 소유권 경쟁의 확산, 이 세 요소들 각각은 국제질서 체계에 새로운 긴장을 불러일으키고 있다. 첫 번째와 두 번째 요소는 필연적으로 필수 물자에 접근하는 데 대한 국가 간의 경쟁을 한층 심화시킬 것이며, 세 번째 요소는 분쟁과 알력의 새로운 원인을 발생시킬 것이다. 더욱이 이 각 요소는 다른 요소들과 함께 상황을 더욱 불안정하게 하여 부족 사태는 더욱 급격히 드러나고 국가들은 어떤 대가들을 치르더라도 문제를 해결하여야만 하는 압력에 처하게 될 것이다.

대부분의 경우 관련국들이 협상으로 해결점에 다다를 때에는 이런 갈등은 폭력 없이 해결될 것이다. 국제시장의 힘은 이런 결과를 낳도록 장려하는 경향이 있다. 협상을 통해 얻어지는 경제적 이득은 일반적으로 전쟁을 치름으로써 드는 엄청난 비용보다 훨씬 더 크기 때문이다. 그리고 대부분의 국가들은 자원이라는 파이(Pie)에서 그들이 원하는 양에 합리적으로 부합하는 만큼만 확보한다면 최대치를 확보하려는 주장에서 한 발 물러설 수도 있을 것이다. 그러나 협상과 시장의 힘이 항상 작용하는 것은 아니다. 어떤 경우에는 문제가 된 물자가 국가 존속이나 경제적 복지에 너무 필수적이어서 후퇴는 생각할 수 없게 된다.

세계시장의 힘은 또한 분쟁의 가능성을 높일 수도 있다. 이는 경제적인 자원이 이해당사자들에게 경제적 측면에서 너무 가치가 큰 것으로 판단되어 관련자 누구도 손실을 받아들이려고 하지 않기 때문에 가장 두드러지게 나타난다. 이는 내부요인과 함께 남부와 서부의 수익성이 있는 금광과 구리광산 지역에 대한 지배권 때문에 외부 세력과 싸워왔던 콩고 민주공화국(구 자이르)의 경우에서 볼 수 있다. 자원에 대한 내부 분쟁의 위험은 많은 개발도상국 국민이 부유층과 빈곤층으로 양분됨으로써 더욱더 높아진다. 그래서 반란이나 인종적 분할을 통해 그들의 고통을 덜어줄 것을 약속하는 극단주의자, 근본주의자, 민중 선동자의 경고에 주의를 기울이는 경향이 있다.

"경제적 경쟁에 의한 분배는 이제 불공평하다" 고 1999년 미 국가안보 연구위원회는 평가했다. 이러한 형태는 승리자와 패배자 사이에 '세계화로 인한 격차' 라는 불안한 전망을 제기한다. 국제조달기관으로부터의 압력과 높아져 가는 경제경쟁이 개발도상국 정부들로 하여금 식품이나 다른 기본 물자에 대한 보조금을 삭제하고 수자원 수송 같은 중요한 서비스를 민영화하도록 함에 따라 이런 위험은 확실히 증가할 수밖에 없을 것이다. 어떤 형태를 취하든지 간에 이것들은 필수물자의 소유 또는 이익 추구를 위한 심각한 갈등인 '자원전쟁'(Resource War)으로 가장 잘 묘사될 수 있을 것이다.

인류 역사는 가장 초기의 농업문명부터 자원전쟁의 긴 영속으로 특징지어져 왔다. 제2차 세계대전 후 냉혹한 자원추구는 미 · 소 대립의 정치적 이데올로기적 긴 박감에 의해 가려졌다. 그러나 이것은 현 시대에 와서 새로운 강도로 표면화되었다. 국가안보 정책에 있어서 경제력의 중요한 증가, 자원에 대한 세계적 수요의 증가, 심각한 부족난의 가능성 그리고 수많은 소유권 분쟁의 실재를 미루어 볼 때 필수자원에 대한 분쟁의 발생은 틀림없이 늘어날 것이다. 물론 자원경쟁이 21세기 국제 갈등의 유일한 원인이라고는 할 수 없을 것이다. 인종의 대립, 경제적 불공평, 정치적 경쟁 등의 다른 요소들 또한 주기적으로 폭력을 일으킬 것이다. 그러나 이런 요소들은 필수자원의 소유 또는 접근에 대한 분쟁과 더욱더 많은 연관을 갖게 될 것이다. 국제사회는 세계 자원방정식과 필요 불가결한 물질에 대한 갈등을 해결하는 방식에 있어서 실질적인 이해관계를 가진다.

자원전쟁의 위험을 덜기 위해 세계 자원의 부존 현황을 조사하는 것과 무력충돌이 일어날지도 모르는 특정 상황에 대한 점검이 중요한 시기이다.

위에서 본 기후변화는 지구상의 개인, 기업, 국가들을 막론하고 이의를 제기하지 못할 것이며, 자원공급 부족 역시 같은 맥락에서 인식할 필요가 있다. 이의 필요성에 의거 과학적, 합리적, 체계적으로 연구해야 할 여러 학문 분야 중 하나로 새로운 비축학이 한 축을 담당한다는 사실을 아무리 강조해도 지나침이 없다고 사료된다.

관련 글 **희소금속—콩고민주공화국의 탄탈**

"휴대전화를 사용하면 할수록 고릴라의 멸종이 가속된다." 뚱딴지 같은 소리로 들릴지 모르지만 환경운동가들 사이에선 꽤 알려진 사실이다. 설명하자면 이렇다.

휴대전화나 컴퓨터 기판 등에 쓰이는 부품 중 탄탈 콘덴서라는 게 있다. 일정한 전압을 유지시켜 주는 기능인데 고온에 강한 금속인 탄탈이 다른 재료보다 성능이 뛰어나고 소형화에 유리하다. 휴대전화의 세계적 보급과 함께 탄탈을 함유한 광물 콜탄은 일약 노다지가 됐다. 하지만 최대 매장국인 콩고민주공화국에선 오히려 불행의 씨앗이었다. 콜탄의 채굴과 유통이 무장 반군 세력의 수중에 들어가 있기 때문이다. 반군은 강바닥 진흙에서 채취한 콜탄을 팔아 무기와 자금을 조달한다. 콩고 내전이 10여 년 만에 겨우 끝나가는 단계이지만 콜탄 산지인 동부지역에서는 여전히 총성이 멎지 않고 있다. 그런데 산지는 하필이면 고릴라 서식지와 일치한다. 지난 10년간 들이닥친 콜탄 채굴꾼으로 산림이 황폐해지면서 애꿎은 고릴라들까지 개체수가 반감되는 수난을 겪어야만 했다.

탄탈과 같이 매장량 자체가 많지 않거나 채광 · 정련(精鍊)이 어려운 금속 원소를 희유금속(rare metal) 또는 희소금속이라 부른다. 인듐 · 텅스텐 · 니켈 · 코발트 등 31가지 원소를 특정하기도 하는데 대체로 첨단 산업에서 활용도가 높다. 가령 인듐은 액정화면이나 터치 패널의 전극막으로 필수 재료다. 백금은 그 자체로 귀금속이기도 하지만 자동차 배기가스 촉매나 연료전지용 촉매로 활용된다. 희소금속을 둘러싼 또 다른 전쟁이 벌어질 기세다. 향후 50년이면 지구상의 모든 매장량이 바닥을 드러낼 판이지만 수요는 날로 급증하는 바람에 5년 전에 비해 인듐 5.8배, 니켈 7배, 몰리브덴 6배로 가격이 폭등했다. 최대 생산국인 중국은 지난달 모든 희소금속에 대한 수출허가 심사를 강화하고 일부 품목은 관세를 인상한다고 발표했다. 국내 수요도 충당하기 벅차다는 판단에서였을 것이다.

지난주 일본 경제산업성은 희소금속 안정 확보를 위한 종합 대책을 발표했다. 7개 금속에 대해서는 60일 사용분의 비축량을 확보하고 자원외교를 강화해 중국 이외의 수입처를 뚫는 한편 중장기적으로는 대체 재료를 개발한다는 내용이다. 희소금속 전쟁의 서곡은 이미 시작된 셈이다. 탄탈 노다지를 둘러싼 콩고 내전과 다른 점이 있다면 총성 없는 무역 전쟁이 외교 전쟁이란 점이다.

중앙일보, 2007. 6. 18.

관련 글 **미국 대통령, 알래스카 북극해 첫 방문**

미국과 러시아가 북극해를 둘러싼 주도권 대결에 나서고 있다. 지구온난화로 북극해의 얼음이 사라지며 과거에는 개발 불능의 쓸모없던 해역이 이제는 자원의 보고로 떠오르는 동시에 새로운 항로로 활용할 수 있는 경제적, 전략적 해역으로 바뀌고 있기 때문이다.

버락 오바마 대통령은 미국의 현직 대통령으로는 처음으로 알래스카 주의 북극해를 방문하며 미국의 '북극해 리더십' 과시에 나섰다. 얼음이 사라지며 과거에는 개발 불능의 쓸모없던 해역이 이제는 자원의 보고로 떠오르는 동시에 새로운 항로로 활용할 수 있는 경제적, 전략적 해역으로 바뀌고 있기 때문이다.

중앙일보 2015. 9. 1.

제5절 비축과 국제정세(정치)[9]

오늘날의 국제정세를 보면, 자원의 전쟁이라 할 만큼 자원확보에 몰두하고 있다고 할 수 있다. 따라서 국제정치도 자원을 매개로한 정치형태라고 할 수 있다.

이에 전쟁의 방지수단으로 천연자원과 관련하여 국제정치에서 의미를 갖는 자원이란 한 국가의 농수산물 및 지하자원 등을 말한다. 근대공업의 발달로 말미암아 광산물을 중심으로 한 지하자원의 보유 및 개발이 국력과 불가분의 관계를 갖게 되었다. 특히 중요한 것은 석탄 · 석유 및 우라늄과 같은 에너지 자원과 철광석을 비롯한 금속류, 오늘날 첨단산업에 필요한 희소금속, 알루미늄, 동, 니켈 등으로서 이들은 현대국가의 공업력 및 산업력에서 중추적 역할을 담당하고 있다. 미국이나 중국, 러시아 등과 같은 대자원국들은 그들이 필요로 하는 공업용 자원을 풍부히 보유하고 있으며 부족한 자원을 충당할 수 있는 수입원을 갖고 있다.

또한 현대의 과학 · 공업기술이 자원의 대체 · 비축능력을 급격히 증가시키고 있다. 과학기술의 급격한 발달은 지하자원과 해저자원의 탐사 및 채굴을 보다 용이하게 하기 때문에 한 국가가 필요로 하고 있는 주요 자원의 충족 여부는 그 국가의 기술수준에 좌우될 수 있는 시대가 올지도 모른다는 주장도 있다, 특히 일본과 같은 자원부족국의 국력신장을 고찰해 보면 자원이 힘을 증강시킬 수 있는 결정적 요인이 되지 않는다는 것을 쉽게 파악할 수 있다. 뿐만 아니라 특정한 자원은 그 비중이 기술의 발달과 밀접한 관련성이 있다. 핵의 등장 이전에는 우라늄이 국력의 산출에서 차지하는 비중이 전무했다고 보아도 무방할 것이나, 핵이 군사력뿐만 아니라 에너지와 직접적인 관련을 갖게 된 오늘날 우라늄의 매장량 및 개발상황이 한 국가의 국력을 산출하는 데 중요한 변수로 등장한 것이며 이러한 추세는 앞으로도 계속될 전망이 크다.

---

9. 구영록, 『인간과 전쟁』, 법문사, 1980을 중심으로 수정 · 보완하였다.

제6절 우리나라 비축행정의 국제화

정보통신이 급속히 발달해 가는 상황에서 1989년 베를린 장벽의 붕괴, 1991년 구 소련의 붕괴, 1991년 한 · 중 수교로 세계는 이념을 떠나 시장이 개방되고 국경 없는 무한경쟁이 이루어지는 '지구촌 시대' 를 맞이하게 되었고 국내적으로는 '민주화, 자율화, 지방화 시대' 가 도래하였다. 조달행정의 측면에서 보면, 이러한 국내외 환경변화의 영향을 받아 1993년 12월 무려 7년을 끌며 타결된 우루과이라운드 협상 결과의 하나인 WTO(세계무역기구)/정부조달협정에 우리나라가 가입함으로써 우리의 정부조달시장이 개방되었고, 1991년 지방자치단체의회 구성과 1995년 지방자치제 확립으로 중앙조달의 역할과 기능도 이에 적합하게 변화하였다.

1988년 미국이 수퍼301조에 의하여 우리나라를 '우선협상국' 으로 지정하면서 시작된 한 · 미 통상 협상에서 GATT/정부조달협정 가입문제가 거론되고, 협상이 진행되는 과정에서 우리나라는 자국의 입장을 위해 시장개방의 영향을 최소화하면서도 실리를 확보하는 데 힘을 기울였다. 1997년 1월부터의 시장개방에 대비하여 국내 계약제도 및 절차를 국제기준에 맞게 정비하고 예산회계법에 있던 계약 조항을 '국가계약법' 을 신설하여 계약에 대한 전문성을 강화하였다.

비축사업은 중소기업 소요 원자재의 안정적 공급과 아울러 재활용 원자재의 비축도 활발하게 이루어졌다. 1995년부터 대러시아 경협차관 현물상환으로 알루미늄 1억 1천만 달러 상당이 도입되었고, 특히 1997년 IMF 사태 이후 국내 물가 및 경제 안정을 위한 비축사업을 적극적으로 실시하여 1998년에 비축사업 실적이 평년 대비 4배에 이르는 1조 3천억원에 달했다. 수출확대를 통한 경제난 조기극복을 위해 비축대상 품목을 종전의 19개 품목에서 수출기업이 필요로 하는 모든 원자재로 확대하였고 조달특별회계의 회전자금을 활용하여 업체당 10억원 범위 내에서 약 1,500억원 상당을 원자재 구입자금 등으로 지원하였고 민간업체의 원자재 수입 신용장(L/C)을 대행해 주기도 하였다.

chapter 13

비축과 국가발전

제1절 국가발전의 개념 • **제2절** 비축과 국가발전

제1절 국가발전의 개념

국가는 상징적인 말이지만 최상의 발전단계이며, 질서유지와 이해 당사국(당사자) 간의 조정 역할을 한다.

국가발전이란 복잡한 개념이고 이에 대한 정의도 다양하지만 일반적인 측면에서 보면 국민의 삶, 즉 생활의 질(quality of life)을 향상시켜 주는 것이라 할 수 있다. '삶의 질' 의 향상은 인간욕구의 충족에서 오는 것이다. 공자는 인간욕구의 삼상으로서 '족식(足食), 족병(足兵), 민신(民信)' 을 말했고 플라톤은 이른바 재화(money), 자유(freedom), 질서(order)를 3대 가치로 정립하여 이를 무릇 모든 정치체제가 국민의 삶을 향상시키기 위하여 달성해야 할 목표체계로서 제시하였다.

로스토우(W. W. Rostow)는 특히 1700년 이후의 경제성장과정을 (1) 전통적 사회 단계, (2) 선행조건 단계, (3) 도약 단계(take off), (4) 성숙 단계, (5) 고도 대중소비 단계로 구분하여 한 단계에서 다음 단계로의 이행을 마르크스적인 필연성이 아닌 선택 가능한 과정으로 설명한다. 여기서 로스토우는 이 다섯 단계 중 도약 단계(take off)를 지속적 경제성장이 개시되는 근대화 달성의 획기적 시기로서 중요하게 제시하였다. 마슬로우(A. H. Maslow)는 인간욕구의 다원적 구조로서 (1) 기본적, 생리적 욕구(physiological needs), (2) 외부위험으로부터의 안전욕구(safety needs), (3) 사회관계 속에서의 정적 유대의 욕구(love, affection needs), (4) 명예, 안정감과 자존의 욕구(esteem and self respect) 및 (5) 자기실현과 성취의 욕구(accomplishment and self-actualization needs) 등을 들고 인간 행동은 이것들을 단계적으로 충족시키려는 것이라고 하였다.

우리나라의 경우를 보면 1960년대부터 시작된 경제발전 5개년 계획에 따른 1970년대의 산업발전이 로스토우가 말한 도약 단계(take off)에 해당한다 할 수 있다. 이 과정에서 비축물자의 역할이 중요시되어 조달기금법의 시행에 따른 법적 · 제도적 장치도 마련하는 계기도 되었다.

제2절 비축과 국가발전

1. 우리나라의 발전

아시아 대륙의 맨 끝에 위치한 한반도는 19세기까지 세계사에 거의 등장조차 하지 않았다. 당시만 해도 조선에는 중국과 일본이 세계의 전부이다시피 했다. 1853년 미국의 페리 제독이 흑선(黑線) 네 척을 끌고와 일본을 개국시키고, 1860년 영국이 청나라와 아편전쟁을 일으키면서 아시아는 역사의 격랑에 휩쓸리고, 세상의 변화를 체감하지 못한 조선은 결국 일제의 식민지로 전락하여 암울하게 20세기를 맞았다. 36년간의 일본 식민지를 거쳐 제2차 세계대전에서의 일본의 패망으로 1945년 광복을 맞은 후 1948년 자유민주주의 대한민국을 건설하였다. 1950년 '6 · 25 전쟁' (일명 한국전쟁, 국제전쟁) 발발, UN군 16개국과 의료지원 5개국이 참가하면서 세계적으로 알려지기도 하였다.

전후 잿더미에서 1962년 경제개발 5개년 계획이 시작되었다. 그 후 1970～80년대를 거치면서 고속 · 압축 경제성장을 이룩하고 1988년에는 서울올림픽을 개최하여 세계를 놀라게 하였다. 제2차 세계대전 후 세계적으로 유일하게 비약적인 경제발전과 민주주의를 이룩하여 이제는 OECD와 WTO 가입, 능동적 FTA 체결 등 세계적 위상을 얻고 있다.

이러한 과정에서 자원이 없는 우리나라로서는 해외에서 물자를 수입하여 비축하는 정책도 국가발전의 일익을 담당하여 왔다. 특히 1997년 국제통화기금(IMF) 금융위기 시 효자 노릇한 비축정책을 합리적으로 계승하고 발전시킴과 더불어 비축학의 연구도 전개 및 실행하여 글로벌에 걸맞는 학풍도 조성해야 할 것이다.

2. 오늘날의 국가발전

국가발전은 국민경제의 발전 여부를 전제로 한다고 할 수 있다. 복잡한 국가발전의 개념의 요소 중 그 중심에는 특히 자본주의 사회에 국민경제가 그 기저를 형성하고 있다.

오늘날의 국가발전은 간단히 말해서 어느 국가가 많은 자원을 확보하느냐에 달려 있다고 할 수 있다. 중국은 자원비축을 위해 아프리카 등의 자원을 세계에서 제일 많이 확보하고 있다. 미국 등은 이에 추격하는 입장이다. 일본도 자원확보에 혈안이 되어 있다. 우리나라도 적극 나서야 할 때이다.

관련 글 **일본은 유전 · 광산 쌀 때 쓸어 담는데 … 한국은 팔짱**

일본의 종합상사 스미토모는 미국의 애리조나 주의 '모렌치(Morenci) 광산'의 매장량 32억 톤, 세계 최대의 구리광산에서 채굴되는 구리의 4분의 1을 가져오며 2016년 2월에 지분 13%를 추가해 전체 지분율이 28%까지 올랐다. 광산업계 관계자는 "구리를 포함한 원자재 가격이 폭락하자 일본 기업들이 지분 확대에 나서고 있다."고 말했다.

미쓰비시는 2016년 1월 미국 석유 · 가스 기업인 '시마 에너지'를 완전 합병했다. 2020년까지 14조원을 투자해 석탄과 동(銅) 생산량도 부 배로 늘릴 계획이다. 미쓰이 물산은 2015년 아프리카 모잠비크 탄광과 호주 가스전 지분 인수에 8억 달러 넘게 쏟아 부었다. 이 회사는 2017년까지 최대 1조 4000억엔(약 15조원)을 에너지와 금속광 프로젝트에 투자할 계획이다. 이에 비해 한국은 축소 지향적이다.

지금이 투자 적기

한국은 최근 일본과의 자원개발경쟁에서 뒤처지는 이유는 뭘까.

일단 정부지원이 부족하다. 2016년 한국 정부 예산은 지난해(3594억원)보다 70% 넘게 줄어든 958억원에 불과하다. 반면 일본은 지난해보다 18% 늘어난 6500억원에 달한다. 민간 자원개발 사업을 돕는 '정책금융' 지원 규모도 한국은 2조 7000억원으로 일본의 10분의 1 수준이다. 현대경제연구원은 공기업과 민간 기업이 해외 자산 인수 합병(M&A)에 참여할 수 있도록 금융 · 세제해택 · 원자재 펀드 활성화 같은 정책적인 지원이 필요하다고 하였다.

정보력이 부족한 것도 문제다. 일본이 자원개발에 적극적으로 나선 것은 1940년대부터다. 70년 가까이 사업을 벌이면서 다양한 노하우와 네트워크를 구축했다. 반면 한국의 자원 개발은 1980년대 이후로 일본보다 40년 이상 늦었다. 가스업계 관계자는 "지금 같은 저유가 상황에서는 네트워크가 필수적"이라며 "인맥과 정보망이 뒤처진 결과 얼마 없는 매물까지 일본이 쓸어가고 있다."고 말했다.

기초체력에서도 격차가 크다. 일본 자원개발 기업들은 현 매출액이 75조~200조원대로 한국

기업의 2~4배에 달한다. 일본 기업들은 유가 하락으로 인한 손실을 상쇄할 저력이 있는 것이다. 손양훈 인천대 교수는 '해외 자원 투자를 한번 실기하면 10년 후에 땅을 치는 법'이라며 '국가 어젠다 차원에서 거대한 밑그림을 그려서 자원 개발에 나서야 한다'고 하였다. 김희집 서울대 객원 교수는 '자원 개발은 실패 확률이 높아 어느 분야보다 전문가 양성이 필수적인 사업'이라며 '미국 등 선진 자원국의 개발 전문가를 영입하는 등 방법으로 개발 노하우를 쌓아나가야 한다'고 말했다.

조선경제, 2016. 3. 24. 정리

chapter **14**

비축과 지방자치

제1절 개관

오늘날은 국제화 시대이기도 하지만 지방화 시대이기도 하다. 지방자치는 오랜 역사와 더불어 각국의 문화, 지리적 특성, 국민의 의식수준에 따라 변화의 속도가 다르다. 이와 관련하여 각국의 지방자치의 역사, 제도 등을 개괄적으로 고찰하고 비축과 관련된 사례들을 기술하고자 한다.

우리나라에서 처음으로 지방행정체제를 채택한 것은 고려시대의 사심관제도[1]와 향직단체[2]이다. 하지만 이보다 민본사상에 근거한 지방자치가 모습을 보인 것은 조선시대이다.

제2절 우리나라의 비축과 지방자치

1. 고려시대

지방군주제의 고려 태조가 흑창을 설치하여 빈민에게 진대하는 법을 만들었는데 그 후 986년(성종 5년)에 이름을 바꾸고 지방의 주 · 군까지 확대하였다. 993년에는 양경(兩京) 및 12목(牧)에 상평창을 설치하고 동시에 천금(千金)을 내어 그 절반액에 해당하는 포(布) 32만 필을 상평창에 두었다가 물가조절에 사용하도록 하였다. 그리고 나머지 절반액에 해당하는 쌀 6만 4천 석을 양 경 및 지방 15개 의창에 나누어 두었다가 개경에서는 궁민에게 대여하고, 지방에서는 빈민을 구호하는 데 사용하도록 하였다.

무신집권과 몽골의 침입 등 혼란기를 겪는 동안 이 제도는 폐지되었다가 고려 말

1. 사심관 제도란 고려왕조 935년에 건국공신들을 그들의 출신지역에 부임시켜 지방주민을 보호, 통치케 하는 행정관리로서 지방호족의 자치제도라고 말할 수 있다.
2. 향직단체란 고려 초기의 지방분권적인 요소를 지닌 지방행정제도로서 지방 토호의 협조 없이는 요역 · 공납 등의 부과와 징수가 곤란하였던 시기에 그들에게 중앙관직의 위계와 같은 명칭과 직위를 두고 소규모의 조직을 가지게 하여 지방행정을 담당하게 하였다.

기인 공양왕 때 의창을 다시 설치하기로 결정하여 1389년(창왕 1년)에 양광도에 설치하고 1391년(공양왕 3년)에는 개경의 5부에도 설치하여 조선시대로 계승되었다.

2. 조선시대

조선시대의 지방행정조직은 전국을 8도로 나누고, 그 아래 300여 고을에 부, 대호부, 목 · 군 · 현을 두어 각각 중앙에서 지방관을 파견하였다. 각 도에는 관찰사(감사)를 파견하여 도내의 수령들을 감독하게 하였고, 또 각 고을에는 부윤, 대도호부사, 목사, 도호부사, 군수 현령, 현감 등 수령을 파견하여 다스리게 했다. 수령 밑에는 중앙의 육조체제를 본 떠 이 · 호 · 예 · 병 · 형 · 공의 6방(房)을 두어 아전이라 불리는 토착 향리들이 행정실무를 담당하였다.

이와 같은 지방행정조직체제에서 조선시대의 황정(荒政)은 주로 왕명에 의해 이루어졌다.

성종 때에는 "예단(叡斷)으로 재결하여 조궁(朝宮)을 임명하여 직접지휘를 내리시고 여러 도를 순회하게 하여 미리 황정의 사건을 거행하여 원원(元元 : 모든 백성)에게 은혜를 더하여 한 사람의 지아비라도 잃지 않도록 한다면 더 다행한 일이 없을 것입니다." 아뢰었다(성종실록 1권). 성종 2년 1월 5일에는 "금년에 기근이 경상도가 더욱 심하니, 각각 마을을 황정에 다하고 사냥을 좋아하여 백성들을 괴롭히지 말라." 하였다(성종실록 2권). 성종 5년(1474년) "경기의 수령으로 황정을 부지런히 한 자는 체대(遞代)할 때에 준직(准職)하여 서용(敍用)하라."고 하였다(상동 6권). 영산도 관찰사 김관에게 들으니, "남도에 흉년이 들어 굶주리는 자가 상당히 많다고 하니 황정을 늦출 수가 없다. 그러니 경(卿)이 마음을 다하여 조치하라." 하였다(상동). 경기도 관찰사 이세좌 등이 아뢰기를 "화곡(禾穀)의 상황은 비록 먹을 만한 곳도 조금은 있기는 하나 거의 다 말라죽어 소생할 수가 없습니다. 칭컨대, 거주하는 백성들로 하여금 구황할 물자를 예비(豫備)하게 하소서!" 하였더니, "수령(守領)의 말을 채집해서 황정을 대비함이 좋겠다." 하였다(상동 41권).

명종 2년 9월 15일(재해)에 황해도, 강원도, 충청도의 재상어사(災傷御史)에게 전교(傳敎)하였다. "그 일대의 농사 및 백성의 곤궁한 상황과 수령들이 황정을 거행하는지에 대한 것들을 모두 자세히 들어보고 와서 아뢰라!" 하였다.

3. 조선시대의 비축

조선 초기에는 고려 말의 의창(義倉)[3]을 계승하였다. 이어 구황청을 설치하여 조선시대 흉년에 백성들을 구제하도록 하였다. 1626년(인조 4년)에는 진휼청이라 고치고 선혜청에 붙이어 상평창과 합쳤다. 주로 서울 이외의 지방을 구제했다. 백성을 진휼할 때는 진휼청이라고 하고 진휼이 끝나면 상평창이라 하였는데 이 방면의 담당사무는 비변사에서 모두 맡아보았다.[4]

『세종실록』 지리지에는 각 도마다 궐부 항목과 궐공 항목이 있어 궐부에서는 전세의 종류, 결공에서는 공물의 종류가 기재되어 있는바, 그 내용을 정리하면 아래와 같다.

경기도 : 백저포(白苧布), 정오승포(正五升布)
충청도 : 백저포(白苧布), 정오승포(正五升布), 주포(紬布), 면포(綿布), 면자(綿子)
경상도 : 면주(綿紬), 정포(正布), 저포(苧布), 설면자(雪綿子), 면포(綿布), 면화(綿花)
전라도 : 저포(苧布)
강원도 : 저포(苧布)

경기, 충청, 경상, 전라, 강원도에서 전세포화로서 백저포, 저포, 정오승포, 정포, 설면자, 주포, 면주, 면포, 면화 등이 수납되고 있다. 백저포는 흰 빛깔의 모시이고, 정오승포는 정포이며, 면자(綿子)는 견면(繭綿)으로서 고치 솜, 설면자는 질이 좋은 면자이고, 면주는 가늘게 짠 명주이며, 면포는 굵은 올로 짠 명주이다.

조선 초기에 있어서 포화전의 규모는 84,000여 결로서 연간 정포로서 거의 10만

3. 중국에서 흉년에 궁민을 구제할 목적으로 마련한 비상미 비축제도. 평년에 백성으로부터 곡류를 여분으로 징수하거나 유지로부터 기부를 받아 곡식을 보관하던 창고.

4. 비변사(備邊司)는 1510년(중종 5년)에 일어난 삼포왜란의 대책으로 도체찰사(都體察使)가 설치되고 다시 병조(兵曹) 안에 1사(司)를 두어 종사관(從事官)에 그 사무를 맡기면서 비변사라 칭한 데서 비롯된다.

필을 수납하였으며, 그 용도는 왕실재정을 비롯하여 호조(戶曹)의 제용감(濟用監),[5] 광흥창(廣興倉, 녹봉을 관장하는 관부)의 녹봉에 충당되었다.

세종(5년)은 강원도 지방을 휩쓴 혹심한 기근에 빠진 백성들의 어려움을 해결하기 위해 황희를 강원도 관찰사로 보내 백성들을 구휼하였다. 조선시대에는 구휼정책에 성공한 지방관을 우대하는 시대라, 황희는 이후 이조판서, 우의정, 좌의정으로 연속 승진하였다.[6]

4. 조선시대의 지방조직

조선시대 지방행정조직은 한성부, 개성부 외에 8도로 구성하였다. 각 도의 관찰사 이하 부(府)·목(牧)·군(郡)·현(懸)의 수령은 농상성(農桑盛)·호구증(戶口增)·학교흥(學校興)·군정수(軍政修)·부역균(賦役均)·사송간(詞訟簡)·간활식(奸猾息) 등의 '수령칠사(守令七事)'의 임무를 수행해야 했다. 각 고을의 육방(六房 : 이, 호, 예, 병, 형, 공)을 통한 지방재정수요 물자의 조달 및 중앙정부의 조세 및 공납 등 중요한 조달업무를 수행하여야 했다.

그 외에 민간자치기관으로 향청이 있었다. 현, 부 밑에 면, 동, 리, 촌의 우두머리를 두어 현 부의 명령을 백성에게 주지시키는 한편, 세금 납부 등을 독려하는 일을 맡았다.

참고

농민의 지배양식으로 세종 때 간행된 『농사직설』(農事直說) 속에 주자의 권농문(勸農文)이 실려 있다. 그는 전호(佃戶)가 전주(田主)를 침입해서도 안 되며, 전주가 전호를 학대해서도 안 되는 것이라 하였다. 주자(朱子)의 이러한 전주·전호 간의 상호보완적 관계에 대한 인식은 성리학(性理學)의 중세적 발전성을 보인 것이다. 주자가 살던 때는 소위 강남농법(江南農法)에 의하여

5. 百官에게 사여하는 조복(朝服)·공복(公服)을 만들어 공급하며 포화를 관장하고, 명(明)에 세포(細布)를 보내는 일 등을 관장하는 관부로서 왕실재정의 兼供 기구에 속한다.

6. (사)방촌황희선생사상연구회, 『방촌 황희와 세종』, 2016. 6. 30. 참조

생산력이 발전된바 전주와 전호의 합력(合力)에 의한 것이라는 인식이 형성되었다. 조선 초기의 사대부(士大夫)들은 성리학의 수용에 따라 이러한 인식도 수용한 것이다. 15세기 전주(田主)·전호(佃戶) 관계는 다분히 국가 대 농민으로 파악되었는데 15세기 말부터 농민이 전호화(佃戶化)되어 이러한 현상은 뒤에 사림(士林) 세력의 등장과도 관계가 있다.

참고

군자시 전(軍資寺 田) : 만일의 군사행동에 대비하여 양곡을 비축하기 위한 토지. 군자전은 전제개혁(田制改革)에서 가장 절실히 그 확보가 요청된 지목(地目)이며, 조선 건국 초에 군자전은 약 10만결이었음. [고려사 권 78. 식화(食貨) 1. 전제(田制)]

군자시 : 고려 때 군수품을 저장하던 관청. 1390년(공양왕 2년) 소부시(小府寺), 태조 때는 물장성(物臟省)를 없애 군자시를 두고 군자시에서 전곡문서(錢穀文書)를 관장케 했다. (고려사, 국사대사전)

군자창(軍資倉) : 이조 대의 창고. 전국의 군전(軍田)으로부터 수납해 들인 군자곡을 저장하는 창고이며 군자창에는 별창을 두어 잡곡을 저장해 두었다가 백성에게 대여해 주고 가을에 곡물을 수납하기도 하였다. (국사대사전)

사창 : 민간의 비축제도인 사창은 대구의 한 현에서 시작되었다.

참고 **병자호란 당시 지방민의 비축 이야기**

조선 중기의 인조 때 병자호란(1636~1637년)으로 남한산성을 포위당하였다. 성내의 군세(軍勢) 1만 2천여, 식량 1만 4천여 석(石)으로 50일간의 보급이 가능할 뿐이었다. 포위된 지 45일에 식량 결핍과 추위로 말미암아 모두 격파당하였다. 이에 왕은 삼전도(현재 송파구 삼정동 지역)의 수향단에서 청 태종에게 항례(降禮)를 드리니, 근세 사상 처음 보는 치욕이었다. 하지만 그 주변 지역은 군세와 식량 비축으로 주민이 봉기하여 피해를 입지 않아 추후에 다시 남한산성을 되찾는 데 일조하기도 하였다.

제3절 현대의 지방자치

정부수립 후 지방자치제도는 1948년에 제정 · 공포된 제헌 헌법에 지방자치에 관한 1개의 장을 두었으며, 동년에 조선총독부를 대체한 한시법인 '지방행정에 관한 임시 조치법' 을 제정하여 종래의 행정구역을 승계하여 읍 · 면장 선거제 등을 규정하였으나 6개월 후에 실효되었다. 1949년 7월 4일에는 지방자치법이 제정되었으나 국내질서의 불안과 1950년 한국전쟁의 발발로 지방의원선거를 실시하지 못하였다. 그 후 1952년에 비로소 최초의 각급 지방의회의원 총선거가 실시되고, 지방의회가 구성됨으로써 근대적 의미의 지방자치가 출범하게 되었다. 그러나 당초의 기대와는 달리 지방자치는 많은 폐해와 결함, 비능률이 표출되었고, 국민들의 정치역량과 민주적 정치의식수준이 지방자치를 실시하기에는 미흡하다는 사실이 밝혀졌다.

이후 1960년 제2공화국 헌법 공포와 지방자치법 개정으로 지방자치단체의 장이 모두 주민직선으로 선출되게 되었다. 이와 같은 지방자치법의 획기적인 개정과 지방자치법이 준용하고 있는 국회의원 선거제도가 대폭 개정됨에 따라 지방의회 의원선거, 시 · 읍 · 면장 선거 및 서울특별시장 · 도지사 선거는 면모를 달리한 새 지방자치법에 의하여 1960년 12월에 각각 실시되었다. 어찌됐든 주민직선에 의한 기관구성을 완료함으로써 제2공화국은 우리나라 지방자치사에 민주화를 꽃피우는 전기를 마련한 것으로 평가받는다. 그러나 다소 무능한 제2공화국의 총리체제 하의 지방자치는 1961년 5 · 16 군사정변에 의해 시행착오의 여유도 없이 약 5개월 만에 실패로 돌아갔다.

참고

외국의 경우 지방자치가 영국의 정치사에서 보는 바와 같이 일상적 생활방식으로서 자연히 발달해 오지 않거나, 독일 · 프랑스의 정치사에서 볼 수 있는 바와 같이 군주의 권력에 대항하는 민권의 항의적 · 투쟁적 개념으로서 발표되었어도 국민들의 정치역량이 부족하면 지방자치의 실효를 거둘 수 없다는 사실은 위 국가들의 9년 동안의 경험을 통하여 알게 되기도 하였다.

그 후 군사정권에 의하여 경제개발 5개년 계획 등으로 괄목할만한 경제성장을 이룩하였으나 풀뿌리 민주주의인 지방자치의 발전과는 괴리가 심하였다. 박정희 대통령의 18년간의 정권이 무너진 뒤 새로운 군부세력인 전두환 대통령의 정권에서도 경제성장은 계속되었다. 그러다가 1987년 6 · 29 선언 이후 확산되기 시작한 민주화의 물결은 지방자치법의 전문개정을 불가피하게 하였다. 문민화를 지향하는 헌법이 1988년 2월 25일 개정되고, 이에 따른 지방자치법이 1988년 3월에 국회에서 통과되었다. 그러나 노태우 정부는 이의 전면 시행을 유보했다. 실질적으로 문민정부라 할 수 있는 김영삼 정부가 학회의 의견을 수렴하여 1995년 전국적으로 동시에 지방선거를 실시함으로써 한 세대가 넘어서야 지방화 시대를 새로 열게 되었다.

■■ 에피소드 ■■

필자는 1993년에 지방자치의 실시에 대한 토론회에 참석하였는데 발표자와 토론자 공히 지방자치 전면전략(all-out strategy)보다는 경기도 등 일부 지방에 먼저 실시한 후 전국으로 확대하는 점차적 전략(progressive strategy)에 뜻을 같이했다. 이 토론회가 공식적으로 끝난 후 필자는 알고 있는 모 학자에게 대구에서 학창시절을 상기하면서 30여 년 전 내각제 시절 전면실시가 실패하였지만 이번에는 '지방행정 혁명' 차원에서 전국적으로 실시하면 좋겠다고 말한 적이 있다. 그런데 그 말처럼 실제로 전국적으로 실시되자 필자는 지방자치학에 더욱 관심을 가지게 되었다.

이후 정권이 몇 번 바뀌고 지방자치의 운영 등에 있어서 많은 문제점도 노출되고 있기도 하지만 점진적으로 지방화 시대는 계속되고 있다.

제4절 지방자치 시대의 비축

오늘날은 지방화 시대라고 한다. 지방자치제도는 오래전부터 영국의 풀뿌리 민주주의(roots democracy)에서 출발하였다. 그러나 그 운영은 각국의 사정에 따라 다소 다르게 나타난다.

지방자치는 우리나라의 조선시대에도 있었다. 비록 왕권시대이지만 지방에 대한 구휼정책에 관심이 많았다. 중국의 사마천의 『사기』에도 이와 관련된 정책이 많이 나온다.

오늘날의 지방자치는 크게 영미식과 대륙법 계통으로 나누어지는데 영미식은 성문화되지 않은 불문법으로 관습법과 관례를 중시하는 영국과 미국이 운영하는 법체계이고, 대륙법은 성문화된 법으로 독일, 프랑스, 일본 등이 운영하는 제도이다. 우리나라는 전통적으로는 대륙법 계통에 속하나 그 운영에 있어서는 합리성을 감안하여 영미식도 가미했다고 볼 수 있다. 일반적으로는 영미에서는 자방자치에 대해 지방정부라 표현하며 주민자치로 구성되어 있고, 대륙법 계통에서는 지방자치단체라 표현하며 단체자치로 구성되어 있다.

지방자치의 비축은 과도한 중앙에 집중된 비축을 각 지방의 특성에 맞는 분산 비축을 함으로써 적실성과 효율성 있게 비축을 집행할 수 있다. 더 나아가 지역주민의 생활수준 향상과 실생활과 밀접하게 비축을 생활화할 수 있는 여건이 조성될 수 있으며, 안정된 여건을 조성하는 데도 일조할 수 있다. 그 예로 우리나라에는 홍천의 비축창고가 있다. 감자의 씨(seed)를 비축 관리하고 있는데 홍천은 감자의 생산지로도 잘 알려져 있다. 기타 지방에도 농산물의 씨앗을 비축하여 확대 재생산하는 데 크게 기여할 수 있는 여건들이 많다.

오늘날의 지방자치는 광역화하는 경향이 있으므로 지방자치단체의 특성을 고려하여 지방자치단체 간 공조로 비축을 하는 방안도 합리적인 대안이 될 수 있다.

제5절 주요 각국의 비축과 지방자치

1. 미국

가. 미국의 주정부

미국은 50개주와 Washington D.C로 구분되어 있다. 주(州)의 권한이 대단하며, 법률이 엄격하다.

미국은 연방국가이지만 주(state)의 독립성이 강한 국가이다. 연방정부는 외국과의 통상조약, 통화의 발행, 교전권 등 헌법상에 주의 명문규정으로 금지되어 있는 사항을 비롯한 포괄적 권한을 행사한다. 각 주의 지방자치단체는 법적으로는 '주별로 독창적으로' (the creative of the state) 할 수 있다. 각 주는 다종다양한데 이는 다양한 지방제도가 있는 유럽에서 이민이 유입되고 주마다의 특성이 부각된 데 기인한다. 현재의 지방단체의 기초는 미국의 독립부터 남북전쟁까지로 형성되어 있다. 지방자치제도는 홈룰 헌장(Home Rule Charter)이 있다.

나. 미국의 지방정부

미국은 대통령 중심제이지만 지방정부의 권한이 막강하여 여기에 보다 구체적으로 그의 종류를 기술한다. 우리나라는 1999년 10월 현재 서울특별시, 광역시, 도, 시, 군, 구 등 248개소의 지방자치단체와 일반구 21개를 합쳐 269개소가 있으나 1997년 6월 현재 미국에는 연방 및 50개 주정부를 제외한 지방정부의 수만 87,453개소가 있으며 이 중 45%인 39,044개소는 일반 목적의 지방정부이고, 나머지 55%인 48,409개소는 특별 목적의 지방정부이다. 일반목적의 지방정부는 3,043개 카운티 정부와 36,000개의 산하 하부기관(Subcounty)으로 구성되었으며, 다시 하부기관은 정치 또는 역사적 환경에 따라 자치체(Municipality)인 시(City), 보로(Borough), 빌리지(Village) 등 19,372개소와 타운(Town) 및 타운십(Township) 정부 16,629개소로 되어 있다. 또한 특별 목적의 지방정부는 지역의 교육을 담당하는 학교구(School District) 13,726개소와 기업의 성격으로 지방정부의 기능을 보조하는 특별구(Special District) 34,683개소가 있는 등 다양한 자치권과 함께 미국의 지방정부 제도는 마치 세계의 자치제도 전시장과 같은 모습을 보여준다.

1) 시(City)[7]

시정부는 미국 전역에서 서브카운티(Subcounty) 자방정부 중에서 가장 많은

---

7. '1) 시~5) 보로' 부분 : 김웅기, 『미국의 지방자치』, 대영문화사, 2001.

Municipal 정부 형태로 1997년 현재 하와이 주를 제외한 49개 주에서 9,984개소가 존재하고 있다.

2) 타운(Town)

타운 유형은 연방 통계청의 센서스 개념에 두 가지가 있다. 하나는 Municipal 정부 개념의 타운이고, 다른 하나는 타운 · 타운십(Town, Township) 정부 개념이다. Municipal 정부 개념의 타운은 4,406개의 지방정부가 있으며, 타운 · 타운십 정부 개념의 타운은 3,581개의 지방정부가 있다.

3) 타운십(Township)

타운 · 타운십 지방정부 개념의 Township 정부는 1997년 현재 미국 전역에 12,888개소가 있다.

4) 빌리지(Village)

Municipal 정부에 속하는 빌리지 정부는 1997년 현재 24개 주정부에 3,732개소가 있다.

5) 보로(Borough)

보로 역시 Municipal 정부에 속하는 정부 유형으로 보통 시보다는 인구가 적은 지방정부에서 사용하는 유형이다. 1997년 현재 1,226개소의 보로 정부가 있다.

다. 미국의 비축

비축물품을 구매하는 미국의 조달청인 General Services Administration(GSA)는 11개의 광역지역으로 분산되어 있어 그 지역에 대한 비축업무를 지원하도록 되어 있다고 할 수 있다.

2. 중국

중국은 지방자치와는 제도상으로 거리가 멀다고 할 수 있지만 지방정부 측면에서 고려한다.

중국은 광활한 면적과 많은 지역, 고산 지역 소수민족 등으로 이에 맞는 비축정책을 시행하고 있다. 즉 중국은 특별시(북경, 중경 등)와 지치구(신장웨이우얼위구르 자치구, 내몽골 자치구, 티베트 자치구, 조선족 자치구 등)와 31개 성(省)으로 구성되어 있다.

특히 티베트 자치구는 천연자원으로 금강석, 마그네슘, 철, 석탄, 크롬 등 70종이 넘게 매장되어 있어 경제적 가치가 엄청나다. 게다가 티베트는 군사전략적 가치가 매우 높은데다가 고원지대라는 특성으로 인해 티베트는 무기의 배치와 개발이 이상적이며, 핵폐기물 시설이 있는 지역이다. 특히 아시아 패권을 각축하는 인도와의 충돌을 막는 완충지대로서 전략적 요충지 역할을 하여 티베트의 자치권 요구에도 중국정부가 포기할 수 없는 지역이다.

비축과 관련하여서는 최근에 자치시, 성, 현별로 특성에 맞는 비축(정책)을 시행하고 있다.

3. 영국

가. 개관

영국과 지방자치는 1000년의 역사성과 지역성을 지니고 있으며 획일화되지 않은 제도이다. 영국의 지방자치는 중세에 출현한 교구(parish)를 기원으로 볼 수 있으며, 성문법을 토대로 종합적인 지방정부가 탄생한 것이 19세기 말경이다. 영국의 지방정부의 권한은 막강하며 법으로 금지되어 있지 않은 일은 무엇이든 할 수 있다.

영국의 지방자치는 중앙행정체제가 확립되기 훨씬 이전부터 지역주민에게 가장 가까운 거리에서 행정서비스를 공급하는 역할을 했다. 그 결과 지방자치는 생활소의 자치로 정착했으며 우리나라의 지방자체에도 상당한 영향을 미쳤다.

영국의 지방정부 구조는 잉글랜드, 스코틀랜드, 웨일즈, 북아일랜드 지역으로 구성된 단일국가(unitary state)이면서 동시에 서로 다른 역사적 배경과 문화를 지님에 따라 현실적으로 상당히 다른 사회제도를 운영하고 있으나 비도시지역은 2원적(two-tier) 구조로 되어 있고, 농촌지역은 카운티(County)와 디스트릭트(District)로 구성되어 있다.

영국의 지방자치단체의 법적 지위는 헌법이 아닌 영국의회에서 제정한 법령에 의해 그 존재와 권한이 부여되고 있기 때문에 지방의원의 선출원칙, 행정조직, 사무권한 등이 국회의 법률적 권한에 귀속되어 지방자치단체의 조례나 규칙 등에 관한 입법권 등은 사실상 완전한 독립성과 자율성이 있는 것은 아니며, 1972년 지방자치법 제정으로 수권된 행위를 초월하는 행위는 권한유월(ultra vires)의 법리에 의해 위법으로 된다고 되어 왔다.

영국의 지방자치는 잉글랜드에서는 2층 구조와 1층 구조가 혼재하고, 스코틀랜드, 웨일즈, 북아일랜드에서는 1층 구조를 형성하고 있다.

나. 최근의 지방자치 경향

최근의 영국의 지방자치는 영국의 보수당과 자유민주당의 연립정권으로 정권교체한 후 도시가 지역의 경제를 지탱, 지역 전체를 활성화시키며 나아가서는 국가 전체의 경제성장을 초래한다는 생각 하에, 도시의 성장에 힘을 쓰고 있다. 이 경제성장을 이룩하기 위해 각각의 도시가 가진 모든 잠재적 능력을 발휘시킬 필요가 있어 지방의 리더나 비즈니스 리더가 성장을 촉진하기 위해 권한과 방책을 이용할 수 있도록 커다란 전환을 도모할 필요가 있다고 생각한 것이다. 그리고 이것을 달성하기 위해 영국(UK)정부는 도시협정의 프로그램을 수립한 것이다. 이 도시협정의 제1의 물결은 런던 주변의 광역경제권인 맨체스터 도시권역 등 런던을 제외한 8곳의 대도시에 초점을 맞춘 권역으로 되어 있다. 이들 8곳의 지역에는 잉글랜드 지방의 주요 도시로서 Core Cities라고 부르고 있는 도시가 있다. 이들의 도시는 1995년 임의단체 'Core Cities Group' 는 설치하여 경제성장과 그에 의한 지역의 경제발전을 목적으로 구성되어 있어 9개 도시의 의견을 집약해서 중앙정부 등에 요망 활동, 지역경제정책에 관한 조사 · 연구 등을 행하고 있다. 도시협정의 제2물결은 20개 시를 대상으로 하는 것이다. 런던 이외의 14개 대도시의 광역지역, 그리고 2001년과 2010년 사이 인구증가율이 높은 6개 도시에 실시되는 것으로 된다.

이러한 도시협정은 중앙정부와 각 도시 간에 체결되는 계약이다. 이 때문에 각각의 도시협정은 각각 다른 지역의 수요에 대응하는 주문인 것으로 되어 있어 도시가 그 지역에 있어서 보다 좋은 경제성장의 달성을 지원하는 것에 필요로 된다. 추가적인 권한, 책임, 유연성, 자유도를 부여하는 것으로 되어 있다. 한편으로 공통점도 있어 도시에 권한과 수단을 부여, 프로젝트의 실시나 주도권을 도시에 이양하여 그것에 의해 각각의 지역경제를 추진하는 것이 기대됨과 동시에 통치를 강화하도록 하고 있어 각각의 도시에서 합의형성 등의 조정을 해가는 것이다.[8]

이와 같이 영국의 지방자치는 각 도시 간 법의 제정보다 쉬운 계약 형태로 서로 간에 경제발전과 성장에 협력하고 있다.

4. 독일

독일의 자치행정구조의 기원은 12세기 도시 영주체제의 조직형태, 주교가 주재하는 도시, 그리고 이에 대립되는 시민들의 자치도시가 행정권을 확보하는 데 이용했던 자치행정을 위한 시민의 모임인 연합총회에서 찾아볼 수 있다.

주민에 의한 자치행정의 기원은 1807년 로렌츠 폰 슈타인(Stein)의 프로이센의 자치도시 규범으로 200년의 역사를 지니고 있으며, 나폴레옹 전쟁 이후 침체된 국가를 강대국으로 재건하고자 하는 것이 그 목적이었다.

제1차 세계대전 이후 바이마르 공화국(Weimarer Republic)은 1919년 바이마르 헌법을 제정하였으며, 바이마르 헌법 제127조는 게마인데(Gemeinde)와 게마인데 연합(Gemeindeverbaende)에 관한 법률의 범위 내에서 자치행정의 권리를 보장하였다. 이러한 제도적 장치에 따라 국회의원 선거뿐만 아니라, 지방자치단체에 대한 최초의 보통선거가 실시되었다. 비례대표제의 도입은 지방토호의 전제정치 체제로부터 정당정치에 의한 지방자치의 발전을 가져왔다. 또한 정당의 행정전문 인력의 필

---

8. http://cafe.daum.net/c21/bbs print?grpid=1444AkS&mgrpid

요는 직업공무원제도의 발전을 가져왔다. 특히 바이마르 공화국에서는 세계 최초로 사회보험을 실시하였으며, 이러한 전통은 독일이 사회복지 국가로 출발하는 계기가 되었다.

독일의 행정은 1949년 제정된 기본법(Grundgesetz)에 주 정부들의 행정이 일차적 주체가 된다고 규정하고 있다. 그리고 주 단위별로 각각의 자치규범을 가진다. 따라서 독일은 연방제 국가이나, 각 주의 권한이 막강하다. 국가사무의 입법 및 정책결정권은 연방정부에 있지만 정책의 집행 및 행정권은 전적으로 주(Lander)에 부여되어 있다. 16개 주 정부도 역시 대부분의 행정적 결정과 집행권을 기초자치단체에 위임시키고 있다. 현재 독일의 대부분의 주는 자치단체장과 의원들에 대한 직접선거 및 주민소환, 주민발안, 주민투표제 등의 직접민주주의와 주민참여제도를 갖추고 있다.

한반도보다 약 1.6배가 큰 지역에 남한의 2배 인구가 특정 지역에 밀집되지 않고 균등하게 분포되어 있어 지방자치의 자연적 조건이 매우 유리하다. 특히 기능상의 역할 분담은 연방제도 내에서 상호보완적 역할을 할 수 있도록 구성되어져 있다. 예를 들어 국제공항이 자리하고 있는 베를린과 프랑크푸르트는 국제교류의 중심지, 뮌헨은 학문과 문화의 도시로, 함부르크와 브레멘은 항구도시, 쾰른, 라이프찌히 그리고 슈투가르트는 공업도시로 지역적 특성과 기능의 분산을 통하여 전 국토가 균형과 조화를 이루고 있다.

비축제도와 관련해서는 지방자치단체까지 비상식량에 쿠폰제(coupon)를 사용토록 하고 있다.

경제정책은 일반적으로 연방정부가 담당하지만, 경제생활을 위한 행정은 주정부가 담당한다. 지방자치단체는 영업허가와 같은 경제생활을 위한 사무를 수행하지만, 이들 사무에 관해 지방자치단체는 주 정부의 위임을 받은 일선 행정관청의 역할을 수행할 뿐이다. 특정행정기관을 통해 주 정부의 행정사무를 수행하는 도량 표준청, 광산청, 영업 감독청을 두고 있다.

경제활동의 자치적인 기관으로 상공회의소, 수공업자회 등은 주 정부의 경제발전 행정을 담당한다. 농업, 목축업 그리고 산림에 관한 행정은 주 정부가 담당하는 사무이며, 주 정부는 연방이나 유럽공동체와의 시장 질서를 위한 협동이 필요하다.

5. 스웨덴

가. 개관

스웨덴의 지방자치는 130년의 오랜 역사를 가지고 있으며 단체장 직선제 없이 시·도 의회로 구성되어 있고 중앙정치의 영향을 받지 않는다. 지방자치의 역사를 보면 1862년 지방정부법을 제정해서 교구(教區)가 맡아오던 지방업무를 시 단위로 이양하여 현대적 의미의 지방자치가 성립되어 선거에 의해 선출되는 지방의회와 행정집행을 맞는 지방행정당국으로 업무 한계를 분리하여 운영하고 있다. 업무 한계는 국회, 도의회, 시의회가 정책을 결정하고 중앙·도·시 정부가 정책을 집행하도록 되어 있다.

지방자치의 오랜 경험을 가진 구미 선진국들과 마찬가지로 스웨덴의 여건과 정치, 문화, 환경 등에 맞춰 주민 직선제를 포함, 의회 선출 또는 정부임명제 등 다양한 단체장 선임 제도를 채택하고 있다.

자치단체장은 도지사가 유일하며, 전국 24개 도지사를 정부가 임명한다.

나. 지방정부 비축

스웨덴의 지방정부는 평시에 전시와 같은 총체적 방어에 필요한 대비를 하고 있어야 한다. 이 대비에는 식량배급과 이동식 식당은 물론, 여러 기능인 계획, 비상대비 일수 책정, 연습 참가 등이 뒤따라야 한다. 또한 구조업무, 일반대중의 보호, 정보 및 사회업무, 보건, 교통, 도로유지, 교육 및 수도, 난방, 하수 등과 같은 공공시설물이 포함된다. 지방에서는 지방자치기관이 최고의 방어책임 기관이다. 그러나 민방위 책임자나 지역행정관 관할에 있는 지역기관에서는 직접적으로 권한을 갖지 못한다. 지방정부는 총체적 방어를 위해 필수적인 요구사항을 만족시키기 위하여 다양한 지방정부 산하기관의 부서를 통할해야 한다. 또한 총체적 방어를 위해 민방위 체계와 협력이 잘 이루어지도록 할 의무도 있다.

이와 같이 스웨덴의 지방정부는 비상시와 이에 대비하는 비축물자에 대한 권한의 책임을 제1차로 가지고 있다고 볼 수 있다. 또한 지방정부 자체에 국한하지 않고 중앙정부와도 유기적 관계를 가지면서 만약의 사태에 대비할 수 있는 총체적 위기관리 체제를 확립하는 것도 의무사항이며, 스웨덴은 지방정부가 중앙정부 못지않게 자체적으로 만약의 사태에 대비하는 모범적인 국가라고 할 수 있겠다.

6. 그 외 주요국의 지방자치

가. 일본

일본의 지방행정체제는 광역단체인 도(道)·도(都)·부(府)·현(縣)과 기초자치단체인 시·정·촌(市町村)의 통합으로 되어 있다.

즉 일본의 근대 지방자치제도는 명치유신 이후이며 1도 홋카이도, 1도 도쿄, 2부 교토, 오사카, 43현 등 모두 47개 도도부현이 설치되어 있고, 시정촌의 통합은 2002년 현재 3천 218개이다.

일본의 지방자치단체의 비축은 중앙정부의 비축정책에 따라 지역특성에 맞는 비축창고를 운영하고 있는 것으로 알려져 있다.

나. 프랑스

프랑스는 지방자치제의 오랜 역사를 지니고 있다. 이러한 프랑스는 최근인 2009년에 지방자치 개혁안(Sarkozy 대통령)을 내놓았는데 그 주요 내용은 현행 22개인 광역도(region)의 수를 15개로 축소하고 2014년부터 광역도 단위의 단일선거를 통해 광역도(region) 의원 및 도(department) 의원을 동시에 선출하고 11개 광역시(Metropole)를 신설하고, 코뮌(commune)[9] 그룹 의원수의 1/3을 감축한다는 것이다.

그러나 프랑스의 지방자치단체의 비축은 널리 알려지지 않고 있는 실정이다.

---

9. 코뮌 : 기초적 지방자치단체 최고(最古).

제6절 지방자치와 국제화

우리나라와 더불어 세계 각국도 지방화에 역점을 두고 있다.

중앙정부의 고유권한인 국가안보와 외교권을 제외한 경제적, 문화적 등 상호교류가 이루어지고 있다. 국내뿐만 아니라 국제적으로 외교의 새로운 기틀 마련 측면에서도 각국의 지방 간에 교류가 활성화되고 있고 그의 필요성도 인정되고 있는 것이다.

예로 한 · 중 간, 한 · 일 간, 인접도시 간 MOU를 결성하고 경제적, 문화적 인적교류가 고조되고 있다. 지방자치제도가 국가의 근본을 이룬다는 점에서도 그의 역할을 가볍게 볼 수는 없기에 정부(국가)도 이에 적극적인 지원과 협력을 아끼지 말아야 한다.

5 part

비축학의 미래와 한계

chapter 15

비축학의 미래

제1절 개관 ● **제2절** 비축학의 발전방향

제1절 개관

비축은 오래되었지만 비축을 '학'으로서 연구한 것은 처음이다. 이와 같은 상황에서 지금 당장 비축학이 각광받지 않을 수도 있다. 그러나 실용주의적이고 불확실성 내지 위기가 상존하는 가운데서 실용성을 가져다 줄 수 있기에 비축학 연구는 점점 탄력을 받게 될 것이다. 이에 비축학은 만시지탄(晩時之歎)이지만 자원의 편재성과 국가발전, 계속기업의 유지, 그리고 국민의 삶의 질 향상 및 개인의 행복 추구의 관점에서 볼 때 그 미래가 낙관적이라고 하겠다.

제2절 비축학의 발전방향

세계 각국의 민족주의(nationalism)와 국가안보 및 자원확보 등으로 비축은 더욱 강화될 것으로 예상된다. 더욱이 기후변화 등 자연현상과 맞물려 각국은 비축을 위한 경쟁을 하지 않을 수 없는 것이다. 각국은 제한된 합리성(bounded rationality)과 위기극복을 위해 지식의 세계(world of knowledge)를 확대 · 개발하는 발전정책을 펴야 할 것이다. 즉 다음과 같은 측면에서 비축의 발전방향을 설정해 나가야 할 것이다.

1. 비축정책의 목표를 명확히 하는 것이다.[1]

그러나 우리나라의 비축정책은 여러 가지 사정상 이에 미흡한 실정이다. 따라서 현 비축정책의 목표를 개선하여 보다 구체적이고 합리적이며 법령화된 명확한 정책목표를 설정해야 될 것이다.

---

1. 매즈매니언과 사바티어(Mazmanian & Sabatier, 1983)는 정책 목표들이 자세하고도 명확하게 규정되어 있고 그 중요성에 따른 우선순위가 매겨져 있으면 그 목표들은 정책 프로그램의 평가에 절대적인 도움을 줄 수 있고, 집행자들에게 뚜렷한 지침이 될 수 있으며, 지지자들에게는 자원으로 사용할 수 있다고 하였다.

2. 비축정책수단과 목표 사이의 인과관계의 타당성이 적정해야 한다.

정책 및 프로그램은 실제로 집행되었을 때 목표가 달성된다는 근거 있는 이론을 바탕으로 수립되어야 한다. 프레스맨(Pressman)과 윌다브스키(Wildavsky)는 '집행(implementation) 연구' 에서 정책의 실패를 정책 자체의 실패와 정책집행의 실패로 나누고, 전자는 정책이 근거하고 있는 이론의 타당성이 부족하여 정책집행이 효과적으로 이루어졌다 하더라도 정책목표가 달성되지 않은 경우를 말한다.

3. 비축정책에 대한 최고의사결정권자의 적극적인 지지와 리더십이 필요하다.

최고의사결정권자는 감독, 재정 자원의 제공, 그리고 새로운 법령 등을 통하여 비축정책 목표를 지지함으로써 정책 집행에 영향을 미친다.[2] 그러나 우리나라는 비축정책에 대한 최고의사결정권들의 지지에 대한 인식이 부족한 편이다. 미국의 경우 비축정책은 전략적 비축에 바탕을 두고 있으며 유가 급등 시 비축유를 방출함으로써 유가를 안정시킬 수 있으므로 대통령의 공약사항에서 중요한 비중을 차지하고 있다.

참고

박근혜 대통령이 2016년 1월 4일 청와대 영빈관에서 국회의장 등 5부 요인과 당 지도부, 경제 5단체장 등과 신년인사회를 가진 자리에서 "10년 뒤 우리나라가 무엇으로 먹고 살지, 우리 청년들이 어떤 일자리를 잡고 살아가야 할지 생각할 때마다 두려운 마음이 들곤 한다."고 말했다. 그러면서 "그때마다 경제혁신 3개년 계획을 성공적으로 마무리하고, 금융 · 노동 · 공공 · 교육의 4대 구조 개혁을 반드시 완성해야 한다는 절박감이 생긴다."고 했다. 여기서 중요한 말은 "10년 뒤 우리나라가 무엇으로 먹고 살지"인데 이 말은 간접적으로 미래에 먹고 살 비축을 염두에 둔 말이라고 생각하고 이는 비단 우리나라뿐만 아니라 세계 인류 공통의 문제와도 직결되는 문제이며, 최고 지도자의 미래에 대한 관심을 중기적으로 표현한 말이라고 생각한다.

4. 비축정책 입안이나 집행에 전문적인 인력이 필요하다.

비축은 단기간에 계획-실행-평가할 수 없으므로 중 · 장기적인 관점에서 전문적

---

2. 매쯔미니언과 사바티어(Mazmanian & Sabatier, 1983).

인 인력이 필요하다. 또한 우리나라는 부존자원 부족으로 외국에서 자원을 수입해야 하므로 세계적 마인드(mind)로 국제화에 맞는 인력을 발굴하는 일도 필요하다.

5. 비축예산(기금)의 조성이 필요하다.

중대한 사회적 변화를 내포한 연 1%의 성장. 토마 피케티(Thomas Piketty)가 본 가장 중요한 점은 1인당 생산 증가율이 1퍼센트라는 것은 사실 대단히 빠른 것이며, 많은 사람이 생각하는 것보다 훨씬 더 빠른 성장이라는 것이다. 이는 구체적인 성장률 예측보다 더 중요하다. 30년이라는 한 세대가 지나면 연 1퍼센트의 성장률은 35퍼센트 이상의 누적 성장을 가져오며, 연 1.5퍼센트의 성장률의 경우 누적 성장은 50퍼센트 이상이 된다. 실제로 이는 생활양식과 고용에 중요한 변화가 생긴다는 것을 의미한다. 비축기금은 일반예산의 1% 유지의 필요성과 유사하다 하겠으며 일반적으로 예산은 매년 몇 퍼센트(2～3%)씩 증가하므로 비축기금도 증가하게 되어 안정적이고 지속적인 변화로 선진국의 경제 사이클(cycle)에 접근할 것이다.

관련 글 **비축기금의 조달방법 : 지하경제(underground economy)의 합리적인 응용방법**

세계 각국에서는 정도의 차이는 있지만 지하경제를 용인하고 있다. 지하경제에서 활동하는 종류는 (1) 불법행위, (2) 보고되지 않은 경제, (3) 비공식경제, 그리고 (4) 범죄행위 등이 있다. 불법행위에는 마약밀매, 무기밀매, 매춘 등의 물품 · 서비스 생산, 유통을 중시하고 있다. 우리나라의 2015년 12월에 발표된 지하경제의 규모는 국민총생산(GDP) 대비 1970년대 24.7%, 1980년대 28.7%, 1990년대 35.6%, 2000년대 26.4% 그리고 2010~2014년에는 34.1%이다. 이는 OECD 34개국 국가들보다 평균 10% 높았다. 최근에 지하경제가 늘어난 것은 금융실명제(the real-name financial transaction system), 신용카드소득공제(taxes credits on card spending)와 현금영수증 제도(the issuance of receipts for cash payments)를 반영한 것이다. 우리나라의 2014년의 지하경제 규모는 450조원에 육박한 것으로 나타났으며, 이는 우리나라 일반예산을 50% 이상 초과하는 수치이다.

이러한 자금을 기업이나 국가에서 비축자금으로 활용하면 기업에서는 정상이익을 얻을 수 있는 정상 기업으로 성장할 것이고, 정부에서는 재정건성성의 원리에 따라 보다 발전적인 투명성 있는 국가발전에도 기여할 것이다.

The Korea Herald. Dec. 29, 2015. Korea Development Institute 자료 일부 발췌

6. 선물거래(Futures and Options)를 통한 헤징(hedging)을 활용한다.

선물거래의 역사를 보면, 1848년 미국의 시카고선물거래소(CBOT)가 창설되어 곡물시장에서 시작해 현재는 국제적으로 많은 거래소가 있으며, 비축금속과 관련해서는 런던금속거래소(London Metal Exchange) 등이 있다.

우리나라는 1973년 제1차 석유파동 때 원자재의 해외 의존도가 높아 큰 타격을 받았으며 이에 해외 원자재의 안정적 확보방안의 하나로 경제기획원 장관이 선물거래제도 도입을 건의했고 1974년 9월 13일 대통령이 재가하여, 동년 12월 26일 주요물자 해외 선물거래 관련 규정이 대통령령 제7440호로 공포되면서 해외선물시장(상품거래소)을 이용한 선물거래에 관한 법적 근거가 마련되었다. 비철금속을 취급하는 수입상이 비철금속의 선물시장인 LME를 이용해서 매입헤징을 이용하는 것이다. 매도헤징으로 상인은 비철금속의 하락에서 초래되는 손실을 방지할 수 있다.

그러나 완전헤징은 현물시장에서 발생할 수 있는 가격등락의 위험을 선물시장에서 해소하는 헤지 포지션에 의해 완전히 회피할 수 있다는 이론적 개념일 뿐 헤징을 이용하여도 상품가격의 등락에서 초래되는 손실을 완전무결하게 회피할 수는 없는 한계가 있다.

이러한 한계가 있기는 하나 이 제도는 일종의 보험(insurance policy)과 같은 역할을 하는 것으로 위험과 우연 등이 상존하는 현실에서 활용되어야 할 것이다.

7. 경제적 비축량(economic stockpile quantity : ESQ) 등의 기법을 개발한다.

다다익선이란 말이 있지만 비축량을 무한정 늘리는 것만이 상책이 아니다. 적정한 양을 비축하는 것이 관리와 이용 면에서 효과적이다. 따라서 경제적 비축량을 검토하는 것도 비축의 합리화 운영에 필요할 것이다. 경제적 비축량이란 발주비용과 재고비용의 합을 최소로 하는 1회당 발주량을 말한다. 재고 보충에 있어서 일반적으로 1회당 발주량이 많아지면 일정 기간상의 발주횟수가 감소하므로 발주비용이 절감된다. 반면에 일정 기간 내 발주횟수가 줄어들면 평균재고량은 증가하므로 발주비용과 재고비용은 반비례 관계에 있다고 할 수 있다. 이와 같이 비축운영의 합리화를 위해서는 경제적 비축량(ESQ)과 같은 제기법의 개발이 필요할 것이다.

8. 지정학적 환경을 활용한다.

동북아의 지정학과 삼면의 바다(3,000여 개의 섬)와 계절풍 기후 등의 입지조건을 잘 활용하는 지혜를 모아 비축대상 여부에 관심을 가져야 할 것이다. 참고로 섬나라인 일본 등은 육지와 바다, 섬 간을 개발·유지하고 있다.

한 예를 들면 새만금은 토지비축의 사례라고 볼 수 있다. 환경단체의 반대와 법원의 개발 등에 대한 공사중지 판결 등으로 인해 건설공사비가 증가하는 등 우여곡절 끝에 이룩한 새만금은 세계 최장인 33km 방조제로서 ICT(정보통신기술) 농업 메카 등으로 활용할 가치가 많다. 새만금 건설은 전두환 대통령 당시, 국무위원 모두 반대한 상황에서 김주호 농수산부 장관이 대통령과 독대하여 결정한 사업이기도 하다.

관련 글 **2015년에 대가뭄이 올까?**

부경대 변희룡 교수는 2015년에 대가뭄이 올 것이라고 경고하고 있다. 그는 한반도 가뭄이 6년, 12년, 38년, 124년 주기로 찾아왔다고 주장하고 있다. 주기 분석을 해보면 2015년에 대가뭄이 찾아와 2025년에 정점을 찍을 것이라고 예측한다. 변 교수는 "봄 지하수 고갈지역으로 더 심한 가뭄피해가 있을 것이다. 봄이 되어 기온이 오르면 한강 등에 녹조현상이 창궐할 것이다."며 최악의 가뭄으로 이어질 가능성도 있다고 말한다. 가뭄에 미리 대비해야 한다는 것이다. 기상재해 가운데 가장 큰 피해를 주는 것이 가뭄이다. 그 다음이 폭염, 태풍, 홍수라고 할 수 있다. 역사를 보면 강한 태풍이나 홍수 등은 피해를 극복하기가 가뭄보다 쉽다. 그러나 가뭄은 역사를 바꿀 정도로 피해가 심각하다. 마야 문명, 앙코르아트 문명, 남미의 티와나쿠 문명, 북미의 아나사지 문명 등이 가뭄으로 멸망했다. 19세기 말 대가뭄으로 인도와 중국에서만 5000만 명 이상이 죽었다. 가뭄 앞에 장사가 없다는 뜻이다. 대가뭄 예측이 틀릴 수 있으나 최악의 상황에 미리 대비해 피해가 없도록 하는 것이 우리의 몫이 아닐까?

스포츠서울 2015. 1. 19. 반기성의 날씨 바라기

9. 학문의 발전(learning development)과 교육이 중요하다.

인문학에서 "비인간지오복(備人間之五福)"이라는 말이 있다. 사람들이 미리 준비하면 오복이 온다는 말이다. 옛날부터 내려오는 우리 사회의 오복의 개념이 있다. 즉 수(壽), 부(富), 강녕(康寧), 유호덕(攸好德, 남에게 덕을 베푸는 것) 그리고 고종명(考

終命, 천수를 다하는 것)이다. 결국은 인류의 행복한 생활과 유종의 미, 그리고 정치의 궁극적 목적인 국민의 행복과 다를 것 없다. 이러한 견지에서 비축학이 발전하고 이를 위해 미래를 투시할 수 있는 통찰력 있는 혜안으로 교육 커리큘럼을 갖춰가는 것도 필요하다 하겠다.

10. 비축법 등의 제정이 필요하다.

비축정책을 효율적으로 추진하기 위한 법 · 제도 구축이 선행되어야 한다. 법령에는 분명한 정책지침이 담겨 있어야 하고, 대상 집단이 의도된 대로 행동할 개연성을 극대화하도록 집행과정을 구조화해야 한다.

오늘날은 전근대와는 달리 법률이 지배하는 시대, 즉 법치주의 시대이다. 자유민주주의 국가는 물론, 공산주의 내지 사회주의 국가들도 법을 제정, 시행하고 있다. 미국을 비롯한 선진국은 비축정책에 대한 구체적인 법률적 제도와 관련법이 있고, 환경의 변화에 따라 탄력적인 법적 보완을 지속하고 있다. 최근에 중국은 민법을 강화하여 사유재산제를 인정하는 경향을 보이며 국가를 합리적으로 운영하려 하고 있다.

비축법은 다른 법률에 포함된 관련법은 있으나 단일법으로는 없는 실정이다. 이에 비축의 중요성을 더욱 부각시켜 국부와 국가기간산업에 대한 부(wealth)를 확충하기 위해서는 새로운 시각으로 특별법 등의 비축에 관한 법률을 제정, 시행해야 한다. 이것이 보다 비축의 중요성을 인식하고 실효성과 효율성을 가져올 수 있는 동기가 될 것이다.

11. 세제상의 인센티브제(incentives)를 검토한다.

정부는 국민경제의 입장에서 민간 기업이 자체의 이익만을 위하는 것이 되지 않도록 세제상 등의 혜택을 줄 수 있는 방안을 모색해야 한다. 국가의 위기관리나 경제안정을 위한 정부의 비축정책에 기업이 적극 협력하도록 유도하는 방책으로 기업에 대한 세제상의 특혜(incentives)를 부여하는 것도 건전한 재정관리 측면에서 바람직할 것이다.

관련 글

미국 스탠퍼드 대학의 에너지 분야의 세계적인 전문가인 토니 세바(Tony Seba) 교수의 예측이 특히나 놀라운 것은 차세대 에너지 전환의 이유가 순전히 경제적 이유라는 점이다. 많은 미래학자들은 그동안 핵심 에너지로 세기를 풍미했던 화석연료 에너지가 태양광이나 그 밖의 대체에너지로 넘어가는 계기로 피크오일로 인한 석유의 고갈, 기후 변화로 인한 환경 파괴 등을 들었다.

피크오일의 시기는 국가별로 다르지만 세계적인 산유국인 중동의 석유가 정점을 맞는 시기는 2025년경으로 예상되고 있다. 피크오일 뒤에 산유량이 급격히 감모하는 것은 아니지만 전세계적으로 에너지의 가장 큰 부분을 차지하는 석유가 줄어든다는 압박감에 산유량을 줄이려는 공급자와 비축량을 늘리려는 수요자의 치열한 공방 속에 석유가격은 폭등과 폭락을 거듭하며 요동칠 것이다. 이렇게 되면 피해는 고스란히 소비자에게 넘어간다. 뿐만 아니라 한정된 자원인 석유를 계속해서 지금같이 쓰다가는 21세기를 넘기기 전에 바닥날 것이다.

에너지 전문가인 토니 세바는 태양광 기술의 현황과 2030년까지의 미래를 예측해 차세대 에너지로 각광받을 태양광이 어떻게 기존의 석유, 원자력, 석탄, 천연가스 등을 제치고 미래 중심 에너지로 자리 잡을지 설명하고 있다. 특히 기존의 각 에너지에 어떤 장단점이 있는지 그동안 우리 눈을 가리고 있던 로비 정황들과 세금으로 나가는 보조금, 위험성 등을 적나라하게 공개하였다. 그에 따르면 우리가 안전하고 무한하며 저렴한 태양광 에너지로 나아가는 길은 그리 멀고 어렵지는 않을 것으로 보인다. 청정 에너지로 인한 화석연료와 원자력 에너지의 붕괴는 경제적으로 효율적이며 값싸고 풍부한 에너지로의 이동을 의미한다. 사람들이 유선전화에서 휴대폰 시대로 넘어가듯이 이제 에너지는 화석연료에서 태양에너지로 이동하게 된다. 이것은 모든 인류뿐만 아니라 지구환경을 위하는 변화이기도 하다. 한편 차세대 자동차 기술에도 관심이 많은 그가 소위 무인자동차, 즉 자율주행자동차에 대해서도 소개하였다. 이러한 사실들은 정부의 비호 없이는 독자 생존 불가능하므로 정부의 적극적인 지원을 필요로 한 것임을 강조하고 있다.

토니 세바 지음, 박영숙 옮김, 『에너지 혁명 2030』, 교보문고, 2015

chapter 16

비축학 연구의 한계

제1절 개관 ● **제2절** 비축학 연구의 한계

제1절 개관

필자는 나름대로 학문에 대한 인식과 가치를 근거로 비축학을 연구 · 집필하였다. 그러나 개척자적으로 도전하는 관점에서 의욕과 용기로서 '비축학' 이라는 미지의 학문세계로 몰입(flow)은 했지만 학문으로의 정착 여부, 역사적 기록의 부재, 자료(data)의 부족, 각국의 언어상의 장애, 미래예측의 한계 등에 부딪혔고, 이로 인해 모든 학자들이 인정할 만한 저서의 구성, 내용, 기술방법 등이 조예 있게 되지 않았을 수도 있다. 또한 산 · 학 · 연의 관점에서 이론과 경험 그리고 사실관계 등을 일정한 정도로 확신하고 비축을 한 단계 높이는 비축학을 연구 · 집필하였으나 여기에는 한계도 있었음을 토로하는 바이다.

제2절 비축학 연구의 한계

1. 학문으로의 정착 여부

비축학이 새로운 학문으로 시도된 만큼 이에 대한 학문으로의 정착 여부에 대한 찬반의 논의가 있을 수 있겠고 많은 부분 수정 · 보완될 수 있는 부분도 있을 것이므로 국내외적으로 독립된 학문(identity)의 정착에는 다소의 시간을 요한다고 할 수 있다.

오늘날 새로운 학문이 많이 등장하고 있다. 이에 비축학도 가능하겠지만 독립된 학문으로서의 구성, 내용, 체계적 연구, 효율성 등의 보다 심도 있는 고찰과 연구 등이 이어질 것이므로 다소 시간을 요한다고 하겠다.

2. 역사적 관점

인류는 오래 전부터 비축을 통하여 진화, 발전되었다고 할 수 있다. 그러나 선사

이후 이에 대한 체계적인 기록이 없이 일상생활이나 자연상태 그리고 전쟁사 등에 따라 부속물로 기록되어 있다. 이러한 것도 시 · 공간별 그리고 지역별로 기록 사실이 없어 비축역사에 대한 구체적이고 개별적, 그리고 국가별로 기술하는 데 한계가 있어 피상적으로 기술하는 데 그쳤다고 할 수 있다.

3. 자료(data)의 부족

비축은 주로 실생활에서 이루어지기 때문에 이론적으로나 학술적으로 연구, 출판된 저서가 없었다. 단지 각국에서 운영하고 있는 비축과 관련된 제도를 소개하는 방식의 단편적인 자료나 일부 기관의 정책대안의 연구에 그쳤다.

미국의 경우도 금속시장을 중심으로 '미국의 전략적 비축과 글로벌 시장 영향력' 에 대한 저서가 있을 뿐이어서 파편적인 자료에 그쳤다고 할 수 있다.

4. 언어상의 장애

비축학 연구는 전세계를 대상으로 하였기에 당연히 연구대상국의 언어를 알아야 한다. 그러나 영어를 비롯한 몇 개국의 언어에 대한 관심과 능력만으로는 만족할 만한 정보나 저서를 독파할 수 없었다. 영어나 독일어, 일본어, 그리고 피상적으로 알 수 있는 중국어(한자), 프랑스어, 에스파냐어, 아랍어 등의 자료를 섭렵하기에는 부족함이 많았다.

따라서 우리나라의 자료와 한글로 번역된 외국자료에 의존한 경우가 많아 각국의 자료를 수집 및 이해하는 데는 한계가 있을 수밖에 없었다.

5. 미래예측의 한계

일반적인 예측의 기법에는 투사(projection), 예견(prediction), 추측(conjecture), 경험(experience), 빅데이터(big data) 분석, 시뮬레이션(simulation) 등 다양한 방법이 있다. 그러나 이들의 기법으로도 삼라만상의 자원, 기후변화, 그리고 불확실한 인간사회 등에 대한 예측은 불가능하며, 따라서 이론상 · 통계상 · 경험상 등으로 연구하는 수밖에 없었다.

6. 기타

고희(古稀)를 전후하여 독창적으로 집필하다 보니 건강상의 문제(백내장)가 생겨 한때 실의에 빠진 적도 있어, 어느 학자도 인정하는 완전무결한 저서로 평가받고자 하는 마음은 없어졌고, 이 정도만으로도 세상에 빛을 보게 된 것은 행운의 여신의 덕이라고 생각한다.

나가는 글

오늘날 우리나라에서도 '~학' 하면서 학(學)을 남발하고 있는 듯하다. 때로는 어지럽다 할 정도이다. 대통령학, 독도학 등 다양하다. 그런데 과거, 현재 그리고 미래에서 중요한 자리를 차지하는 비축이 국내외적으로 비축학으로 정립되지 않은 은 것은 아이러니이다. 필자는 여기에 착안하여 비축이 학으로의 가치가 있는지 학(學)의 개념과 현상을 파악한 결과 비축이 학으로서 충분한 유용성과 가치가 있다고 확신하였다. 이에 각국 언어의 제약 등으로 고증 자료의 수집에 어려운 과정을 거쳐 용기와 의욕을 가지고 저술에 골몰하였다. 그렇게 온 정신을 쏟은 나머지 보이스 피싱(금융사기)을 당하는 어이없는 사건도 있었지만 어떤 형태로든 반드시 집필의 결실을 보겠다는 신념은 더욱 솟았다.

학부시절(상경대학) 대구대학(현 영남대학교)에서 서울대 교수 등 한국 석학들의 초청 교수단(이병철 재단 이사장의 결단)을 접한 것은 짧은 기간이었지만 필자에게는 학문연구의 계기가 되었다. 서울대를 실패한 뒤 학문의 본질이 뭔가 하고 궁금해하던 학부시절이라 성적은 좋지 않았으나 학문에 대한 관심은 많았다. 그 예로 분개를 잘 모르는데 차변 · 대변 및 계산만 잘하는 것이 무슨 학문인가 하고 불평하며 상업부기의 시험도 포기하였다. 그 후 70년대 중반에는 회계학에서 인식이라는 용어가 등장하여 회계학의 일대전환을 가져오는 학문의 변혁 시대를 경험하기도 하였다.

공직에 몸담으면서 행정과 관료가 무엇인지 알지 못하여 국제 감각의 선두 연세대학교 행정대학원에서 주경야독하여 정치 행정전공 석사학위를 받았고, 박사학위는 공직을 명예퇴직한 뒤 학을 명확히 아는 명지대학교 대학원에서 받아 대학 출강도 하였다. 또한 국내 · 국제 각종 학술대회에 많이 참석하여 배우면서 코멘트를 하고 있다는 보람도 있다. 30년간의 공직에서는 대부분 통상외교와 관련되는 국제계약 관련 부서와, 국민경제와 관련되는 사법(私法)인 재무행정 분야에서 이론과 실무를 경험 · 섭렵하였다. 세계 65개국을 탐사 · 여행하면서 책으로만 알던 대륙별 각국의 자원, 역사, 문화, 제도 등을 눈으로 직접 보며 현실성 있는 지식으로 보충하였다.

제2차 세계대전 당시 원폭이 투하된 일본 나가사키 현장과 유럽의 전쟁요세지를 답사하였고, 1965년 베트남 전쟁으로 월남파병의 중대한 시기에 장교로 가겠다고 간부후보생에 합격했던 사실을 떠올리며 그에 대한 관심으로 베트남의 주요 전쟁지를 답사하였다. 이러한 모든 생각과 경험이 비축학 집필의 뒷받침이 되었고 그 신념의 여명이 되었다고 생각해 본다.

새로운 『현대비축학』은 학문의 한 분야로서의 역할을 하는 것은 물론, 학문의 발전에도 그 일익을 담당할 것이다. 인류는 진화하며 그 진화에 발맞춘 연구와 학문이 필요하다. 다소 추상적인 듯하면서도 구체적이고 실용적인 학문이 될 것이라 예상되어 한국인의 한 사람으로 자부심도 가져본다.

이 비축학이 비록 작은 나라이지만 은근과 끈기의 유구한 역사성, 국민성을 가진 한국에서 처음으로 태동한 선진화된 학문이자 대한민국 자산의 하나라고 하면 지나칠지는 모르겠다.

공교롭게도 조선시대 유학의 대가인 이황 선생과 동시대에 학문을 한 선조 황준량의 탄생 500주년을 앞두고 이 책이 출간된 것은 후예로서 큰 기쁨이다.

2016년 10월
황재국

참고문헌

[국내문헌]

단행본

강길봉(1992), 『행정학원론』, 서울 : 육서당.

강신택(1999), 『사회과학연구의 논리』, 서울 : 박영사.

고조선단군학회, (2011), 『고조선단군학』(제24호).

공노명(2014), 『나의외교노트』, 기파랑.

구영록(1980), 『인간과 전쟁』(국제정치이론의 체계), 법문사.

국제크리스찬 교수협의회(1987), 『학문과 종교』, 서울 : 주류.

국회도서관(2010), 『세계의 헌법』.

권순우 외(1998), 『' 98 IMF시대 한국경제』, 서해문집.

권오상(1989), 『창조구매론』, 법문사.

김규한 · 진태홍(2004), 『국제재무관리』, 서울 : 다산출판사.

김규항(2004), 『행정 철학』, 서울 : 대영문화사.

김규현(2000), 『티베트의 신비와 명상』, 도피안사.

김동건(2003), 『비용 편익 분석』, 서울 : 박영사.

김동환(2011), 『희토류 자원전쟁』, 미래의 창.

김병국(1995), 『국가 · 지역 · 국가체제 : 변화의 연속성』, 서울 : 나남 출판.

김성철(2005), 『예산정치론』, 명지대학교 출판부.

김승욱 외 3인(2004), 『시장인가? 정부인가?』, 서울 : 부기.

김영종(1999), 『신국가발전론』, 서울 : 법문사.

김영종(1999), 『신발전행정론』, 서울 : 법문사.

김영평(1998), 『불확실성과 정책의 정당성』, 서울 : 고려대학교 출판부.

김용구(2006), 『세계외교사』, 서울대학교 출판부.

김운태 외(2002), 『한국정치론』, 박영사.

김웅기(2001), 『미국의 지방자치』, 서울 : 대영문화사.

김종표(1997), 『신지방행정론』, 서울 : 법문사.

김주호(2014), 『김주호 회고록』, 가가북스.

김준보(1993), 『한국근대경제사 특강』, 연세대학교 출판부.

김충근(1996), 『국제금융시장의 기술적 분석』, 서울 : 법문사.

김충남(2016), 『당신이 알아야 할 한국 현대사』, 서울 : 가파랑.

김학준(1989), 『한국전쟁』, 박영사.

김호동(2016), 『아틀라스 중앙유라시아』, 경기 : 사계절출판사.

남덕우 외(2002), 『한국경제를 보는 눈』, 삼성경제연구소.

남상오(1990), 『회계원리』, 서울 : 다산출판사.

대외경제정책연구원(1996), 『지역경제』, 서울.

________(1996), 『러시아 편람』, 서울.

________(1994), 『중국편람』, 서울.

________(1996), 『말레이시아 편람』, 서울.

________(1996), 『필리핀 편람』, 서울.

________(1996), 『카자흐스탄』, 서울.

________(1997), 『태국 편람』, 서울.

________(1994), 『미얀마 편람』, 서울.

________(1996), 『호주 편람』, 서울.

________(1996), 『멕시코 편람』, 서울.

________(1997), 『브라질 편람』, 서울.

________(1996), 『베네수엘라 편람』, 서울.

________(1996), 『우루과이 편람』, 서울.

________(1996), 『콜롬비아 편람』, 서울.

________(1996), 『페루 편람』, 서울.

大典會通 上, 서울대학교 奎章閣(1999).

大典會通 下, 서울대학교 奎章閣(1999).

대한광업진흥공사(2004), 『광업요람』.

(주)동아출판사(1995), 『세계사의 100대사건』.

____________(1984), 『동아일보 사설선집(2)』.

민족문화추진회(1977), 『고려사절요』, 경인문화사.

박광섭(2001), 『국제지역학입문』, 대전광역시 : 대경.

박병호(1996), 『근세의 법과 법사상』, 도서출판 진원.

박동서(1983), 『한국행정론』, 서울 : 법문사.

박상섭(2012), 『국가 · 전쟁 · 한국』, 경기 : 인간사랑.

박운성(2003), 『현대 구매관리』, 서울 : 박영사.

박천오 · 박경호(2002), 『한국관료제의 이해』, 서울 : 법문사.

박혜경(1979), 『구매론』, 수학사.

백영철 외(2000), 『21세기 남북관계론』(한국정치학회 편), 서울 : 법문사.

백완기(1989), 『행정학』, 서울 : 박영사.

서광조(1980), 『주요자원의 수급과 비축』, 서울 : 국제경제연구원.

서울대학교 자연과학교수 31인(1994), 『21세기와 자연과학』.

(사)선물거래협의회(1990), 『선물거래』(*Futures and Options*).

성균관대학교 사회과학연구소 편(1988), 『행정학 개론』, 대영문화사.

송근원(2004), 『사회복지정책학』, 서울 : 학지사.

송찬섭 엮음(2013), 최익환 저, 『조선사회정책사』, 서해문집.

송호근(2014), 『시민의 탄생』, 민음사.

신기석(1978), 『동양외교사』, 탐구당.

신용하 편(1984), 『사회사와 사회과학』, 서울 : 창작과 비평사.

안문석(2002), 『정부와 기업 그리고 시민사회』, 서울 : 박영사.

양방웅(2014), 『大學 · 楚簡 五行』, 아서원.

연세대학교동방학연구소 간행본, 『고려사』.

오기평(1994), 『한국외교론 : 신국제질서와 불확실성의 논리』, 서울 : 도서출판 오름.

오기평 편저(2000), 『21세기 미국패권과 국제질서』, 서울 : 오름.

오석홍 편(2000), 『정책학의 주요이론』, 서울 : 경세원.

제1장 제4절, Chales Wolf, Jr.의 비시장 실패이론.

제4장 제5절, Paul Berman의 거시적 집행과 미시적 집행.

오인환(1992), 『사회조사방법론』, 나남.

외교통상부(2001), 『외국의 통상환경』.

월간중앙 역사탐험팀 엮음(2004), 『광개토대왕이 중국인이라고?』 중앙일보 시사미디어.

유민봉(2014), 『한국행정학』, 박영사.

유석춘 편(1992), 『막스 베버와 동양사회』, 서울 : 나남.

유재호(1998), 『국가행정도 곧 기업경영이다』, 동량서원.

유종해 · 박영희 외 3인(1993), 『행정학사전』, 서울 : 고시원.

유종해 · 이덕로(2015), 『현대행정학』, 박영사.

유종해 · 이덕로(2015), 『현대조직관리』, 박영사.

유종해 · 김문성(2003), 『행정사의 이해』, 대영문화사.

유현석(2002), 『국제정세의 이해』, 한울아카데미.

유 훈(1991), 『행정학 원론』, 서울 : 법문사.

_____(2001), 『행정권과 경제』, 서울 : 법문사.

이극찬(1978), 『정치학』, 법문사.

이기택 외(1996), 『전환기의 국제정치 이론과 한반도』, 서울 : 일신사.

이경은(2002), 『공공정책과 합리적 선택』, 서울 : 박영사.

이문영(1996), 『논어맹자와 행정학』, 나남출판.

이민수 편(2012), 『四書五經入門』, 홍신문화사.

이상득(2011), 『자원을 경영하라』, 김영사.

이선호(2012), 『조일 7년 전쟁, 한국전쟁 그리고 베트남 전쟁』, 21세기군사연구소.

이성무(1997), 『한국 과거제도사』, 민음사.

이 연(2003), 『위기관리와 커뮤니케이션』, 서울 : 학문사.

이영욱(1975), 『영미법 개론』, 무역경영사.

이제룡(2000), 『조선전기 경제 구조연구』, 숭실대학교 출판부.
이종수 · 윤영진 외(1996), 『새행정학』, 서울 : 대영문화사.
이종욱(1999), 『한국초기국가발전론』, 새문사.
이중근 편(2014), 『6.25전쟁 1129일』, 우정문고.
이종욱(1999), 『한국초기국가발전론』, 서울 : 새문사.
이희영(2001), 『탐무드 황금률 방법』, 서울 : 동서문화사.
이희준(1981), 『회계학 요론』, 서울 : 삼영사.
일제침략70년사진전추진위원회(2016), 『일제침략70년사』(사진), 서울 : 한국영상문화센터.
임현진 외(2003), 『한국사회의 위험과 안전』, 서울대학교출판부.
장 재 · 이종찬 · 김희태(1974), 『계약상전(상)』, 대원서적.
정세욱(2000), 『지방자치학』, 법문사.
정영성(1980), 『재고Zero의 비결』, 서울 : 장문사.
정일영(2011), 『한국외교와 국제법』, 나남.
정정길(1994), 『정책결정론』, 대명출판사.
정창영(2003), 『경제 발전론』, 서울 : 법문사.
조경철(1983), 『대우주에의 도전』, 국방송사업단.
조달청(2013), 『조달연보』.
______(2007), 『비축업무 매뉴얼』.
______(2004), 『외자구매업무 편람』.
______(2004), 『미국 연방정부 계약』.
______(2004), 『미국 지방정부의 조달제도』.
______(2003), 『국제조달 영문 법령집』.
______(2002), 『비축업무 편람』.
______(1999), 『조달청 50년사』.
______(1999), 『계간 바른조달』, 신년호 : IMF와 비축제도.
______(1999), 『미국의 전략비축 정책과 영향』.
______(1988), 『선진국의 비축제도와 광물자원개발정책』.

_____(1986), 『선진국의 비축제도』.

_____(1986), 『서구제국의 중앙조달 및 비축제도』.

_____(1976), 『GSA의 전략 및 중요물자비축제도』.

_____(1975), 『우리나라의 중앙조달제도』.

조동성(1983), 『국제자원론』, 서울 : 박영사.

조 순 외 2인(2008), 『경제학 원론』, 서울 : 율곡출판사.

주강현(2007), 『등대』, 생각의 나무.

지용희(2015), 『경제전쟁시대 이순신을 만나다』, 서울 : 디자인하우스.

진단학회, 『조선학 연구』.

진진형(1988), 『중국대륙기행』, 한중무역교류센터.

추욱호 · 박명섭 외(2004), 『구매조달관리』, 청구.

최병선(1996), 『정부규제론』, 서울 : 법문사.

최호진 · 김병하(1962), 『상업사개론』, 서울 : 박영사.

하연섭 외(2015), 『위험사회와 국가정책』, 박영사.

하연섭(2003), 『재정학의 기초』, 서울 : 다산출판사.

한국경제신문사(1984), 『정치혁명 · 행정혁명 · 경제혁명』(한국경제신문 명사설선).

한국석유개발공사(1989), 『주요국가 석유 비축법』.

한부영 · 신현기(2002), 『독일행정론』, 서울 : 백산자료원.

한영환(2000), 『발전행정론』, 서울 : 아세아문화사.

한영환(1989), 『국가발전과 행정』, 아세아문화사.

한국정신문화연구원(1996), 『고려사 식화지』.

한국정치학회(1996), 『국제정치논총』(제36집 1호).

황경식(2003), 『사회윤리』, 서울 : 철학과현실사.

황병태(1981), 『자본주의와 민주정치』, 우석.

황산덕 · 김용한(1979), 『신국제사법』, 박영사.

황성모(1976), 『일반사회학』, 대왕사.

황윤원 · 김성철(2005), 『재무행정론』, 경기 : 법문사.

황재국(2000), 『세계 각국의 비축제도』, 서울 : 청구.

후산 안용직교수 화갑기념(2001), 『지방정부론』, 후산 안용직 교수 화갑기념저서 간행위원회.

사전

『경제학 대사전』(1970), 박영사
이홍직 편(1977), 『국사대사전』, 대영출판사.
한국정신문화연구원(1993), 『한국민족문화대백과사전 17』.
Webster's New Collegiate Dictionary, (1973), G&C, Merriam Company, Springfield MA, U.S.A.
The New Encyclopaedia Britanica (volume 3) founded 1768, 15th Edition.

번역본

권향원 외 옮김(2005), 전종섭, 『행정학』, 대영문화사.
권혁승 옮김(1999), Herbert Stein, 『대통령의 경제학』, 서울 : 김영사.
김경환 · 김종석 옮김(1999), N. Gregory Mankiw, 『맨큐의 경제학』, 서울 : 교보문고.
김만수 옮김(2007), Carl von Clausewitz, 『전쟁론』(1권), 도서출판 갈무리.
김만수 옮김(2014), Carl von Clausewitz, 『전쟁론』(2권), 도서출판 갈무리.
김만수 옮김(2014), Carl von Clausewitz, 『전쟁론』(3권), 도서출판 갈무리.
김민희 옮김(2001), 『$E=mc^2$. David Bodanis』, 생각의 나무.
김상철 · 이윤섭 · 최정임 옮김(2006), Thomas L. Friedman, 『세계는 평평하다』, 서울 : 창해.
김은수 옮김(2009), 로버트 게스트, 『아프리카, 무지개와 뱀파이어의 땅』, 서울 : (사)한국방송통신대학교 출판부.
김종권 역(1975), 종인지 외, 『고려사』, 광조출판사.
김중웅 옮김(2006), Alvin Toffler and Heidin Toffler, 『부의 미래』, 청림출판.
김진준 옮김(2014), 재레드 다이아몬드, 『총, 균, 쇠』, 문학사상사.
김태유 · 허은녕 옮김(2002), 마이클 클레어, 『자원의 지배』, 경기 : 세종연구원.

김홍식 옮김(2014), 유성룡, 『징비록』, 서해문집.

김희봉 옮김(2014), 마크 뷰캐넌, 『우발과 패턴』, 시공사.

노경덕 외 옮김(2015), J. M. Roberts, O. A. Westad, 『세계사 1 · 2』, 까치.

매일경제신문사(1997), 부즈 · 앨런 & 해밀턴, 『한국보고서』.

무비비서(武備秘書)(출간연도 미상)(내용 : 제갈량이 사용했던 화공법).

(재)민족문화추진위원회(1991 등), 『정조 실록 등』(조선왕조실록).

박광순 옮김(2012), 투키디데스, 『펠로폰네소스전쟁사』(*the History of the Peloponnesian war*) (상), 종합출판 범우(주).

______________, 『펠로폰네소스전쟁사』(*the History of the Peloponnesian war*) (하), 종합출판 범우(주).

박기봉 옮김(2006), 신채호, 『朝鮮上古史』, 비봉출판사.

박민수 옮김(2013), Ernst H. Gombrich, 『곰브리치 세계사』, 비룡소.

박선영 옮김(2008), 소에지마 다카히로, 『연쇄하는 대폭락』, 서울 : 예문.

박성호 옮김(2008), 에른스트, 『서양 중세 르네상스 철학 강의』. 열린책.

박소영 옮김(2010), 세계정세를 읽는 모임, 『지도로 보는 세계분쟁』, 서울 : 이디 밀리어.

박영숙 옮김(2015), 토니 세바, 『에너지혁명 2030』, 서울 : 교보문고.

박원호 외 5인 옮김(2009), 『명사식화지 역주』(明史食貨志 譯註), 소명출판.

배득종 역(1992), D. C. 뮬러, 『공공선택론』, 서울, 나남.

변진홍 엮음(2012), 정약용, 『목민심서』, 늘푸른소나무.

세종대왕 기념사업회 발행(1972), 『太祖康獻大王實錄 2권』, p.187, p.237, p.248.
(原文 : 新置有備庫以奉化伯鄭道傳爲提調官, 『태조실록』, p.四八 하단)

세종대왕 기념사업회 발행(1968 등), 세종에서 철종까지(조선왕조실록).

송 자 외 6인 공역(1992), C.T. 혼그린 G. 포스터, 『원가회계』, 서울 : 법문사.

신동운 편역자(2014), 이손무, 『손자병법』(孫子兵法), 스마트 북.

신복룡 옮김(1982), Karl Marx, 『Sir Isaiah Berlin』, 평민사.

신영복 역(1966), C. P. 킨들버거, 『외국무역과 국민경제』, 서울 : 법문사.

안규남 옮김(2014), Zygmunt Bauman & Carlo Bordoni, 『위기의 국가』, 도서출

판 동녘.

양영철 역(1998), K. J. 마이어, J. L. 브러드너, 『계량행정학』, 서울 : 대영문화사.

오상현 역(1996), VALIS DEUX, 『학문의 구조사전』, 서울 : 더난출판사

우태정 옮김(2008), 제임스 데이터 엮음, 『보다나은 세상 만들기』(Advancing Futures), 서울 : 도서출판 예문.

유나영 옮김(2015), Halm de Blij, 『왜 지금 지리학인가』, 사회평론.

유종해 역(1988), 아베신따로 편, 『신일본창조론(新日本創造論)』, 서울 : 고려원.

유지훈 · 김수현 옮김(2008), 국가정보위원원회, 『Global Trends 2025』, 도서출판 예문.

육혜원 옮김(2013), 안드레아스 링케 · 크리스타인 슈베게를, 『미래전쟁』, 서울 : 영림카디널.

윤여덕 역(1987), M. Jr., Olson (1971), 『집단행동의 논리』, 서울 : 청림출판.

이동우 외 14 옮김, Donald Hyndman/David Hyndman, 『자연재해와 재난』, 시그마프레스.

이민수 옮김(2000), 정약용, 『목민심서』, 범우사.

이민수 역(1988), 일연(一然), 『삼국유사』, 권 제2, 가락국기(駕洛國記), pp.172~173, 을유문화사.

이병도 역주편(1983), 김부식, 『삼국사기』, 을유문화사.

이성규 편역(2014), 『사마천 사기』, 서울대학교출판문화원.

이재규 옮김(2002) 피터 드러커, 『Next Society』, 한국경제신문.

이진수 옮김(2003), 제러미 리프킨, 『수소혁명』, 민음사.

이한우 역(1988), 리차드 E. 팔머, 『해석학이란 무엇인가?』, 문예출판사.

임채정 외 기술진흥회의 경제학 연구회 옮김(1999), 시오자와 요시노리(塩澤由展), 『왜 복잡계 경제학인가』, 서울 : 푸른길

전일휘 · 추미란 옮김(2009), James Carroll, 『전쟁의 집』(House of War), 도서출판 동녘.

장경덕 외 옮김(2014), Thomas Piketty, 『21세기자본』, (주)글항아리

장성철 · 장용하 옮김(2005), 錢剛(첸강), 『지진, 한가운데 선 사람들』, 청계출판사.

장인석 역(1977), W. 프리이드만, 『국제법의 구조변경』, 범문사.

전상경 역(1994), Charles Wolf. Jr., 『시장과 정부』(*Markets or Government*), 서울 : 교문사

전용신 역(1990), 『日本書紀』, 일지사.

제진수 옮김(2002), 飯田哲也, 『에너지 민주주의』, 이후.

정봉주 · 이영훈 · 박광태 공역(2002), Sunil Choper/Peter Meindl, 『Supply Chain Management』, 서울 : 도서출판 석정

조정호 외 옮김(2008), 기 소르망, 『경제는 거짓말을 하지 않는다』, 서울 : 문학세계사.

중앙대학교 서양중세사연구회 옮김(2012), Joseph R. Strayer, 『국가의 탄생』, 학고방.

진기환 역 (2001), 司馬遷, 『史記講讀』, 명문당.

진우기 옮김(2013), 틱낫한 지음, 『힘』(*power*), 서울 : 명진출판.

진진형 · 김제화 공역(1985), 森川直司, 『알기쉬운 商品先物取引』, 東京穀物商品取引所.

최근영 외 5인 편역(1994), 『日本六國史』, 韓國關係記事 역주, (재)가락국사적개발연구원.

최인수 옮김(2009), 미하이 칙센트미하이, 『몰입』(flow), 서울 : 한울림.

최지희 옮김(2011), 천진, 『하버드 경제학』, 경기 : 글항아리

최창윤 역(1978), James E. Dougherty/Robert L. Pfaltzgraff, Jr., 『국제정치론』, 박영사.

최호진 · 정해동 역(1997), Adam Smith, 『국부론』(상), 범우사.

__________(1993), Adam Smith, 『국부론』(하), 범우사.

한국생산성본부 역(1977), J. H. 웨스팅(Westing), I. V. 파인(Fine), 『구매관리』, 한국생산성본부.

한국정신문화연구원(1996), 『고려사 식화지(食貨志)』.

한영우 역(2014), 정도전, 『조선경국전』, 사단법인 올재.

황경식 옮김(1997), Jhon Rawls, 『A Theory of Justice』, 서광사.

황의방 옮김(2002), 케니스 S. 데페이에스, 『파국적인 석유위기가 닥쳐오고 있다』, 서울 : 중심.

논문

강정훈(1976), “정부 중요물자 비축제도에 관한 연구”, 서울대학교 행정대학원 석사학위 논문.

고려대학교, 경제학과 창립 111주년 기념 학술세미나(2016), “2016년 세계경제전망 및 한국경제의 도전”.

고려대학교 아세아문제연구소(2015. 8.), “70년의 분단과 동북아 100년의 미래”.

권준웅(1998), “한국의 비축제도 발전방향”, 국방대학원 안보과정.

김동규(2000), “한국의 전략물자비축에 관한 연구”, 국방대학교 안보문제연구소.

김석진(1996), “한국선물시장제도의 문제점과 개선방안”, 생산성 논집 11(1).

독도학회 · 독도연구보존학회(2016), 창립20주년 기념학술대회, “한반도 유사시 일본의 군사 개입 여부에 관한 법적 고찰” : 이상면.

동국대학교 유라시아 실크로드 연구소(2014. 12.), “유라시아 문명과 실크로드”, 국제학술회의.

(사)방촌황희선생사상연구회(2016. 6.), “세종대 정치와 방촌 황희 선생”, 제2회 방촌학술대회.

북한법연구회(2015. 9.), “분단 70년 : 북한법제 동향과 남북법제 통합의 방향”, 광복 70주년 기념 통일법제 특별학술대회.

사법정책연구원 등 14기관(2015. 10.), “법학의 새로운 지평과 미래사법 정책”, 사법정책연구원 1주년 기념 심포지엄.

산업연구원(2009. 7.), “비철금속 비축의 적정성 평가 연구”.

세종연구소(2009. 4.), 제20차 세종 국가전략 포럼, “오바마 행정부 출범과 한미전략동맹의 과제”.

아산정책연구원 인문연구센터(2014. 7.), “루야마마사오와 동아시아 사상 : 근대성, 민주주의 그리고 유교”, 마루야마마사오(丸山眞男) 탄생 100주년 기념 국제학술회의.

안찬희(2014), "율곡사업은 자주국방의 초석", 월간군사저널/인터넷신문 (www.gunsa.kr) 군사저널 3월호.

우당기념사업회(2015. 9.), "한국 문화의 정체성", 제37차 우당역사문화강좌 자료.

유재원 · 소순창(2005), "정부인가 거버넌스인가? 계층제인가 네트워크인가?", 한국행정학보, 39(1) : 41～63.

윤형섭 박사 화갑기념논문집(1993), "세계정치의 쟁점과 이해", 일민 윤형섭박사화갑논문집간행위원회.

이동근(1999), "조달청 비축제도 발전방안에 관한 연구", 중앙공원고위정책과정.

이명노, "토지비축제도에 관한 국제 비교 연구(일본, 스웨덴, 프랑스를 중심으로)", 성균관대 학위 논문.

이상진(2003), "전략비축의 실태와 발전 방향", 국방대학교 교수 논총, 31 : 175～199.

21세기 전략연구원(2015. 2.), "지하경제 양성화 어디까지 왔나", 21세기 전략연구원개원 기념 심초지엄.

이채언(2014), "국가위기관리체계발전 정책포럼", 월간군사저널/인터넷신문 (www.gunsa.kr), 군사저널 3월호.

전국국공립사회과학대학장협의회 학술대회(2009. 3.), "위기의 시대"

정윤수(1994), "긴급구와 위기관리", 서울행정연구.

정원영(2004), "시대상황에 맞는 비축제도 발전 방안", 2004 비상대비연구총서, pp.91～170, 국무총리비상기획위원회.

조달청(2013. 12.), "원자재 비축기본계획 수립".

최종원 · 백승빈(2001), "한국의 정책집행 실증연구에 관한 고찰", 행정논총, 39(3).

한국개발연구원(1994), "조달행정 발전방안".

한국경제학회 외 2(2009. 3.), "경제선진화를 위한 신정부의 정책과제".

한국과학기술연구원(2007. 6.), "비축사업 중장기 발전방안 연구".

(사)한국구매조달학회(2014. 5.), "정부조달과 민간조달의 비교연구를 통한 상호협력관계구축 및 조달제도의 발전방안".

한국국정치학회(2015), 2015 한국국제정치학회 학술회의 : "신흥권력의 부상".

한국산업개발연구원(1988), "정부비축제도 발전방안 연구".
(사)한국방위산업학회(2016), "민간첨단기술의 국방분야 활성화 정책토론회".
(사)한국산업경제연구원(1981), "중요물자 비축제도의 단계적 개선 방안 연구".
한국선진화포럼(2009. 4.), "경제위기 극복을 위한 서강의 제안", 서강대학교 시장경제연구소.
한국역사학회(2014. 10.), "국가 권력과 역사 서술", 제57회 전국역사학대회 논문집.
한국원자력문화재단 · 한국원자력안전기술원(2015. 8.), "동북아 원자력안전 협력 국내 심포지엄".
한국정책학회(1999), "정부비축제도 발전에 관한 연구".
한국지방자치학회(2004), "지방자치단체 자체평가제도 집행실태 분석 : 정책집행론의 관점", 한국지방자치학 자치학보, 16(3) : 44~55.
(재)한국해양전략연구소(2016. 3.), "북핵사태와 우리의 대응(이상우)".
한국행정사학회(1994), "조선조 지방행정조직의 공식 조직 기능에 관한 연구".
(사)한국행정학회(2014), "정도전의 민본(民本)행정 사상 연구", 2014 한국행정학회 동계학술대회 발표 논문집(이종수, 이병렬).
(사)한국행정학회(2014), "한국행정학의 회고를 통해 본 한국화와 세계화의 담론(유종해), 2014 한국행정학회 동계학술대회 기조 강연.
한명기(2016. 4.), "격변기에 돌아보는 조선시대의 국제관계", 우당기념사업회.
韓沽劤, 李朝末期の農村 : "朝鮮經濟史 硏究, 韓沽劤 18世紀 前半期에 있어서의 朝鮮社會經濟에 對한 考察, 서울大論文集 人文社會科學 7.
해위학술연구원/한국정당학회 학술회의(2016. 4.), "1956년 정부통령 선거에 대한 재조명 : 윤보선과 민주당 ; 한미관계를 중심으로".
황재국(2009), "국가발전과 위기관리(등대론)", (사)연세행정학회.
황재국(2005), "한국 비축정책 집행요인에 관한 연구." 명지대학교 대학원 행정학 박사학위 논문.
황재국(1999), "IMF와 비축제도", 바른조달, 조달청.
황재국(1980), "한국구매제도에 관한 고찰", 연세대학교 행정대학원 행정학 석사학위 논문.

[외국문헌]

Aljian, Gorge W. (1973), 『*Purchasing Handbook*』, 3rd Edition, MacGraw-Hill Book Company, Contents 20-24.

Almond, Gabriel A./G. Bingham Powell, Jr. (1978), 『*Comparative Politics*』, Little, Brown and Company, U.S.A..

Anderson, Ewan W. (2000), 『*Global Geopolitical Flashpoints : An Atlas of New York*』, praeger, U.S.A..

Appleby, Paul A. (1949), 『*Policy and Administration*』, The University of Alabama Press, University, Alabama, U.S.A..

Aronson J. Richard & Eli, Schwartz (1987), 『*Management Policies in Local Government*』, Finance, International City Management Association : 364, U.S.A..

Baier, Kurt and Nicholas Rescher (1971), 『*Values and the Future*』, Macmillan Publishing Co. Inc..

Bardach, Eugene (2000), 『*A Practical Guide for Polish Analysis*』, Chartham House Publishers, U.S.A..

____________ (1977), 『*The Implementation Game*』, MIT Press, U.S.A..

Bergesen, Albert, 『*America's Changing Role in the World-System*』.

Berman, Paul (1978), 『*The Study of Macro-Micro-Implementation, Public Policy*』.

Bradley, Michael, Cindy A. Schipani, Anant K. Sundaram, and James P. Walsh (Special Editors), 『*Law and Contemporary Problems*』(Challenges to Corporate Governance), Schoool of Law Duke University Vol. 62, Summer 1999, No.3 .

Burt, David N. et. al. (2002), 『*World Class Supply Management*』, McGraw-Hill Irvin.

Cali, James F. (1993), 『*TQM for Purchasing Management*』, McGraw Hill, Inc..

Campell John P. Richard J. Campell and Associates (1988), 『*Productivity in Organizations*』, Jossey-Bass Inc., San Francisco, Calif., U.S.A..

Cho, Yong Hyo and Frederickson, H. George (1997), 『*The White House and the Blue House*』(Government Reform in the United States and Korea), University Press of America, Inc., U.S.A..

Chung, Kae H. (1987), 『*Management*』, Allyn and Bacon, Inc., U.S.A..

Cooter, Robert & Thomas, Ulen (2004), 『*Law and Economics*』, Pearson Addition Welsley.

Department of Defense (1999), 『*Strategic and Critical Materials Report to the Congress*』.

Diamond, Jared (2013), 『*Guns, Germs, and Steel*』, W.W. Norton & Company, Inc., New York.

Doran, Charles F., 『*Expectations, shifting tides, and Asian power cycles*』, 서울대학교 사회과학연구소.

Eckstein, Alexander (1958), 『*Individualism and The Role of State in Economic Growth : Economic Development and Cultural Change*』, January, 82-84.

Edinger, Lewis J. (1968), 『*Politics in Germany*』, Little, Brown and (Canada) Limited, Canada.

Esty, Daniel C. and Andrew S. Wiston (2006), 『*Green to Gold*』, Yale University Press, U.S.A..

Federal Office for National Economic Supply (1997), 『*National Economic Supply, Berne* (pamphlet)』.

Feldstein, Martin and Jeffrey Liebman (2002), 『*American Economic Policy EC 1420 Readings*』(Volume II), Havard University Science Center, U.S.A., Spring.

Feuerwerker, Albert (1965), 『*Modern China*』, Prentice-Hall, Inc., Englewood Cliffs, N.J. U.S.A..

Fryer, D. W. (1965), 『*World Economic Development*』, McGraw-Hill Book Company, U.S.A..

Galbraith, John Kenneth (1977), 『*The Age of Uncertainty*』, Houghton Mifflin Company, Boston, U.S.A..

Graham, Benjamin (1976), 『*World Commodities and World Currency*』, McGraw-Hill Company, Inc., U.S.A..

General Services Administration. (GSA)

GSA Supply Catalog (1996), 『*General Services Administration*』, Ft5 Worth, TX, U.S.A., Spring.

Han, Man-Hee (1994), 『*Japanese Multinationals in the Changing Context of Regional Policy*』, Avebury, Ashgate Publishing Limited, Gower House, Crofr Road, England.

Harrison, John A. (1967), 『*China since 1800*』, An Original Haringer Book Harcourt, Brace & World, Inc., New York, U.S.A..

Hax, Arnoldo C & Nocolas S. Majluf (1984), 『*Strategic Management : An Integrative*』.

Henderson, A. M. and Talcott Parsons (1947), 『*Max Weber : The Theory of Social and Economic Organization*』, The Free Press, New York, U.S.A..

Heibroner, Robert L. (1963), 『*The Great Ascent*』(The Struggle for Economic Development in our time), Harper & Row Publishers, Incorporated, New York, U.S.A..

Heinritz, Stuart F. (1959), 『*Purchasing Principles and Applications*』, Prentice-Hall, Inc., Englewood Cliffs, N.J., U.S.A..

Heinritz S., Arreill, P.V., Giunipero, L.C., and Kolchin, M.G. (10, 1991), 『*Principles and Applications*』, Prentice-Hall, Inc. ; and Sherman, Stanley N. (11, 1985), 『*Government Procurement Management*』,

Wordcrafters Publications ; 유훈(2003), 『재무행정론』, 법문사 : 599.

Henry, Nicholas, 『*Public Administration and Public Affairs*』, fourth edition, Prentice Hall, Englewood Cliffs, New Jersey, U.S.A..

Holsti, K. I. (1972), 『*International Politics*』, Prentice-Hall, Inc., Englewood Cliffs N.J., U.S.A..

Hood, Christopher C. (1983), 『*The Tools of Government*』, Chatham House Publishers, Inc., Chatham, new Jersey, U.S.A..

Kaufman, Herbert. (1977), 『*Red Tape*』, The Brookings Institution, Washington, D.C., U.S.A..

Kissinger, Henry (1994), 『*Diplomacy*』, Simon & Schuster Rocksfeller Center, New York, New York 10020, U.S.A..

Lambright, W. Henry (1976), 『*Governing Science and Technology*』, Oxford University Press, Inc., New York, U.S.A..

Laffont, J. J. and Tirole (1993), 『*A Theory of Incentive in Procurement and Regulation*』, MIT Press, U.S.A..

Lewis, Howard T. (1949), 『*Procurement*』, Richard D. Irwin, Inc., U.S.A..

Lifton, Robert Jay (1970), 『*America And the Asian Revolutions*』, Aldine Publishiong Company, U.S.A..

Little, Ian, Tibor Scitovsky, and Maurice Scott (1970), 『*Industry and Trade in Some Developing Countries A Comparative Study*』, Oxford University Press.

Maki, John M. (1966), 『*Government and Politics in Japan*』, Frederick A. Praeger, publishers, New York, U.S.A..

Manheim, Jarol B. and Richard C. Rich (1981), 『*Empirical Political Analysis*』 (Research Methods in Political Science), Prentice Hall, Inc., Englewood Cliffs, N. J. 07632, U.S.A..

Mankiw, N. Gregory (2012), 『*Principles of Economics*』, International Edition, Canada.

Mankiw, N. Gregory/Euston Quah/Peter Wilson (2013), 『*Principles of Economics*』, CENGAGE Learning Asia Pte Ltd., Singapore.

Marshall Will and Martin Schram (1993), 『*Mandate for Change*』, The Berkley Publishing Group, 200 Madison Avenue, New York, New York 10016, U.S.A..

McRae, Hamish (2004), 『*The World in 2020*』, Havard Business school Press, Boston, Massachusetts, U.S.A..

Nachmias, David (1979), 『*Public Policy Evaluation*』(Approaches and Methods), ST. Martins Press, Inc., New York, U.S.A..

Nakamura, Robert T. and Frank Smallwood (1980), 『*The Politics of Policy Implementation*』, New York : St. Martin Press.

Nalbandian, John (1991), 『*Professionalism in Local Government*』, Jossey-Bass Publishers, U.S.A..

Neumann, Robert G. (1966), 『*The Government of the German Federal Republic*』, Harper Row Publishers Incorporated, New York, U.S.A..

OECD (2004), 『*OECD Annual Report 2004*』, OECD Publications.

Osborne, David and Ted Gaebler (1993), 『*Reinventing Government*』, A Plume Book in the U.S.A..

Överstyrelsen för Civil Beredskap (ÖCB) (1998), 『*Sweden Needs Civil Emergency Preparednce* (pamphlet)』, Sweden.

Paige, Glenn D. (1977), 『*The Scientific Study of Political Leadership*』, The Free Press A Division Macmillan Publishing Co. Inc., New York, N.Y. 10022, U.S.A..

Parker, Pippa (2004), 『*Rocks Minerals of Southern Africa*』, Pippa Parker, Struik Publishers, Cape Town, The Southern Africa.

Perkins, Patrica E. (1997), 『*World Metal Markets*』(The United States Strategic Stockpile and Gloabal Market Influence), Praeger Publishers, CT, U.S.A..

Peters, Thomas J. and Robert H. Waterman, Jr. A Winer (1984), 『*In Search of Excellence*』, A Winer Communications Company, U.S.A..

Rawls, J. (1971), 『*A Theory of Justice*』, Cambridge, Mass. : Harvard University Press.

Reck, Dickson (1954), 『*Government Purchasing and Competition*』, University of California Press, Berkeley and Los Angeles, U.S.A..

Richards, David and Martin J. Smith (2002), 『*Governance and Public Policy in the United Kingdom*』, Oxford University Press.

Ripps, David L. (1989), 『*An Implementation Guide to Real-Time Programming*』, Yourdon Press New Jersey, U.S.A..

Rosen, Ellen Dorse (1993), 『*Improving Public Sector Productivity*』, Sage Publications Inc., California, U.S.A..

Sabatier, Paul (1986), 『*Top-down and Bottom-up approaches to implementation Research : A Critical Analysis and suggested Synthesis*』, Journal of Public Policy.

Schon, Donald A. (1971), 『*Beyond the Stable State*』, W.W.Norton & Company, Inc., U.S.A..

Simon, Herbert A. (1976), 『*From Substantive to Procedural Rationality*』, Cambridge University Press.

Simon, Herbert A., Donald Q. Smithburg, Victor A. Thompson (1961), 『*Public Administration*』, Alfred A. Knopf, Inc., New York, U.S.A..

Solmecke, Rolf Wolter, Hans-Jochim (1994), 『*Ernaehrungsvorsorge Ennaehrungsssichersstellung*』, Walhalla U. Praetoria Verlag GmbH & Co. KG.

Spiegel, Steven L. and Kenneth N. Waltz (1971), 『*Conflict in World Politics*』, Winthrop Publishers, Inc., 17 Dunster St.,Harvard Square, Cambridge, MA 02138, U.S.A..

Stutz, Frederick P./Barney Warf (2012), 『*The World Economy*』, Prentice Hall,

U.S.A..

The National Board of Economic Defense (1998), 『*Emergency Stockpiling in Sweden* (pamplet)』.

Tosi, Henry L. and Hamner, W. Clay (1982), 『*Organizational Behavior and Management : A Contingency Approach*』, John Wlley & Sons, U.S.A..

Warshaw, Rewaldt Scott, 『*Introduction to Marketing Management*』, Richard D. Irwin, Inc., U.S.A..

Wells, H. G. (1920), 『*The Outline of History*』, Garden City Publishing Co., Inc., New York, U.S.A..

Wolf, Charles, Jr. (1988), 『*Markets or Governments : Choosing between Imperfect Alternatives*』, Cambridge : MIT Press.

Wright, Deil S., 『*Understanding Intergovernmental Relations*』, Cole Publishing Company, A Division of Wadsworth, Inc., Belmont, Calif., 94002, U.S.A..

岡部史郎(昭和 45), 『行政管理』, 有斐閣, 日本.

金屬鑛業事業團 備蓄部(1993), 『レアタルルの備蓄(pamphlet)』, 日本.

吉富重夫(1970), 『現代行政學』, 勁草書房, 日本.

吉川弘文館編輯部編(2006), 『日本古代史年表』.

大森 彌・佐藤誠三朗 編(1986), 『日本の地方政府』, 東京大學出版會.

力武常次ほか監修(1998), 『日本の自然災害(9세기의 주요 재해)』, 國會資料編纂會.

濱田一成・秋本敏文 編集(平成 2年), 『地方自治 講座)(1) 總則)』, (株)ぎょうせい.

(財)神戸都市問題研究所(1986), 『アメリカの地方自治』(State & Local Government), 勁草書房, 日本.

安倍晉太郎(昭和 58年), 『ドキユナント』, サンケイ, 出版.

日本國際博覽會(2005), 『The 2005 "World Exposition, 愛・地球博公式ガイドブック：フラ』, ンス館, 58～59, Aichi, Japan.

長谷川慶太浪(1995), 『危機管理の鐵則』, PHP研究所.

田煙茂二郎/高林秀雄 編集代表(2000), 條約法, 東信堂.

__________________________(2000), 『ベーシソク 條約集』, 日本 : 東信堂.

津田昇(昭和40年), 『特殊貿易の의 契約(上, 下)』, 通信産業調査會, 日本.

太宰春台(1914), 『經濟錄』, 日本經濟總書刊行委員會.

太宰春台(1914), 『經濟錄拾遺』, 太宰春台, 日本經濟總書刊行委員會.

土井輝生 編(昭和 46年), 『國際契約 : 國際契約の外交的保護』, 807-814, 日本 同文館.

찾아보기

[인명]

[가]

[다]

[아]

[자]

[차]

[파]

[하]

[영문]

지은이 ● 황재국(黃在國)

영남대학교 상경대학 졸업(상학사)
연세대학교 행정대학원 졸업(행정학 석사)
명지대학교 대학원 졸업(행정학 박사)
General Services Administration (미국 조달청) 연수
전 : 기획재정부(조달청 근무)
백석대학교 행정학 특강
국제대학교 경찰행정학과 경제학 강의
매산공공정책연구소 수석 연구위원
현 : (사)한국행정학회 종신회원
(사)한국구매조달학회 회원
(사)연세행정학회 학술 이사
(주)오투옥서스 경영 고문
(사)사회정의실현 시민연합 자문위원
(사)전국한자교육추진총연합회 고문
사회과학 연구

상훈 등

근정포상 외 4종
대한민국 5000년사 한국인물사에 선록(역사편찬회)
한국을 움직이는 인물에 선록(중앙일보사)
세계 65개국(Ivy League 등 세계 유명대학 포함) 학술, 문화, 자원 탐방

저서 및 논문

『세계 각국의 비축제도』(2000), 청구
「한국 비축정책 집행요인에 관한 연구」(박사학위) 등 다수

감수자 ● 유종해(劉鍾海)

서울대학교 법과대학 졸업(법학사)
서울대학교 행정대학원 수료(행정학 석사)
The University of Michigan (MPA & Ph.D) (정치학 박사)
전 : Eastern Michigan University 교수
(사)한국행정학회장
연세대학교 행정대학원 원장
한국교정학회 회장
연세대학교 사회과학 대학 행정학과 교수
명지대학교 객원교수
매산공공정책연구소장
현 : 연세대학교 명예교수

상훈

국민훈장 동백장 외 3종

현대비축학

초판 1쇄 인쇄 2016년 10월 9일
초판 1쇄 발행 2016년 10월 20일

지은이 황재국
감수자 유종해
펴낸이 박기남
펴낸곳 **율곡출판사**

08590 서울시 금천구 가산디지털1로 84, 803호
전화 (代) 02) 718-9872/3
팩스 02) 718-9874
홈페이지 www.yulgokbooks.co.kr
이메일 yulgokbook@naver.com

등록 1989.11.10. 제2014-000031호
ISBN 978-89-97428-99-1 93350

정가 29,000원